"科学发展　成就辉煌"系列丛书

加快工业转型升级　促进两化深度融合

——党的十六大以来工业和信息化改革发展回顾〔2002-2012〕

■　工业和信息化部　编

人 民 出 版 社

编 委 会

实现工业化仍然是我国现代化进程中艰巨的历史性任务。信息化是我国加快实现工业化和现代化的必然选择。坚持以信息化带动工业化，以工业化促进信息化，走出一条科技含量高、经济效益好、资源消耗低、环境污染少、人力资源优势得到充分发挥的新型工业化路子。

——摘自党的十六大报告

要坚持走中国特色新型工业化道路，坚持扩大国内需求特别是消费需求的方针，促进经济增长由主要依靠投资、出口拉动向依靠消费、投资、出口协调拉动转变，由主要依靠第二产业带动向依靠第一、第二、第三产业协同带动转变，由主要依靠增加物质资源消耗向主要依靠科技进步、劳动者素质提高、管理创新转变。

——摘自党的十七大报告

　　2012 年 6 月 18 日,"神舟九号"飞船与"天宫一号"对接成功。图为北京航天飞行控制中心大屏幕显示的对接画面。

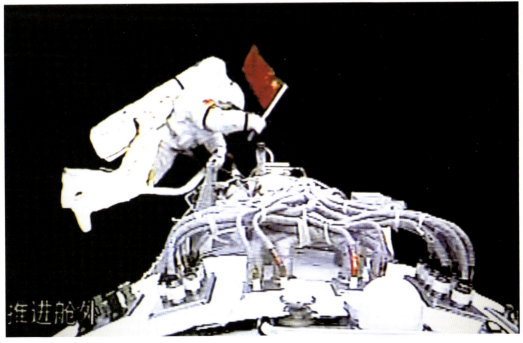

　　2008 年 9 月 27 日 16 时 43 分,中国"神舟七号"载人飞船航天员翟志刚顺利出舱进入太空,完成了中国人的首次"太空漫步"。图为航天员翟志刚出舱后挥动中国国旗。

2007 年 10 月 24 日 18 时 05 分,搭载着我国首颗探月卫星"嫦娥一号"的长征三号甲运载火箭在西昌卫星发射中心三号塔架点火发射。

2011 年 9 月 22 日,我国第三代核电自主化依托项目、世界首台 AP1000 核电机组成功吊装"心脏"设备——反应堆压力容器。

中国自主研制大型客机 C919 海外亮相

座　　　级	156－168座
设 计 航 程	4075公里（标准航程型） 5555公里（增大航程型）
设计经济寿命	9万飞行小时

2012年将完成详细设计

2014年实现首飞

2016年完成适航取证并投放市场

　　2008 年 11 月，我国启动了 C919 大型客机研制项目。该客机是我国拥有自主知识产权的中短程商用干线飞机，目前已经进入工程发展阶段，计划 2014 年实现首飞。图为拥有自主知识产权的中短程商用干线飞机——C919 大型客机效果图。

　　2002 年 4 月，中国 ARJ21 飞机项目正式立项。该机型是我国第一次完全自主设计并制造的支线客机。图为 ARJ21 新支线飞机在上海飞机制造有限公司的装配车间进行总装。

2007 年 4 月 30 日,我国第一艘完全自主设计并建造的 30 万吨级海上浮式生产储油船(FPSO)"海洋石油 117 号"在上海外高桥造船公司命名,标志着我国在 FPSO 的设计与建造领域里已居世界先进行列。

2012 年 5 月 9 日,我国首座自主设计、建造的第六代深水半潜式钻井平台"海洋石油 981 号"在中国南海海域正式开钻。"海洋石油 981 号"最大作业水深 3000 米,钻井深度可达 10000 米,平台自重超过 3 万吨,从船底到井架顶高度为 137 米,相当于 45 层楼高。

2011 年 6 月 15 日，两列即将交付京沪线运营的 CRH380A 动车组正在进行出厂前最后的静态检测。

2011 年 11 月 11 日，中国东方电气集团东方汽轮机有限公司具有完全自主知识产权的 3 兆瓦双馈型风力发电机组在德阳顺利下线。该风电机组风轮直径达 115 米，轮毂中心高度近 90 米，实现多项核心技术重大突破。

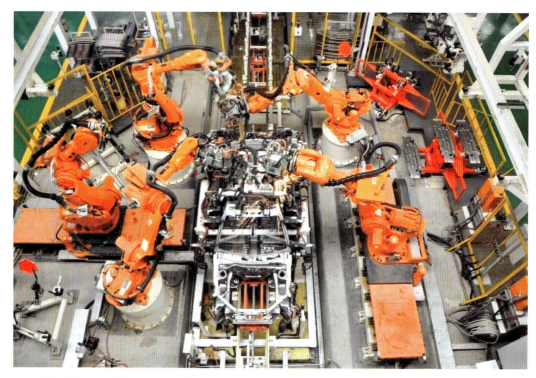

图为兰州市吉利汽车公司采用先进自动化控制系统的焊接机器人。

图为奇瑞汽车有限公司生产的纯电动轿车瑞麒 M1。

 2010 年 11 月 17 日,国际超级计算机 TOP500 组织正式发布第 36 届世界超级计算机 500 强排名榜。我国"天河一号"超级计算机系统,以峰值速度 4700 万亿次、持续速度 2566 万亿次每秒浮点运算的优异性能位居世界第一, 实现了中国自主研制超级计算机综合技术水平进入世界领先行列的历史性突破。图为科研人员正在对已完成装配的"天河一号"进行检查。

 2011 年 10 月 27 日,国家超级计算机济南中心正式揭牌,我国首台全部采用国产 CPU 和系统软件构建的"神威蓝光"千万亿次计算机系统正式投入运行,标志着我国成为继美国、日本之后能够采用自主 CPU 构建千万亿次计算机的国家。

　　"龙芯3号"芯片是我国自主研发的龙芯系列CPU芯片的第三代产品,是国内首款采用65纳米先进工艺、主频达到1GHz的多核CPU处理器,标志着我国在关键器件及其核心技术上取得重要进展。

　　数字家庭系统通过不同的互连方式实现家用电器之间的"互联互通",能够使家庭成员便捷地实现互动娱乐、信息服务与智能控制。图为海信数字家庭系统演示区。

图为沈阳机床集团研发的高速动梁龙门加工中心。

图为北方重工集团有限公司研发的大型全断面隧道掘进机。

　　新一代可循环钢铁流程工艺技术在曹妃甸钢铁工程中集中应用。图为首钢京唐公司2座5500立方米高炉,设计容积5500立方米,使用自主研发、拥有自主知识产权的无料钟炉顶技术,采用先进的顶燃式热风炉技术以及全干法除尘技术。

　　2012年6月,新疆罗布泊开发的年产120万吨钾肥项目顺利通过竣工验收。这是目前世界最大的硫酸钾生产项目。

图为我国最大的炼化一体化基地——镇海炼化厂区一角。

2011年10月29日,在柴达木盆地腹地的青海省格尔木市郊,世界上一次性单体投资规模最大之一的黄河水电公司格尔木200兆瓦并网光伏电站进入并网调试及试运行期。电站建成后,年平均上网发电量超过3亿千瓦时。

2011 年 10 月,我国 T700 千吨碳纤维生产线投入使用,实现了高品质碳纤维的规模化生产。图为准备出厂的碳纤维原丝产品。

2011 年 9 月 27 日,我国首条自主设计、自主建设的全球主流最高世代液晶面板生产线——京东方第 8.5 代 TFT—LCD 生产线实现量产,一举打破世界知名厂商对我国内地 40 英寸以上液晶屏的绝对垄断。

目前，我国已成为世界上最大重卡生产国，重卡生产技术稳步提升，正逐渐向高端化拓展。图为东风重卡生产线。

图为中国建材玻璃纤维池窑拉丝生产线机器人检装车间。

　　家电下乡政策是积极扩大内需的重要举措,在应对金融危机、扩大内需、提高农民生活水平等方面发挥重要作用。图为顾客在河南省温县一家商场选购家电下乡补贴产品。

　　2009年9月初,经国家食品药品监管局批准,甲型H1N1流感疫苗正式投入生产,我国成为世界上第一个完成疫苗研发和注册使用的国家。图为华兰生物生产的我国首批甲型H1N1流感疫苗正式下线。

图为浙江永新集团超细纤维包覆纱车间。

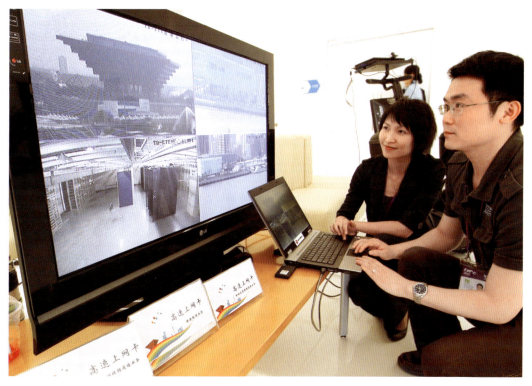

TD—LTE 示范网是我国具有自主知识产权的第四代通信技术标准。图为上海世博园内工作人员通过全球首个 TD–LTE 宽带移动通信规模演示网查看园区的实时监控画面。

　　物联网是新一代信息技术突破的重要方向,也是我国战略性新兴产业发展的重点。经过多年努力,我国物联网技术快速发展,逐步在各行业得到应用。图为工作人员在蔬菜大棚内调试农业物联网监测设备。

　　信息化大力促进政务管理向高技术、高效率方向发展,不断提升政务管理水平。图为北京市和利时系统工程有限公司的集散控制系统(DCS)在城铁综合监控上的应用。

目　　录

党的十六大以来工业和信息化改革发展回顾(代序) ……………（1）

第一篇　综合篇

坚定不移走中国特色新型工业化道路　努力实现从工业大国向
工业强国转变 …………………………………………………（3）

一、提高思想认识　进一步增强走新型工业化道路、促进
工业由大变强的历史使命感 ……………………………（3）

二、着力推进制度环境建设　为工业发展提供有力保障 …（4）

三、着力推进现代产业体系建设　加快工业转型升级 ……（5）

四、着力推进创新驱动　不断增强工业核心竞争力 ………（6）

五、着力推进融合发展　促进两化深度融合、军民融合 …（7）

六、着力推进协调发展　促进生产力布局优化 ……………（8）

七、着力推进改革开放　增强工业发展的动力和活力 ……（9）

加快推进工业转型升级 …………………………………………（11）

一、深刻认识转变工业发展方式的战略意义 ………………（11）

二、"十二五"时期推进工业转型升级的总体思路 …………（13）

三、"十二五"时期推进工业转型升级的重点任务 …………（14）

四、努力营造有利于工业转型升级的制度环境 ……………（16）

贯彻落实稳中求进工作总基调　努力促进工业经济平稳健康
发展 ……………………………………………………………（17）

一、关于当前工业发展面临的形势 …………………………（17）

二、关于2012年工业发展的总体考虑 …………………………（21）

三、关于推进传统产业优化升级 …………………………………（23）

四、关于发展壮大战略性新兴产业 ………………………………（26）

五、关于支持小型微型企业发展 …………………………………（29）

六、关于推进信息化与工业化深度融合 …………………………（31）

推进信息化与工业化融合　促进工业转型升级和经济平稳

发展 …………………………………………………………………（33）

一、两化融合面临的形势 …………………………………………（33）

二、推进两化融合的实践与成效 …………………………………（35）

三、充分发挥两化融合在稳增长、调结构、惠民生方面的

重要作用 …………………………………………………………（37）

落实政策措施　提升服务水平　推动中小企业持续健康发展 …（40）

一、深刻认识中小企业的重要地位和作用 ……………………（40）

二、准确分析当前中小企业发展面临的形势 …………………（42）

三、着力优化中小企业发展的政策环境 ………………………（44）

四、推动解决中小企业融资难问题 ……………………………（46）

五、着力促进中小企业加快转变发展方式 ……………………（47）

六、着力加快中小企业公共服务体系建设 ……………………（49）

我国互联网行业的发展与管理 …………………………………（51）

一、当前我国互联网发展和管理基本情况 ……………………（51）

二、我国互联网发展面临的机遇与挑战 ………………………（56）

三、深入推进我国互联网发展与管理的思路和重点任务 …（59）

第二篇　专　题　篇

工业和信息化大部门体制改革 …………………………………（69）

一、工业和信息化大部门体制改革意义重大 …………………（69）

　　二、探索实践大部门体制改革的主要做法和经验 ………… (70)

　　三、工业和信息化大部门体制改革的初步成效 ………… (72)

工业和信息化法制建设 ……………………………………… (76)

　　一、加快健全完善法律法规 ……………………… (76)

　　二、做好规范性文件合法性审核工作 ……………… (79)

　　三、规范行政许可权力运行 ……………… (80)

　　四、围绕热点问题提供法律保障 ……………… (80)

　　五、探索建立部省立法联动机制 ……………… (81)

四川汶川特大地震抢险救灾和灾后重建 ………… (83)

　　一、全力以赴迅速开展抗震救灾工作 ……………… (83)

　　二、积极支持灾后恢复重建工作 ……………… (85)

　　三、灾后恢复重建取得巨大成效 ……………… (87)

加强规划引导　促进工业转型升级 ………………… (90)

　　一、建立和完善"十二五"规划体系 ……………… (90)

　　二、准确把握工业转型升级的内涵与实质 ……………… (91)

　　三、明确目标任务　积极引导工业转型发展 ……………… (92)

　　四、完善规划实施机制　确保转型升级取得实质性成效 … (95)

企业技术改造 …………………………………………… (97)

　　一、加强企业技术改造是推动工业可持续发展的战略

　　　任务 ……………… (97)

　　二、推进企业技术改造的主要工作 ……………… (99)

　　三、企业技术改造取得明显成效 ……………… (101)

　　四、"十二五"时期我国技术改造工作的重点及方向 …… (102)

国家新型工业化产业示范基地建设 ………………… (105)

　　一、创建示范基地工作的主要实践 ……………… (105)

　　二、创建示范基地工作成效 ……………… (107)

三、"十二五"时期基地建设的重点方向 …………………（109）

培育发展战略性新兴产业…………………………………（112）

一、培育发展战略性新兴产业的现实意义…………………（112）

二、培育发展战略性新兴产业的重点工作…………………（114）

三、培育发展战略性新兴产业的主要成效…………………（116）

行业经济政策………………………………………………（120）

一、统筹利用财政手段　推动工业转型升级………………（120）

二、加强税收政策协调　促进产业结构调整优化…………（121）

三、积极配合关税调整　创建内外和谐发展空间…………（122）

四、开展金融价格政策调研　适时提出政策建议…………（123）

应对国际金融危机…………………………………………（125）

一、积极推动相关政策出台和落实…………………………（126）

二、制定十大重点产业调整振兴规划………………………（127）

三、加大对企业技术改造的支持……………………………（128）

四、加强对中小企业的政策支持……………………………（128）

工业通信业经济运行监测协调……………………………（130）

一、加强经济运行监测分析　做好信息引导和服务………（130）

二、发挥综合协调优势　加快调结构转方式………………（131）

三、完善监测网络和预测预警体系　夯实工业经济运行

监测分析基础………………………………………………（133）

四、加强综合要素保障协调　优化和改善工业运行

环境…………………………………………………………（134）

工业应急管理体系和能力建设……………………………（137）

一、工业应急体系初步建立　有力支撑工业经济平稳

运行…………………………………………………………（137）

二、稳步推进应急产业发展　应急保障能力日趋增强……（138）

三、应对重特大突发事件水平明显提高　全力维护人民群

众生命财产安全…………………………………………（139）

产业政策工作…………………………………………………（142）

一、"十五"以来我国产业政策工作实践 …………………（142）

二、新时期宏观调控体系中产业政策的突出特点…………（147）

三、未来我国完善产业政策须把握的重点和方向…………（149）

产业转移工作…………………………………………………（152）

一、推进产业有序转移事关区域协调发展…………………（152）

二、多措并举推进产业有序转移……………………………（154）

三、产业向中西部转移有序推进……………………………（155）

淘汰落后产能…………………………………………………（158）

一、推进建立淘汰落后产能协调工作机制…………………（158）

二、建立完善淘汰落后产能的激励政策和约束机制………（159）

三、加强对淘汰落后产能工作的监督检查…………………（160）

四、支持鼓励地方积极探索有效的方式方法………………（161）

企业兼并重组…………………………………………………（163）

一、推进建立多层次工作协调机制…………………………（163）

二、积极营造良好的市场环境和政策环境…………………（164）

三、加强和改进管理与服务…………………………………（166）

产业创新体系建设……………………………………………（169）

一、完善政策规划体系　推进技术创新体系建设…………（169）

二、推动企业成为技术创新主体　提高自主创新能力……（170）

三、促进重点领域成果转化　提高产业核心竞争力………（171）

四、深化产学研合作　整合优化配置创新资源……………（172）

五、采取多种措施　营造有利于自主创新的良好环境……（173）

质量品牌建设…………………………………………………（175）

一、提升质量培育品牌的重要意义………………………（175）

二、推进质量品牌建设初见成效…………………………（176）

三、工业质量品牌建设工作任重道远……………………（179）

扶持中小企业和非公经济健康发展…………………………（181）

一、中小企业和非公经济工作事关经济社会发展大局……（181）

二、着力优化中小企业和非公经济发展环境……………（183）

三、中小企业和非公经济保持持续较快发展……………（187）

工业节能减排工作……………………………………………（190）

一、推进工业节能减排是加快转变发展方式的必然

要求………………………………………………………（190）

二、全面推进工业节能减排………………………………（193）

三、工业节能减排取得显著成效…………………………（196）

工业通信业安全生产指导与管理……………………………（200）

一、加强安全发展统筹规划和布局………………………（200）

二、完善安全生产标准和行业安全准入…………………（201）

三、推动安全技术改造和安全科技进步…………………（201）

四、推动两化融合促进安全生产…………………………（202）

五、加强民爆、通信业安全生产监督管理………………（203）

稀土行业管理…………………………………………………（205）

一、出台政策文件　促进稀土行业健康发展……………（205）

二、推进制度建设　完善稀土行业管理体系……………（206）

三、开展专项整治行动　推动稀土行业走向规范化

发展………………………………………………………（207）

四、加强行业运行监测　产业发展质量显著提高………（207）

五、加快兼并重组步伐　产业结构不断优化……………（208）

六、大力推进技术创新　推动产业升级发展……………（209）

食品工业企业诚信体系建设 ……………………………………（211）

　　一、加强食品工业企业诚信体系建设的重要意义 …………（211）

　　二、推进食品工业企业诚信体系建设的主要工作 …………（212）

　　三、推进食品工业企业诚信体系建设的成效 ………………（215）

军民融合发展 ……………………………………………………（217）

　　一、军民融合发展关键在于建立和完善军民结合、寓军于

　　　　民武器装备科研生产体系 ………………………………（217）

　　二、军民结合、寓军于民武器装备科研生产体系建设迈出

　　　　坚实步伐 …………………………………………………（219）

　　三、进一步推进新时期军民融合发展 ………………………（221）

大力推进信息化与工业化融合 …………………………………（223）

　　一、推进两化融合的探索实践 ………………………………（223）

　　二、两化融合取得显著成效 …………………………………（226）

电信基础设施共建共享 …………………………………………（229）

　　一、结合实际明确推进电信基础设施共建共享基本

　　　　要求 ………………………………………………………（229）

　　二、大力推进电信基础设施共建共享制度机制建设 ………（230）

　　三、狠抓重点领域电信基础设施共建共享 …………………（232）

　　四、鼓励探索电信基础实施共建共享新模式 ………………（232）

深化电信体制改革 ………………………………………………（234）

　　一、电信体制重大改革的实施 ………………………………（234）

　　二、电信行业管理改革重大举措 ……………………………（237）

　　三、电信体制改革的主要经验 ………………………………（240）

电信行业监管 ……………………………………………………（242）

　　一、加强和改进电信行业监管日益重要 ……………………（242）

　　二、健全完善电信监管体系和措施 …………………………（243）

　　三、电信监管工作成效和经验 ……………………………… （247）

3G 和 TD 发展 ………………………………………………… （250）

　　一、我国自主创新 3G 技术 TD—SCDMA 的发展历程 …… （250）

　　二、推进我国 3G 和 TD 发展的重点部署 ………………… （251）

　　三、3G 和 TD 发展取得显著成效 ………………………… （253）

互联网行业发展与管理 ………………………………………… （257）

　　一、加强互联网发展与管理的重要性不断提升…………… （257）

　　二、多措并举大力加强互联网发展与管理………………… （259）

　　三、互联网发展与管理取得积极成效……………………… （262）

三网融合 ……………………………………………………… （267）

　　一、三网融合的背景………………………………………… （267）

　　二、推进三网融合试点……………………………………… （268）

　　三、大力推进三网融合取得新进展………………………… （271）

无线电管理 …………………………………………………… （273）

　　一、统筹保障经济社会发展和国防建设用频需求………… （273）

　　二、大力加强无线电台站管理……………………………… （274）

　　三、开展边境无线电频率协调和卫星频率轨道资源

　　　　管理 ……………………………………………………… （275）

　　四、加强无线电安全保障…………………………………… （275）

　　五、积极开展无线电对外合作与交流……………………… （276）

　　六、不断提升无线电管理水平……………………………… （277）

网络与信息安全保障 ………………………………………… （280）

　　一、深入推进政策法规和标准制定工作…………………… （280）

　　二、加强网络与信息安全监管……………………………… （281）

　　三、持续推进网络环境治理………………………………… （282）

　　四、强化行业自律和社会监督……………………………… （282）

　　五、积极参与网络与信息安全国际和区域合作…………(283)

　　六、全力做好重大活动网络信息安全保障工作…………(283)

提升工业通信业对外开放水平…………………………(285)

　　一、工业出口大国地位稳固　贸易竞争力不断增强………(285)

　　二、提高利用外资质量……………………………………(287)

　　三、加快工业通信业企业"走出去"………………………(289)

组织人事工作………………………………………………(291)

　　一、打基础、促融合　营造心齐气顺劲足的良好环境……(291)

　　二、改革创新　不断提高干部工作水平…………………(292)

　　三、畅通渠道　积极改善干部队伍结构…………………(292)

　　四、量化标准　稳妥推进考核评价工作…………………(293)

　　五、突出重点　加强行业人才队伍建设…………………(294)

深入学习实践科学发展观活动和为民服务创先争优活动………(296)

　　一、开展深入学习实践科学发展观活动…………………(296)

　　二、深入开展创先争优活动………………………………(298)

　　三、党员干部职工思想作风出现新变化…………………(301)

第三篇　行　业　篇

石化和化学工业……………………………………………(305)

　　一、综合实力明显增强……………………………………(305)

　　二、产业结构调整步伐加快………………………………(308)

　　三、行业自主创新能力不断增强…………………………(311)

　　四、节能减排和化学品管理初见成效……………………(312)

钢铁工业……………………………………………………(313)

　　一、钢铁行业实现跨越式发展……………………………(313)

　　二、产业结构调整步伐加快………………………………(316)

三、自主创新能力大幅上升……………………………（318）

有色金属工业……………………………………………（320）

一、产业规模持续增长…………………………………（320）

二、自主创新能力显著提升……………………………（321）

三、产业结构不断优化…………………………………（323）

四、节能减排初见成效…………………………………（324）

五、境外资源开发有所突破……………………………（324）

六、稀有金属和黄金行业管理取得进展………………（325）

建材工业…………………………………………………（327）

一、主要产品产量和效益大幅提高……………………（327）

二、技术创新和品牌建设成绩显著……………………（328）

三、产业结构调整取得重大进展………………………（329）

四、节能减排成效显著…………………………………（331）

五、国际合作进一步深化………………………………（332）

机械工业…………………………………………………（333）

一、支柱地位日益突出…………………………………（333）

二、产品结构调整加快…………………………………（334）

三、发展模式发生深刻转变……………………………（335）

四、自主创新能力不断增强……………………………（336）

五、组织实施数控机床科技重大专项…………………（336）

汽车工业…………………………………………………（340）

一、产销量保持高速增长………………………………（340）

二、产业结构调整成效显现……………………………（341）

三、技术创新和自主品牌政策提高产业竞争力………（343）

四、节能环保政策促进汽车产业健康可持续发展………（344）

船舶工业··(346)

　　一、船舶工业实现跨越式发展·····································(346)

　　二、自主创新能力不断提高···(348)

　　三、产业结构日益优化···(350)

航空工业··(352)

　　一、产业规模快速扩大···(352)

　　二、航空武器装备研制水平实现跨越式发展·············(353)

　　三、民用飞机发展取得重要进展·································(354)

　　四、自主创新能力显著提高···(354)

　　五、产业组织结构和布局不断优化·····························(355)

　　六、国际合作水平大幅提升···(356)

轻工业··(358)

　　一、推动生产平稳较快增长···(358)

　　二、加快结构调整步伐···(359)

　　三、不断推动自主创新能力和质量品牌建设·············(360)

　　四、努力拓展国外市场···(361)

医药工业··(363)

　　一、行业结构调整持续推进···(363)

　　二、医药技术进步成效显著···(364)

　　三、医药行业基础管理得到加强·································(365)

　　四、药品应急保障能力明显提高·································(365)

　　五、基本药物生产供应得到有效保障·························(366)

食品工业··(369)

　　一、全行业增长态势良好　经济效益明显提升·········(369)

　　二、产业结构升级加快　市场供应更加丰富·············(371)

　　三、产品质量得到稳步改善　食品安全水平不断提高·····(372)

　　四、技术装备水平较快提升　创新能力明显增强·········(373)

　　五、产业集中度进一步提高　产业布局趋向合理…………（373）

烟草行业…………………………………………………………（375）

　　一、深化烟草行业改革………………………………………（375）

　　二、推动"卷烟上水平"………………………………………（376）

　　三、构建责任烟草　诚信烟草　和谐烟草………………（379）

纺织工业…………………………………………………………（381）

　　一、行业规模和效益持续增长………………………………（381）

　　二、行业出口稳步增长………………………………………（382）

　　三、产业结构不断优化………………………………………（382）

　　四、技术装备水平和自主创新能力不断提高………………（383）

　　五、自主品牌建设初见成效…………………………………（384）

　　六、产业转移有序推进………………………………………（385）

国防科技工业……………………………………………………（387）

　　一、国防科技工业发展面临的形势…………………………（387）

　　二、国防科技工业发展的主要举措…………………………（388）

　　三、国防科技工业发展取得的成效…………………………（390）

电子信息制造业…………………………………………………（394）

　　一、产业规模稳步扩大………………………………………（394）

　　二、结构调整取得积极成效…………………………………（397）

　　三、自主创新能力进一步提升………………………………（398）

　　四、企业实力显著增强………………………………………（399）

软件和信息技术服务业…………………………………………（402）

　　一、产业规模快速增长　产业地位稳步提升………………（402）

　　二、产业结构不断优化　新兴信息技术服务增势突出……（403）

　　三、创新能力显著增强　知识产权保护不断加强…………（404）

　　四、大企业培育取得新进展　产业集中度进一步提高……（405）

五、示范带动作用显现　产业集聚发展特点显著…………（406）

通信业……………………………………………………（407）

一、行业规模持续扩大　通信基础设施不断完善………（407）

二、自主创新能力显著增强　国际影响力稳步提升………（409）

三、业务结构不断优化　新兴网络经济蓬勃发展…………（410）

四、电信体制改革取得新突破　行业监管有力有效………（411）

五、全面服务民生和社会发展　战略基础先导性作用

日益突出………………………………………………（412）

党的十六大以来工业和信息化
改革发展回顾(代序)

党的十六大以来的十年是波澜壮阔、极不平凡的十年,是我国改革开放和社会主义现代化建设取得辉煌成就的"黄金十年",也是工业和通信业坚持科学发展、综合实力显著增强的关键十年。党的十六大报告提出,坚持以信息化带动工业化,以工业化促进信息化,走出一条科技含量高、经济效益好、资源消耗低、环境污染少、人力资源优势得到充分发挥的新型工业化路子。党的十七大报告进一步强调,坚持走中国特色新型工业化道路,大力推进信息化与工业化融合,促进工业由大变强。2012年5月,胡锦涛总书记在主持中央政治局第三十三次集体学习时,对落实新型工业化总体部署提出了"六个着力推进"的要求。中央决策部署为工业和信息化改革发展指明了方向。十年来,在党中央、国务院正确领导下,工业和信息化系统全面贯彻落实党的十六大、十七大精神,坚持以邓小平理论和"三个代表"重要思想为指导,深入落实科学发展观,大力推进工业通信业持续较快增长和发展方式转变,走新型工业化道路迈出了坚实的步伐。

一、把握机遇应对挑战,推动工业经济持续
快速发展,促进国家综合实力大幅提升

发展是硬道理,是执政兴国的第一要务。贯彻落实科学发展观,根

本目的是实现又好又快发展。工业是国民经济的主导。加快工业发展对于促进国民经济平稳较快发展、夯实建设小康社会物质基础具有重大意义。十年来,全国工业行业克服重大自然灾害等严峻考验,积极应对国际金融危机等重大挑战,抓住历史机遇,利用有利条件,保持工业经济持续较快发展,为经济社会发展作出了积极贡献。

(一)推动完善和落实国家促进工业发展的政策措施

进入新世纪以来,我国成功加入WTO,社会主义市场经济体制不断健全完善,国家先后出台鼓励软件和集成电路产业发展若干政策、关于加快振兴装备制造业的若干意见等一系列政策措施,为工业经济持续快速发展营造了良好环境。工业和信息化部成立后,参与推动十大产业调整振兴、战略性新兴产业和生产性服务业培育发展等各项规划的制定和组织实施,围绕工业转型升级和两化深度融合,加大政策协调落实力度,及时做好政策实施效果评估和政策储备,有力支撑了工业持续快速发展。推动出台了进一步鼓励软件和集成电路产业发展的若干政策。协调解决了液晶显示面板生产企业进口设备增值税占用资金问题,每条液晶面板生产线减少设备占用资金20亿—30亿元。

(二)积极应对国际金融危机、重大自然灾害等风险挑战

2008年下半年,国际金融危机愈演愈烈,对我国经济造成严重冲击,经济下行压力加大,增长速度大幅回落,其中工业所受冲击最大。面对国际金融危机的严峻形势,中央见事早、行动快,及时调整宏观经济政策,果断实行积极的财政政策和适度宽松的货币政策,出台了一揽子计划和政策措施。工业和信息化部积极会同有关方面对钢铁、汽车、造船、石化、轻工、纺织、有色金属、装备制造、电子信息9个行业以及乳制品行业进行调研,提出了有关措施和建议。会同有关部门制定钢铁、汽车、装备制造、有色金属、轻工业、纺织、电子信息、船舶、石化、物流业

十大产业调整和振兴规划,推动出台165项实施细则与配套政策。推动在中央财政设立重点产业调整和振兴技术改造专项资金,支持企业加强技术改造。2008年以来,中央投资共安排技术改造专项资金778亿元,拉动社会投资倍数达28倍。从2008年下半年开始,国家先后七次提高涉及4600余个税号的产品出口退税率,全年工业新增出口退税额约1530亿元。各级工业和信息化主管部门加强行业指导和组织协调,加强工业经济运行监测分析,加强煤电油气运等生产要素保障协调,着力解决工业运行中的突出矛盾和问题。工业增速由2008年6月的16%逐月下降到2009年1—2月的3.8%后,又逐月回升到2009年10月的16.1%、11月的19.2%,在较短时间实现了工业增速"V"型反转,为促进国民经济平稳较快发展作出了积极贡献。在应对国际金融危机期间,我国先后发生四川汶川特大地震、青海玉树强烈地震、甘肃舟曲特大山洪泥石流等重大自然灾害,工业和信息化系统克服各方面困难,积极投入抢险救灾,组织调运抗震救灾工具物资,抓好灾区通信修复和应急通信保障,组织指导工业企业生产恢复,支持灾后重建工作,为促进灾区经济社会发展作出了重要贡献。

(三)不断优化中小企业特别是小型微型企业发展环境

企业是市场的主体。优化发展环境、增强企业特别是中小企业发展活力至关重要。多年来,中小企业主管部门认真贯彻落实党中央、国务院决策部署,以营造环境、改善服务为重点,不断完善政策法规体系,支持和引导中小企业加快技术进步、强化管理,提高中小企业整体素质和竞争力。在法律和政策体系建设方面,2003年以来,国家先后出台了中小企业促进法以及关于鼓励支持和引导个体私营等非公有制经济发展的若干意见、关于进一步促进中小企业发展的若干意见、关于鼓励和引导民间投资健康发展的若干意见、关于进一步支持小型微型企业健康发展的意见四个综合性政策文件,各地和相关部门也制定实施了一系列配套政策措施。在财税政策支持方面,中央财政安排的促进中小企业发展的专项资金(基金)规模由最初 2003 年的 10 亿元增至 2012 年的 141.7 亿元,出台了一系列税收优惠政策。在缓解中小企业融资难方面,推动在金融机构建立中小企业信贷部门,大力发展中小金融机构,支持中小企业信用担保机构发展,推动中小企业通过资本市场融资。此外,积极引导中小企业加快结构调整,加强中小企业社会服务体系建设,推进中小企业对外交流合作,促进中小企业持续健康发展。目前,中小微型企业占全国企业总数的 99.7%,提供了 80% 的城镇就业岗位,创造了 60% 的国内生产总值、59% 的税收和 60% 的进出口,完成 65% 的发明专利以及 75% 以上的新产品开发。

十年来,在党中央、国务院正确领导下,经过全行业的共同努力,我国工业实现持续快速发展,总体规模大幅提升,综合实力不断增强。2011 年实现全部工业增加值 18.86 万亿元,是 2002 年的 2.7 倍,年均增长率达到 11.7%。工业占国内生产总值的比重保持在 40% 左右,对经济增长的贡献率接近 50%。制造业大国地位初步确立,在 22 个大类中,我国在 7 个大类中名列第一,220 多种工业品产量居世界第一位。2010 年我国制造业产出占世界的比重为 19.8%,超过美国成为全球制造业第一大国;2012 年我国大陆企业进入世界 500 强达 73 家(含香港),比 2002 年增加 62 家,总数位列美国之后居世界第二位。工业发展为确立我国经济大国地位、增强国家综合实力提供了强有力支撑。

二、加快工业经济结构调整和发展方式转变,促进现代产业体系建设,不断提高产业发展层次和水平

经过多年发展,我国已经进入必须转变经济发展方式才能实现可持续发展的关键时期。加快经济结构调整和发展方式转变是关系我国发展全局的战略抉择。党的十六大以来,中央强调,经济社会发展要从"快字当头"转向"好字当头",把经济结构战略性调整作为转变经济发展方式的主攻方向,坚持在发展中促转变、在转变中谋发展。工业是经

济结构调整和发展方式转变的主战场。工业和信息化系统坚持推进内涵式发展,强化工业发展的薄弱环节,大力改造提升传统产业,积极培育壮大战略性新兴产业,加快发展生产性服务业,推进建设现代产业体系,促进工业结构调整取得积极进展。

(一)大力改造提升传统产业

党的十六大以来,国家相继出台了汽车产业政策、钢铁产业政策以及促进产业结构调整暂行规定、产业结构调整指导目录等产业政策,并在加快发展高新技术产业、支持企业技术改造、压缩落后产能、完善行业准入条件等方面采取了系列措施。工业和信息化部成立后,进一步加大了技术改造、节能减排和淘汰落后、质量品牌建设、产业转移和集聚发展等方面工作力度。企业技术改造方面,加强与相关部门沟通协作,制定完善促进企业技术改造的法律法规和政策体系,组织实施重点产业振兴和技术改造专项,积极构建企业技术改造工作联动格局,建立完善长效工作机制,支持企业采用新技术、新工艺、新设备、新材料,对现有设施、工艺条件及生产服务等进行改造、更新和提升。技术改造不仅拉动了投资增长,有力地推动了工业经济持续较快发展,更为重要的是加快了产业技术进步步伐,提高了企业发展水平,推动了行业内涵式发展。2012年8月《国务院关于加强工业企业技术改造工作的意见》发布实施。企业兼并重组方面,贯彻国务院《关于促进企业兼并重组的意见》,牵头成立了推进企业兼并重组的部际协调机制,着力消除制约企业兼并重组的体制性障碍,加强管理和服务,引导企业跨地区、跨行业兼并重组,钢铁、汽车、船舶、水泥等行业产业集中度明显提高。2011年前10家钢铁、汽车企业产业集中度分别上升到49.2%和87%。节能减排和淘汰落后方面,"十一五"期间,规模以上企业单位工业增加值能耗累计下降26%,单位工业增加值用水量下降36.7%,工业化学需氧量及二氧化硫排放总量分别下降17%和15%;累计淘汰落后炼铁产能1.2亿吨、炼钢产能7200万吨、水泥产能3.5亿吨、焦炭1.07

亿吨、造纸1070万吨,占全部落后产能的50%左右。质量品牌建设和安全生产方面,贯彻落实中央领导批示精神,大力实施质量和品牌战略,落实企业主体责任,以开发品种、提升质量、创建品牌、改善服务、提高效益为重点,综合运用政策规划、工业标准、技术改造和技术创新、推广先进质量管理方法等措施推进质量品牌建设。重点行业安全生产监管与指导得到加强,企业本质安全水平不断提升。区域协调发展方面,制定了产业转移指导目录,主办了产业转移系列对接活动,加强对西部少数民族地区特别是新疆、西藏、青海等的产业援助,东部向中西部地区产业转移步伐加快,"十一五"期间中西部地区工业增加值占全国工业增加值的比重提高5.8个百分点。大力推进产业集聚发展。2009年开始,组织开展国家新型工业化产业示范基地创建工作,授牌基地达到185家。各类产业集聚区成为工业发展的重要载体,东部地区工业园区实现工业产值已占本地区工业总产值的50%以上,中西部地区涌现出一批特色产业园区。

(二)加快培育发展战略性新兴产业

2010年以来,按照国务院统一部署,工业和信息化部扎实抓好新一代信息技术、高端装备制造、新材料和新能源汽车4个领域战略性新兴产业培育发展工作。着力加强规划引导。积极参与《国务院关于加快培育战略性新兴产业的决定》和《战略性新兴产业发展"十二五"规划》的起草编制工作,牵头编制的高端装备、新材料、节能与新能源汽车3个重点领域专项规划以及航空、航天、海洋工程装备、环保装备、电子信息制造业、集成电路、太阳能光伏、物联网、云计算、软件和信息技术服务、信息安全、互联网、宽带网络基础设施13个细分领域专项规划已发布实施。着力加快重点领域技术研发及产业化。"十一五"期间,利用国家科技重大专项、技术改造等专项资金渠道,先后实施了11项重大工程。仅2011年安排资金近140亿元支持战略性新兴产业发展。着力落实和完善重点政策措施。协调落实了公共领域新能源汽车示范补贴和私人购买电动汽车试点补贴政策,将节能与新能源汽车示范推广城市扩大到 25 个;落实节能汽车推广补贴政策,补贴节能型乘用车420 万辆;协调出台节能与新能源汽车减免车船税政策。着力加强部省工作对接。组织编制了《战略性新兴产业要素分解指南》,印发了《战略性新兴产业关键共性技术推进重点(第一批)》以及《战略性新兴产业(产品)推进重点(第一批)》,从重点领域、重点方向、关键共性技术、关键产品、重点企业、政策资源保障等方面明确了支持重点。大力发展生产性服务业。积极推动工业设计及研发服务、现代物流服务、信息服务及外包、节能和安全生产服务等重点领域发展,推进制造业服务化,中国软件名城创建工作顺利推进。

近年来,工业和信息化部注重加强规划引导、加强产业政策制定和行业准入管理、加强重点行业管理,为推进结构调整奠定了基础。规划引导方面,2011 年 12 月,国务院发布《工业转型升级规划(2011—2015年)》,为“十二五”工业结构调整和发展方式转变指明了方向;工业和信息化部编制了钢铁、有色、石化、建材、航空、船舶、汽车、轻工、纺织、医药、信息产业等 16 个重点行业发展规划,以及信息化、中小企业、节能减排、技术创新、产品质量等 35 个重点专题规划,形成了相互支撑、互为补充、有机衔接的规划体系。产业政策制定和行业基础管理方面,国家自 2002 年以来先后发布了焦化、电石、铁合金、黄磷、铜冶炼、锌冶炼、钨、锡、锑、平板玻璃、水泥、日用玻璃、电解金属锰、铅酸蓄电池等行业准入条件;2004 年以来相继发布了汽车、钢铁、水泥、造纸等产业发展政策和船舶工业中长期发展规划。稀土行业管理方面,建立了由工业和信息化部牵头、15 个部门参加的稀有金属部际协调机制,推动出台关于促进稀土行业持续健康发展的若干意见,实施稀土指令性生产和行业准入管理,开展稀土开采、生产、环保和打击走私等专项整治行动,发布《中国的稀土状况和政策》白皮书。成立了中国稀土行业协会。推动组建大型稀土企业集团,以大型稀土企业为主导的稀土行业格局已初具雏形。

三、加强创新体系建设，突破关键核心和行业共性技术，推进科技成果转化和产业化，着力提高自主创新能力

转变经济发展方式、调整经济结构，最根本的是要依靠科技的力量，最关键的是要把增强自主创新能力作为战略基点。党的十六大以来，党中央、国务院强调要走中国特色自主创新之路，坚持自主创新、重点跨越、支撑发展、引领未来的指导方针，推进创新型国家建设，并制定和实施了国家中长期科学和技术发展规划纲要以及系列政策措施。各级工业和信息化主管部门健全和完善各项措施，推进创新能力建设，构建以企业为主体、市场为导向、产学研用相结合的技术创新体系，重点行业、重点领域的自主创新能力显著增强。

（一）推进以企业为主体的技术创新体系建设

增强自主创新能力，关键是要强化企业在技术创新中的主体地位。工业和信息化部联合有关部门出台了国家产业技术政策，颁布了"十二五"产业技术创新规划等，不断完善支持产业技术创新的政策体系。2010年，与财政部开展了"国家技术创新示范企业"认定工作，首批认定了55家示范企业。国家有关部门先后认定了18批793家国家级企业技术中心，省级企业技术中心已达6000余家。目前，在工业重点行业、重点领域均已基本建立起以企业技术中心为核心的企业研发机构体系，企业技术中心已经成为企业技术创新能力的源泉。大力推进产学研用紧密结合，通过国家重大科技专项、中小企业技术创新服务平台、企业技术改造、新型工业化基地建设、节能减排、战略性新兴产业等专项的实施，对企业为主导的产学研联合给予倾斜支持。近年来，以企业为主体、市场为导向、产学研相结合的技术创新体系不断完善，企业在技术创新中的主体地位不断增强，以建立企业技术中心为主要形式的企业技术创新体系建设取得新的进展。

(二)突破产业核心技术和关键共性技术

提升原始创新能力,大力增强集成创新和引进消化吸收再创新能力,形成更多具有自主知识产权的重大技术成果,推动产业从规模优势向技术优势转变,是我国牢牢把握发展主动权、实现经济科技跨越式发展的战略任务。工业和信息化部认真贯彻落实国家中长期科技发展规划纲要,组织抓好"核高基"、新一代宽带无线移动通信网、高档数控机床与基础制造装备、大型飞机等国家重大科技专项的实施,加大财政资金支持,充分发挥行业龙头企业和研究院所的作用,重点领域实现新的突破。"嫦娥"一号、二号探月卫星成功发射,神舟系列飞船实现了发射、空间出舱活动以及空间科学试验等重大突破,特别是天宫一号目标飞行器与神舟九号飞船顺利实现载人交会对接,标志着我国载人航天工程第二步战略目标取得具有决定性意义的重要进展;千万亿次超级计算机系统"天河一号"研制成功,65—45纳米集成电路制造工艺实现量产,首架具有完全自主知识产权的支线飞机完成总装下线并首飞成功。印发了产业关键共性技术发展指南(2011年),推动解决产业关键共性技术的发展和应用问题。按照核心和关键技术优先、支柱和基础产业优先的原则,启动实施了一批产业技术创新项目,总投资约7.6亿元,取得了一批重大技术成果,"超高效节能电机技术"、"超大型矿山浮选设备"等项目形成了一批自主知识产权的产品。同时,大力推进重点领域科技成果转化。从2010年开始,与财政部共同组织实施了国家重大科技成果转化项目。2012年共支持项目556个、安排资金约56亿元,促进100多项国家技术发明奖、国家科技进步奖的成果转化。项目的实施有效增强了项目承担单位自主开发、技术集成创新和转化应用能力,加快了一批先进适用科技成果的转化、示范与推广,促进了新品种、新技术、新产品和新工艺的中试熟化和应用。

(三)加强标准体系建设和知识产权行业管理

大力实施国家工业标准化战略,完善标准制修订机制,围绕技术改造、自主创新、节能减排、质量品牌建设、战略性新兴产业发展等重点工作,加快产业亟须、具有创新成果和国际水平的重要技术标准制定,积极参与国际标准制定,推动建立工业技术标准体系。工业和信息化部成立四年多来,完成行业标准立项9517项,批准发布3614项,制定国家标准4494项,复审行业标准2.4万项。专利数量是反映一国科技产出能力的重要指标,运用专利和知识产权赢得市场竞争先机已成为国际竞争的重要方式和手段。近年来,工业和信息化部始终坚持将行业知识产权战略实施作为推进工业转型升级的重要切入点,不断强化知识产权行业管理,推动知识产权成果转移和扩散,积极培育企业运用知识产权的能力。大力推进计算机预装正版操作系统软件监督管理,正版软件预装率2010年达到98.8%。开展了信息技术领域重大技术发明评选和专利态势发布活动,加强战略性新兴产业发展的专利分析预警。2011年,九个工业领域专利申请总量共计382.2万件,占国内全部专利申请总量的83%,其中电子信息产业的专利申请最为活跃,申请总量达到136.4万件。

四、大力推进信息化和工业化融合,推进军民结合、寓军于民,为走新型工业化提供有力支撑和保障

　　融合发展是新型工业化道路的鲜明特征,也是经济社会转型发展的强劲动力。我国正处在工业化中期,赶上了信息化的机遇。信息技术在国民经济各领域的普遍应用,能够大幅提高劳动生产率、降低资源消耗和生产成本、减少环境污染。信息化极大地拓展和丰富了传统工业化的内涵,为我国高起点推进工业化提供了可能。必须坚持以信息化带动工业化、以工业化促进信息化,推进信息化和工业化融合,才能真正加快我国工业化进程。军民融合式发展是走新型工业化道路的重要战略任务,对于加强国防和军队现代化建设,在全面建设小康社会进程中实现富国和强军的统一,具有十分重要的意义。十年来,工业和信息化系统认真贯彻落实中央决策部署,坚持走融合发展之路,大力推进信息化和工业

化融合,推进军民结合、寓军于民,加快了新型工业化步伐。

(一)大力推进信息化与工业化融合

发挥大部门制的优势,加强部门间协调配合,创新推进机制,完善推进体系,开展试点示范,总结推广典型经验,从企业、行业、区域三个层面探索推进两化融合的方式和途径。围绕改造提升传统产业、促进节能减排和安全生产、推进中小企业信息化等专题,加强典型经验交流,组织实施技术改造专项和试点示范工程,搭建了一批两化融合区域公共服务平台,逐步建立完善了中小企业信息化服务体系。超过300家中小企业信息化辅导站已覆盖全国所有地级市,45个城市建立了信息化管理提升服务中心,"一站式"信息化服务新模式初步形成。为明确推进两化融合的关键环节和可行路径,确立标杆企业,发布了《工业企业"信息化和工业化融合"评估规范(试行)》,依托行业协会、研究机构,对17个行业的850家企业进行了两化融合水平测评,并逐步实现工业各行业的全覆盖。分两批确立了16个国家级两化融合试验区。首批8个试验区3年来共投入资金约32亿元,支持试点示范项目1400个左右,建设了546个服务平台,培育了1023个示范企业。加强产用互动,推动融合创新,加快关键软硬件研发和产业化进程,有序开展智能制造装备、新型显示、云计算、物联网等重大产业创新发展和应用示范工程,全面提升信息技术产业基础支撑能力。同时,围绕市场需求变化和社会发展的重点难点问题,加强技术创新、应用示范和重大工程建设的统筹推进,经济社会主要领域信息化应用不断深化。

(二)推动军民融合式发展

军民融合发展关键在于建立和完善军民结合、寓军于民武器装备科研生产体系。2010年以来,政府和军队有关部门认真落实国务院、中央军委联合印发的《关于建立和完善军民结合　寓军于民武器装备科研生产体系的若干意见》取得积极成效。军工核心能力建设水平、武器装备供给能力跨上新台阶,军工配套体系不断完善,武器装备科研生产水平全面提升,国防科技创新体系进一步完善,一大批关键核心技术获得突破,军品科研生产能力结构调整全面完成。军工开放步伐不断加快,"民参军"取得积极进展,政府和军队有关部门相继出台了《关于鼓励和引导民间资本进入国防科技工业领域的实施意见》《非国有企业军工项目投资监管暂行办法》等一系列政策法规,确保对民间投资主体与国有军工企业实行同等待遇,武器装备科研生产"小核心、大协作"的开放式发展格局逐步形成。军民结合产业快速发展,军工经济与地方经济进一步融合,军工民用产值已占国防科技工业总产值的75%。部省间、军地间战略合作协议启动实施,具有军民结合特色的产业朝着规模化、集聚化、集约化方向发展。军民互动共享逐步深化,产学研用一体化得到推进,一批研发设施实现共建共享,国防和民用基础技术、产品的统筹和一体化逐步推进。有关部门定期发布《军用技术转民用推广目录》和《军民两用产品及技术共享目录》,军民结合公共服务平台建设顺利启动。

五、加快推动通信业转型发展,积极构建下一代国家信息基础设施,进一步提高服务经济社会的能力和水平

新世纪以来特别是近年来,信息通信技术创新更趋活跃,网络技术宽带化、移动化、智能化、泛在化加速发展,通信业大发展、大融合、大变革特征日趋突出,在促进经济增长、转变发展方式、提高人民生活质量等方面发挥着越来越重要的作用。世界各国都把推动通信业发展、加快建设新一代信息网络作为提高国家综合竞争力、支撑经济社会可持续发展的战略选择。《2006—2020年国家信息化发展战略》《国民经济和社会发展第十二个五年规划纲要》《国务院关于加快培育发展战略性新兴产业的决定》等,都对加快发展新一代信息技术,积极构建宽带、融合、安全、泛在的下一代国家信息基础设施提出了明确要求。十年来,通信行业坚持以服务经济、服务社会、服务民生为宗旨,加快改革

发展步伐,在我国经济社会发展中的地位和作用进一步显现。

(一)推进通信业平稳较快发展,促进国民经济增长

原信息产业部、工业和信息化部制定和发布了一系列行业规划、专项规划、区域规划,引导行业持续健康发展,有效满足经济社会对网络、技术、产品和服务等的需求。加大网络建设力度。截至 2011 年,全国光缆线路长度达到 1205 万公里,移动电话交换机容量增加到 17.07 亿户,分别比 2002 年增长 5.4 倍和 5.3 倍。加快 3G 和 TD—SCDMA 发展,发放了 3G 牌照,出台了扶持政策措施。截至 2011 年年底,3G 网络覆盖全国所有县城以及大部分乡镇,用户规模达到 1.28 亿户。其中,TD 用户 5121 万户,实现"三分天下有其一"的市场目标。大力推动三网融合,会同相关部门扎实开展三网融合试点,广电、电信业务双向进入取得实质性进展,网络建设加快推进,IPTV、手机电视、互联网视频、数字家庭等业务应用快速发展。2012 年,工业和信息化部还启动实施了宽带普及提速工程,以"建光网、提速度、促普及、扩应用、降资费、惠民生"为总体目标,着力提高城乡宽带网络接入能力和普及水平。这些措施的落实有力推动了通信业持续较快发展。从 2002 年到 2011 年,电信业务总量年均复合增长率达 24%,电信业务收入年均增长 10.2%;互联网及增值服务市场业务收入年均增长超过 20%;全国电话用户总数增长 2 倍达到 12.7 亿户。通信业的发展也有力促进了国民经济增长。过去十年间,电信业增加值占同期 GDP 的比重保持在 1.5% 左右,对 GDP 的间接拉动更为显著。仅 2011 年,固定宽带和 3G 网络相关投资超过 2200 亿元,带动相关信息服务消费近 5000 亿元,拉动上下游关联产业实现产值超过 2.4 万亿元。

(二)加强信息通信技术和业务创新,推动经济结构调整和发展方式转变

加强对信息通信业自主创新的政策支持,推动信息通信技术创新、

业务创新和商业模式创新,增强支撑经济社会信息化的能力。组织对网络演进及技术发展进行系统性研究,通信和网络技术的研发及应用水平跨入世界先进行列,TD—SCDMA 和 TD—LTE 增强型技术分别成为 3G、4G 国际标准,TD—SCDMA 成功实现商用,TD—LTE 规模试验取得突破性进展,涵盖 TD—LTE 系统设备、芯片、终端、测试仪表的完整产业链初步形成。推进网络 IP 化演进成果显著,建成全球最大 IP 软交换商用网络,下一代互联网研究部署稳步推进。大力推进新业务、新应用、新业态发展,实施 IPv6、云计算、物联网等应用示范,培育壮大新兴业务应用市场;手机电视、移动支付等应用服务快速兴起,信息获取、商务交易、交流沟通、网络娱乐等互联网应用迅速扩展。随着信息通信技术发展日新月异,信息通信网络、技术、业务、服务对各行业和领域的渗透不断深入,有力地促进了经济结构调整和发展方式转变,并推动了自身的转型发展。2011 年,非话音业务收入占电信业务收入的比重提高到 46.5%。

(三)坚持服务社会和民生,推动构建社会主义和谐社会

坚持把维护消费者合法权益放在突出位置,推动形成了较为完整的法规制度体系和质量标准体系,建立健全“政府监管、企业自律、社会监督”工作机制,组织开展“畅通网络诚信服务”主题活动、“诚信服务放心消费”系列活动等,针对社会反映较突出的问题进行了专项治理,有效规范了服务行为,促进服务质量持续提升。2004 年以来,认真贯彻中央关于建设社会主义新农村的战略部署,采用“分片包干”的办法,组织基础电信企业实施“村村通电话工程”。截至 2011 年年底,实现所有行政村通电话、乡镇通宽带,行政村通宽带比例达到 84%,自然村通电话比重达到 94.5%。加强应急通信保障,健全和完善应急通信管理机构、保障队伍、专用通信系统及应急保障预案,在抢险救灾、处置突发公共事件、重大国事活动中发挥了重要作用。

（四）加强和改进电信市场监管、无线电管理，积极营造良好的市场环境

　　大力加强电信市场监管，坚持"以人为本、监管为民"，综合运用经济、法律、技术和必要的行政手段，积极营造公平公正、有序有效的市场竞争环境。严肃查处市场违规行为，企业竞争行为逐步规范，市场竞争秩序进一步规范。大力加强互联网行业管理，加强与相关部门沟通协作，积极推进法制建设和技术标准制定，形成了以行业规划、政策、标准为基础的互联网管理法规框架；网络资源管理、网站准入管理、接入服务管理等得到加强，推进网络架构不断优化。针对社会反映强烈的网络淫秽色情和低俗信息、网络传销、网络诈骗、网络制售假冒伪劣商品和侵犯知识产权等突出问题，加强专项治理，依法处理违法违规网站和信息。大力加强无线电管理，按照"管资源、管台站、管秩序，服务经济社会发展、服务国防建设、服务党政机关，突出做好重点无线电安全保障工作"的总体要求，加强无线电管理工作的集中统一领导和整体组织协调，科学配置与合理利用无线电频谱资源，加强无线电台站和设备管理，维护空中电波秩序，做好无线电安全保障工作。大力加强网络与信息安全管理，建立健全"法律规范、行政监管、行业自律、技术保障、社会监督"工作机制，加强法制建设和技术手段建设，认真落实企业网络与信息安全主体责任，加强对新技术新业务发展带来的风险评估和风险防范，开展打击网络淫秽色情专项治理等行动，加强对有害不良信息整治，开发推广绿色上网过滤软件，促进了网络环境的有效改善。

六、深入推进工业和信息化领域改革开放，充分发挥市场机制作用，统筹用好两个市场、两种资源，不断增强发展动力

　　改革开放是经济发展的巨大引擎，也是走新型工业化道路的强大动力。十年来，工业和信息化系统大力推进深化改革开放，坚持社会主义市场经济的改革方向，充分发挥市场机制配置资源的基础性作用，突

破制约工业发展的体制机制障碍;统筹用好国际国内两个市场、两种资源,坚持"引进来"和"走出去"相结合,努力创造"中国制造"竞争新优势,不断提升我国在全球产业分工中的地位。

(一)推动完善工业行业管理体系

2008 年,按照国务院机构改革方案,国家组建了工业和信息化部,履行工业行业管理职责。工业和信息化部成立四年来,积极探索创新社会主义市场经济条件下加强和改进行业管理的方式方法。加快转变政府职能,推进依法行政,坚持"不干预企业"、"不走老路",管好规划、管好政策、管好标准,加强行业指导,充分发挥市场机制配置资源的基础性作用。深入推进行政审批制度改革,累计减少 12 项、保留 57 项,并进一步规范审批程序,提高审批效率。大力推进管理方式创新,坚持统筹兼顾、突出重点,集中有限资源和精力解决事关全局的重大问题、难点问题;坚持上下联动、形成合力,加强部省的合作互动,充分发挥中央和地方两个积极性,形成上下联动、合作互动的工作格局;坚持创造性开展工作,落实职责,丰富手段,加强综合协调,加强试点示范和典型引路,充分发挥协会和相关社团中介组织等的作用;坚持有为有位、创先争优,勇挑重担,主动进取,扎实推进各项工作,努力取得实实在在、为社会所认可的业绩。通过积极努力,行业管理体系不断完善,改变了长期以来工业行业管理弱化、职能分散的局面,为促进信息化和工业化融合、加快工业转型升级和发展方式转变提供了体制保障。

(二)稳步推进电信、军工体制改革

在电信领域,不断深化推动电信运营体制改革。2002 年,国家对电信企业进行了新一轮重组,组建中国网络通信集团公司和新的中国电信集团公司,进一步打破固定通信领域的垄断局面。2008 年启动新一轮电信运营体制改革,形成了新的中国电信、中国移动、中国联通三大骨干企业的市场结构。稳步推进电信监管体制改革。2002 年,各省、市、自治区通信管理局成立,建成了部省双重领导以部为主的垂直型电信监管体系;推动《电信法》立法进程,不断健全法律环境和公正透明的监管规制。推动电信业对民间资本开放,电信建设领域和增值电信业务领域除国内多方通信业务外均已对民资开放。2012 年 6 月,工业和信息化部出台关于鼓励和引导民间资本进一步进入电信业的实施意见,进一步向民间资本开放移动通信转售业务试点、接入网业务试点和用户驻地网业务、网络托管业务等八个领域。在军工领域,积极稳妥地推进军工企业股份制改造,建立规范的公司法人治理结构;加快国防科技工业投资体制改革,促进非军工单位参与军品科研生产和建设,基本形成"军转民、民参军"的互动机制,获得武器装备科研生产许可证的民营企业已占总数的 2/3。2011 年,经国务院、中央军委批准,工业和信息化部、总装备部牵头,23 个部门参加,成立了军民结合、寓军于民武器装备科研生产体系建设部际协调小组,为组织协调跨部门、跨领域的重大事项提供了组织机制保障。

(三)大力推动非公经济健康发展

党的"十六大"强调公有制为主体、多种所有制经济共同发展,是我国社会主义初级阶段的基本经济制度,"必须毫不动摇地巩固和发展公有制经济,必须毫不动摇地鼓励、支持和引导非公有制经济发展"。2003 年《中共中央关于完善社会主义市场经济体制若干问题的决定》中第一次提出,要"大力发展混合所有制经济,实现投资主体多元化。允许非公有资本进入法律法规未进入的基础设施、公用事业及其他行业和领域"。2005 年国务院颁布关于鼓励支持和引导个体私营等非公有制经济发展的若干意见,提出了 36 条鼓励支持和引导个体私营等非公有制经济发展的政策措施。这是新中国成立以来首部以促进非公有制经济发展为主题的中央政府文件。2010 年国务院出台关于鼓励和引导民间投资健康发展的若干意见,进一步拓宽民间投资的领域和范围。2012 年上半年,工业和信息化部及有关部门出台了促进民间投资的"36条"42个方面的实施细则,鼓励和支持民间资本进入铁路、市政、金融、能源、电信、医疗等领域。通过一系列政策措施的出台和落实,我国个体私营等非公有制经济持续快速发展,从小到大、从弱到强,已经成为社会主义市场经济的重要组成部分,在国民经济和社会发展中的地位和作用日益增强。

（四）深入推进工业和信息化领域对外开放

工业、通信业认真贯彻落实国家对外开放战略,积极融入国际产业分工体系,不断提升开放型经济水平,着力巩固工业出口大国地位。通过充分利用财税、金融、产业政策的导向作用,优化产品进出口结构,增强贸易竞争力。积极参与WTO谈判,解决贸易纠纷。2011年,我国工业制成品出口额达到17980.5亿美元,比2001年增长6.5倍。工业制成品占总货物出口比重由2001年的90.1%提升到2011年的95%,初级品在货物出口中的比重则从9.9%下降至5%。机电产品、高新技术产品出口占出口总额的比重分别提高到57.2%和28.9%。着力提高外资利用质量,通过政策引导、发布招商目录、严格市场准入等手段,引导外资投向新兴战略产业和低污染、低能耗、高附加值行业,促进外商投资使用新技术、新工艺、新材料、新设备,改造和提升传统产业。十年来,我国利用外资在加强技术创新、促进国内产业升级等方面取得巨大成果,各行业逐渐摆脱全球"产业初级加工厂"的地位,产业竞争力不断增强。积极引导国内企业加快"走出去"战略。十年来,工业通信业"走出去"步伐加快。从2002年到2010年,工业企业对外直接投资金额共计742.79亿美元,涌现了一大批"走出去"的优秀企业。

从党的十六大到十八大,我国工业和信息化改革发展走过了十年极不平凡的伟大历程,取得了举世瞩目的辉煌成就,在走新型工业化道路上迈出了坚实步伐。这些伟大成就来之不易,是党中央科学决策、正确领导的结果,是各相关部门和地方各级党委、政府大力支持、协同配合的结果,是工业和信息化系统广大干部职工团结协作、顽强拼搏的结果。这些伟大成就,充分证明我们党是伟大、光荣、正确的党,充分证明科学发展观是指导我们党和国家事业蓬勃发展的重大战略思想,充分证明中国特色新型工业化道路是加快工业转型升级、促进工业由大变强的必由之路。十年的辉煌成就和宝贵经验,进一步增强了我们对党的衷心拥护和爱戴,进一步增强了我们拼搏进取、再铸辉煌的勇气与信心,必将激励我们在党中央领导下在新型工业化道路上奋勇前进。

当前和今后一个时期,国际国内经济环境错综复杂,世界经济复苏的曲折性、艰巨性进一步凸显,国内经济运行中仍然存在一些突出矛盾和问题。工业和信息化系统要进一步增强大局意识、使命意识和忧患意识,按照走新型工业化道路的总体部署和要求,认真贯彻党中央、国务院的决策部署,深入落实科学发展观,牢牢把握科学发展这个主题,紧紧围绕转变经济发展方式这条主线,遵循工业和信息化发展客观规律,适应市场需求变化,根据科技进步新趋势,积极推进建设结构优化、技术先进、清洁安全、附加值高、吸纳就业能力强的现代产业体系,提高工业、通信业发展的质量和效益,努力实现从工业大国向工业强国转变,为全面建设小康社会、加快推进社会主义现代化作出新的更大的贡献。

工业和信息化部党组书记、部长

二〇一二年八月二十一日

第一篇

综 合 篇

坚定不移走中国特色新型工业化道路
努力实现从工业大国向工业强国转变①

最近,中央政治局就坚持走中国特色新型工业化道路和推进经济结构战略性调整进行了第三十三次集体学习②,胡锦涛总书记发表重要讲话,充分肯定了工业在经济社会发展中的重要地位和作用,深刻阐述了坚持走新型工业化道路的重大意义,对落实推进新型工业化的总体部署提出了明确要求。胡锦涛总书记的重要讲话,高屋建瓴,立意深远,论述精辟,对全国工业和信息化系统是极大的鼓舞和鞭策。我们一定要认真学习领会,全面抓好贯彻落实,进一步增强紧迫感、使命感,在党中央、国务院的坚强领导下,坚定不移地走新型工业化道路,努力实现从工业大国向工业强国转变。

一、提高思想认识　进一步增强走新型工业化
道路、促进工业由大变强的历史使命感

胡锦涛总书记指出,工业是实体经济的主体,也是转变经济发展方式、调整优化产业结构的主战场。坚持走中国特色新型工业化道路,是

---

① 本文系 2012 年 6 月 2 日工业和信息化部部长苗圩同志发表的学习胡锦涛总书记重要讲话精神的署名文章。

② 2012 年 5 月 28 日,中央政治局就坚持走中国特色工业化道路和推进经济结构战略性调整进行第三十三次集体学习,中共中央总书记胡锦涛发表了重要讲话。

全面建设小康社会的必然要求,是提高我国综合国力和国际竞争力的重要保障。我们要从全局和战略的高度,深刻认识走新型工业化道路、促进工业由大变强的重要性和紧迫性,增强做好各项工作的使命感和责任感。

工业是推动国民经济增长的重要动力,是增进人民福祉的重要基础,也是国家综合实力和竞争力的核心体现。新中国成立以来特别是改革开放以来,我国工业发展取得了举世瞩目的伟大成就,建成了门类齐全、独立完整的工业体系和国民经济体系,促进了经济持续较快发展,综合实力和国际竞争力显著增强,实现了从农业大国向工业大国的历史性转变。我国正处在工业化中期,工业的主导作用和支柱地位在较长时期内不会改变,加快工业转型升级,促进工业由大变强,依然是我国现代化进程中艰巨的历史任务。

走新型工业化道路,是党中央在我国进入全面建设小康社会、加快推进社会主义现代化新的发展阶段作出的重大战略决策,是我国在推进工业化发展长期实践中探索和总结出的宝贵经验。目前,我国工业大而不强,发展方式粗放、结构不合理、核心技术受制于人、资源环境约束强化、区域发展不平衡等深层次矛盾和问题突出。当前和今后一个时期,我们必须始终坚持走新型工业化道路,牢牢把握科学发展这个主题和转变经济发展方式这条主线,遵循工业化客观规律,适应市场需求变化,根据科技进步新趋势,积极发展结构优化、技术先进、清洁安全、附加值高、吸纳就业能力强的现代产业体系,提高工业发展质量和效益,为全面建设小康社会、加快推进社会主义现代化奠定坚实的物质基础。

二、着力推进制度环境建设
为工业发展提供有力保障

胡锦涛总书记强调,要加强战略谋划和顶层设计,加强促进工业发展的制度建设,增强消费对工业发展的拉动作用。制度带有根本性、稳定性和长期性。推进我国工业由大变强,最根本的是要在制度环境建设上下工夫。

加强战略谋划和顶层设计,是当前促进工业发展新的重大课题。经过多年发展,我国工业发展面临的国内外环境已经并正在发生深刻变化,必须统筹推进工业化、城镇化和农业现代化协调发展,按照走新型工业化道路的总体部署,积极推动加强促进工业发展的制度框架设计,继续坚定不移地深化大部门制改革,不断完善政策法规体系。加强全局性、方向性、战略性等问题研究,把握规律,拓展思路,及时研究解决事关工业发展全局的重大问题。

大力营造有利于工业发展的良好环境。要加强产业政策与财税、金融、贸易、投资、土地、环保等政策的协调配合,狠抓各项政策措施落实,不断改善工业发展的政策环境,引导更多的社会资本、技术、人才等要素投向工业经济。全面贯彻落实扩大内需的战略方针和政策措施,改善工业产品消费环境,加快产品和产业升级,重点推动利用技术改造优化投资结构,切实发挥工业产品在扩大内需中的积极作用。大力弘扬尊重劳动、尊重创造、尊重致富的思想,努力营造各方面关心、支持工业发展的良好氛围。

三、着力推进现代产业体系建设　加快工业转型升级

胡锦涛总书记要求,着力推进现代产业体系建设。建设现代产业体系是新型工业化的重要支撑,本质要求是进一步优化产业结构,增强产业核心竞争力,促进三次产业在更高水平上协调发展。要根据工业转型升级总体要求,围绕改造提升制造业、培育发展战略性新兴产业、大力发展生产性服务业,瞄准重点领域和方向,集中力量尽快取得实质性突破。

加快促进全产业链整体升级。当前我国工业规模很大,但总体水

平较低,必须加快推动产业价值链从低端向高端跃升,建立新的产业竞争优势。要立足现有企业和产业基础,加强技术创新、技术改造、兼并重组、质量品牌建设,提高工业制造基础能力、新产品开发能力、品牌创建能力、产业集中度,打通产业链各关键环节。特别是要大力培育发展战略性新兴产业,推动重大技术突破,加快形成先导性、支柱性产业,切实提高产业核心竞争力和经济效益。

改善中小企业特别是小型微型企业发展环境。小型微型企业在增加就业、促进经济增长、科技创新与社会和谐稳定等方面具有不可替代的作用,对国民经济和社会发展具有重要战略意义。要全面落实支持小型微型企业发展的财税、金融等政策,增强政策措施的针对性和可操作性。加强对小型微型企业的指导和服务,大力加强公共服务体系建设,切实减轻企业负担,不断增强小型微型企业发展的动力和活力。

进一步增强工业可持续发展能力。贯彻落实节约资源和保护环境基本国策,树立绿色发展理念,以推进设计开发生态化、生产过程清洁化、资源利用高效化、环境影响最小化为目标,健全激励与约束机制,进一步淘汰落后产能,推进工业节能降耗,加强节能减排共性关键技术和装备开发、示范与推广应用,促进清洁生产和污染治理,提高资源利用效率,发展循环经济和再制造产业,加强低碳技术研发、推广和产业化,努力实现工业绿色发展。

四、着力推进创新驱动　不断增强工业核心竞争力

胡锦涛总书记强调,要着力推进创新驱动。增强创新能力是走新型工业化道路的核心要求。促进工业由大变强,关键是要充分发挥科技的引领和支撑作用。要抓住新一轮世界科技革命带来的战略机遇,深入实施科教兴国战略和人才强国战略,加快建设创新型国家,大力增强科技创新能力,为坚持走新型工业化道路奠定科技和人力资源基础。

加强关键核心技术和共性技术攻关。核心技术受制于人,是我国

工业大而不强的症结所在。要坚持自主创新、重点跨越、支撑发展、引领未来的方针，鼓励企业科技进步和创新，加强产业技术开发平台、行业重点实验室和企业技术中心建设，依托科技重大专项，力争在高端装备、信息网络、系统软件、关键材料、基础零部件等重点领域取得新突破。

加快建立以企业为主体的技术创新体系。推动科技创新，核心是要发挥企业在科技创新中的主体作用、增强企业创新动力。要围绕科技与经济紧密结合这个核心问题，支持和引导创新要素向企业集聚，加快建立企业主导产业技术研发的体制机制，推动形成一批由企业、科研院所和高校共同参与的产业创新战略联盟。完善落实财税、金融政策，深入实施知识产权战略，促进更多的科技成果向现实生产力转化。

组织实施重大产业创新发展和应用示范工程。要围绕形成战略性新兴产业发展的突破口和竞争优势，统筹技术开发、工程化、标准制定、应用示范等环节，组织实施一批重大产业创新发展工程，支持商业模式创新和市场拓展，培育战略性新兴产业骨干企业和示范基地。

五、着力推进融合发展　促进两化深度融合、军民融合

胡锦涛总书记强调，要着力推进融合发展。融合发展是新型工业化道路的鲜明特征，也是经济社会转型发展的重要动力。推进信息化和工业化深度融合、推进军民融合发展，是工业和信息化系统的重要职责。我们要清醒地认识到肩负的历史使命，切实履行职责，积极探索，扎实推进。

大力推进信息化和工业化深度融合。要深化信息技术在工业领域的集成应用，提高生产过程、生产装备和经营管理的信息化水平，加快推动制造模式向数字化、网络化、智能化、服务化转变。加快实施"宽带中国"工程，推进三网融合，加快构建下一代国家信息基础设施。推动信息产业和制造业、服务业融合发展，促进劳动密集型产业和资金密

集型、技术密集型产业协调发展。统筹推进经济社会各领域信息化,发展电子商务,深化电子政务应用,协调推进教育、医疗、社会保障等民生领域信息化,切实维护网络与信息安全。

稳步推进军民融合发展。要统筹经济建设和国防建设,促进国防领域和民用领域科技成果、人才、资金、信息等要素交流融合,形成国民经济对国防建设的强大支撑力、国防科技对国民经济的强大牵引力。全面贯彻落实国务院、中央军委关于建立和完善军民结合、寓军于民武器装备科研生产体系若干意见,推动军民用技术双向转移,加强军民结合产业基地建设,加快军民结合产业发展。

六、着力推进协调发展 促进生产力布局优化

胡锦涛总书记强调,要着力推进协调发展。全面协调可持续是科学发展观的基本要求。要按照国家区域发展总体战略和全国主体功能区规划的要求,充分发挥区域比较优势,加快调整优化重大生产力布局,推动产业有序转移,促进产业集聚发展,促进区域产业协调发展。

稳步推进产业有序转移。贯彻落实国务院关于中西部地区承接产业转移的指导意见,推动健全跨区域合作机制,综合考虑能源资源、环境容量、市场空间等因素,严格制定和实施产业政策,引导地区间产业合作和有序转移,防止落后产能向中西部地区转移。加强对产业转移的指导,编制发布产业转移指导目录,健全工业区域协调互动机制,创新产业承接模式,搭建区域性产业转移对接平台,建设一批产业转移合作示范区。加强对西部少数民族地区,特别是新疆、西藏、青海等地的产业援助。

促进产业集聚和集群发展。按照"布局合理、特色鲜明、集约高效、生态环保"的原则,积极推动以产业链为纽带、资源要素集聚的产业集群建设,培育关联度大、带动性强的龙头企业,完善产业链协作配套体系。深入推进新型工业化产业示范基地创建共建,完善公共设施

和服务平台建设,创建一批产业特色鲜明、创新能力强、品牌形象优、配套条件好、节能环保水平高、产业规模和影响力大的国家新型工业化产业示范基地,发展若干具有较强国际竞争力的产业基地。加强对示范基地建设的指导和支持,使示范基地加快成为带动工业转型升级、推动工业由大变强的重要载体和骨干力量,为工业布局优化发挥引领和示范作用。

七、着力推进改革开放　增强工业发展的动力和活力

胡锦涛总书记强调,要着力推进改革开放。改革开放是经济发展的巨大引擎,也是走新型工业化道路的强大动力。我国工业过去三十多年的快速发展,靠的是改革开放,未来的发展进步,也必须依靠改革开放。我们必须始终坚持并以极大的勇气深入推进改革开放。

进一步推进深化改革。坚持社会主义市场经济的改革方向,坚持和完善公有制为主体、多种所有制经济共同发展的基本经济制度,推进行政体制改革,转变政府职能,充分发挥市场在资源配置中的基础性作用,突破制约工业发展的体制机制障碍。积极推动营造有利于工业经济发展的财税政策体系,健全工业经济和金融良性互动发展机制。推动深化资源性产品价格和要素市场改革,完善反映市场供求关系、资源稀缺程度、环境损害成本的生产要素和资源价格形成机制。

坚定不移地扩大对外开放。坚持互利共赢的开放战略,努力创造"中国制造"竞争新优势,提升我国在全球产业分工中的地位,促进我国发展和各国共同发展良性互动。加快实施"走出去"战略,充分利用国际国内两个市场、两种资源,统筹国内产业发展和国际产业分工,鼓励实力强、资本雄厚的大型企业开展跨国经营、跨国并购和绿地投资,在全球范围开展资源配置和价值链整合。更加注重引进先进技术和高端人才,支持关键零部件和国内短缺资源进口,努力提高工业对外开放质量和水平。

　　当前,国际国内经济环境错综复杂,世界经济复苏的曲折性、艰巨性进一步凸显,国内经济运行中仍然存在一些突出矛盾和问题,特别是工业经济下行压力加大。我们要按照走新型工业化道路的总体部署和要求,认真贯彻落实党中央、国务院的决策部署,按照稳中求进的工作总基调,以实施产业基地公共服务能力提升工程、百项技术创新推进工程、宽带普及提速工程和中小企业服务年活动、工业质量品牌建设年活动、两化融合深度行活动以及改进机关作风年活动等"6+1"活动为抓手,全面落实扩大内需的战略方针,突出抓好经济运行监测、生产要素保障、国内外市场拓展,突出抓好技术改造、技术创新、质量品牌建设,突出抓好企业兼并重组、淘汰落后、节能减排,突出抓好改善中小企业发展环境,突出抓好推进信息化和工业化深度融合、军民融合,全力以赴稳增长、促转型,努力实现工业通信业平稳较快发展,在走新型工业化道路上迈出更加坚实的步伐,以优异成绩迎接党的十八大胜利召开。

加快推进工业转型升级[①]

中央经济工作会议明确要求,牢牢把握发展实体经济这一基础。工业是国民经济的基础,是实体经济的主体。"十二五"时期,我们必须坚持以科学发展观为指导,加快推进工业转型升级,在探索新型工业化道路上迈出实质性步伐。

一、深刻认识转变工业发展方式的战略意义

"十一五"时期,我国工业获得了长足发展,工业整体素质明显改善,国际地位显著提升。从总量看,"十一五"时期,我国工业增加值年均增长11.3%,2010年达到16万亿元,约占国内生产总值的40%。截至目前,500多种工业产品中我国有220余种产量位居世界前列,制造业增加值占全球的19.8%,规模位居世界第一,是名副其实的全球制造业基地和世界工厂。从结构看,淘汰落后产能取得积极进展,重点行业产业集中度明显提高,中西部地区工业增加值占全国比重不断加大,规模以上企业单位工业增加值能耗累计下降26%、用水量下降36.7%,工业化学需氧量、二氧化硫排放量分别下降17%、15%。与此同时,我国工业自主创新能力明显提升,载人航天、探月工程、高性能计

---

① 本文系工业和信息化部部长苗圩同志在2012年第3期《求是》杂志上发表的署名文章。

算机等一批重大装备和关键技术取得突破,为我国抢占全球产业制高点和培育国际竞争新优势创造了条件。特别是在应对国际金融危机中,我们坚决贯彻中央一揽子计划措施,在较短时间实现了工业增速"V"型反转,为保持经济平稳较快发展作出了重要贡献。

"十二五"是中国工业发展的关键期。一方面,全球经济正处在大变革大调整中,我国工业发展的国际环境和形势面临着深刻变化。一是世界经济增长模式正在发生重大变化。国际金融危机影响仍在持续,主权债务危机还在蔓延,世界经济增速减缓,贸易保护主义有所抬头,来自发达国家"再工业化"和新兴经济体的同质化竞争压力加大,对工业发展提出了新要求。二是全球产业结构在科技创新推动下正在进行深度调整。近年来,全球科技创新和技术革命步伐加快,信息网络、生物、可再生能源等领域酝酿新的突破,主要国家抓紧培育发展以绿色、低碳、高端为特征的新兴产业,围绕新兴产业的国际竞争将更加激烈。三是工业生产方式加快变革。信息网络技术的广泛应用促进了生产性服务业的迅速发展,柔性制造、虚拟制造成为世界先进制造业的发展方向,全球化生产和组织模式成为控制全球价值链的关键。

另一方面,我国工业长期积累的深层次矛盾和问题日渐突出,严重制约着工业发展方式转变和转型升级。一是自主创新能力不强,规模以上工业企业研发投入占主营业务收入比重仅为0.69%,关键核心技术及装备主要依赖进口。二是产业结构不合理,部分行业集中度偏低,产能过剩问题突出,产业布局与区域能源资源和环境承载能力不相适应,中小企业发展活力有待增强。三是工业增长过度依靠投资拉动和出口带动,过度依靠资源能源消耗和低成本要素投入,单位国内生产总值能耗过高,生态保护面临巨大压力。四是企业核心竞争力不强,生产效率和经营效益不高,缺乏具有较强国际化经营能力的大型企业集团和具有国际影响力的著名品牌。五是工业行业管理基础薄弱,推进工业节能、淘汰落后、兼并重组等管理手段亟待充实,市场在资源配置中的基础性作用发挥不足。

尽管我国经济发展方式转变面临着诸多挑战,但总体看,经济长期向好的趋势没有发生根本性改变,工业发展的空间和潜力仍然巨大。"十二五"期间,我国城镇化率将超过54%,内需主导、消费驱动、惠及民生的政策措施将推动居民消费能力扩大和消费结构优化升级,城镇化进程和居民消费结构升级为我国工业转型发展提供了广阔空间。此外,"十二五"期间,随着我国开放型经济体系不断完善,信息化、市场化和国际化持续深入发展,信息化与工业化深度融合,日益成为工业发展方式转变的强大内在动力。

二、"十二五"时期推进工业转型升级的总体思路

加快推进工业转型升级既是走中国特色新型工业化道路的根本要求,也是实现从制造大国向制造强国转变的必由之路。"十二五"时期,我们要紧紧围绕科学发展这一主题和加快转变经济发展方式这一主线,推动工业发展由注重规模速度向以质量和效益为中心转变,由消耗传统生产要素向更多依靠科技进步、劳动者素质提高和管理创新转变,由依赖投资、出口拉动向依靠消费、投资、出口协调拉动转变,由外延粗放式向内涵集约型转变,把工业发展真正建立在创新驱动、集约高效、环境友好、惠及民生、内生增长的基础上,不断增强工业核心竞争力和可持续发展能力,为建设工业强国打下更加坚实的基础。为此,我们要着眼于"五个体现",合理制定"十二五"时期工业转型升级的主要目标。

一是体现质量效益。处理好转型升级与发展的关系,综合采用工业增加值增速、工业增加值率、全员劳动生产率、质量品牌建设等测度指标,推动工业发展模式向质量效益型转变,既要保持工业较快增长,更要着力提高工业附加值水平。

二是体现自主创新。针对工业自主创新能力不强的突出问题,着力提高工业企业尤其是重点骨干企业研发经费支出占主营业务收入比

重,着力提高拥有科研机构的大中型工业企业比重。

三是体现协调发展。优化工业行业结构、布局结构、组织结构,提高战略性新兴产业增加值占工业增加值比重,提高钢铁、汽车、船舶等规模经济行业的产业集中度,提高中西部地区工业增加值所占比重,进一步增强中小企业发展活力。

四是体现融合发展。一方面,围绕信息化和工业化深度融合,进一步提高主要行业、大中型企业信息技术应用水平;另一方面,围绕军民融合,显著提高军民资源开放共享程度,不断扩大军民结合产业的规模和空间。

五是体现可持续发展。要按照资源节约、环境保护、安全生产的要求,制定科学合理的工业能耗、水耗、二氧化碳排放、主要污染物排放、工业固体废物综合利用率等指标,强化目标的落实和考核。

三、"十二五"时期推进工业转型升级的重点任务

"十二五"时期是我国工业转型升级的攻坚时期。转型就是转变工业发展方式,实现由传统工业化向新型工业化道路转变;升级就是全面优化技术结构、组织结构、布局结构和行业结构,促进工业结构整体优化。"十二五"时期,我们要按照构建现代产业体系的本质要求,科学合理地确定转型升级的重点任务。

增强自主创新能力。自主创新是加快推进工业转型升级的中心环节。要大力推进原始创新、集成创新和引进消化吸收再创新,支持企业真正成为技术创新的主体,在着力突破共性及关键核心技术的同时,加强创新型人才和技能人才队伍建设,为工业转型升级提供重要支撑。

加强企业技术改造。技术改造是促进企业走内涵式发展道路的重要途径。要充分发挥技术改造投资省、周期短、效益好、污染少、消耗低的优势,运用先进实用技术和高新技术改造提升传统产业,促进新技术、新产品和新业态发展,通过增量投入带动存量调整,优化工业投资

结构,推动工业整体素质迈上新台阶。

提高工业信息化水平。信息化与工业化深度融合是走中国特色新型工业化道路的重要内涵。要创新信息化推进机制,推动信息技术深度应用,加快发展支撑信息化发展的产品和技术,全面提高企业信息化水平,带动工业发展方式转变。

促进工业绿色低碳发展。发展资源节约型、环境友好型工业是实施可持续发展战略的重要内容。要围绕设计开发生态化、生产过程清洁化、资源利用高效化、环境影响最小化,大力推进工业节能降耗、减排治污、清洁生产,发展循环经济和再制造产业,积极推广低碳技术,加快淘汰落后产能,构建资源节约、环境友好、本质安全型产业体系。

实施质量和品牌战略。提升质量品牌是工业转型升级的必然要求。要着力抓好品种开发、质量提升、品牌创建和服务改善,引领和创造市场需求,加强自主品牌培育,加强工业产品质量安全保障,不断提高工业产品附加值和竞争力。

推动大企业和中小企业协调发展。要围绕形成资源配置更富效率的产业组织结构,推进企业兼并重组,在规模经济行业形成一批具有国际竞争力的大企业大集团;加快完善中小企业服务体系,促进"专精特新"中小企业发展;加强企业管理和企业家队伍建设,提升企业经营管理质量。

优化工业空间布局。要按照全国主体功能区规划要求,加快调整优化工业生产力布局,促进产业集聚发展,引导区域产业协调发展,创建一批特色鲜明、创新能力强、品牌形象优、配套条件好、节能环保的国家新型工业化产业示范基地,形成若干具有较强国际竞争力的产业基地。

提升对外开放层次和水平。要适应对外开放的新形势,提高工业领域利用外资水平,注重引进先进技术装备,着力推动加工贸易转型升级。要加快实施"走出去"战略,鼓励企业向境外转移生产能力,开展境外能源资源开发合作,提高在全球范围配置资源和整合价值链的能力。

四、努力营造有利于工业转型升级的制度环境

工业转型升级能否取得实效,关键在于完善政策法规和体制机制,健全转型升级长效机制,努力营造有利于工业转型升级的制度环境。

健全相关法律法规。要围绕转型升级重点任务,在产业科技创新、技术改造、节能减排、兼并重组、淘汰落后产能、质量安全、中小企业、军民融合等重点领域,制定与完善相关法律法规,加强民用飞机、软件、集成电路、新能源汽车、船舶、高端装备、新材料等战略性基础性产业发展的法律保障。

加强政策引导和财税支持。要制定和修订重点行业产业政策,抓紧制定新兴领域产业政策,加强产业政策和财税、金融、贸易等政策的协调配合,研究制定针对特定地区的差异化产业政策,制定发布重点领域产业发展指导目录和产业转移指导目录。当前,特别是要着力落实相关财税政策,在消费信贷、小微企业融资担保、企业兼并重组等领域加强和改进金融服务,推进中小企业服务体系建设。

深化体制机制改革。加快转变政府职能,不断创新工业管理方式和手段,更好地发挥市场在资源配置中的基础性作用。加快推进垄断行业改革,形成平等准入、公平竞争的市场环境。健全国有资本有进有退、合理流动机制,促进国有资本向关系国家安全和国民经济命脉的重要行业和领域集中。完善投资体制机制,落实民间投资进入相关重点领域的政策。落实企业境外投资自主权,支持国内优势企业开展国际化经营。

贯彻落实稳中求进工作总基调
努力促进工业经济平稳健康发展①

一、关于当前工业发展面临的形势

最近,我们正在对 2012 年一季度工业经济运行情况进行分析,有几个方面问题非常值得关注。一是工业生产增速继续放缓。前两个月,规模以上工业增加值同比增长 11.4%,为 2010 年以来月度最低水平。2011 年一、二、三、四季度分别为 14.4%、14%、13.8% 和 12.8%,其中 11 月为 12.4%、12 月为 12.8%,2012 年前两个月比 2011 年 12 月份回落 1.4 个百分点,回落态势非常明显。其中装备制造业最为突出,同比增长仅为 8%,回落幅度达到 10.1 个百分点。二是增速下滑的趋势正从沿海地区向中、西部地区扩散。2011 年三季度,规模以上工业增加值增速环比下降的省份只有 15 个,四季度扩大到 17 个,2012 年 1—2 月进一步扩大到 26 个。其中,北京、上海、浙江、广东工业增加值增速分别只有 2.4%、4%、2.9% 和 5%,河北、黑龙江、内蒙古、广西、重庆等省份增速比 2011 年第四季度的回落幅度均在 5 个百分点以上。三是工业利润出现较大下降。头两个月,规模以上工业企业实现利润同比下降 5.2%。这是自 2009 年 2 季度以来的首次负增长,引起了各

---

① 本文系 2012 年 4 月 8 日工业和信息化部部长苗圩同志在 2012 年经贸形势论坛上的报告摘要。

方面广泛关注。主营收入利润率由 2011 年同期的 6% 下降到 5.02%，企业亏损面由 2011 年同期的 15.9% 上升到 20.4%，亏损企业亏损额同比上升 82.8%。这些情况凸显了当前形势堪忧、严峻复杂，决不容乐观。一方面，我国经济增长方式粗放、产业结构不合理、技术创新能力不足、资源环境约束等问题日趋尖锐；另一方面，长期矛盾和短期问题叠加，使得工业发展面临诸多新的困难和问题。主要有四个方面。

（一）全球需求增长不足影响出口

2012 年以来，世界经济复苏出现向好迹象，美国、日本经济复苏好于预期，欧洲主权债务危机也受到一定程度的控制，但世界经济形势依然严峻复杂，不确定性、不稳定性因素依然很多。2012 年 1 月，国际货币基金组织和世界银行分别将 2012 年全球经济增速预测下调至 3.3% 和 2.5%。全球经济疲软势必影响我国出口。2012 年 1—2 月，工业品出口交货值同比增长 7.2%（其中原材料工业、消费品工业、装备制造业出口交货值增速分别同比回落 14、20.1 和 17.4 个百分点），为 2009 年 12 月份以来月度增速最低水平，增速比 2011 年三、四季度分别放缓 9.9 个和 4.8 个百分点，比 2011 年 12 月份回落 5.1 个百分点。最近调研中，广东、浙江、重庆等地制造业出口企业普遍反映订单减少 20%—30%，七成企业预计 2012 年出口订单持平或下降。与此同时，针对我国的贸易保护主义倾向更加突出。2012 年 3 月 13 日到 20 日一周时间，美国针对中国出口产品的贸易救济行动就多达 6 起。除对外实施贸易救济行动，美国近期还从内部采取行政和立法措施，强化其实施贸易保护主义的能力，包括设立跨部门贸易执法中心、快速出台《1930 年关税法》修正案。目前，发达国家和新兴市场国家的经济摩擦日益增多。随着金融危机影响长期化和国际市场竞争加剧，各种形式的保护主义还会愈演愈烈，不仅影响全球化进程、制约世界经济复苏，也将影响我国进出口贸易的稳定增长。

（二）消费需求不足、投资需求逐步趋弱

2011 年,全社会商品零售总额同比增长 17.1%,剔除物价因素影响实际增长仅 11.6%。2012 年 1—2 月,社会消费品零售总额同比增长 14.7%,扣除价格因素实际仅增长 10.8%,处在较低水平。由于内外需求不振,头两个月 15 种主要家用电器产品中有 11 种产量同比出现不同程度下降,手机产量同比仅增长 2.7%,汽车产销量同比分别下降 4.9% 和 6%。与此同时,国内持续投资动力不足。2011 年,全国城镇固定资产投资同比增长 23.8%,扣除价格因素实际增长 16.1%。2012 年 1—2 月,固定资产投资同比增长 21.5%,增速较 2011 年全年回落 2.3 个百分点。其中,工业投资 8681 亿元,同比增长 23.4%,制造业投资 7284 亿元,增长 24.7%,比 2011 年全年回落 7.1 个百分点。特别值得关注的是,一些领域开放不够,对民营资本进入还存在所谓"弹簧门"、"玻璃门"问题,企业投资能力和意愿下降。

（三）一些企业特别是小型微型企业生产经营困难增多

目前,企业发展已进入"高成本"时代,利率、汇率、税率、费率"四率",薪金、租金、土地出让金"三金",原材料进价和资源环境代价"两价"等因素叠加,推动企业成本直线上升。最近调查显示,六成以上企业反映人工或原材料成本上升是目前最主要困难。而与此同时,企业劳动生产率并未同步提高,无力消化快速上升的成本,加上一些行业产能过剩加剧,行业竞争日益激烈,亏损企业亏损额大幅上升。2012 年 1—2 月,电子制造业利润率为 1.4%;钢铁行业利润率仅有 1.03%,大大低于 2011 年同期的 3.59%,全行业企业亏损面接近四分之一。另外,小型微型企业融资难问题依然突出。2011 年以来我国实施总量收缩的货币政策导致资金投放偏向性效应加剧,小微型企业融资更加困难。有银行借款需求的小微型企业中,仅有 9.6% 的企业从银行获得了全部借款。生产经营成本上升进一步挤压小微型企业利润空间,减少了内源性资金来源,一些大企业占压小企业资金等行为也加剧了小

微型企业流动资金紧张。

（四）实体经济特别是工业的发展环境亟待改善

当前我国经济发展中缺乏对实体经济特别是工业发展在能源保障、投融资、土地供应、人才等方面的强有力支持,实体经济税费偏重、平均利润率偏低,发展实业的信心和动力不足。不少企业反映,税收种类多、税率偏高、总体税负偏重,税费负担已占企业生产总成本的30%以上。同时,有利于实体经济创新的环境也尚未形成,相关优惠政策受惠范围小、门槛高、程序繁琐,企业技术创新动力不足。比如,在高科技企业的税收优惠政策方面,2008年内外资企业所得税统一后,对高科技企业实行15%的优惠所得税率(其他企业25%),但实施中却只针对高科技行业中被认定的企业,而非面向全部工业行业的所有企业。即使认定为高科技企业,还有一定数量企业由于各种原因不能享受到优惠政策。再比如,国务院关于实施《国家中长期科学和技术发展规划纲要》的若干配套政策规定,对企业研发费用实行加计扣除,但在实际执行中由于对企业研发费用认定门槛较高等原因,也没有得到很好的落实。随着金融危机和欧债危机的持续发酵,实体经济越来越成为稳定经济发展的中流砥柱,我国实体经济发展环境亟待改善。

同时,我们也要看到,当前,工业增速的下滑很大程度上是政策调控发挥作用的结果,仍然基本处在合理水平。尽管面临诸多的困难和挑战,但国内外形势的变化没有改变我国经济发展的基本面,工业发展仍处于重要战略机遇期,在较长时期内保持平稳较快发展具有不少有利条件。一是工业化、城镇化、信息化和农业现代化加快推进,消费结构和产业结构升级蕴藏着巨大的需求潜力。二是国家宏观调控政策重点加大对经济结构调整的支持力度,实体经济发展受到国家高度重视,政策、人才和资金将更多投向实体经济。三是各项改革不断深化,非公有制经济发展的政策和制度环境不断改善,将进一步激发市场活力。四是随着"十二五"规划确定的重大项目集中实施,特别是战略性新兴产业相关规划及配套政策陆续出台,将在一定程度上带动投资增长。五是经过国际金融危机磨练和洗礼,企业抵御风险、拓展市场和创新发展能力明显增强。在国际政治经济格局发生深刻变化的情况下,我国利用国外资源、技术、人才和市场也蕴含着新的机遇。六是党的十八大即将召开,将极大地激发促进工业科学发展、加快转型升级的自觉性和主动性,为工业又好又快发展提供强大动力。

总之,我们既要充分估计面临形势的复杂性和严峻性,切实增强危机意识和忧患意识,也要充分看到有利条件和积极因素,坚定做好各项工作的信心,积极采取有效措施,牢牢把握工作的主动权。

二、关于 2012 年工业发展的总体考虑

针对 2012 年工业发展面临的形势,我们认真贯彻落实中央经济工作会议和"两会"精神,确定了"稳增长、促转型"的工作主线。这一工作主线,与中央提出的稳中求进工作总基调相一致,是中央精神在工业和信息化领域的具体落实。既考虑到了国际金融危机深层次影响持续显现,工业经济运行的复杂性和不确定因素增多,又考虑到了坚持科学发展的主题、加快转变经济发展方式的需要,把稳增长和促转型有机结合,努力实现更长时期、更高水平、更好质量的发展。

稳增长,就是把稳定增长放在突出位置,密切关注形势变化,及时采取政策措施,有效化解各种风险,防止工业增速过快下滑,促进实体经济健康发展,确保全年规模以上工业增加值增长 11% 左右。胡锦涛总书记在 2011 年中央经济工作会议上强调,要"牢牢把握发展实体经济这一坚实基础"。这对我们做好经济工作具有重大指导意义。首先,实体经济是经济增长的主导力量。一个国家或地区,要长期保持稳定的经济增长速度,保持良好的抗风险能力,必须拥有强大的实体经济作为支撑。其次,实体经济是增加就业、改善民生的主要渠道。相对于以资本密集和知识密集型为主的虚拟经济而言,我国的实体经济大多

数仍是劳动密集型企业,是吸纳劳动者就业的主阵地。如果实体经济不稳,就业这个民生之本就无法得到夯实。最后,实体经济的发展更是一个国家综合实力和国际竞争力的核心体现。改革开放三十多年来,我国综合国力和竞争力的增强、国际地位的上升,正是依靠实体经济不断发展壮大。如果实体经济增长出现疲软甚至提前出现"空心化"现象,对我国国力持续增强将是沉重的打击。工业是实体经济的主体,保持工业稳定增长意义重大。我们要认真贯彻落实中央宏观调控政策,坚持贯彻扩大内需的长期战略方针,加强产业政策与财政、信贷政策的协调配合,抓好已经出台各项财税政策的落实;密切关注形势变化,加强工业通信业运行监测和分析;全力抓好"十二五"规划的实施,有序推进"十二五"规划确定的重大项目开工建设,确保工业平稳较快增长,防止增速大起大落。

促转型,就是要加快工业转型升级。转型就是要通过转变工业发展方式,加快实现由传统工业化道路向新型工业化道路转变;升级就是要通过全面优化技术结构、组织结构、布局结构和行业结构,促进工业结构整体优化提升。加快工业转型升级既是走中国特色新型工业化道路的根本要求,也是实现从制造大国向制造强国转变的必由之路。根据2011年年底国务院发布的《工业转型升级规划(2011—2015年)》,加快工业转型升级,必须坚持把提高发展的质量和效益作为中心任务,坚持把加强自主创新和技术进步作为关键环节,坚持把发展资源节约型、环境友好型工业作为重要着力点,坚持把推进两化深度融合作为重要支撑,坚持把提高工业园区和产业基地发展水平作为重要抓手,坚持把扩大开放、深化改革作为强大动力,大力改造提升传统产业,培育壮大战略性新兴产业,加快发展生产性服务业,全面优化技术结构、组织结构、布局结构和行业结构,努力把工业发展建立在创新驱动、集约高效、环境友好、惠及民生、内生增长的基础上,不断增强工业核心竞争力和可持续发展能力。

稳增长、促转型,就是既要保持工业经济平稳较快发展,也要加快工业转型升级。没有稳定增长就无法推进转型升级，没有转型升级也难以支撑长期稳定增长。两者互为条件、相辅相成。围绕"稳增长、促转型"，我们提出2012年做好八方面重点工作，即：保持工业经济平稳较快发展，推动传统产业优化升级，培育发展战略性新兴产业，抓好工业节能减排，继续改善中小企业发展环境，抓好国防重点科研生产任务和军民融合式发展，加快通信业转型发展，推进信息化发展和维护网络信息安全。我们确定，从2012年开始组织实施转型升级行动计划，2012年具体启动实施6项工程和活动，包括产业基地公共服务能力提升工程、百项技术创新推进工程、宽带普及提速工程和中小企业服务年活动、质量品牌建设年活动、两化融合深度行活动。目前这6项工程和活动都已启动实施。我们将以此为载体，加强组织领导和统筹协调，扎实推进各项重点工作落实，努力取得社会公认的成效。

三、关于推进传统产业优化升级

经过多年的发展，我国工业已经形成了巨大的经济体量。加快工业转型升级，推动传统产业优化升级将是一项长期战略任务。同时，从当前我国的城镇化进程、区域发展格局和劳动力结构看，传统产业也还有巨大的发展空间。我们要坚持控制总量、优化存量，引导企业加强技术改造，促进兼并重组，提高传统产业先进产能比重，提高产业集中度。

（一）着力加强企业技术改造

技术改造本质上是技术进步的重要组成部分，是技术创新成果实现产业化、发挥效益的过程和途径。在总结近年工作基础上，2012年我们对技术改造工作的组织方式进行了调整，从十大重点行业为主向全部工业行业转变，由重点关注行业增长向重点关注工业转型升级要素转变，由"切块地方"为主向"中央集中使用"为主转变。主要围绕节能与新能源汽车产业化、装备工业基础能力提升和重点装备产品升级、新型绿色环保建材及无机非金属材料等 9 个专题,实施一批技改重点项目。同时,我们高度重视推进建立技术改造长效工作机制。2011 年下半年以来,我部在征求 14 个部门意见基础上,研究起草了国家层面的新时期加强工业技术改造的指导意见,近期有望在各部委间达成一致。我们将尽快提请国务院常务会议审议发布实施。

(二)着力推进企业兼并重组

兼并重组是优化产业组织结构、提高工业发展质量和效益的重要举措。2012 年,我们要通过进一步突出企业的主体地位,进一步加强政府引导、规范和服务,进一步发挥各方面的作用,按照市场化原则推进重点行业、跨地区企业兼并重组取得实质性进展。加强与相关部门和地方政府的协调与配合,健全完善部际协调工作机制,出台钢铁、汽车、水泥等重点行业兼并重组实施方案。按照"政府搭台、企业和中介机构唱戏"的思路,加快建设企业兼并重组公共服务平台,为兼并重组企业提供及时全面的信息和政策咨询服务。进一步消除制约企业兼并重组的体制机制障碍,推动完善促进企业兼并重组的政策体系。

(三)着力加强工业节能减排

根据国家统计局数据,2011 年,规模以上工业单位增加值能耗下降 3.49%,没有完成 4% 的目标。2012 年前 2 个月,这一指标下降 6.71%,工业节能减排形势有所好转,这与经济增速回落特别是高耗能行业增速回落密切相关,同时也是节能降耗工作取得成效、单项能耗实现较大下降的结果,其中建材、有色、冶金行业规模以上企业单位工业增加值能耗分别下降 15.74%、9.84%、7.86%。随着我国工业化、城镇化加速推进,能源资源消耗总量还将增加,加之国家实施能源资源消费总量控制,在"十一五"规模以上企业单位工业增加值能耗下降 26% 的基础上,要在"十二五"时期实现下降 21% 的目标,任务还非常艰巨繁重,需要继续坚持不懈,丝毫不能有所放松。2012 年,我们要紧紧围绕工业节能"十二五"规划的组织实施,扎实推进各项工作。加大淘汰落后产能工作力度,落实好年度目标任务,并加快完善落后产能退出机制、健全政策措施,促进形成上大压小结合、在产能过剩行业实现减量或等量置换机制,推动利用市场手段淘汰落后产能。同时,大力加强节能降耗技术改造,组织实施工业能效提升计划,积极推进清洁生产和重金属污染防治,加强工业固体废物资源综合利用和循环经济发展,扎实推进工业节约用水,加快发展节能环保低碳产业。

(四)着力加强质量品牌建设

质量是企业的生命,也关系消费者的切身利益,关系国家的荣誉形象。2012 年,我们要在过去工作的基础上,认真抓好工业产品质量发展"十二五"规划的组织实施,积极推动落实企业质量主体责任,推广先进质量管理方法,开展"质量兴业"活动。继续开展服装、家纺、家电等行业品牌培育试点,建立品牌培育评价机制。总结食品工业企业诚信体系建设试点经验,开展诚信管理体系评价,推动建立企业诚信黑名单制度,配合做好食品药品安全整顿有关工作。结合推进各项工作,最近我部组织开展了工业质量品牌建设年活动,具体将抓好"促进药品和婴幼儿奶粉生产质量安全"、"加快工业品牌培育"、"千家企业学标杆,提升质量促转型"等活动。

(五)着力加快产业转移和产业集聚

推动产业合理有序转移,促进产业集聚发展,有利于调整产业布局、优化要素配置、降低生产成本、增强创新能力。2012 年,我部要继续推动产业向生产要素优势集中的地区转移,加快修订发布产业转移指导目录,搭建区域性产业转移对接平台,加强对产业转移的指导,逐步向点面结合、条块结合转变,防止落后产能向中西部地区转移。深入推进新型工业化产业示范基地创建共建,努力使示范基地成为带动工业转型升级的重要载体和骨干力量。为此,我们将认真组织实施产业基地公共服务能力提升工程,重点支持国家级示范基地内30—50个公共服务平台建设,促进重点平台现有服务设备、设施的改造升级,并带动省级示范基地公共服务平台能力建设,提升示范基地的发展质量和水平。

四、关于发展壮大战略性新兴产业

发展战略性新兴产业是结构调整的重点领域,是"十二五"甚至更长时期内的一项重大战略任务,对推动我国工业由大变强、促进经济社会持续较快发展,具有重大战略意义。2011年,根据国家统一部署和要求,我部完成了高端装备制造、新材料、信息产业、节能与新能源汽车等4个重点领域专项规划以及15个细分领域专项规划编制工作,制订了战略性新兴产业要素分解指南和产业地图,依托国家科技重大专项加强了关键核心技术和共性技术攻关,实施了一批重大产业创新发展和应用工程,支持了一批重大科技成果转化项目,产业呈现快速发展势头。2012年,我们要面向经济社会发展重大需求,立足当前、着眼长远,充分发挥企业主体作用,加大政策扶持,更加注重增强核心竞争力,更加注重推动重大技术突破,更加注重扩大国内市场规模,切实防止盲目重复建设,加快发展壮大战略性新兴产业。

(一)突破一批重点领域关键核心技术和共性技术

战略性新兴产业的核心是新技术。只有实现技术的创新突破,才能催生并支撑战略性新兴产业的发展。长期以来,我国产业技术水平与发达国家存在较大差距,一直扮演着技术追赶者的角色。在这一轮战略性新兴产业的发展中,发达国家的技术控制地位尚未形成,技术路线还有多种选择。在一些领域比如新能源汽车等领域,我国一些企业已有了相当不错的技术基础,具备赶超发达国家的发展潜力。必须把增强技术创新能力作为战略基点,加快突破制约产业发展的关键技术、核心技术和系统集成技术。我们要按照产业关键共性技术发展指南以及相关专项规划确定的重点方向，以"核高基"、新一代宽带无线移动通信网、高档数控机床与基础制造装备、大型飞机等科技重大专项为依托，加大财政资金支持，充分发挥行业龙头企业和研究院所的作用，力争在高端装备、信息网络、系统软件、关键材料、基础零部件等关键领域取得新的突破。2012年我们启动实施了百项技术创新推进工程，就是要集中资源和手段，力争突破100项左右关键共性技术，加快科技成果转化为现实生产力。

（二）组织实施一批重大产业创新发展和应用示范工程

近两年来，我部启动了智能制造装备、新型显示、云计算及信息安全示范等重大专项，实施了TD—LTE规模技术试验、下一代互联网示范网等应用示范，对于形成突破口和发展优势、促进战略性新兴产业发展发挥了重要作用。2012年，我部要抓紧做好稀土稀有金属材料及器件、宽带中国、重大环保技术和装备等专项的前期论证和项目储备工作，组织实施重大装备首台套、新能源汽车、TD—LTE扩大规模技术试验、三网融合、物联网等应用示范工程。加快产业急需标准制定，推动建立有利于战略性新兴产业发展的行业标准和产品技术标准体系。加强重点产业专利布局，建立公共服务平台，开展重点领域知识产权试点、示范工作。围绕重点领域发展需求，加快建设一批技术创新平台，积极推进企业技术中心和工业领域重点实验室建设，完善国家技术创新示范企业认定工作，推动产学研用紧密结合。加强沟通协调，推动加快电动汽车充电设施、通用航空基础设施等配套建设。

（三）积极培育一批龙头企业、完善一批产业链条

能否拥有一批具有国际竞争力的大企业、形成完善的产业链，客观上决定着一国战略性新兴产业的发展水平。目前，我国已经形成了强大的产品制造能力和生产配套体系，新技术快速产业化能力是我们的

重要优势,但产业资源整合水平低、产业链薄弱环节较多制约了我国战略性新兴产业的成长。必须充分发挥市场机制作用,推进资源整合,强化创新品牌和服务,培育和壮大一批具有核心竞争优势和产业链整合能力的龙头企业,高度重视创新型中小企业的培育和发展,鼓励中小企业参与新兴产业协作配套。通过政策引导和扶持,推动形成一批以企业为主导,科研机构、高校等积极参与的产学研用紧密结合的产业技术创新联盟。同时,我们要按照工业转型升级投资指南和重点技术改造导向目录,充分发挥国家新型工业化示范基地的载体和引领带动作用,围绕动力电池材料、光伏制造装备等重点产业链条和薄弱环节,组织实施一批重大技术改造项目,推进重点领域产业链改造升级,完善新兴产业链条,形成一批先进的规模化生产能力。

(四)深化对外经济技术合作

充分利用"两个市场、两种资源",是我国培育发展战略性新兴产业的重要途径。目前,国内一些企业已通过收购国外企业,掌握了一批知识产权;有的企业通过在国外设立研发中心,增强了技术研发能力。但总体上看,目前我国新兴产业发展的国际合作形式比较单一,对产业链高端、前期技术合作重视不够,利用国际资本市场的水平亟待提高。我们要在继续推动企业加强自主创新的同时,加大工作力度,协调政策措施,提升企业参与国际分工的能力和水平。鼓励和支持国内优势企业在科技资源密集的国家和地区设立研发中心,与境外研发机构和创新企业在高附加值环节开展国际合作,延长国内加工贸易增值链条。进一步优化发展环境,吸引跨国公司研发总部落户我国,引导外资投资战略性新兴产业发展,提高国际合作的质量和水平。推动技术和产品"走出去",促进企业跨国经营,开拓国际市场,在更高层次上参与国际分工。

五、关于支持小型微型企业发展

2011 年,我们会同国家统计局、发改委、财政部,研究制定了新的中小企业划型标准并经国务院审议发布。开展这项工作,主要是为有针对性地制定政策措施、促进小型微型企业健康发展奠定基础。2003 年国家有关部门制定了中小企业划型标准。经过八年多的运行实践,这一标准越来越不适应经济发展需要,暴露出规定过于笼统、涵盖面过于宽泛的问题。世界上大多数国家企业划型标准都有微型企业标准。而我国原有标准中,数量庞大的微型企业被划在中小企业行列。近年来,国家出台了一系列扶持中小企业的政策措施,大部分使中型企业受益,而企业中最弱势、最需要扶持的小型微型企业实际上却难以享受。以中小企业融资难问题为例,我们花了很大力气去推动解决,也取得了一些成效,金融机构对中小企业信贷“两个不低于”的目标连续三年完成,但小型微型企业的问题却依然没有解决。实际上,大型企业是资本市场的宠儿,中型企业是银行的黄金客户,小微企业才是政府扶持的重点。针对这些情况和问题,新的中小企业划型标准除了中型、小型企业外,增加了微型企业类别,突出了国家扶持小型微型企业发展的政策取向,行业覆盖范围也由原来的 7 个门类扩展到 16 个门类,并将个体工商户纳入新标准参照执行。

当前,小型微型企业发展问题突出,引起了社会各方面的广泛关注。2012 年“两会”期间,中小企业特别是小型微型企业发展问题成为热点议题,许多代表团都提出了相关意见建议,人大代表、政协委员提出的相关建议、提案也不少。2012 年,我部将组织开展中小企业服务年活动,围绕中小企业成长规划确定的目标,以“服务企业、助力成长”为主题,为小型微型企业送政策、送服务、送温暖,进一步完善和落实扶持政策,促进小型微型企业发展环境不断优化。

促进小型微型企业发展,当前关键是要抓好政策落实。2009 年,为应对国际金融危机影响,国务院出台了《关于进一步促进中小企业健康发展的意见》,制定了扶持中小企业发展的一系列政策措施。从2010年年底开始,国务院领导同志针对中小企业遇到的困难和问题又亲自到地方调研,并要求我部提出意见和建议。我们联合财政、税务等有关部门,推动出来了一系列政策措施。2011年10月,国务院常务会议研究确定了支持小型和微型企业发展的金融、财税政策,包括6条金融政策、3条财税政策。2012年2月,国务院常务会议又研究部署进一步支持小型和微型企业健康发展的政策措施。国务院常务会议在较短时间内连续两次研究小型微型企业发展问题,并出台了含金量高的政策措施,充分体现了党中央、国务院对小型微型企业发展的高度重视和悉心关怀。2011年下半年以来,我们还研究起草了《关于进一步扶持中小企业健康发展若干意见》,近期将报请国务院审定发布。我们要加强与相关部门沟通协作,认真抓好各项政策落实,加大财政支持力度,切实降低税费负担,多渠道缓解融资困难,真正使各项措施惠及广大小型微型企业。

企业的生存和发展,归根结底靠企业提高自身素质。小型微型企业要克服困难、发展壮大,必须在苦练内功、提高素质上下工夫。我们要把转型升级作为促进小型微型企业发展的着力点,加强引导、支持和服务,促进提高小型微型企业整体素质。鼓励和支持小型微型企业加强技术改造和技术创新,加强节能减排和淘汰落后,走"专精特新"和与大企业协作配套发展道路,努力实现集群发展。引导和支持小型微型企业创新营销和商业模式,大力开拓国内国际市场。

小型微型企业量大面广,支持小型微型企业发展,要在加强公共服务体系建设上下工夫,着力解决小型微型企业自己解决不了、解决不好的问题。要继续培育一批国家中小企业公共服务示范平台,实施中小企业公共服务平台网络建设工程,推动建设产业集群、中小企业集聚区以及重点行业公共服务平台。通过资质认定、购买服务和资金补助,鼓励和引导服务机构为中小企业提供优质服务。同时,积极推动建立和完善中小企业分类统计、监测、分析制度。

六、关于推进信息化与工业化深度融合

推进信息化和工业化深度融合,是党中央、国务院全面分析当今世界经济社会格局变革新趋势,着眼于我国经济社会迈入新阶段所作出的重大战略部署,对于积极应对国际环境变化、加快转变经济发展方式、全面转入科学发展的轨道,具有非常重要的意义。进入新世纪,全球信息化发展步入全面普及、融合创新、加速转型的新阶段,在世界经济持续调整和快速变革的关键时期,信息化在优化资源配置、调整产业结构、创新发展模式、重塑竞争格局的引领支撑作用和潜力日益凸显。我们必须抓住信息化发展历史机遇,大力推进信息化和工业化融合,全面提升经济社会信息化水平,在走中国特色新型工业化道路上迈出新步伐。

(一)加快建设宽带、融合、泛在、安全的信息网络基础设施

近年来,我国宽带建设在快速发展的同时,与发达国家的差距也在持续扩大。为尽快提高我国宽带网络基础设施水平,国际金融危机以来,我们积极推动实施宽带中国战略。目前已与发改委等成立了研究小组,计划 2012 年下半年形成研究报告上报国务院。同时,启动实施了宽带普及提速工程,以"建光网、提速度、促普及、扩应用、降资费、惠民生"为总体目标,通过政府引导、企业担纲、产业合作、社会支持,着力提高城乡宽带网络接入能力和普及水平。此外,我们认真贯彻党中央、国务院的决策部署,稳步推进三网融合。目前,第一阶段试点工作顺利推进,启动了双向进入业务许可发放工作,第二阶段试点工作也已开始。我部将加强与相关部门沟通协作,继续做好相关工作,推动企业加强技术、业务和合作模式创新,加快发展 IPTV、手机电视等融合型业务,推动相关技术研发和配套产业发展。

(二)大力推进信息化和工业化融合

着力提高工业信息化水平,充分发挥信息化在转型升级中的支撑

和牵引作用,深化信息技术集成应用,促进"生产型制造"向"服务型制造"转变,加快推动制造业向数字化、网络化、智能化、服务化转变。2012年要继续组织实施两化融合深度行活动,举办信息化与工业化融合成果展览会和高层研讨会,全面开展两化融合发展水平评估工作,总结推广一批两化深度融合示范企业的经验,统一实施深度行活动重点推进项目计划。此外,要协调推进经济社会信息化,大力推进电子商务和物流信息化,深化电子政务应用,促进教育、医疗卫生、社会保障等民生领域信息化,加快构建惠及全民的信息服务体系。

(三)大力提升信息产业核心竞争力

信息化的深入发展,需要有强大的技术和产业支撑。要集中力量攻克一批关键核心技术,提升集成电路、新型显示、高端芯片和基础软件等核心基础产业,推动新一代移动通信、下一代互联网核心设备和智能终端发展,大力培育无线宽带、智能手机等移动通信相关产业。同时,大力发展工业控制、机床电子、汽车电子、医疗电子等应用电子产品,支持网络设备、网络化基础软件和行业应用软件、嵌入式软件等研发与产业化。务实推进物联网产业化和云计算产业发展。

(四)加强网络与信息安全

当今时代,网络信息安全是第一安全。如果网络信息不安全,其他安全都无从谈起。面对当前我国网络信息安全日趋严峻的形势,要加强顶层设计和统筹谋划,抓紧研究制定国家信息安全相关战略,加快推进信息安全立法和技术标准研究制定,全面落实信息安全等级保护和风险评估制度,协调做好重要信息系统、重点领域工业控制系统信息安全管理,推进完善信息安全保障体系。加强网络与信息安全监管,完善国家基础设施建设,建立新技术新业务网络信息安全监测与评估体系。完善国家信息安全应急预案,增强重大活动和突发事件应急处置能力。

推进信息化与工业化融合
促进工业转型升级和经济平稳发展①

工业是国民经济的主导,信息化是当今世界发展的大趋势,信息化与工业化融合已成为我国加快工业化的重要动力。党的十七大提出,坚持走中国特色新型工业化道路,大力推进信息化与工业化融合,促进工业由大变强。十七届五中全会进一步提出,推动信息化与工业化深度融合,加快经济社会各领域信息化。这是中央全面分析世界经济格局调整变革趋势,着眼我国经济社会发展迈入新阶段作出的重大战略部署。推动两化融合,对于当前工业平稳增长、加快转型升级,对于转变经济发展方式、全面转入科学发展轨道具有非常重要的意义。

一、两化融合面临的形势

国际金融危机发生后,面向技术创新、融合发展和产业转型升级,世界再次掀起信息化发展新浪潮。信息技术研发和应用不断催生新的增长点,信息化在优化资源配置、调整产业结构、创新发展模式、重塑竞争格局的引领支撑作用日益凸显。

---

① 本文系 2012 年 6 月 28 日工业和信息化部部长苗圩同志为信息化与工业化融合成果展览会撰写的署名文章。

（一）新一代信息技术不断孕育重大突破，经济科技迎来跨越式发展的新机遇

当今世界，新一代信息技术仍是全球创新最活跃、带动性最强、渗透性最广的领域。感知技术的飞速发展，数据处理技术的突破和应用创新，乃至大数据概念的兴起，成为当前产业发展最显著的特征。信息技术的广泛应用，大大缩短了从科学发现、技术创新到实现产业化的周期，带动了能源、材料、生物、空间技术与信息技术的交叉融合和群发突破，为生产力跨越式发展开辟了更加广阔的道路。

（二）信息网络技术扩散引发生产方式深刻变革，重构全球工业生产组织体系

伴随着信息网络技术的突破和扩散，柔性制造、网络制造、绿色制造、智能制造日益成为生产方式变革的方向，加速构建新型工业体系。近期备受关注的三维打印技术（3D Printing），融合了智能装备、软件、新材料、网络等科技成果，被视为先进制造业发展的引领性重大突破，将带来工艺流程和制造模式的新变革。信息化正在引发全球产业分工体系的重大调整，日益成为企业创新发展的关键，对全球产业竞争格局影响不断加大。

（三）互联网的基础设施地位更加突出，重塑经济社会发展的新模式

互联网移动化、融合化、平台化趋势日益明显，宽带移动、多媒体、智能搜索等新技术不断扩展互联网应用范围，社会化网络和大规模交互协同极大地拓展了创新空间。泛在感知、高速互联和智能处理技术的发展更将互联对象从人拓展到物，推动通信、广播电视、软件等产业跨界融合。互联网正在更为广泛和深入地推动着产业升级、改进社会公共服务、创新政府管理模式。

（四）信息技术集成应用创新节能环保新模式，成为应对全球气候变化、促进可持续发展的有效手段

气候变化是当今全球面临的重大挑战。推动信息技术与制造技术的有机结合，实现对资源的动态调控和优化配置，可以大幅度提升资源利用效率。基于信息技术综合应用的合同能源管理、企业能源管理中心等新机制、新模式，在推动节能减排中的作用日趋明显。据全球气候组织预测，到2020年，应用普及信息通信技术将帮助其他行业减少78亿吨CO_2当量，可减少全球约15%的碳排放。

为振兴实体经济、获取国际竞争新优势，世界许多国家把信息化作为调整产业结构、创新发展模式的共同选择。美国、欧盟、日本等发达国家提出了再工业化、绿色低碳、智能发展等一系列新战略，纷纷出台了宽带发展计划。以信息通信技术为支撑，大力发展先进制造业，积极抢占物联网、新能源、生物医药、电子商务等战略性新兴产业发展制高点。我国也高度重视信息化与工业化的融合发展，从国家战略高度作出了总体部署，有力推动了经济社会的全面发展。

二、推进两化融合的实践与成效

党的十七大以来，在党中央、国务院的正确领导下，在各地区、各部门的大力支持下，工业和信息化系统认真贯彻中央的决策部署，坚持走新型工业化道路，以工业领域为重点，推动信息技术在经济社会各领域的全面渗透、广泛应用和集成应用，着力增强信息通信产业的支撑服务能力，两化融合推进体系初步形成，两化融合工作取得明显成效。

（一）工业领域信息化应用步入综合集成新阶段

工业和信息化部加强规划、政策和标准引导，充分发挥市场机制作用，从企业、行业、区域三个层面探索推进两化融合的方式和途径。围绕改造提升传统产业、促进节能减排和安全生产等专题，组织实施技术

改造专项和试点示范工程,搭建了一批两化融合区域公共服务平台,中小企业信息化服务体系逐步建立完善。重点行业数字化、网络化、智能化、服务化水平明显提升,钢铁、石化等行业涌现一批综合集成应用水平世界领先的大企业。超过300家中小企业信息化辅导站已覆盖全国所有地级市,"一站式"信息化服务新模式初步形成。生产性服务业加快发展,交易额超过2000亿元的行业电子商务交易平台不断涌现,金融、物流等服务业信息化水平取得长足进步,工业设计、信息服务等生产性服务业快速成长。

(二)两化融合的技术产业支撑能力显著增强

工业和信息化部发挥大部门制和全产业链管理优势,统筹用好科技重大专项、技术改造等手段,加快推进软件、集成电路、信息安全等关键软硬件研发和产业化,开展智能制造装备、新型显示、云计算、物联网等重大产业创新发展和应用示范工程,取得了一批重大技术突破。65—45纳米集成电路制造工艺实现量产,国产CPU、基础软件研发和应用推广加快,大型立式五轴联动加工中心研制成功。宽带网络基础设施加快建设,3G网络已覆盖全国大部分城镇。移动互联网快速发展,三网融合取得积极进展,国内IPTV、手机电视试商用业务用户分别达到1400万户、5200万户。加强产用互动、推动融合创新,信息通信产业对两化融合的基础支撑能力大幅度提高。

(三)经济社会主要领域信息化应用逐步深化

各地区、各部门坚持需求导向,针对发展中的重点难点问题,加强技术创新、应用示范和重大工程的统筹推进,完善协调合作机制,健全服务体系,经济社会各领域信息化水平全面提高。农业农村信息化基础明显改善,100%的行政村通电话,98%的乡镇通宽带,98%的行政村建立了农村信息服务站,农业信息服务体系逐步形成。电子政务应用进一步深化,金关、金税、金盾、金审等工程扎实推进,各级政府门户网站成为信息公开、政民互动、网上办事的有效渠道。教育、医疗、就业、社会保障等社会领域信息化重大工程陆续启动,政务资源共享和公共服务水平显著提升。

推进两化融合是工业和信息化部的历史使命,也是工业和信息化全系统的共同责任。"十二五"时期,我们将深入贯彻落实科学发展观,围绕工业转型升级和做大做强的目标,继续深化信息技术在工业领域的集成应用,提高研发设计、生产过程、生产装备、经营管理信息化水平,加快推动制造模式向数字化、网络化、智能化、服务化转变。实施"宽带中国"工程,加快构建下一代国家信息基础设施,推动信息产业和制造业、服务业融合发展。做好协调配合和支撑服务,继续推进信息技术在各领域的应用,全面提升经济社会信息化水平。

三、充分发挥两化融合在稳增长、调结构、 惠民生方面的重要作用

2012年以来,国际国内经济环境更加错综复杂,经济运行中存在一些突出矛盾和问题,特别是工业经济下行压力加大。保持经济平稳较快增长,防止工业趋势性下滑是重点。按照中央经济会议稳中求进的工作总基调,全面落实扩大内需的战略方针,应充分发挥信息化在工业转型升级中的支撑和牵引作用,以提升传统制造业、发展战略性新兴产业为重点,培育新的经济增长点,为稳增长、调结构、惠民生作出积极的贡献。

(一)推动出台扩大内需的政策,增强消费对工业发展的拉动作用

围绕实施扩大节能产品消费补贴政策,拓宽消费渠道,以终端消费带动产业结构优化升级。组织做好节能效果明显的计算机、风机、压缩机、锅炉、机床等产品的生产,在钢铁、有色、石化、建材等重点用能行

业,抓好落后机电设备的淘汰工作。引导节能型信息技术和智能化环保装备的研发与推广,支持自给式太阳能、OLED 等新产品进入公共设施和家庭。落实再制造产品消费补贴政策,支持建立区域性废旧汽车拆解和再制造中心,促进汽车产业加速回收。

(二)调整技术改造组织方式和支持方向,推进建立技术改造长效机制

支持重点由"保增长"为重点转向"保增长、调结构、促转型",主要围绕节能与新能源汽车产业化、新型绿色环保建材及无机非金属材料等专题,实施一批技改重点项目。实施工业强基工程,重点支持高端机械基础零部件、传感器、基础制造工艺和基础材料新产品的研发和产业化。运用信息技术加大对传统产业的技术改造,大幅度提升产品智能化水平和附加值,推动制造模式向数字化、网络化、智能化、服务化转变,加快产业价值链从低端向高端跃升。

(三)培育发展新一代信息技术产业,加快形成新的经济增长点

抓住新一代信息技术发展的重大机遇,准确把握重点方向,集中力量和资源突破集成电路、新型显示、基础软件等领域核心关键技术。以重大工程应用为带动,加强新一代网络通信系统设备及智能终端、云计算、物联网等核心技术研发和产业化,打造完整产业链。大力发展应用电子技术、工业软件、行业应用解决方案,培育一批辐射面广、带动力强的新增长点,为工业各行业的资源优化配置与技术变革、发展模式创新提供强大的推动力。

(四)推进宽带基础设施建设,进一步满足全社会的信息网络需求

实施"宽带中国"工程,建设下一代国家信息基础设施。以"建光网、提速度、促普及、扩应用、降资费、惠民生"为总体目标,加大宽带建设投资,推动信息网络宽带化升级,发展新业务应用,促进信息消费。加快 3G 网络建设,推进 TD—LTE 研发、产业化。大力推进三网融合,推动移动互联网、IPTV、手机电视等新业务发展,培育信息消费市场。加快农村宽带网络建设,实现行政村宽带普遍服务,发展专业性农业信息资源服务平台,推进农业农村信息化。

(五)推进中小企业信息化,增强中小企业特别是小微企业整体素质和发展活力

贯彻《国务院关于进一步支持小型微型企业健康发展的意见》精神,全力落实好近期出台支持小型微型企业发展的财税、金融政策,营造小型微型发展良好环境。以创新型、创业型、劳动密集型的小型微型企业为重点,加强引导,完善服务,组织开展中小企业服务年活动。继续实施中小企业信息化推进工程,推动建设产业集群、中小企业集聚区以及重点行业公共服务平台,持续提升企业创新能力、管理水平和竞争力。

实现工业化是我国现代化进程中艰巨的历史性任务。牢牢把握科学发展这个主题,紧紧围绕转变经济发展方式这条主线,大力推进信息化和工业化深度融合,坚持走中国特色新型工业化道路,我国工业一定能实现从大到强的转变,为全面建设小康社会、加快推进社会主义现代化奠定坚实物质基础。

落实政策措施　提升服务水平
推动中小企业持续健康发展①

促进中小企业发展,事关国民经济和社会发展全局,是我国一项长期的重要战略任务。党中央、国务院历来高度重视中小企业发展,胡锦涛总书记、温家宝总理等中央领导同志多次作出重要指示,强调支持中小企业发展具有全局和战略性的重要意义。中小企业的健康发展,关系到国家经济社会的健康发展。我们必须站在全局和战略的高度,认真贯彻中央决策部署,积极适应形势变化,采取有力措施促进中小企业持续健康发展。

一、深刻认识中小企业的重要地位和作用

伴随着我国改革开放不断深入和经济持续快速发展,我国中小企业迅猛发展,从小到大,从弱到强,一大批优秀企业脱颖而出,在国民经济和社会发展中发挥着越来越重要的作用。

(一)发展中小企业是促进我国经济平稳健康发展的重要保障

中小企业占全国企业总数的99%,创造的产品和服务价值已占国

---

① 本文系工业和信息化部部长苗圩同志在《时事报告》杂志2012年第2期发表的署名文章。

内生产总值的 60%，税收贡献占全部企业税收的一半，是推动经济发展的重要力量。特别是新世纪以来，中小企业发展呈现出增长快、质量好、后劲足的良好势头。2008 年至 2010 年间，我国国内生产总值年均增长 9.7%，同期规模以上中小工业企业增加值年均增幅为 15.6%。从另一层面看，大企业都是从小企业成长起来的，大企业的发展也离不开中小企业的支撑。比如华为、吉利、阿里巴巴等，都是从几人、几十人的小企业起步，其发展壮大也离不开上下游配套小企业、小商户的有力支撑。当前国际国内形势复杂严峻，促进经济平稳较快发展任务艰巨繁重，必须充分发挥中小企业稳定经济增长的重要作用，大力发展中小企业。

（二）发展中小企业是加快转变经济发展方式的主要途径

中小企业大多起步于生产技术、经营水平相对落后的传统工业或商贸流通领域。近年，随着我国转变经济发展方式不断加快，大部分中小企业坚持主业，突出"专、精、特、新"，积极与大企业配套协作，推动行业组织结构不断完善优化；也有部分中小企业加快向先进制造、高新技术、新兴服务等领域拓展，成为推动新兴产业发展的主力军。一些中小企业尤其是科技型中小企业注重技术创新和商业模式创新，加快了新技术、新产品、新服务、新商业模式的突破和应用推广。目前，我国 65% 的发明专利、75% 以上的新产品开发都是由中小企业完成。还有一些中小企业通过集群化发展，形成特色鲜明的"块状经济"，有力带动了农村和县域经济崛起腾飞。但也要看到，仍有相当一部分中小企业素质偏低、创新能力弱、发展方式粗放、产业层次不高、与大企业协作配套关系差等突出结构性问题，客观上成为我国转方式、调结构的重点和难点。加快转变经济发展方式，必须在中小企业发展上狠下工夫，推动中小企业发展上层次、上水平。

（三）发展中小企业是扩大就业、改善民生的重要举措

就业是民生之本、稳定之基，促进中小企业健康发展既是经济问

题,更是重大的社会问题。中小企业以劳动密集型产业、服务业居多,就业容量大,就业方式灵活,是扩大就业的主渠道。目前,中小企业提供了80%以上的城镇就业岗位。国有企业下岗失业人员80%以上在中小企业实现再就业,大量农民进城后也主要在中小企业务工,特别是近年来不少高校毕业生也将中小企业作为就业的重要选择。中小企业的发展,还直接关系到城乡居民收入增长、保障和改善民生以及促进社会和谐稳定。实践证明,中小企业发展好的地区,往往是人民生活较为富裕、收入结构较为合理的地区,也是社会和谐稳定、率先实现全面小康的地区。在全面建设小康社会的关键时期,要促进就业、改善民生,必须把发展中小企业作为一项重大战略任务抓紧抓好。

(四)发展中小企业是完善我国基本经济制度的必然要求

中小企业是国民经济中最具生机活力的群体,是市场经济的重要基础。在我国,90%的中小企业是非公经济,非公企业中的90%以上是中小企业,二者互为主体。改革开放以来,量大面广、机制灵活的中小企业主动参与市场竞争,有力促进了所有制结构的调整和完善,加快了生产要素的市场化进程,成为计划经济向社会主义市场经济转轨的强有力推动者,为充分发挥市场的资源配置作用创造了微观基础。实践证明,凡是中小企业发展好的地方,市场发育就更快,市场机制就更活,经济体制就更成熟。中小企业、非公经济是社会主义市场经济的重要组成部分,坚持和完善我国基本经济制度,必须坚持两个"毫不动摇",把大力发展中小企业作为贯穿整个现代化建设过程的一项战略任务抓实抓好。

二、准确分析当前中小企业发展面临的形势

当前,国际国内经济形势复杂严峻,我国经济发展面临不少困难和挑战。从国际看,全球经济复苏步伐缓慢,国际金融危机仍在蔓延,一

些结构性矛盾短期内很难解决,世界经济下行风险明显加大,市场需求低迷可能成为常态,能源资源竞争将更加激烈,贸易保护主义倾向也将更加突出。从国内看,我国经济增长方式粗放、产业结构不合理、资源环境约束的问题日趋尖锐。解决体制性、结构性矛盾,缓解不平衡、不协调、不可持续的问题十分迫切,难度更大。同时,经济运行也面临不少新情况、新问题。经济增速回落与物价仍处高位相互交织,实体经济面临的困难明显增大,节能减排形势更趋严峻。这些问题相互叠加,使经济发展面临更多"两难"选择。

从中小企业发展情况看,一些困难和问题也十分突出。一是中小企业发展的政策环境亟待改善。制约中小企业发展的一些体制性约束依然存在,特别是部分垄断行业、公用事业和基础设施领域的"玻璃门"现象仍未消除。税费负担较重的老问题尚未得到根本解决,乱收费、乱罚款、乱摊派等侵害企业合法权益的行为还时有发生。二是中小企业经营面临较大困难。中小企业特别是小型微型企业融资难问题依然突出,加上劳动力等要素成本上升、人民币汇率调整等多重因素挤压,进一步挤压了中小企业的生存发展空间。三是转型升级压力加大。随着转变经济发展方式的深入推进,节能减排和环境保护等政策约束不断增强,一些资源消耗高、环境污染大的中小企业面临的调整压力加大,依靠廉价资源、廉价劳动力和廉价环境成本取得竞争优势的发展模式已难以为继。四是企业自身素质不高。我国中小企业多数还停留在家庭经营阶段,发展初期所具备的经营灵活、市场适应强、富有创新精神等优势,已逐渐被基础差、素质不高、管理粗放、技术装备落后、专业人才不足、缺乏自主知识产权的产品等问题所抵消,难以适应经济形势变化和转型升级加快的要求。这些新老问题相互叠加,导致一些中小企业难以适应、经营困难,特别是小型微型企业更加困难。

尽管国内外经济形势复杂严峻,我国经济发展的基本面没有改变,中小企业发展仍处于重要战略机遇期。工业化、城镇化进程加速推进,将进一步释放国内需求潜力;实体经济发展受到高度重视,政策、人才和资金将更多投向实体经济;国际金融危机使世界经济格局发生深刻变化,大国实力此消彼长,也有利于我国更好地利用国外资源、技术和人才。此外,2011年年底召开的中央经济工作会议上还提出,2012年要实施结构性减税政策,落实和完善支持小型微型企业发展的各项税收优惠政策;继续对行政事业性收费进行清理、整合和规范;着力优化信贷结构,把信贷资金更多投向实体经济特别是中小企业;此外,会议还提出要继续完善促进民间投资体制,这也将进一步拓展中小企业的发展空间。我们要增强信心,抓住机遇,不断巩固中小企业发展的良好势头。全面贯彻落实党中央、国务院关于促进中小企业发展的一系列政策措施,不断完善政策法规体系,加快构建公共服务体系,积极改善企业发展环境,鼓励和支持中小企业提高自身素质和水平,重点扶持小型微型企业发展,在促进发展中解决困难矛盾,在解决困难矛盾中加快发展,努力把中小企业发展提高到一个新水平。

三、着力优化中小企业发展的政策环境

在党中央、国务院的高度重视和关心支持下,近年来各部门、各地区认真贯彻落实《国务院关于进一步促进中小企业发展的若干意见》(国发〔2009〕36号),制定了部门配套文件29个,地方具体措施200多件。2011年11月,面对一些小型微型企业出现新的突出困难,国务院第175次常务会议又研究确定了扶持小型微型企业发展的9条金融财税政策。总体看,中小企业发展环境得到不断改善。财政支持方面,中央财政不断加大扶持力度,先后设立了科技型中小企业技术创新基金、中小企业发展专项资金、中小企业国际市场开拓资金、中小企业服务体系发展专项资金和中小商贸企业发展专项资金。资金总规模由最初的10亿元增至2011年的128.7亿元,增长了11.9倍。税收政策方面,财税部门大幅提高了增值税和营业税起征点,施行并延长了对小型微型企业减半征收所得税、金融企业中小企业贷款损失准备金税前扣除等

政策,免征了金融机构对小型微型企业贷款合同印花税,对符合条件的中小企业技术类公共服务示范平台纳入现行科技开发用品进口税收优惠政策范围。减轻企业负担方面,2011 年财政部、发展改革委两次发文取消或免征部分行政事业性收费,涉及收费项目 280 余项,每年减轻企业负担约 165 亿元。此外,经国务院批准,工业和信息化部、统计局、发展改革委、财政部还修订发布了中小企业划型标准,调整了中、小型企业标准,增加了微型企业标准,为国家扶持小型微型企业发展提供了政策依据。现行鼓励技术创新和技术成果转让、鼓励环保及节能节水税收优惠政策,受益主体也主要是中小企业。

进一步促进中小企业发展,营造惠及面更广、支持力度更大的良好政策环境至关重要。针对当前中小企业发展面临的一系列新情况、新问题、新挑战,要充分发挥国务院促进中小企业发展领导小组办公室的政策协调机制作用,加大工作力度,促进中小企业政策环境进一步改善。一是深入贯彻落实国务院第 175 次常务会议精神,加强协调配合,抓好已出台各项财税政策落实到位。推进完善结构性减税政策,支持创新型、创业型和劳动密集型中小企业发展;研究制定小型微型企业的差异化社会保障政策。组织实施企业减负专项行动,深化行政审批制度改革,清理、减少和合并行政审批事项。实施好政府采购扶持中小企业政策,提高政府采购中小企业产品和服务的比例。二是继续扩大中小企业专项资金的规模。推动设立国家中小企业发展基金,引导更多社会资金加大对创业早期中小企业的投入。更多运用间接方式扶持小型微型企业,扩大资金政策受益面,并向中西部地区适当倾斜。三是进一步消除制约中小企业发展的制度障碍。推动贯彻公平准入、平等进入的原则,制定配套实施细则,允许中小企业和民间资本进入法律法规未明确禁入的行业和领域。进一步放宽产业准入门槛,提高电力、石化、电信、金融等行业的开放程度,鼓励中小企业和民间资本进入国防科技工业、城市基础设施、新能源等领域。简化企业注册程序,提高审批效率,降低创业门槛,切实解决创业成本高的问题。四是着眼于中小企业长远发展,抓紧制定出台国家层面进一步支持中小企业发展的政策措施。政策的出发点和着力点,要紧紧抓住中小企业转型升级缓慢、创新能力弱、管理粗放、自身素质不高,难以适应国内外形势变化和经济结构战略性调整的主要矛盾,研究制定一揽子政策措施,促进中小企业又好又快发展。

四、推动解决中小企业融资难问题

近年来,有关部门及银行业金融机构为缓解中小企业融资问题做了大量卓有成效的工作。比如对中小企业金融服务实施差异化监管,引导银行加大对中小企业的信贷投放力度。现已连续多年实现了小企业信贷增速、增量"两个不低于"目标。比如大力发展中小金融机构。截至2011年上半年,全国小额贷款公司3366家,贷款余额达到2875亿元。再如,综合运用税收优惠、业务补助等方式,提高担保机构融资担保能力。2011年,安排中央财政补助资金14亿元,支持担保机构为8.5万家企业提供3600亿元贷款担保。又如积极推动企业通过资本市场融资。目前,全国已有631家中小企业通过创业板上市。各地也积极探索发行集合票据、开展租赁业务融资和信用保险融资等方式,有效拓宽了中小企业直接融资渠道。但也要看到,中小企业融资难、贷款难是世界性难题。从我国情况看,问题更为突出,主要是中小企业规模小,竞争力不强,前景不明确,加之信息不对称、缺乏有效的抵押和担保等,导致金融机构放贷风险加大、积极性不高。同时,中小企业融资环境也亟待改善,一方面是直接融资渠道狭窄。民间融资、上市融资、发债融资、风险投资等融资方式发展缓慢,中小企业难以通过直接渠道获得资金供给。另一方面是间接融资渠道不畅。由于我国担保机构总体规模小、实力弱,信用担保体系能够解决的间接融资相对有限。同时,中小企业量大面广,单笔交易额度小、成本高,商业银行往往"优中选优",并附带各种条件推高融资成本。面对这些突出问题,还需要各方面加强协作、共同努力推动解决。

针对当前中小企业特别是小型微型企业融资遇到的突出困难,国务院常务会议提出了支持小型微型企业发展的六条金融政策,我们要采取有力措施抓好贯彻落实,加大对小型微型企业的信贷支持,清理纠正不合理收费,细化金融服务差异化监管政策,促进民间借贷健康发展。同时必须立足长远,推动构建有利于中小企业发展的金融服务体系。一是大力支持小型金融机构发展,形成大中小金融机构合理分工、满足不同需要的布局,明确小型金融机构主要为小型微型企业服务的市场定位。协调推动有关部门在加强监管的前提下,适当放宽民间资本、外资、国际组织资金参股设立小型金融机构,鼓励发展村镇银行、贷款公司和资金互助社等新型金融机构。二是加快推进中小企业信用体系建设。开展中小企业信用信息征集和信用等级评价工作。支持中小企业信用信息网络互联互通以及数据库等信用基础设施建设,推动信用信息共享,积极引导各类信用服务机构为中小企业提供信用服务。三是继续完善多层次中小企业信用担保体系。综合运用资本金注入、税收减免、风险补偿和奖励补助等多种方式,提高担保机构对中小企业的融资担保能力。推动建立担保机构和银行业金融机构间的风险分担机制。四是进一步拓宽中小企业融资渠道。推动壮大中小企业板市场,发展创业板市场。完善创业投资扶持政策,稳妥推进和规范发展产权交易市场。支持扩大中小企业直接债务融资工具发行规模,鼓励为中小企业提供设备融资租赁服务,探索发展符合中小企业需求特点的融资创新产品。

五、着力促进中小企业加快转变发展方式

国务院36号文件发布以来,我们认真贯彻落实文件精神,积极引导中小企业加快结构调整,支持企业加快技术改造,提高创新能力和产品质量,提升经营管理水平,推进节能减排和清洁生产,加强与大企业

协作配套,实现产业有序转移和集聚发展。2009 年至今,中央财政支持了中小企业技术进步项目4160 个,技术改造项目8527 个,科技创新项目1.6 万个。启动实施了中小企业信息化推进工程和知识产权战略推进工程,印发了《中小企业集聚区知识产权托管工作指南》。出台了《进一步加强中小企业节能减排工作的指导意见》,促进中小企业节能减排的政策激励和约束机制初步建立。认定了一批国家中小企业公共服务和示范平台。2011 年,工业和信息化部发布了《"十二五"中小企业成长规划》,这是我国第一个中小企业发展规划,进一步强化了对中小企业转变发展方式的引导。

自身素质和水平是中小企业发展的决定性因素。促进中小企业发展,既要立足当前缓解突出困难实现平稳较快发展,更要着眼长远推进结构调整和技术进步,注重提高企业自身素质,走可持续发展之路。我们要把转方式、调结构作为促进中小企业发展的切入点,坚持专精特新、协作配套、创业创新、集群发展,增强中小企业发展活力,提高中小企业发展质量。一是大力加强中小企业技术改造。支持企业应用新技术、新工艺、新装备,提高自主创新能力、促进节能减排、改善产品质量、提升安全生产水平,推动中小企业转型升级。鼓励成长型企业做大做强,发展一批专业化、特色化经营企业和"小巨人"企业。二是提升中小企业创新能力。落实好企业研发费用所得税前加计扣除政策,鼓励有条件的中小企业参与关键共性技术研发和行业标准制定。深入实施中小企业信息化工程和知识产权战略推进工程,加快新技术和先进适用技术的推广应用。实施中小企业市场开拓计划,鼓励企业创新营销模式,拓展经营领域和国内外市场。三是加快中小企业结构调整。加快淘汰落后技术、工艺和装备,推动中小企业集约发展、绿色发展。支持创新型中小企业发展,鼓励创办小企业,引导中小企业进入现代农业、现代服务业和战略性新兴产业,走"专精特新"和与大企业协作配套发展的道路。加强中小企业区域合作与交流,引导产业有序转移。四是促进产业集群发展。充分发挥龙头骨干企业的引领带动作用,推动上下游企业分工协作,促进产业集群转型升级。建立完善集聚区技术、电子商务、物流、信息等服务平台,加强节能管理和"三废"集中治理。鼓励各类园区集中建设标准厂房,为小型微型企业提供生产经营场地。五是提高企业人员素质和管理水平。继续实施国家中小企业银河培训工程,全面提升经营管理者素质。推进中小企业管理提升计划,引导企业加强管理,完善治理结构,构建和谐劳动关系。指导企业强化计量、认证、检验检疫等质量基础工作,增强质量安全保障能力。加强品牌建设指导力度,引导中小企业创建自主品牌。

六、着力加快中小企业公共服务体系建设

中小企业量大面广,行业分布广泛,自身获取信息、技术、资金等关键要素能力弱,同时政府对企业的管理和服务分散在多个部门且供给总量相对不足,越来越多的中小企业希望通过优质、高效、规范的社会化、专业化服务,获得新的发展机会。近年来,各级政府围绕中小企业服务体系建设做了大量工作,全国各类中小企业服务中心已发展到818家,小企业创业基地1800多家。各地中小企业主管部门先后认定了1131个省级公共服务平台。2011年,工业和信息化部印发了《加快推进中小企业服务体系建设的指导意见》,组织认定了99个国家中小企业公共服务示范平台,安排5亿元资金支持服务平台网络和小企业创业基地建设,设立了企业经营管理人才素质提升工程专项资金,中小企业管理提升计划实施取得明显成效。目前,中小企业服务体系基本构架初步形成,服务内容不断拓展,服务创新加快探索,支持中小企业服务体系建设的政策环境逐步完善。

我国中小企业公共服务体系发展虽然取得了显著成绩,但还存在着网络覆盖面低、结构不合理、服务内容针对性不强等问题,难以适应中小企业转型成长的迫切要求,也未能充分发挥支撑政府实施扶持政策、有效配置资源的渠道功能。我们要在现有工作基础上,坚持以中小

企业需求为导向,以服务小型微型企业为重点,通过充实完善服务网络、健全服务评价与激励机制、培育服务示范品牌,引导带动服务资源,加快完善中小企业社会化服务体系。一是培育服务队伍。充实完善各级服务机构,加强业务指导、专业培训、业绩考评,加快中小企业服务机构能力建设。发挥各类服务机构、高校、科研院所和行业协会的优势,集聚各类服务资源,提高分工协作水平,推动形成专业化、社会化的企业服务队伍。二是加快服务平台建设。推进中小企业集聚区域服务平台、行业服务平台的建设和完善,加快构建省级公共服务平台网络,逐步实现跨区域统筹与协同服务。认定一批业绩突出、信誉良好、公信度高的国家示范平台。三是加强专业化服务。引导带动政策咨询、信用担保、技术创新、质量管理、人才培训、市场开拓、管理咨询、法律服务等专业服务按照社会化、专业化、市场化方向发展,为中小企业的持续健康发展提供有力支撑。四是创新服务机制。引导服务机构加强内部管理,建立服务质量保证制度,推动平台网络服务规范化发展。建立服务监督评价机制,改进和提高服务水平,完善服务标准和评价指标,促进优质服务机构加快发展。鼓励服务平台创新特色服务,拓展服务领域,扩大服务规模,降低服务成本,实现可持续发展。"十二五"期间,工业和信息化部将认定和培育500个国家级中小企业公共服务示范平台,推动各地认定和培育4000个省级中小企业公共服务示范平台和3000个小企业创业基地。2012年,工业和信息化部还将围绕政策咨询、投融资、创业创新、转型升级、管理提升、舆论宣传六个方面,启动实施中小企业服务年活动,全面提升服务水平,切实缓解当前中小企业发展面临的突出困难和问题。

推动中小企业持续健康发展,意义重大、任务艰巨。我们要认真贯彻落实党中央、国务院关于促进中小企业发展的决策部署,全面落实"十二五"中小企业成长规划,科学分析新形势,准确把握新机遇,正确制定新方略,促进中小企业实现新提升、新发展,为我国经济社会发展作出更大贡献。

我国互联网行业的发展与管理①

一、当前我国互联网发展和管理基本情况

　　互联网是 20 世纪人类最伟大的科技发明之一。自 1994 年我国正式接入国际互联网以来,我国互联网发展速度非常快,尤其是最近几年,发展更加迅猛,创新更加活跃,渗透更加广泛,对经济社会发展产生了重要影响。现在大家普遍认为,互联网已演变为社会生产的新工具、经济贸易的新载体、科技创新的新平台、公共服务的新手段、文化传播的新途径、生活娱乐的新空间,带动了生产方式、生活方式、文化传播模式、社会组织模式的深刻变革。当前我国互联网发展与管理情况,概括起来,主要有四个方面的特点。

(一)我国已成为互联网大国

　　历经多年发展,我国互联网已成为全球互联网发展的重要组成部分,国际影响力和竞争力日益增强。具体体现在:用户规模世界第一。截止到 2012 年 9 月,网民数达到 4.97 亿人,普及率 37.1%。手机网民数达到 3.25 亿,固定宽带用户达到 1.42 亿,网民和宽带用户均位居全球第一。互联网基础设施在全球规模最大。我国已建成超大规模的互

---

　　①　本文系 2011 年 11 月 3 日工业和信息化部部长苗圩同志在互联网行业发展与管理研讨班上的讲话摘要。

联网基础设施,网络通达所有城市和乡镇,形成了多个高性能骨干网互联互通、多种宽带接入的网络设施。"十一五"期间,固定宽带接入端口增长近3倍,达到1.88亿个;第三代移动通信网络覆盖大部分城市和乡镇;骨干网带宽超过30T每秒(Tbps),国际出口带宽增长7倍超过1Tbps。互联网资源拥有量大幅增长,现有IPv4地址3.3亿个,居全球第二位。".cn"域名注册量约435万,互联网站350余万个。技术创新能力不断增强。我国已建成全球最大的IPv6示范网络,并在网络建设、应用试验和设备产业化等方面取得阶段性成果,面向未来的下一代互联网新型架构研发稳步推进。在国际标准制定方面,我国主导完成或署名的请求评论稿(RFC)标准已有46个,涵盖互联网路由、网际互联、安全等核心技术领域,国际影响力明显增强,长期跟随国外的被动局面正在逐步得到改观。应用创新快速推进。移动互联网、互动媒体、网络娱乐、电子商务等成为发展最快、影响最广的应用领域。2010年,我国有3.7亿人使用搜索引擎,3.5亿人通过网络浏览新闻,2.5亿人使用社交网站,3亿人使用博客、微博客,1.6亿人通过网络购物。互联网产业初具规模。2010年,互联网全行业收入超过2000亿元。近几年,我国在门户网站、即时通信、搜索引擎、电子商务、网络游戏等领域形成了一批具备国际影响力的骨干企业,腾讯、百度、阿里巴巴在全球互联网企业市值排名靠前。互联网设备制造业快速崛起,形成了数千亿的市场规模,不仅满足国内发展需要,还实现了海外拓展,高端路由器产品的市场份额已跻身全球前三名。

(二)互联网在经济社会发展的地位和作用更加突出

当前,互联网已渗透到我国国民经济和社会的各个领域,成为经济发展与社会运行的基本要素,推动传统产业结构调整、经济结构优化升级和经济发展方式转变,并深刻地影响和改变着人们工作、学习和生活方式。

1.从互联网推动工业转型升级看。互联网深入应用于工业产品研发设计、生产控制、供应链管理、市场营销等环节,通过信息交互和网络协同改变了生产、管理和销售方式,优化了资源组织、业务流程、企业管理和产业链协同,推动了以精益生产、绿色制造和服务化为方向的工业转型升级。如 ARJ21 新支线项目中,借助网络实现异地设计协同、制作协同和供应商协同,大大提高了研制效率和质量。一些传统制造企业利用互联网进行大规模客户定制,降低了供应链成本并实现柔性制造。

2. 从互联网改造提升传统农业看。截至 2012 年 9 月,我国已建成涉农网站 2 万个,乡镇信息服务站 2.5 万个,通过生产和市场信息的及时传递、交流,增强了信息和知识要素在农业生产中的作用,提升了土地、生产资料和资金等传统生产要素的使用效能,形成了具有现代化特征的农业产业链,推动了现代农业的发展。

3. 从互联网推动服务业现代化看。互联网在物流、商贸流通、金融行业的应用,促进了传统服务业向现代服务业转型,推动形成了现代物流、网上银行等现代生产性服务业。2010 年我国电子商务交易总额 4.5 万亿元,2007 年至 2010 年间网络零售交易额年均增速是同期社会消费品零售额增速的 5.7 倍。互联网在医疗卫生、教育、旅游、娱乐等传统领域的应用,也有力地推动了民生性、消费性服务业的发展。

4. 从互联网促进文化发展看。互联网深刻改变了文化传播模式,已跻身主流媒体行列,成为宣传社会主流思想、传播先进文化的重要平台。"7·5 事件"发生后,互联网成为反击国外媒体扭曲报道、向世界展现真实新疆和真实中国的重要窗口。青海玉树地震发生后,互联网在灾情报道、稳定民心、救灾动员和赈灾救助中发挥了重要作用。

5. 从互联网推动社会公共服务创新看。互联网已成为政府行政管理和社会公共服务的基础平台,有效提升了政府监管能力和行政效率,改善了公共服务,促进了政务信息公开和政府职能转变。我国 97% 以上的中央政府部门、100% 的省级政府和 98% 以上的地市级政府部门开通政府门户网站,工商注册、申报纳税、社会保障等社会服务实现在线提供。

6.从互联网促进社会就业、创业看。互联网创造了大量具有一定知识含量的就业机会,弥补了由于社会生产力提升带来的传统就业岗位的损失,促进了就业结构的优化,2010年互联网服务企业直接从业人员接近80万。互联网更为有志于创业的人群提供了广阔的空间。目前仅通过网店的方式,就有上百万人在经营着自己的事业;有更多人正投身于互联网带来的科技浪潮中,努力实现着自己的梦想。

(三)互联网行业管理成效显著

各相关部门认真贯彻落实中央部署和要求,"齐抓共管、分工负责"的互联网管理格局初步形成。多年来,我部认真贯彻落实中央有关部署和要求,切实履行互联网行业管理职责,坚持发展与管理并重,在加快发展的同时,加大管理力度,互联网行业管理也取得明显成效,为行业健康发展提供了有效保障。法制建设方面,初步形成了以《电信条例》和《互联网信息服务管理办法》为核心,《互联网域名管理办法》、《互联网IP地址备案管理办法》、《非经营性互联网信息服务备案管理办法》等10余部部门规章为支柱,一系列行业规划、政策、标准为基础的互联网管理法规框架,基本覆盖了互联网业务的市场准入、互联互通、资源管理、服务质量等各主要环节。体制机制方面,建立健全了中央和地方管理部门联动机制、相关部门协调配合机制,建立、完善了有效的互联网管理工作衔接流程,确保了互联网管理工作协调有力、运转顺畅。基础管理方面,加强网络资源管理,推进域名注册实名制,初步建立起2家域名注册管理机构、82家域名注册服务机构的域名注册服务体系,".cn"实名率达到98%。加强网站准入管理,逐步完善网站实名制,网站备案率达到99%。加强接入服务管理,强化接入企业责任,探索建立接入企业信用制度。维护互联网市场秩序,及时有效处理市场纠纷事件,规范互联网市场行为,维护用户权益。加强移动智能终端管理,开展手机内置信息服务跟踪检查,推进移动智能终端标准研究,建立移动智能终端安全评估管理制度。加强互联网网络管理,优化网络架构,改善网间互联互通,加强网络运行安全保障,提高网络通信质量。净化网络环境方面,针对社会反映强烈、百姓关注的网络淫秽色情和低俗信息、非法网络公关、网络传销、网络诈骗、网络制售假冒伪劣商品和侵犯知识产权等突出问题,积极组织和参与专项整治行动,配合有关部门,依法处理违法违规网站和信息。

(四)网络与信息安全管理有效加强

多年来,我部按照党中央、国务院要求,认真履行维护国家网络与信息安全的职责,坚持一手抓发展、一手抓安全,坚持发展和安全并重,不断加强和深化网络信息安全管理工作,切实维护好国家网络与信息安全。比如,法规和标准制定工作深入推进。颁布出台《通信网络安全防护管理办法》、《基础电信企业信息安全责任管理办法》、《公共互联网网络安全应急预案》等10余部部门规章和规范性文件,基本覆盖了网络信息安全管理的各个主要环节。制定颁布"电信网和互联网安全防护系列标准"、"绿色上网系列标准"等120余项通信行业安全标准,初步形成了覆盖安全管理、手段建设、特殊通信等领域的行业管理和技术标准体系。管理工作不断加强。以落实企业网络信息安全责任为切入点,通过监督检查等手段,督促基础电信企业和互联网企业进一步加强网络信息安全管理。积极推进互联网新技术新业务网络信息安全评估,建立和完善新技术新业务网络与信息安全巡查和报送制度。采取有效措施,加强对即时通信、搜索引擎、社交网站等新业务管理。连续四年组织实施通信网络安全防护检查,指导督促电信企业和互联网服务企业开展安全评测和风险评估,有效提升了通信网络安全防护水平。例如,2010年通信网络安全防护检查共涉及3673个单元,总体达标率达到92%,较2009年提高了13个百分点。加强网络信息安全应急管理,完善应急工作机制,定期组织开展大规模应急演练,指导企业妥善处理了"5·19多省互联网域名系统故障"、"1·12百度网站访问故障"等突发事件。持续开展木马和僵尸网络打击行动,仅 2011 年 1—9 月,共开展了 12 次木马和僵尸网络打击行动,清理了 2220 个木马和僵尸网络控制服务器 IP 地址和 1056 个控制端恶意域名。圆满完成多项重大网络与信息安全保障任务。加强组织领导,发挥通信行业技术、人才和资源优势,先后组织完成了党的十七大、北京奥运会、国庆六十周年、上海世博会、广州亚运会以及中央领导同志在线访谈等多项重大活动网络信息安全保障任务。行业自律不断加强。充分发挥中国互联网协会、中国通信企业协会等行业协会和自律组织作用,指导成立通信网络安全专业委员会、中国反网络病毒联盟等行业自律组织,组织签署抵制恶意软件等一系列行业自律公约。强化社会监督,深入开展网络违法不良信息举报受理和奖励工作,3 年来累计受理各类举报超过 28 万件次,努力净化网络环境,维护网络秩序。

二、我国互联网发展面临的机遇与挑战

当前,信息技术加快发展、创新和融合,对经济社会的影响不断深化,受到了各方面的高度重视,对我国互联网发展而言,既有良好机遇和有利条件,也面临诸多严峻挑战。

(一)从机遇和有利条件看

当前,互联网技术变革和网络演进加速推进,应用创新不断深化。以内容分发网络(CDN)、互联网数据中心(IDC)等为代表的互联网应用平台形成了新的应用基础设施,改变着互联网的流量分布和设施布局。下一代互联网的演进和技术前沿布局加快,各国加速向以 IPv6 为基础的下一代互联网演进过渡,创新型网络体系结构及关键技术研究成为国际热点。IPv6 创造出巨大的地址空间,新通用顶级域名走向开放,中文域名等多语种域名不断发展。同时,互联网的移动化、融合化、平台化等趋势正开辟更深交融、更广交互、更高智能的发展新阶段,应

用形态不断扩展,应用模式不断变革。比如,云计算将深刻改变计算模式和信息服务模式,泛在感知、高速互联和智能处理技术的发展更将互联对象从人扩展到物。互联网发展形成的跨界融合不断深入,推动通信、广播电视、软件等产业的深刻变革,更与传统产业加速融合集成,催生新业态和新市场。这些为我国在互联网发展和国际竞争中加快创新、实现迈进提供了难得的历史性机遇。目前,我国在互联网发展的多个关键领域与发达国家所处发展阶段相近,面临的机遇和挑战类似,发展起步差距不大,并已形成了一定技术研发、产业支持和人才储备等条件,在部分领域比如宽带无线移动通信、移动互联网和移动智能终端、云计算、下一代互联网和物联网等,还具备了一定优势,初步形成了产业体系。特别是我国把下一代信息技术作为战略性新兴产业加以重点培育发展,加强政策支持。加快互联网发展具备很多有利条件。

(二)从面临的挑战看

既有技术、资源等问题,更有网络与信息安全突出等问题。

1. 核心竞争力亟待提高。我国互联网原创性技术少,革命性创新更少,目前核心技术仍然主要依赖国外,自主化程度不高,市场规模偏小,2010年行业总收入还不及某一家跨国公司的年收入,在产业发展方向引领和游戏规则制定方面受制于人。应用创新不足,业务创意、产品开发、商业模式等方面以跟随模仿为主。例如在移动互联网领域,从智能终端操作系统到应用模式和应用平台,均被几家跨国公司主导,我国仍处在被动跟随的状态。

2. 互联网关键资源为国外主导。作为互联网的发源地和最大受益者,美国拥有对互联网的垄断性控制。美国政府掌控的互联网域名管理机构负责全球各国的互联网地址、域名资源和域名根服务器的分配与管理。美国掌控核心资源带来的后果:2003年伊拉克战争期间,伊拉克的顶级域名申请和解析工作被终止,伊拉克被美国在网络世界里彻底"抹去";2008年10月,微软以"打击盗版,保护知识产权"为由,制造了"黑屏事件",显示了其对终端的控制能力。种种事件说明,西方国家已正式将信息制裁作为继军事制裁、经济制裁、贸易制裁后又一重要的国际制裁手段加以使用。

3. 网络空间全球竞争的压力凸显。当前,各国高度重视互联网在国家发展和国际竞争中的战略性作用,超常规推进其发展。目前已有近100个国家制定了国家宽带战略或计划,投入巨大公共资金并引导社会资本加速宽带普及和高速宽带网络建设。与此同时,围绕网络空间的国际竞争也愈演愈烈,网络空间已成为继陆、海、空、天以外的第五空间和国家重要疆域。国际社会对网络空间规则体系主导权争夺达到全新高度,争夺的核心利益从技术标准、关键资源、网络产业等扩展至跨境服务、电子商务、民主政治等各个方面。互联网作为构建网络空间自主能力的关键领域,业已成为全球化竞争的新焦点,我国互联网发展也已成为我国构建全球竞争力的重要一环。

4. 网络与信息安全挑战更趋严峻。确保基础通信网络的安全,已经成为关系我国政治、经济、军事安全和社会稳定的重要内容,网络信息安全监管工作面临政治、经济、技术多重压力。从国内看,网络攻击、病毒传播、信息窃取等网络违法犯罪行为日益猖獗,维护网络安全、净化网络环境、保护用户利益的任务日益繁重。同时,网络安全威胁的范围和内容不断扩大和演化,移动互联网和智能终端安全引起社会关注,网络安全问题以前所未有的广度和深度向电力、交通、能源、金融等重要领域延伸。

5. 个人信息保护问题亟待加强。近年来,电信员工泄露公民信息、2010年"3Q大战"、"央视报道百度"事件等,引发社会各方面对个人信息、用户利用保护、规范市场行为等的广泛关注。

面对日益激烈的国际竞争、互联网不断发展创新的形势和日益加大的安全压力,我们必须深入贯彻落实科学发展观,主动适应经济社会发展的紧迫要求,把握互联网技术产业变革大趋势,抓住机遇,加快发展,加强管理,努力在新的互联网产业技术革命中赢得主动、抢占先机,为加快转变经济发展方式、迈进信息社会奠定坚实的基础。

三、深入推进我国互联网发展与管理的思路和重点任务

"十二五"时期,是全面建设小康社会的关键时期,是深化改革开放、加快转变经济发展方式的攻坚时期。深入推进互联网发展与管理,意义重大,任务艰巨。最近,审议通过了《互联网行业发展"十二五"规划》,提出了"十二五"时期推进我国互联网行业发展与管理的思路和措施。

总的思路是,紧紧围绕加快经济发展方式转变、全面建设小康社会的要求,按照"科学发展、统筹协调、依法管理、保障安全"的方针,以科学发展为主线,统筹协调为基础,以依法管理为手段,以保障安全为要务,着力夯实基础网络,着力推进技术、业务、商业模式和管理机制创新,扩大普及、深化应用,为建设下一代国家信息基础设施和全面提高信息化水平奠定坚实基础,全面提升互联网行业管理工作水平,走出一条具有中国特色的互联网发展道路。

关于主要目标,我们提出:到"十二五"期末,建成宽带高速、广泛普及、安全可靠、绿色健康的网络环境,形成公平竞争、诚信守则、创新活跃的市场环境,实现从应用创新、网络演进到技术突破、产业升级的全面提升,在转变经济发展方式、服务社会民生中的作用更加显著。具体有七项指标:一是互联网对经济社会贡献持续提高。互联网在转变经济发展方式和促进社会发展与服务民生中的作用更加突出,2015 年互联网企业直接吸纳就业超过 230 万。二是互联网应用服务普及提升。网民总数超过 8 亿,网络信息资源大幅增加。原创应用、原创品牌和原创商业模式成为引领我国互联网发展的主要力量。互联网服务规模和国际影响力显著提升。三是接入能力实现跃升。城市家庭接入能力平均超过 20 兆比特每秒(Mbps),农村超过 4 兆比特每秒。宽带覆盖政府、公益性机构及重要公共设施,行政村基本通宽带,光纤到户覆

盖2亿家庭。四是网络设施升级优化。骨干网总带宽较"十一五"期末增长10倍,网间互通质量达到国际先进水平。骨干网和主要网站全面支持IPv6。IDC空间布局进一步优化、电力使用效率显著提升,高速可靠的内容分发网络覆盖全国。五是互联网产业迈上新台阶。互联网服务业收入年均增长超过20%,突破6000亿元,生产性互联网服务显著增长。互联网核心网络设备、智能终端、基础软件、核心芯片等产业自主发展能力显著提高。业务与应用标准化体系初步建立,国际标准影响力明显加强。六是市场竞争环境诚信有序。市场行为更加规范,行业自律普遍强化,市场秩序持续向好,用户满意度明显提升,产业链上下游协作关系更加合理顺畅。七是发展保障能力显著增强。行业管理体系和法律环境更趋完善,基础管理能力显著提升。网络信息安全保障体系基本建立,网络环境建设取得实质性突破。

根据上述思路和主要目标,重点要抓好七个方面工作。

第一,服务两化融合,全面支撑经济社会发展。一是推进互联网在工农业领域的广泛应用与综合集成。将互联网与研发设计融合,构建网络化、协同化的研发设计体系;将互联网与企业营销生产融合,实现市场需求智能化感知和动态响应;将互联网融合于企业经营管理,建立高效协同供应链管理、营销管理和物流体系。大力推进互联网在农村的应用,发展面向"三农"的互联网综合信息服务。二是全面应用互联网推进服务业的现代化。积极推动互联网在服务业中的广泛普及和深化应用,提高金融、商贸、物流、旅游等服务领域信息化水平,延伸服务产业链,推动服务业高端发展和向现代服务业的优化升级。三是完善互联网社会信息化服务平台。加强互联网在教育、医疗、社保、人口等领域中的应用,提高公共服务效率和能力。完善政府门户网站和基于互联网的公共服务系统,支撑政府建设在线公共服务与政民互动的新技术新业务手段,推动提升互联网时代的政府公共服务和管理能力。四是促进社会就业、创业。以电子商务、网络创作、应用程序和新兴互联网服务等为重点,不断拓展新领域、发展新业态、培育新热点,创造就业机会、降低创业门槛,促进高校毕业生创业就业,吸纳城镇新增就业人员。

第二,建设"宽带中国",推进网络基础设施优化升级与发展演进。一是实施"宽带中国"战略,加快网络接入的宽带化建设。综合利用光纤接入和宽带无线移动通信等手段,加速网络宽带化进程。在城市地区推进光纤到楼入户,在乡镇和行政村推进光纤网络向下延伸。大力发展新一代宽带移动通信,加快提升3G覆盖范围和质量,统筹推进LTE部署,建设宽带无线城市。逐步提高农村、公共机构和特殊人群的网络覆盖和应用普及,缩小数字鸿沟。二是优化调整互联网国内整体架构。统筹协调运营企业互联网网络建设,合理布局互联互通架构,保障网间带宽适时扩容,严格保证网间带宽利用和性能指标。三是完善互联网国际网络布局。持续提升国际出入口能力。根据业务发展需要,在具备条件的国家和地区增设骨干网境外业务呈现点(POP点),扩展国际业务直达范围。统筹规划和加强国际通信海缆建设,加强国际通信安全防护。四是加快构建互联网应用基础设施。优化云计算数据中心的建设布局,保障大型数据中心之间的网络高速畅通。全面开展以绿色节能和云计算技术为基础的数据中心改造,提升数据中心能效、资源利用率和集约化管理运营水平。统筹推进内容分发网络(CDN)建设,逐步形成技术先进、安全可靠的CDN网络,提高互联网对多媒体、大带宽应用的支撑能力。五是推进下一代互联网商业部署。加快推进互联网向IPv6平滑过渡。在保障安全前提下,以重点城市和网络为先导,推进网络升级改造;以重点商业网站和政府网站为先导,推进应用服务迁移;以移动互联网、物联网为重点,发展特色应用。

第三,突破关键技术及标准,夯实核心基础产业。一是加强顶层设计,建立先进完备的互联网标准体系。尽快制定完善互联网数据中心、中文域名等领域的标准研制,建立互联网业务应用类标准体系,完善以IPv6过渡和安全为重点的网络和设备标准体系,加快云计算和物联网标准体系建立。大力推动国内标准国际化,提升在国际标准中的影响力和话语权。二是抓住机遇突破互联网相关高端软件和基础软件。重点支持移动智能终端操作系统、网络化操作系统平台、智能海量数据资源中心等新兴网络化基础软件研发与产业化,支持面向互联网新兴业态的关键应用软件和信息技术支撑软件研发及产业化。三是支持高端服务器和核心网络设备产业发展。加强核心芯片设计制造能力,研发低能耗路由芯片、高速接入设备芯片,以及支持下一代网络的智能终端芯片等核心器件。

第四,创新应用体系,培育发展互联网新兴业态。一是全面推进互联网应用创新。强化应用创新的引导与规范,大力发展生产性、民生性互联网应用创新服务,支持健康向上的数字内容应用。构建互联网应用创新生态体系,优化基础电信运营、互联网服务、内容提供及软件开发企业间互动发展格局。加快互联网应用基础平台、操作系统的研发推广,构建基于互联网能力开放的应用聚合及业务创新体系。二是推进移动互联网整体突破。把握好智能终端和应用发展,推动产业链协作。加快移动智能终端操作系统平台协作研发,推进操作系统、中间件、移动浏览器、应用服务、核心芯片、智能终端各领域整合互动和整体突破。优先形成行业通用的高层应用平台,鼓励开放第三方应用开发程序接口并形成跨终端平台的应用商店,推动大规模协作的应用创新。三是推进云计算服务商业化发展。积极部署和开展云计算商业应用示范,构建公共云计算服务平台,促进云计算业务创新和商业模式创新,推进公有云的商业化发展。四是推动物联网与互联网的融合集成应用。统筹建设传感器网络等感知基础设施和智能处理中心等应用基础设施。整合互联网与物联网新兴服务,开展先导应用。围绕应用共性需求,建设互联网与物联网相结合的技术、测试、资源管理等公共服务平台。五是积极推动电子商务加快发展。以移动互联网和移动支付发展为契机推动移动电子商务规模应用,大力发展面向中小企业的电子商务服务。

第五,建立互联网行业发展引导机制,强化政策性保障。一是要引导优化互联网产业结构。以政策性引导为手段，充分发挥市场机制资源配置基础性作用，按照《产业结构调整指导目录》，引导社会资源进入互联网重点发展领域，推动互联网新兴产业特别是生产性互联网服务业加快发展。二是要加强行业发展信息发布。《互联网行业"十二五"发展规划》已编制完成，近期将发布实施。未来还将定期发布重点业务监测信息、产业发展白皮书和发展指导报告，提供技术演进、市场竞争、应用需求等方面情况，引导创新方向和市场资源配置。三是要推动跨部门、跨行业的长期战略合作。我部作为互联网行业主管部门，将在安全生产、质量监督、教育医疗、环境保护、交通与社会管理等生产性、民生性服务领域积极推动部门间、行业间深度合作，为互联网企业业务开展创造便利条件。四是培育和扶持互联网中小企业成长。结合《中小企业划型标准规定》，将符合条件的互联网中小企业和微型企业明确纳入国家现有政策体系，依法享受税收、投融资等相关扶持。中央财政扶持中小企业发展的各项资金，对符合条件的互联网中小企业予以支持。五是加强互联网基础设施建设的政策支持。通过现有资金渠道，引导宽带接入网络、下一代互联网等基础设施加快发展。探索通过增加补贴等方式，推进西部地区、广大农村、少数民族地区及社区和公益性机构的光纤宽带建设。加强互联网基础设施建设与城建、商务等部门协同联动机制，确保城市建设中光缆管线、宽带接入网络等与城市公路、油气管道等其他基础设施同步规划、同步建设。

第六，强化互联网基础管理，打造诚信守则的互联网市场环境。一是加强法律法规建设。推动《电信法》、网络与信息安全、个人信息保护、跨境信息流动等立法工作。积极参与修订《互联网信息服务管理办法》。二是健全机制，完善行政监管体系。进一步理顺跨部门协同管理机制，细化职责分工，明确工作流程。强化重大突发事件的迅捷应对和协调处理能力。加快充实互联网行业管理力量和资源配置。壮大互联网行业管理力量，切实落实属地化管理要求。三是加强互联网资源管理。推动建立域名注册和使用的诚信体系，在保障安全基础上推进".cn"、".中国"等国家顶级域名的全球发展。建立健全 IP 地址管理制度,统筹规划 IP 地址资源的申请、使用和协调。完善域名注册管理办法和注册流程,强化域名注册管理机构和域名注册服务机构的企业责任。探索建立域名解析服务标准和市场管理制度。四是加强互联网信息服务和接入服务管理。逐步完善网站实名制,完善网站备案系统功能。整治网站虚假备案行为,清理不准确网站备案信息。加大对接入服务企业的监管力度,强化接入服务企业责任,严格执行"未备案不接入",坚决查处为未经许可或备案网站提供接入行为。探索建立企业信用制度。五是加强互联网市场监管。完善市场规则和争议协调处理机制,维护公平、公正、有序的市场秩序。完善互联网业务市场综合管理系统,加强与相关管理信息系统间的资源共享和高效联动,提高市场监管的精准度与时效性。六是加强移动通信终端管理。进一步加强进网管理要求,继续完善移动智能终端安全评估制度和测试方法,推动移动智能终端安全评测实验室建设。加大投入,鼓励企业自主创新,推动解决移动互联网和智能终端带来的网络信息安全问题。七是建立健全互联网用户权益保护机制。建立完善互联网用户权益保护协调处置机制。完善面向用户权益的互联网服务质量和服务规范指标体系。加快现有电信服务规范体系、服务测评和监督检查机制向互联网服务领域延伸,完善覆盖政府、企业、社会三方的互联网用户投诉申诉处理流程和工作机制。

第七,加强体系建设,提升网络与信息安全保障能力。维护网络与信息安全,既是一项长期任务,也是一项系统工程。要统筹兼顾,突出重点,切实把这项工作抓实抓到位。一是深入推进企业责任落实,强化行业监管。对基础电信企业落实网络信息安全责任情况开展专项督促检查。创新工作机制和工作方式,综合运用经济、法律、行政、技术和行业自律等手段,实现对增值电信企业的有效监管,指导企业切实承担起相适应的安全责任。加强与有关部门协调配合,完善部门之间、政府和企业之间的工作机制。二是认真抓好新技术新业务网络信息安全评估工作。出台《互联网新技术新业务信息安全评估管理办法》。通过安全评估及时明确管理要求,完善对新技术新业务的跟踪监管,并与市场准入和企业年检相衔接,为进一步加强管理和规范使用奠定基础。三是加强网络安全防护和应急管理。深入推进安全等级保护、安全评测、风险评估等基础工作。加强互联网网络安全的应急管理,提高重大活动保障和突发事件应急处置能力。持续推进公共网络环境治理,推进木马和僵尸网络专项打击与常态化治理,打击病毒利益链,组织开展网络安全联合应急演练。四是提高互联网装备安全管控水平。支持安全技术产品研发,完善信息安全产业链,发展和规范网络信息安全服务。

第二篇

专题篇

工业和信息化大部门体制改革

党的十七大明确提出"加大机构整合力度,探索实行职能有机统一的大部门体制"。2008 年 3 月,十一届全国人大一次会议决定组建工业和信息化部,把国家发展和改革委员会的工业行业管理有关职责,原国防科学技术工业委员会核电管理以外的职责,原信息产业部和原国务院信息化工作办公室的职责,整合划入该部。随后,地方政府也按照大部门体制改革要求,陆续组建了工业和信息化主管部门。

一、工业和信息化大部门体制改革意义重大

实现工业化是我国现代化建设的艰巨历史任务。工业是实体经济的主体,也是转变经济发展方式、调整优化产业结构的主战场,信息化是覆盖现代化建设全局的战略举措。组建工业和信息化部,把原来由多个部门分别承担的工业行业管理有关职责归并到一个部门履行,改变了一段时期中工业管理分散弱化的局面,顺应了信息技术加快变革和普及应用的趋势,破解了工业化和信息化"两张皮"的局面,进一步完善了军民结合、寓军于民的体制机制,初步形成了符合新型工业化要求的管理体系和运行机制。工业和信息化大部门体制改革为加快走中国特色新型工业化道路提供了强有力的体制保障,同时也标志着我国在大部门体制改革方向上迈出了重要步伐。

二、探索实践大部门体制改革的主要做法和经验

2008年工业和信息化部组建以来,坚持以转变政府职能为核心,以创新行业管理为主攻方向,以全面正确履行职责为着力点,以加强协调配合为重要保障,以服务行业发展为根本出发点和落脚点的总体思路,坚定探索大部门体制改革。

(一)科学优化机构设置

坚持精简统一效能,宜大则大,宜精则精,整合优化内设机构。跨行业综合设置原材料、装备、消费品、电子四个工业行业管理大司局,实现管理职能的有机整合。设置节能与资源综合利用、军民结合、信息化推进等司局,体现走中国特色新型工业化道路的内在要求。设置通信发展、电信管理、信息安全协调等司局,兼顾信息网络发展与管理的现实需要。

(二)全面正确履行职责

坚持有为才有位,认真履行管规划、管政策、管标准,指导行业发展的职责。按照加快转变经济发展方式的要求,提出了工业转型升级、信息化和工业化深度融合、通信业转型发展等重大战略思路,狠抓企业技术改造、自主创新、质量品牌建设、淘汰落后产能、节能减排、产业基地建设、培育发展战略性新兴产业和生产性服务业、三网融合等重点难点工作,确保了"十一五"目标任务的完成。

(三)加快转变政府职能

坚持把管理创新作为深化大部门体制改革的重要着力点,坚持不干预企业、不走回头路,切实树立市场理念、服务理念和依法行政理念,注重增强行业管理的科学性和全局性。不断创新管理方式,丰富管理

手段,强化企业诚信体系建设和行业自律管理,努力为行业发展创造开放公平有序的市场环境。改进财政资金支持方式,注重支持受惠面广、公益性强的新型工业化基地、中小企业公共服务平台、共性技术研发平台等建设,加强试点示范、信息发布、运行监测等公共服务,健全行业服务体系。

(四)着力健全协调机制

坚持权责一致原则,建立健全部门间协同配合机制,加强重大问题会商和沟通。强化部门分工与合作,共同推动淘汰落后产能、企业兼并重组、稀土行业管理等涉及面广、任务重、难度大的工作。加强部省战略合作,做好规划衔接、项目推进和信息沟通,确保相关政策的一致性和有效性。

(五)不断完善行业管理体系

坚持发挥和利用好各方面的力量,逐步建立统一高效融合的工业和信息化管理体系。按照相互沟通、协同配合的思路,完善司局职责分工,理顺工作流程。发挥地方贴近基层贴近行业的优势,依托和支持地方主管部门开展行业管理。始终把行业协会作为加强和改善行业管理工作的重要支撑,建立健全购买服务、政策征询、信息交流等机制。发挥部属事业单位和高校在决策咨询、人才培训、科技创新等方面的支撑作用。

(六)强化机关队伍建设

坚持统一思想、加快融合、提高素质、改善结构、改进作风,努力打造一支符合走新型工业化道路要求的干部队伍。通过学习培训、双向挂职交流、竞争上岗、关键业绩指标考核等形式,改善干部队伍素质和结构,适应履职需要。加强反腐倡廉和作风建设,培育机关文化,提高战斗力、凝聚力。

各地方也积极探索推进工业和信息化大部门体制改革,着力抓好机构组建、职责落实和人员融合,认真落实"三定"规定;着力抓好工业投资管理、经济运行要素协调保障、工业园区建设、节能减排、应对处理重大问题等重要工作,找准工作抓手和落实工作载体;着力抓好转变政府职能和创新行业管理,加快行政审批制度改革,提高服务企业水平。总体来说,地方工业和信息化大部门体制改革迈出坚实步伐,无论在应对国际金融危机冲击,促进本地区经济平稳较快增长,还是在统筹工业和信息化发展、改善行业发展环境等方面都发挥了至关重要的作用。

三、工业和信息化大部门体制改革的初步成效

工业和信息化大部门体制改革总体进展顺利,切实保障了工业、通信业和信息化科学发展,促进了我国经济发展方式转变,加快了走中国特色新型工业化道路进程。

(一)走新型工业化道路迈上新步伐

工业和信息化大部门体制改革适应了走中国特色新型工业化道路的内在要求,为工业和信息化发展注入了新动力,在应对国际金融危机中发挥了关键作用,切实保障了工业经济平稳较快发展。2007—2011年,工业增加值年均增长 11.3% ,占国内生产总值比重保持在 40% 左右。在 500 余种主要工业产品中,我国有 220 多种产量位居世界第一,工业综合竞争力跻身世界前列,工业作为国民经济支柱、实体经济主体和经济增长主动力的地位进一步凸显。据联合国贸发组织数据,2010年中国制造业增加值占全球比重达到 19.8% ,超过美国的 19.4% ,自19 世纪中叶经历一个半世纪又重新回到世界第一制造业大国的地位。

(二)转变工业发展方式取得新突破

工业是转变经济发展方式的主战场。只有工业发展方式转变到

位,经济发展方式才能实现根本转变。工业和信息化主管部门通过加强技术改造、自主创新、淘汰落后、兼并重组、产业转移和产业集聚等工业转型升级的关键环节,工业技术结构、组织结构、行业结构、布局结构全面优化提升,创新、绿色、融合、协调正在成为工业发展的前进方向。利用先进适用技术改造提升传统产业取得明显成效,培育发展战略性新兴产业取得新进展,钢铁、汽车等规模经济行业产业集中度不断提高。产业自主创新能力不断增强,载人航天、探月工程、高端装备制造、高性能计算机、新一代移动通信等领域取得突破性进展,TD—LTE—A等具有自主知识产权的技术成为国际标准,航空、有色、建材、汽车等行业实现了主导国际标准执行的历史性突破。"十一五"期间,全国淘汰落后产能占全部落后产能的50%左右,六大高耗能行业占工业比重从2005年的32.7%下降到2010年的30.3%,工业化学需氧量、二氧化碳排放总量分别下降17%和15%,中、西部工业比重分别提高3.1和2.7个百分点。

(三)融合发展进入新层次

推进信息化和工业化融合、军民融合是实现工业转型升级的重要途径,也是走中国特色新型工业化道路的鲜明特征。工业和信息化大部门体制顺应了技术融合、产业融合的新趋势新特征,有力地促进了两化融合、军民融合。信息技术在工业研发设计、流程控制、经营管理等环节的应用不断深化,到2010年,大型装备制造企业基本实现产品设计、工艺流程和ERP集成应用,89%的机械企业建立了财务管理系统,超过90%的钢铁企业采用了采购、财务、销售等系统。金融、商务、交通、物流等领域信息化水平不断提高。国家信息基础设施建设和应用实现跨越式发展,三网融合稳步推进,网络和信息安全保障能力不断增强。军民融合式发展的新体制逐步形成,初步建立起军民结合寓军于民的武器装备科研生产体系,国防科技工业民品产值占比超过75%,获得武器装备科研生产许可证的民口单位达到2/3以上。

（四）转变政府职能和创新行业管理取得新成效

转变政府职能是大部门体制改革的核心，也是加强政府自身建设的重要着力点。通过转变管理理念，创新管理方式，更多发挥市场在配置资源中的基础性作用，减少微观干预，行业管理效能不断提高。工业和信息化部经过两轮清理，取消行政审批事项 3 项，拟取消 7 项，下放 2 项，整体上改善了行业服务水平。积极探索加强和改进行业管理的新思路新途径，如在汽车行业推行自律管理，开展自律承诺，有效克服了管理手段不足和监管力量有限的问题，促进了政府职能转变。各地工业和信息化主管部门注重为企业创造良好环境，推行窗口式服务、一站式服务，当好"企业之家"，着力减轻企业负担，增强了经济发展活力和内生动力。

（五）保障和改善民生开拓了新局面

满足人民群众日益增长的物质文化需求，不断改善民生和促进社会和谐是工业和信息化行业管理的重要内容。通过推动出台支持小型微型企业健康发展的一揽子政策措施，重点支持创新型、创业型和劳动密集型小型微型企业发展，有效发挥了中小企业在吸纳就业方面的重要作用。近年来，中小企业提供了 80% 的城镇就业岗位，成为改善民生和推进社会和谐的重要力量。通过狠抓安全生产、质量品牌建设、重金属污染治理等涉及广大人民群众切身利益的重点工作，推动建立区域性、行业性的食品工业企业诚信体系，缓解食品安全严峻形势，切实保护人民群众生命健康。加强电信市场监管和互联网行业管理，坚决查处恶性竞争、阻碍互联互通、资费违规等行为，保护消费者合法权益，2008—2011 年电信服务综合资费水平累计下降 30% 左右，老百姓得到了真正实惠。

胡锦涛总书记在主持中共中央政治局第三十三次集体学习时强调："推进行政体制改革，转变政府职能，充分发挥市场在资源配置中的基础性作用，突破制约工业发展的体制机制障碍"。工业和信息化系统几年来的工作实践充分说明,加快走中国特色新型工业化道路,必须坚定推进工业和信息化大部门体制改革。"十二五"时期是加快转变经济发展方式的攻坚时期,是全面深化改革开放,实现社会主义小康社会目标的关键时期,也是为到2020年基本实现工业化奠定具有决定性意义的重要时期。当前,大部门体制改革总体还处于探索阶段,必须以更大的决心和勇气推进改革,围绕转变政府职能这一核心,坚持解放思想、开拓进取、循序渐进,进一步优化机构设置、完善职责手段、健全管理体系、强化协调机制,实现权责一致、分工合理、决策科学、执行顺畅、监督有力,不断创新管理方式,提升管理效能,为走中国特色新型工业化道路提供强有力的体制保障。

(审稿人:郭福华;执笔人:黄颖)

工业和信息化法制建设

大力推进法制建设是信息化和工业化发展的重要保障和迫切需要。随着社会主义市场经济体制的日益完善和依法治国理念的不断深入,工业、通信业和信息化领域法制建设不断强化。特别是工业和信息化部组建后,认真贯彻落实依法治国、依法行政方针,紧紧围绕走中国特色新型工业化道路的要求,针对行业发展中面临的新情况、新问题,积极推进工业和信息化法制建设工作,全面推进依法行政,不断完善工业和信息化发展和管理急需的法律制度,为工业和信息化平稳较快发展、加快转变经济发展方式提供了良好的法治环境。

一、加快健全完善法律法规

近年来,工业和信息化法制工作坚持深入贯彻落实党的十七大和十七届历次全会精神,坚持以科学发展观为统领,紧紧围绕推动信息化和工业化深度融合、走新型工业化道路的要求,大力加强工业、通信业和信息化领域法制建设。

(一)推动出台了一系列涉及工业和信息化的法律、行政法规和司法解释

全国人大常委会制定了《电子签名法》、《循环经济促进法》、《食品安全法》、《关于修改〈中华人民共和国清洁生产促进法〉的决定》等法

律,国务院出台了《关于修改〈外商投资电信企业管理规定〉的决定》、《乳品质量安全监督管理条例》、《武器装备质量管理条例》、《无线电管制规定》等十多部行政法规。同时,最高人民法院、最高人民检察院出台了关于审理破坏公用电信设施刑事案件、办理淫秽电子信息刑事案件和办理诈骗刑事案件相关法律适用问题的司法解释。围绕贯彻落实上述规定,工业和信息化部制定了《民用爆炸物品进出口管理办法》、《铬化合物生产建设许可管理办法》、《电子认证服务管理办法》、《卫星移动通信系统终端地球站管理办法》、《规范互联网信息服务市场秩序若干规定》等21部规章,为落实相关法律规定和政策要求提供了必要支撑。

(二)积极开展工业行业管理立法

我国工业领域的市场化程度很高,但是行业管理立法比较薄弱,亟须从制度上确保依法行使行业管理职能。国务院已将《原子能法》立法列入了国务院立法工作计划,工业和信息化部牵头成立了跨部门的《原子能法》起草组和专家组,组织开展了《原子能法》立法调研和草案起草等工作,有关立法工作正在稳步推进。结合促进我国船舶工业技术进步、结构优化升级、生产质量安全的需要,积极开展《船舶工业发展条例》立法,做好条例(草案)有关专家论证和修改完善等工作。着眼于加强我国航空工业的战略地位,促进我国航空工业持续健康发展,国务院将《民用飞机产业发展条例》立法列入了立法工作计划,工业和信息化部成立了条例起草领导小组和工作小组,开展了调研论证、草案起草和征求意见等工作,形成了条例(草稿)。不断加强有关工业行业管理规章立法工作,正在积极推进《〈传统工艺美术保护条例〉实施细则》、《失效锂离子电池综合利用管理办法》等规章立法,深入研究论证立法的必要性、管理职能定位、相关制度的可行性等问题。

(三)加快推进通信和信息化立法

我国信息通信领域具有比较好的法律制度基础,但与信息技术迅猛发展、新业务层出不穷的形势之间还存在一定的差距。近年来,我国进一步加快推进了通信和信息化领域的立法。适应电信体制改革深化等新形势,着力推动《电信法》立法,《电信法(送审稿)》已于2004年7月报请国务院审议;近年来,法制办组织对其他国家和地区的电信法进行了比较研究,多次征求了国务院各组成部门的意见,赴相关省市开展了立法调研,对三网融合、互联网管理、电信设施保护等重点问题进行了研究,不断提高《电信法(草案)》有关法律制度的质量。为了适应无线电技术和业务发展的需要,促进有效利用无线电频率资源,积极推动《无线电管理条例》修订工作。《无线电管理条例(修订送审稿)》已于2008年7月报请国务院、中央军委审议。近年来,法制办组织对无线电管理体制和行政许可等重点问题开展了调研,征求了各省区市人民政府、国务院各部门的意见,为推动条例修订工作奠定了良好的基础。工业和信息化部配合法制办及有关部门加快《互联网信息服务管理办法》修订工作,做好《办法(修订草稿)》起草、论证和征求意见等工作。同时,不断加强通信和信息化规章立法工作,开展了《电子认证服务管理办法(修订)》、《业余无线电台管理规定》、《中国互联网络域名管理办法(修订)》、《宽带服务规范》、《通信网络雷电灾害防御管理办法》等立法调研、论证和审查工作。

(四)组织开展法规规章和规范性文件清理工作

工业和信息化部坚持立"新法"与改"旧法"并重,及时清理不适应行业发展和管理需要的法律制度。2009年,清理并废止了《关于损坏通信线路赔偿损失的规定》等8部规章。在此基础上,按照国务院关于做好规章清理工作的要求(国办发〔2010〕28号),组织开展了行政法规、规章和规范性文件清理工作,废止了《国防科学工业技术基础科研管理办法》和《国防基础科研管理办法》两部规章以及《乳制品加工行业准入条件》等5件规范性文件;配合法制办对拟废止的6部行政法规和拟修改的153部行政法规进行了研究,提出了处理建议;对其他部门的 73 部规章和 1500 件规范性文件提出了清理意见。同时,根据国务院关于促进企业兼并重组的要求(国发[2010]27 号),牵头组织各省区市对妨碍企业兼并重组的规定进行清理,对清理范围及原则、时限、工作要求等进行了部署,有关清理工作已经完成。按照国务院关于贯彻落实《行政强制法》的要求,完成了对 30 部行政法规和 90 余部规章的清理。组织对工业和信息化部规范性文件中有关创新政策与提供政府采购优惠挂钩的规定进行了清理。

二、做好规范性文件合法性审核工作

规范性文件合法性审核是促进工业和信息化领域依法行政、维护法制统一的重要手段。工业和信息化部先后对商用车生产企业及产品准入管理规定、耐火性粘土萤石行业准入公告管理办法、再生铜再生铅再生铝行业准入条件等 600 多件规范性文件进行了合法性审核。同时,总结合法性审核中发现的共性法律问题,形成相关改进建议,为依法履行工业和信息化行业管理职责提供了法律指导。制定了《工业和信息化部规范性文件合法性审核规定》,明确审核的原则、要求和程序,确保行政权力依法运行。

与此同时,配合法制办及相关部门审核了《食品召回管理规定》、《个人所得税法修正案》、《煤炭矿区总体规划管理暂行办法》、《放射性废物安全管理条例(草案)》等 450 多件法律、行政法规和规章草案,并重点对《政府制定价格成本核定条例》、《资源税暂行条例》、《对外合作开采海洋石油资源条例》、《对外开采陆上石油资源条例》和《职业病防治法》等国务院常务会议的法律、行政法规草案进行了审查,推动在相应的制度、措施中体现工业和信息化主管部门的作用,为全面履行工业和信息化管理职责提供法律基础。

三、规范行政许可权力运行

认真贯彻落实《行政许可法》，做好宣传培训、许可清理和配套制度建设、监督检查等大量工作。一是抓好宣传培训，通过专题学习、专家讲座、编印简报、个别交流等多种形式，开展了《行政许可法》的学习和培训。二是做好行政许可清理，组织对所负责行政许可项目的实施主体和有关行政许可的规章进行了全面清理，对照《行政许可法》分析所存在的主要问题，提出需要修改的规章目录并组织开展修改工作。三是加强行政许可制度建设，制定了《工业和信息化部行政许可实施办法》，明确了实施行政许可的基本要求及 14 项行政许可项目的条件、程序、期限规定，确保国家法律得到全面、正确实施。积极开展行政许可配套规章制度建设工作，制定了《税控收款机生产企业资质管理办法》、《无线电台执照管理规定》、《电信业务经营许可管理办法》、《铬化合物生产建设许可管理办法》、《民用爆炸物品进出口管理办法》等十余部有关行政许可的规章，进一步指导和规范了行政执法行为。四是推动依法行政，成立部依法行政领导小组，制定了《工业和信息化部关于加强法治建设的实施意见》（工信厅政〔2010〕55 号），对部依法行政工作提出了总体要求。

四、围绕热点问题提供法律保障

加强法律法规和规章起草阶段的前期调研，充分论证立法项目的必要性和可行性，提高立法草案的质量。同时，发挥法制工作机构的积极性、主动性，加强重点和热点法律问题研究，就互联网法律制度、汽车召回、过度包装、云计算、授权经营电信业务、个人信息保护等问题形成了三十多个专题报告，为依法处理有关问题提供了法律支撑。

为了有效治理扰乱电信市场秩序、侵害用户权益等突出问题，积极推动国务院出台了《关于进一步加强电信市场监管工作意见的通知》（国办发[2003]75号），并做好贯彻落实工作，印发了《关于电信监管部门配合开展电信运营企业干部考核与管理工作的意见》。

五、探索建立部省立法联动机制

各省区市在工业节能、减轻企业负担、传统工艺美术保护、中小企业发展、盐业管理、电信管理、无线电管理、信息化等方面，开展了卓有成效的工作，推动出台了一批地方法规规章。工业和信息化部探索建立部省立法联动机制，加强对地方工业、信息化立法工作的指导，发挥地方立法对国家相关立法的促进作用。在部省立法联动机制下，就传统工艺美术保护、信息化促进等法律制度进行了交流座谈，受到了广泛的欢迎。同时，在制定年度立法工作安排、部门规章审查工作中，采取实地调研、座谈论证、征求意见等方式，充分汲取地方工业和信息化主管部门、通信管理局的意见，不断提高法律制度的科学性、有效性和操作性。

近十年来，我国工业、通信业和信息化依法行政工作全面推进，法律制度建设不断加强，取得了积极的成效。目前，全国人大已颁布了《烟草专卖法》、《关于维护互联网安全的决定》、《中小企业促进法》、等十余部涉及工业和信息化的法律。国务院制定了《传统工艺美术保护条例》、《电信条例》、《民用爆炸物品安全管理条例》、《武器装备科研生产许可管理条例》等四十余部行政法规。原国防科工委、信息产业部等部门公布了《民用爆炸物品生产许可实施办法》、《农药生产管理办法》、《中国互联网络域名管理办法》等八十余部规章。工业和信息化部组建以来，先后出台了《工业和信息化部行政许可实施办法》、《武器装备科研生产许可实施办法》等21部规章。同时，各省区市结合地方的实际，围绕工业节能、传统工艺美术保护、减轻企业负担、中小企业发展、盐业管理、电信管理、无线电管理、信息化等方面，出台了一系列地方性法规和地方政府规章,取得了丰硕的立法成果。目前,以法律、行政法规为基础,以部门规章、地方性法规和地方政府规章为补充的工业和信息化法律制度框架已经初步形成,依法行政水平得到有效提高,为促进行业健康发展提供了良好的制度环境,对形成中国特色社会主义法律体系发挥了积极的作用。

（审稿人:郭福华;执笔人:石玉春、柳蜻）

四川汶川特大地震抢险救灾和灾后重建

2008 年"5·12"汶川特大地震,是新中国成立以来破坏性最强、波及范围最广、救灾难度最大的一次地震。这次地震震级里氏 8.0 级,最大强度 11 度,灾区面积 44 万平方公里,受灾人口达 2961 万人,城乡住房倒塌或受损 530 多万户,基础设施大面积损毁,工农业生产遭受重大损失。地震发生后,在党中央、国务院的坚强领导下,工业和信息化部克服机构刚刚组建、人员尚未到位、工作体系尚未建立等诸多困难,为取得抢险救灾胜利和灾后恢复重建作出了重要贡献。

一、全力以赴迅速开展抗震救灾工作

特大地震发生后,工业和信息化部第一时间成立了抗震救灾应急指挥领导小组,设立了医药设备保障组、军工民爆组、生产恢复组、电信恢复组,积极组织开展抢险救灾。

(一)组织调运抗震救灾工具物资

按照国务院总指挥部有关指示及前线部队救灾需求,工业和信息化部加强与各相关方面沟通协调,充分发挥地方工业和信息化系统的作用,积极组织救灾工具物资调运。共调运 18 类工具和大批物资,包括大型发电机 6 台、小型发电机 1229 台、切割机 1270 台、液压扩张钳 600 把、挖掘机 38 台、装载机 300 台、起重机 7 台、千斤顶 400 台、帐篷

4400 顶、金刚石锯片 600 片、钢钎 40 吨、卫生消毒用品 225 吨以及大批铁锹、尖镐等小型工具,解决了抢险救人的急需。此外,及时排除治理隐患,保障了军工重要设施的安全。

(二)抓好灾区通信修复和应急通信保障

　　地震导致四川、甘肃 13 个县通信全面中断,全国至四川方向的话务急增并出现拥塞,中国移动接通率一度下降至 10%。工业和信息化部印发了应对汶川地震灾害、全力抢通灾区通信的紧急通知,多次组织召开了专题会议,研究通信深入震中灾区,保障抗震救灾指挥工作的措施。各通信企业集团公司、受灾省通信管理局和当地通信公司,及时启动通信保障应急预案,采取各种有效措施,积极筹措应急通信资源,全力抢修恢复受损通信。在此期间,工业和信息化部组织全国范围内通信行业抢修人员 3.2 万人,紧急调动应急通信车 383 台、卫星电话 1879 部、发电油机 8538 台、其他应急通信装备 3000 多套,启用应急无线电频率,全力做好通信设施抢修工作,保障抗震救灾各方面对应急通信的需要。2008 年 5 月 12 日当晚 9:30 中国移动部分恢复通信,接通率恢复到 70%,三天后恢复到 92%。5 月 16 日实现 13 个县的对外通信(包括固定、移动),5 月 22 日实现 109 个重灾乡镇的对外通信。到 8 月份,21 个县 451 个乡镇全部恢复公众通信。

(三)组织指导生产恢复工作

　　工业和信息化部印发了《关于开展地震灾害对工矿等企业损害调查工作的通知》,组织了 10 个调研组,委派精干力量赴灾区开展调查研究,并及时会同地方工业和信息化主管部门制定了灾区恢复生产方案,协调解决供电、原材料、电煤运输等外部条件。2008 年 5 月 29 日至 6 月 2 日,与四川省经济和贸易委员会一起组织调研组,分赴 6 个地市,对 2200 多家受灾企业调查核实。6 月 18 日到 24 日,再次组织 6 个调研组分赴川、甘、陕地震灾区,调查了解工业企业恢复生产情况。牵头起草了关于地震灾区恢复生产的指导意见，与人力资源社会保障部组织筹备了国务院恢复工业生产和扩大就业座谈会。到 2008 年年底，灾区规模以上工业企业恢复生产的比例达到 97%。

此外，工业和信息化部机关和在京直属单位广大职工向地震灾区捐款 1884.84 万元、向地震灾区妇女儿童捐款 216.39 万元，缴纳特殊党费 270 余万元，支持地震灾区灾后恢复重建。

二、积极支持灾后恢复重建工作

在做好抢险救灾的基础上，工业和信息化部积极采取各种措施，支持灾区重建工作，推动灾区工业迅速走上布局优化、结构调整、总量增大、效益增强的恢复重建、发展振兴之路。经过三年的努力，基本完成工业灾后重建的主要任务。

（一）开展灾后重建相关规划编制

党中央国务院高度重视灾区恢复重建工作，制定了一系列方针政策，地方政府组织协调有力，兄弟省市对口支援和社会各界大力帮扶，为灾后重建提供人力、物力、财力、智力等方面的有力支持。为加快工业企业恢复重建进程，优化灾区工业生产力布局和促进产业结构调整，推进灾区经济社会全面协调可持续发展，工业和信息化部配合发展改革委等相关部门编制《汶川地震灾后恢复重建总体规划》、《汶川地震灾后生产力布局和产业调整专项规划》和《汶川地震灾后基础设施恢复重建专项规划》。同时，工业和信息化部从 2008 年 6 月 10 日开始，与 10 个工业行业协会组织 6 个工作组，会同地方政府，对灾区优势产业以及工业园区的恢复重建进行了重点调研，形成了汶川地震灾区工业生产力布局和产业调整规划及专项规划。通信业方面，组织专家组摸清了基站和网络的毁损情况，形成了通信基础设施重建规划，列入了国家重建规划。国防科工局编制完成了国防科技工业恢复重建总体规划。与灾区省人民政府共同研究制定了《汶川地震灾后工业恢复重建总体规划》和《汶川地震灾后通信设施恢复重建总体规划》。

（二）积极推进灾后恢复重建规划实施

为做好灾后重建规划的实施,工业和信息化部与地方政府建立了常态沟通联络机制,定期了解灾后重建规划的落实和重建项目的开工情况,跟踪推进灾后重建规划的实施。按照国务院批准下发的《汶川地震灾后恢复重建总体规划》,汶川地震灾后工业恢复重建项目共计3601项。2009年8月,发展改革委、财政部下发了《关于做好汶川地震灾后恢复重建规划项目调整工作的通知》,四川、甘肃、陕西省灾后工业恢复重建项目共计3349项。其中,四川省项目3108项,估算总投资1100亿元;甘肃省项目88项,估算总投资71.74亿元;陕西省项目153项,估算总投资40.7亿元。

（三）努力争取资金支持灾后重建工作

工业和信息化部联合财政部,争取更多产业重建基金用于工业恢复重建。积极向银行推荐灾后恢复重建工业项目,争取银行资金支持。截至2011年5月,成都市争取到1.25亿元用于工业恢复重建;德阳市争取到工业资金28.3亿元。2009—2010年,国家重点产业振兴和技术改造专项资金支持四川省项目287个,项目总投资324.81亿元,国家支持资金安排13.87亿元;2011年,安排国家重点产业振兴和技术改造专项资金2.8亿元支持四川省工业项目。同时,工业和信息化部联合财政部对四川、陕西、甘肃三省为中小企业提供贷款担保的中小企业担保机构进行补助。2008年以来,中小企业发展专项资金支持四川省贷款担保业务补助项目共计125个,安排补助资金21520万元,占资金总额的60%以上。

（四）编纂《汶川特大地震抗震救灾志》

《汶川特大地震抗震救灾志》是新中国成立以来第一部由国家层

面组织、针对特大自然灾害而编纂的志书。按照国务院办公厅对《汶川特大地震抗震救灾志》编纂的要求,全志共设《总述》、《大事记》、《图志》、《地震灾害志》、《抢险救灾志》、《灾区生活志》、《灾区医疗防疫志》、《社会赈灾志》、《灾后重建志》、《英模人物》、《附录》等11个分卷。工业和信息化部参与其中《总述》、《大事记》、《地震灾害志》、《抢险救灾志》、《灾后重建志》、《附录》等6个分卷的编纂工作。2009年5月31日编纂工作正式启动,通过资料采编,实地调研及座谈等多种方式,共完成《地震灾害志》、《抢险救灾志》、《灾后重建志》、《总述》、《大事记》、《附录》等6个分卷,收集原始资料约500万字,完成资料长编超过200万字。

三、灾后恢复重建取得巨大成效

三年负重前行,经受住了重重考验,穿越了灾难、加快了发展,灾后恢复重建工作取得巨大成效,灾区工业焕发出新的生机和活力。

(一)推动工业经济加速发展

2010年四川省规模以上工业增加值达到6840亿元,同比增长23.5%,位居全国第八,较2007年增长90%。2008—2010年,规模以上工业增加值累计达到17962.4亿元,是"十五"总和的2.8倍。2010年,工业对GDP增长的贡献率达64%,比2007年提升8.9个百分点;规模以上工业实现利润突破1000亿元,达到1469.5亿元,是2007年的2.3倍。成都、德阳、绵阳、广元、雅安和阿坝6个重灾市(州)工业增加值总计达到2706亿元,是2008年的1.37倍,是2007年的1.69倍,工业增加值占全省工业的比重由2008年的40.1%上升到2010年的41.8%,增加1.7个百分点;工业利税总额由2007年的528亿元提高到2010年的1079亿元,增加104.3%;完成技术改造投资1446亿元,完成工业投资2122亿元,均比2007年翻番;灾区的千亿园区达到2

个、500 亿园区 5 个、100 亿园区 14 个。

（二）加快工业项目建成落地

按照国务院批准下发的《汶川地震灾后恢复重建总体规划》，以及发展改革委、财政部下发的《关于做好汶川地震灾后恢复重建规划项目调整工作的通知》，四川、甘肃、陕西省灾后工业恢复重建项目共计 3349 项，其中四川省项目 3108 项，估算总投资 1100 亿元。截至 2011 年 5 月，四川省工业恢复重建项目累计已开工建设 3107 项，项目开工率 99.96%；累计完成投资 1073 亿元，投资完成率 97.50%。其中，东汽投资 50 亿元汉旺生产基地异地重建、阿坝铝厂 11 万吨电解铝恢复重建等 3039 个项目竣工投产，竣工率 97.78%。项目开工率、竣工率和投资完成率均快于全省恢复重建进度。工业灾后恢复重建项目的加快实施，有力地支撑了灾区工业恢复、转型和振兴。

（三）夯实产业集聚发展基础

北京—什邡合作产业园区计划三年内投资 45 亿元，北京援建园区建设资金 3 亿元已全部到位，协议引进项目 8 个，钛合金飞行器零部件生产基地等 5 个项目已建成投产。上海援建的上海—都江堰产业合作园区已落实援建资金 3.8 亿元，引进上海张江置业、高榕生物科技等项目 5 个（含工业新城配套项目），分别与上海漕河泾开发区、奉贤开发区和张江科技园区签订了友好合作协议。江苏—绵竹合作产业园区计划三年内投资 10 亿元，江苏援建园区建设资金 6.4 亿元，协议引进项目 27 个，项目投资额 44.4 亿元。北川—山东合作产业园区计划三年内投资 20 亿元，山东援建资金 7 亿元已全部到位，24 户山东企业已入驻。

（四）推动通信业迈上新台阶

通信行业累计完成恢复重建投资 188.8 亿元，在基础设施领域率先完成恢复重建任务。为加快通信恢复重建进度,工业和信息化部积极争取政策支持,四川省对通信建设也给予了积极支持。在恢复重建中,大力实施电信设施共建共享,3年来,节省了1亿元建设资金,减少了50%以上的土地占用和大量能源、原材料消耗。推动中国电信、中国移动、中国联通三家集团公司分别与四川省政府签订五年战略合作协议,投入1000亿元支持四川灾后重建和信息服务业发展,截至2011年5月,项目投入已累计完成54%。在此过程中,工业和信息化部坚持将灾后重建与3G建设、"村村通电话"工程紧密结合,推进通信网络升级换代,大力建设宽带、泛在的信息基础设施。三年来,灾区新建移动通信基站2.24万个,达到3.35万个,为震前的3倍;新建传输光缆4.28万皮长公里,总数达到10.8万皮长公里,为震前的1.66倍。新建固定交换机容量110万线,移动交换机核心网容量1353万户,业务用房18万平方米。灾区宽带接入能力大大提高,城市基本具备户均8M以上接入能力,超过80%的农村地区具备户均4M以上接入能力。北川新县城已具备户均20M以上宽带接入能力。所有县城实现了3G覆盖,全面实现行政村通电话、乡镇通宽带。经过三年努力,灾区通信服务质量水平明显提高,电信服务网点更完善,电信服务产品和内容更丰富,电信资费水平较震前下降了20%。与此同时,网络安全性大幅提升。重灾6市州均实现两条以上出口光缆路由,全省传输的成环率比地震前提高了25%以上。在地震重灾区及龙门山地震带建设了59个抗震型超级移动通信基站,建成了全国最大的专用超短波应急通信网,应急通信保障能力大幅增强。2011年1季度,四川省通信业务收入达110.2亿元,同比增长10.1%。电话用户总数达到5828万户,其中,移动互联网用户数达3156万户,互联网用户数达569万户,3G电话用户达291万户。经过灾后重建,四川省通信业得到新的发展,为"十二五"期间通信业持续健康发展奠定了坚实基础。

(审稿人:周虎;执笔人:李慧南)

加强规划引导　促进工业转型升级

"十二五"时期是全面建设小康社会的关键时期,也是全面贯彻科学发展观、走中国特色新型工业化道路的重要时期。工业是我国国民经济的主导力量,是转变经济发展方式的主战场。今后五年,我国工业发展环境将发生深刻变化,长期积累的深层次矛盾日益突出,粗放增长模式难以为继,已进入必须以转型升级促进工业又好又快发展的新阶段。科学编制和有效实施"十二五"工业发展规划,加强整体谋划,理清发展思路,明确发展目标,着力自主创新,促进转型升级,对于妥善应对国内外发展环境重大变化,加快结构调整和发展方式转变,提高我国工业核心竞争力和可持续发展能力,促进我国工业由大变强,具有十分重要的战略意义和现实意义。

一、建立和完善"十二五"规划体系

2011 年 12 月,国务院正式发布了《工业转型升级规划(2011—2015 年)》(以下简称《规划》),这是改革开放以来第一个把整个工业作为规划对象,并由国务院发布实施的综合性中长期规划,是指导未来五年我国工业发展方式转变的行动纲领。《规划》全面分析了"十二五"工业发展形势,深刻阐述了工业转型升级的内涵,提出了"十二五"推动工业转型升级的指导思想,明确了总体目标和战略任务,为未来五年工业结构调整和发展方式转变指明了方向。为推动重点行业转型发展,工业和信息化部进一步研究制定了钢铁、有色、石化、建材、航空、船舶、汽车、轻工、纺织、医药、信息产业等 16 个重点行业的"十二五"发展规划,细化明确了相关行业"十二五"发展目标导向和转型升级的重点任务。同时,针对信息化、中小企业、节能减排、技术创新、产品质量、安全生产、信息安全等重点难点工作,编制了 35 个重点专题规划,对推动相关领域"十二五"工作进行了全面部署。总体规划、行业规划、专题规划形成了相互支撑、互为补充、有机衔接的规划体系,对未来五年工业发展做了系统的顶层设计,为推进工业转型升级奠定了坚实基础。

二、准确把握工业转型升级的内涵与实质

工业转型就是要通过转变工业发展方式,加快实现由传统工业化道路向新型工业化道路转变。"十二五"规划提出,应着力推动五个方面的转型:

——向内涵发展转型。要在继续保持工业平稳较快增长基础上,以提高工业附加值水平为突破口,全面优化要素投入结构和供给结构,改善和提升我国工业整体素质,加快推动发展模式向质量效益型转变。

——向创新驱动转型。要把增强自主创新能力作为战略基点,努力突破和掌握制约产业优化升级的关键核心技术,增强新产品开发能力和品牌创建能力,提高产业核心竞争力,促进由价值链低端向高端跃升,加快推动发展动力向创新驱动转变。

——向绿色低碳转型。要加强政策引导,健全激励与约束机制,推广先进绿色低碳技术,大力发展循环经济,促进形成少消耗、可循环、低排放、可持续的生产方式和消费模式,加快推动资源利用方式向绿色低碳、清洁安全转变。

——向智能制造转型。要大力推进信息化与工业化深度融合,充分发挥信息化在转型升级中的牵引作用,深化信息技术集成应用,加快推动制造模式向数字化、网络化、智能化、服务化转变。

——向服务化发展转型。要按照"市场化、专业化、社会化、国际化"的发展方向,大力发展面向工业生产的现代服务业,加快推进服务型制造,不断提升对全球价值链的掌控能力及对工业转型升级的服务支撑能力。

工业升级就是要通过全面优化技术结构、组织结构、布局结构和行业结构,促进工业结构整体优化提升。"十二五"加快工业转型升级,要着力优化五个方面的结构:

——优化工业内部结构。着力改造提升传统产业,大力培育战略性新兴产业,推动生产性服务业加快发展,增强我国产业发展的协调性。

——优化工业技术结构。加强技术进步和技术改造,提高先进装备比重,实现工业生产流程升级;大力推进工业节能降耗减排治污,提高资源能源的利用效率和水平。

——优化产业组织结构。在规模经济行业促进形成一批具有国际竞争力的大集团,提高产业集中度;扶持发展大批"专精特新"的中小企业,加快形成大企业与中小企业协调发展、资源配置更富效率的产业组织结构。

——优化产业空间布局结构。要按照主体功能区的要求,充分发挥区域优势和特色,引导产业有序转移和集聚发展,促进形成与地区资源环境承载能力相适应、与市场需求相符合的区域协调发展新格局。

——优化产品和市场结构。以开发品种、提升质量、创建品牌、改善服务、提高效益为重点,大力实施质量和品牌战略,引领和创造市场需求,通过保障和改善民生促进结构优化。

三、明确目标任务　积极引导工业转型发展

工业转型升级涉及理念的转变、模式的转型和路径的创新,是一个战略性、全局性、系统性的变革过程,必须坚持在发展中求转变,在转变中促发展。综合考虑未来国际发展趋势和我国工业发展的现实基础条

件,与国家"十二五"时期的约束性和预期性指标紧密衔接,根据走中国特色新型工业化道路和加快转变经济发展方式的总体要求,"十二五"规划强化了目标约束和导向,明确了转型升级重点任务和重点行业发展导向,切实推动工业发展方式的根本性转变。

(一)强化目标约束和导向

《规划》采用了反映经济运行质量和效益、技术创新、产业结构优化、两化融合、资源节约和环境保护等5大类16项指标,明确了工业转型升级的总体目标和导向,加强对市场主体及各级政府行为的引导和约束。一是在经济运行方面,《规划》除保持适度的工业增加值增速指标(8%)外,进一步明确提出工业增加值率较"十一五"末提高2个百分点,全员劳动生产率年均提高10%,以突出"十二五"更加注重工业发展质量的战略导向。二是在技术创新方面,着力强化提升企业技术创新能力,明确提出规模以上工业企业研究与试验发展经费支出占销售收入比重达1%,拥有科技机构的大中型工业企业比重超过35%。三是在产业结构优化方面,提出2015年战略性新兴产业增加值占工业增加值比重提高到15%,并进一步提升钢铁、汽车、船舶等重点行业产业集中度。四是在两化融合方面,提出重点骨干企业信息技术集成应用达到国际先进水平,主要行业大中型企业数字化设计工具普及率达到85%,主要行业关键工艺流程数控化率达到70%,大中型企业资源计划(ERP)普及率达到80%以上等三个具体目标,着力推进信息化和工业化深度融合。五是在资源节约和环境保护方面,进一步强化工业节能降耗减排约束,围绕单位工业增加值能耗、二氧化碳排放量、用水量等确定了七个定量约束指标,明确单位工业增加值能耗较"十一五"末降低21%,单位工业增加值用水量降低30%。

(二)明确工业转型升级重点任务

针对影响和制约工业转型升级的核心环节和关键要素,明确提出

"十二五"工业转型升级的八项重点任务:一是增强自主创新能力,加快构建企业为主体、产学研结合的技术创新体系;二是加强企业技术改造,优化工业投资结构,提升传统产业竞争能力;三是提高工业信息化水平,推进信息技术的深度应用;四是促进工业绿色低碳发展,大力推进工业节能减排,加快淘汰落后产能;五是实施质量和品牌战略,着力提升工业产品质量,加强自主品牌培育;六是推动大企业和中小企业协调发展,发展壮大龙头骨干企业,培育大批"专精特新"中小企业,强化企业管理和企业家队伍建设;七是优化工业空间布局,推进产业有序转移和集聚发展;八是提升对外开放层次和水平,加快实施"走出去"战略。

(三)细化重点行业发展导向

为推动重点行业转型发展,进一步细化明确了原材料、装备、消费品、电子信息等行业的发展导向。一是发展先进装备制造业,着力提升关键基础零部件、基础工艺、基础材料、基础制造装备研发和系统集成水平,加快机床、汽车、船舶等装备产品的升级换代,积极培育发展智能制造、新能源汽车、海洋工程装备、轨道交通装备、民用航空航天等高端装备制造业,促进装备制造业由大变强。二是调整优化原材料工业,立足国内市场需求,严格控制总量,加快淘汰落后产能,推进节能减排,优化产业布局,提高产业集中度,培育发展新材料产业,加快传统基础产业升级换代,构建资源再生和回收利用体系,加大资源的国际化保障力度,推动原材料工业发展迈上新台阶。三是改造提升消费品工业,以品牌建设、品种质量、优化布局、诚信发展为重点,增加有效供给,保障质量安全,引导消费升级,促进产业有序转移,塑造消费品工业竞争新优势。四是增强电子信息产业核心竞争力,坚持创新引领、融合发展,攻克核心关键技术,夯实产业发展基础,深化技术和产品应用,积极拓展国内需求,引导产业向价值链高端延伸。五是加快发展工业设计及研发服务、制造业信息物流、信息服务及外包等生产性服务业,积极推进服务型制造,不断提升对工业转型升级的服务支撑能力。

四、完善规划实施机制　确保转型升级取得实质性成效

规划重在实施。"十二五"规划为工业转型升级描绘了系统蓝图,胡锦涛总书记在中央政治局第33次集体学习时对加快走新型工业化道路和推进经济结构战略性调整进一步提出了"六个着力"的具体要求。下一步,工业和信息化主管部门要落实责任、完善机制,集中各方资源、各种要素,扎实推进各项任务实施,确保"十二五"工业转型升级各项目标顺利实现。重点做好以下工作:

(一)加强组织领导,抓好目标任务分解落实

建立健全《规划》实施部际协调机制和部省联动机制,加强政策协调,形成工作合力。进一步将规划提出的主要目标、战略任务和政策措施等分解为可操作、可考核的具体工作,细化任务分工,加强目标责任的考核,确保规划实施进度。

(二)落实相关政策措施,着力营造良好外部环境

进一步落实金融财税等支持政策,加大对工业转型升级的资金引导和支持力度,健全节能减排约束与激励机制,推进中小企业服务体系建设,深化工业重点行业体制改革,强化工业标准规范和准入条件等政策导向。及时调整和修订产业政策,加强产业政策与贸易、财税、政府采购、信贷、土地、环保、安全、知识产权、质量、标准等政策的协调配合,提高政策措施的针对性和有效性。

(三)组织实施工业转型升级行动计划

针对影响和制约工业转型升级的关键要素和关键环节,从重点领域优化升级、重点行业转型发展及区域转型升级试点示范等三个维度,

分年度组织实施一批专项行动计划,进一步聚焦重点、细化目标和措施,集中有限资源,在若干关键点上率先取得突破。

(四)加强跟踪监测,抓好规划实施评估评价

加强规划实施效果的跟踪与信息发布,建立以目标为导向的量化指标评价体系,完善行业运行监测网络,对于规划确定的目标任务,分年度、分地区公布规划实施情况,引导和督促规划目标和任务的落实。探索建立规划的动态调整机制,加强对新情况、新问题的跟踪研究和分析,及时发现规划实施过程中的重大问题,适时调整和修订规划目标和实施内容。

(审稿人:周虎;执笔人:姚珺)

企业技术改造

技术改造是技术进步和技术创新的过程和实现途径,是以节能降耗、环境保护、提高质量、增加品种、安全生产等为重点,通过新技术、新设备、新材料、新工艺改造现有企业的薄弱环节,提升行业、企业、产品的整体技术水平和竞争力,具有投资省、技术新、消耗低、工期短、见效快、效益好的特点。党的十六大以来,技术改造在促进工业转型升级和经济平稳较快增长方面取得了显著成效。

一、加强企业技术改造是推动工业可持续发展的战略任务

大力实施企业技术改造,不仅是推动我国工业持续稳定发展的有效途径,更是加快经济发展方式转变和结构调整、促进工业转型升级的战略举措,对于促进工业又好又快发展具有重要意义。

(一)技术改造是推动我国工业持续快速健康发展的重要途径

党的十六大以来,在参与全球竞争中,技术改造工作逐步向"掌握自主核心技术、创建自主品牌、参与国际竞争、实现可持续发展"方向转变。特别 2008 年国际金融危机以来,中央财政对十大重点产业的技术改造项目给予了重点支持,有力推动了调整和振兴规划落实,促进各类要素向重点行业、重点领域聚集,使我国工业率先实现 V 型反转、回

升向好发展。实践证明,技术改造不是铺新摊子,而是用高新技术和先进适用技术改造现有企业的薄弱环节,提升竞争力,是推动我国工业持续快速健康发展的重要途径。

(二)技术改造是促进工业转型升级,实现我国工业由大变强的重要抓手

技术改造是我国工业进入创新驱动轨道、实现内生增长的强劲动力,是推动我国工业转型升级的重要举措和长久之计。一方面,技术改造是改造传统产业、促进工业转型升级的必由之路。实践证明,技术改造既能优化存量资产,显著提升企业技术装备水平、优化生产工艺,又能引导增量投资,推行清洁生产、发展循环经济、促进节能减排,实现工业转型升级。另一方面,技术改造是促进技术创新、实现经济向创新驱动转型的重要举措。通过技术改造引导创新要素向企业集聚,培育和发展新兴产业,推进科技创新和技术改造良性互动,有利于促进经济发展方式向创新驱动型转变。

(三)技术改造是破解当前工业发展瓶颈的重要手段

在当前国内国外经济形势下,大力推进我国企业形成技术、品牌等新的竞争优势已迫在眉睫。从外部环境来看,国际金融危机深层次影响依然存在,全球范围内贸易保护主义有所抬头,围绕新兴产业制高点的竞争日趋激烈,国内要素成本呈逐步上升趋势,传统比较优势趋于下降。从工业自身发展来看,我国工业发展正处于工业化中期,工业发展中还存在着发展方式较为粗放、结构调整任务艰巨、自主创新能力不足、能源资源和生态环境约束更趋强化等深层次问题。面对我国工业发展的形势,大力实施技术改造,集中解决工业发展中的关键问题和薄弱环节,引导工业发展走集约发展、内生增长的道路,是破解当前工业发展难题、应对外部环境挑战的一把"金钥匙"。

二、推进企业技术改造的主要工作

十年来,全国技术改造工作紧紧围绕国民经济结构战略性调整的总体目标,坚持以结构调整为主线,以市场需求为导向,突出产业升级,加大工作力度。

(一)制定完善促进企业技术改造的法律法规和政策体系

国务院各部门高度重视技术改造工作,通过发布财政、税收、金融、科技、产业、进出口等多项政策,从多个方面支持企业技术改造。中央财政安排专项资金,支持重点产业关键技术的研发和产业化,支持产业发展、质量提升和公共服务平台建设,支持工业领域加快淘汰落后产能、节能降耗和清洁生产,支持中小企业技术创新和改造升级,支持战略性新兴产业技术突破、系统集成和市场应用。工业和信息化部发布了行业、专题和区域规划共计 49 项,并编制《工业转型升级投资指南》,引导社会资金投资方向,促进企业技术改造。发展改革委等部门发布多项政策,加强税费改革与减免,减轻企业负担,改善金融服务,方便融资支持企业技术改造。

(二)组织实施重点产业振兴和技术改造专项

2008 年以来,党中央、国务院把产业振兴和技术改造作为应对国际金融危机,确保经济平稳较快增长的重大举措,陆续出台了汽车、钢铁、纺织、装备制造、船舶工业、电子信息、轻工、石化、有色金属产业和物流业等十大产业调整振兴规划,中央预算内投资中设立了产业振兴和技术改造专项。工业和信息化部与发展改革委共同下发《重点产业振兴和技术改造专项投资管理办法》和《产业技术进步和企业技术改造目录》,明确了技术改造的方向和重点,显著拉动了社会投资,带动了就业,有力推动了重点产业调整振兴和转型升级,促进了我国工业经济率先企稳回升向好发展。

（三）积极构建企业技术改造工作联动格局

十年来，各地根据国家产业政策，结合当地实际，在完善管理办法、落实财政资金、引导社会投资等方面做了大量工作。建立健全了促进工业投资和技术改造的配套政策体系。各地出台的财税、金融、土地等技术改造配套政策有100多项。如北京出台《关于加强技术改造工作的意见》，安徽出台《技术改造项目核准办法》等。引导地方财政加大对技术改造的支持力度。据不完全统计，2010年全国有32个省级（含计划单列市）财政安排专项资金规模超过100亿元，有力推动了技术进步和产业升级。各地积极引导工业投资和要素投入，以编制重点项目导向为抓手，鼓励企业技术改造。在全国所有省区市及计划单列市、新疆生产建设兵团中，有24个地区每年编制发布重点技术改造项目导向计划。

（四）建立完善企业技术改造长效工作机制

全国人大、国务院有关部门、权威研究机构先后组织开展技术改造专题调研和重大问题的基础研究，提出了进一步加强技术改造、建立长效工作机制的意见和建议。中央媒体加大了技术改造工作的宣传力度。工业和信息化部创编了"工业投资和技术改造"简报，加强总结和交流宣传。2012年7月30日，国务院常务会议研究确定鼓励和支持加强企业技术改造，原则通过了《关于加强工业企业技术改造工作的意见》。会议决定：中央财政安排资金以贴息方式支持重点行业加快实施技术改造；要用好现行有关税收优惠政策；鼓励金融机构对技术改造项目提供多元化融资便利，支持企业采用融资租赁等方式开展技术改造，扩大企业技术改造直接融资规模。

三、企业技术改造取得明显成效

经过十年努力,技术改造工作取得明显成效,产业技术进步和产品升级换代步伐加快,企业效益和市场竞争力大幅提升,有力促进了工业经济平稳健康发展。

(一)初步形成了中央重视、地方支持、企业欢迎、社会关注的技术改造工作格局

中央将加快企业技术改造作为应对金融危机一揽子计划的重要组成部分,其后陆续颁布的十大重点产业调整和振兴规划、《国务院关于进一步促进中小企业发展若干意见》(国发〔2009〕36号)、《国务院关于进一步实施东北地区等老工业基地振兴战略的若干意见》(国发〔2009〕33号)、有关重点区域规划等一系列文件,均将技术改造作为落实规划、推进结构调整、加快转变工业发展方式的重要措施。技术改造工作也引起媒体关注,中央、地区和行业媒体均加大了对技术改造宣传的力度。

(二)促进了工业经济稳定健康发展

持续的技术改造推动了我国工业结构不断调整优化,淘汰落后产能取得积极进展,节能减排和安全生产初见成效,重点行业集中度进一步提升,产业有序转移步伐明显加快,中小企业和产业集聚发展水平不断提高。2011年,规模以上工业总产值已接近77万亿元。工业生产能力快速扩大,在500余种主要工业产品中,我国有220多种产量位居世界第一。

(三)加快了产业技术进步步伐

应用高新技术和先进适用技术改造提升了工艺、装备和管理水平,

推动了信息技术应用,促进了自主创新,突破了一批制约工业发展的重大关键技术和重大装备,传统产业升级步伐加快,部分新兴产业实现规模化发展。十年间,工业主要行业关键工艺流程数控化比率显著提高,高档数控设备、ARJ21 新型支线飞机、"和谐号"动车组、3000 米深水半潜式钻井平台等高端装备取得重大突破,碳纤维、芳纶等高性能纤维实现产业化,高世代平板显示器件规模生产技术取得重大进展,集成电路设计水平达到 40 纳米,大规模生产工艺技术水平达 65 纳米,TD—SCDMA 第三代移动通信标准实现大规模商用。

(四)推动企业发展水平不断提高

十年来,通过技术改造支持企业自主创新和科研成果产业化,鼓励企业开发品种、提升质量,增强了企业创新能力和抵御危机的能力。大型骨干工业企业规模、技术水平和国际竞争力显著提升。2010 年有 24 家内地工业企业进入全球财富 500 强,比 2005 年增加了 20 家。国家和 15 个省区市设立了中小企业发展专项资金,加大了对中小企业技术改造的支持力度,推进中小企业向"专精特新"方向发展。

(五)应对国际金融危机效果显著

2008 年以来,中央投资共安排技术改造专项资金 560 亿元,拉动社会投资 1.5 万亿元,拉动倍数达 28 倍,充分发挥了财政资金"四两拨千斤"的作用,成为实现扩大投资、促进增长的重要抓手和引导各类要素向重点行业、重点产品聚集的有效引擎,确保了工业经济增速止跌回升、企稳向好。同时,有力推动重点产业调整和振兴规划落实,提振了企业的发展信心,中小企业成功渡过国际金融危机的冲击。

四、"十二五"时期我国技术改造工作的重点及方向

今后五年,是实现到 2020 年全面建设小康社会奋斗目标具有决定

性意义的五年,是开启本世纪中叶基本实现现代化战略目标的关键五年,也是应对全球战略格局大分化大变革大调整的五年。工业行业必须加大技术改造力度,提高工业企业技术水平,不断提升经济社会发展的质量和效益。

(一)提高企业自主创新能力

加强技术改造重点项目和资金的统筹规划,集中在软件、基础零部件、重大装备、先进工业技术开发、信息安全等关系国计民生的重点行业和关键领域,对公共技术服务平台建设,以及自主创新能力突出、产业关联度高、带动效应强的龙头企业,具有"专、精、特、新"特点的中小企业,按照"改造一批、投产一批、储备一批"的思路,给予技术改造资金支持,引导企业加快开发新产品、突破新技术,推动工业创新发展。

(二)加快发展战略性新兴产业

充分发挥技术改造对抢占市场竞争制高点的重要作用,加大技术改造和培育战略性新兴产业的结合力度,加强对自主研发的支持力度,争取在信息网络、生物医药、先进制造业、生产性服务业和新能源、新材料等领域,形成一批自主技术和标准,打造新的竞争优势和经济增长点,实现新兴产业与传统支柱产业的融合互动。

(三)推进信息化与工业化融合

以两化融合试验区为依托,充分发挥信息技术改造传统产业的重要作用,将信息技术广泛融入到研发设计、生产、流通、企业管理、人力资源开发各环节,鼓励企业推广集成制造、敏捷制造、柔性制造、精密制造等先进制造生产方式,推进技术创新、业务创新和管理创新,提高产品技术含量和附加值,促进产业结构调整和产品升级换代。

（四）推进节能减排与安全生产

围绕"加快构建绿色经济、低碳经济和循环经济"的中心任务,鼓励企业广泛采用新技术、新工艺、新设备,加快各类工业窑炉、高炉、电解槽等高耗能、高污染生产工艺装备的淘汰步伐,鼓励应用余热余压利用、热电冷联厂和电厂烟气脱硫除尘以及新能源开发和清洁生产,积极开展"废水、废气、废渣"的综合利用和无害化处理,推动发展循环经济。加大石油、化工、冶金和有色等行业安全生产的技术改造支持力度,提升企业安全生产管理水平,完善安全生产管理手段和方法。

（五）积极推进军民结合

以辽宁、天津、陕西、湖北、湖南、四川和贵州等地区为重点,积极规范和引导军用技术向民用领域辐射,促进民用技术进步。鼓励民用先进技术进入军用领域,推进军民技术双向转移、嫁接,促进军民结合特色产业实现规模化发展。支持民口配套科研生产能力建设和动员能力建设,增强军工核心能力。

（六）加快推进产业基地升级改造

充分利用现有工业园区的资源,通过技术改造进行优化、整合和提升,支持园区公共服务平台和基础设施建设,实现土地集约使用、资源节约利用和污染集中治理。按照产业特性,优先支持跨地区兼并重组和淘汰落后产能的技术改造,促进基地产业升级和特色产业集聚。

（审稿人:陈克龙;执笔人:夏胜枝）

国家新型工业化产业示范基地建设

国家新型工业化产业示范基地是指以可持续发展为前提,以产业集聚为主要特征,以工业园区为主要载体,主导产业特色鲜明、水平和规模居全国领先地位,在产业升级、"两化融合"、技术改造、自主创新、军民结合、节能减排、效率效益、安全生产、区域品牌发展和人力资源充分利用等方面走在全国前列的产业集聚区。目前,产业集聚日益成为我国产业发展的重要特征,工业园区(集聚区)已经成为工业发展的重要载体,提升工业园区发展水平是探索中国特色新型工业化道路的重要切入点。大力开展国家新型工业化产业示范基地创建工作,促进现有工业园区的改造提升,不仅是实现工业园区持续健康发展的客观要求,也是贯彻落实科学发展观,走中国特色新型工业化道路的积极探索,对于加快推动我国工业化进程具有重要意义。从 2009 年开始,工业和信息化部组织开展了"国家新型工业化产业示范基地"创建工作。经过三年的努力,示范基地创建工作取得了积极进展,成效初步显现。

一、创建示范基地工作的主要实践

近几年,工业和信息化部坚持以科学发展为主题,以加快转变发展方式为主线,按照"布局合理、特色鲜明、集约高效、生态环保"的要求,改造提升传统产业,培育壮大战略性新兴产业,加快发展生产性服务业,完善产业配套和服务环境,提高现有工业园区发展质量和水平,增强产业核心竞争力,使示范基地成为带动工业转型升级、推动工业由大变强的重要载体和骨干力量。

(一)开展创建工作,营造良好氛围

自2009年开始,工业和信息化部每年组织各地申报国家新型工业化产业示范基地。目前,已开展了三批基地创建工作,先后授牌了185家国家级示范基地,在规划布局、技术改造及资金安排等方面,对示范基地予以重点指导和支持,并逐步将其纳入工业和信息化经济运行监测体系,有力地推动了工业转型升级和各地区的工业集聚发展。

(二)建立管理机制,提高服务水平

2011年1月,工业和信息化部建立了示范基地创建发展情况定期报送机制,加强对示范基地创建工作的动态管理,启动了前两批示范基地发展情况报送工作,开展创建发展情况的跟踪研究,逐步建立示范基地创建发展质量评估机制。

(三)加强调查研究,促进科学发展

2011年3月,工业和信息化部组织编写了《国家新型工业化产业示范基地发展报告(2010年)》,总结了示范基地总体发展情况、分行业和分地区主要成效和特征,对"十二五"示范基地发展方向和趋势进行了展望。2011年7月,工业和信息化部启动了国家新型工业化产业示范基地公共服务平台建设发展情况调研工作,深入分析公共服务平台建设发展现状和各省、自治区、直辖市的政策措施,收集相关意见和建议,组织编写了《国家新型工业化产业示范基地公共服务平台建设与发展研究报告》。

(四)完善政策体系,提升发展水平

2012年,工业和信息化部、财政部、国土资源部联合发布《关于进

一步做好国家新型工业化产业示范基地创建工作的指导意见》（工信部联规［2012］47 号），明确了示范基地创建工作的总体思路、基本要求和总体目标，提出了下一步工作主要任务、相应举措和政策保障措施。2012 年 3 月，启动了"产业基地公共服务能力提升工程"，明确 2012 年主题为"立足公共服务、聚焦能力提升、推动转型升级"，在已授牌的 185 家国家级示范基地现有公共服务平台中，选择一批重点的公共服务平台进行政策支持。经过项目申报、初审、专家评审等程序，有 34 个示范基地公共服务平台项目纳入 2012 年公共服务平台资金计划，涉及 25 个地区，安排财政补助资金 3 亿元，带动支持资金超过 15 亿元。

二、创建示范基地工作成效

（一）示范基地规模效应明显，已成为促进我国工业转型升级不可或缺的重要力量

从规模看，2011 年，示范基地工业增加值超过 4 万亿元，占全国规模以上工业增加值比重的 1/6 以上；从效益看，示范基地实现利润总额占全国规模以上工业企业利润总额的比重超过 1/5，全员劳动生产率比全国工业企业平均水平高出一倍。2011 年上海市 9 家国家级示范基地实现工业总产值占全市工业区的 32.3%，实现利润占全市工业区的 45.5%。部省两级示范基地已成为全国工业转型升级和实现又好又快发展的重要力量。

（二）示范基地集中了一批领军企业，在行业发展中的龙头地位进一步凸显

示范基地集聚了一批行业龙头企业，如沈阳铁西装备制造业示范基地的沈阳机床 2011 年已跻身世界机床行业第一位；我国徐州和长沙工程机械示范基地的徐工集团、中联重科和三一集团等 3 家企业已进入全球工程机械制造商 50 强的前十名。天津滨海新区、宁波化工区、

上海化工区等已达到或接近世界级化工园区的水平;北京中关村科技园区、深圳高新区等电子信息产业示范基地已在部分领域具备世界级研发和制造能力;在已授牌的 14 家汽车产业示范基地中,集中了全国前十家汽车企业,占全国汽车销售总量的 90%。

(三)技术创新能力不断增强,已成为培育发展战略性新兴产业的重要载体

2011 年,示范基地有效发明专利同比增长速度达 30% 以上,研发投入占销售收入比重平均超过 2.4%,远高于全国工业不到 1% 的平均水平。此外,示范基地还成为战略性新兴产业的重要策源地和主要承载地。如上海嘉定汽车产业园区大力推动电动汽车发展,新能源汽车产业链条已初步建立;江苏泰州医药高新区汇聚了多家全球 500 强医药企业集团和一批全国医药百强企业,已有 400 多项"国际一流、国内领先"的医药创新成果落地申报。初步统计,到 2011 年,示范基地中战略性新兴产业的占比达 22%。

(四)集约高效和清洁安全发展水平不断提高,引领"两型社会"加快发展

2011 年,示范基地单位土地平均投资强度近 4000 万元/公顷,单位土地平均产值超过 5700 万元/公顷,其中漕河泾开发区单位土地平均产值居全国首位,接近 3 亿元/公顷。单位工业增加值能耗降幅大于全国规模以上工业增加值能耗降幅,企业强制清洁生产审核实施率达到 100%,示范基地重大安全生产事故发生率为零,示范基地已成为促进资源节约型、环境友好型工业发展的重要平台。

(五)两化融合和军民融合发展步伐不断加快,提升了经济社会发展水平

2011 年,示范基地大中型企业数字化设计工具普及率约 86%,已接

近全国"十二五"工业转型升级规划提出的目标,这也表明,示范基地在转型升级中的引领作用正在逐步显现。园区数字化、网络化、智能化建设不断加强。如深圳高新区电子信息产业示范基地年产值过3亿元的企业80%以上建立ERP系统,已基本实现政务信息化、企业信息化、商务信息化和警务信息化。军民结合产业示范基地共授牌19家,促进了军民技术双向转移,有力地推进了军民结合、寓军于民的武器装备科研生产体系的不断完善。

(六)公共服务环境和共享设施持续改善,提高了工业经济运行质量和效益

前两批128家示范基地中共有各类公共服务平台990家,平均每个示范基地8家,主要提供研发设计、检验检测、公共设施共享、企业孵化、投融资担保、管理咨询等服务,在健全区域公共服务体系方面发挥了巨大作用。如洛阳高新区的矿山重型装备国家重点实验室,近5年共承担国家重大科技攻关项目14项、省级重大科技攻关专项9项,开发了世界最大的12米竖井钻机等一批重大装备。

三、"十二五"时期基地建设的重点方向

(一)促进创新发展,提升产业层次

现代产业竞争已转化为产业链之间的竞争,示范基地内企业集中、创新要素集聚,具有促进全产业链整体创新升级的良好条件。要发挥好集群创新优势,整合资源,集中力量突破一批制约产业发展的核心技术和共性技术,推进重大科技成果的工程化、产业化;支持企业采用新技术、新工艺、新产品,加大技术改造力度;鼓励骨干企业加大研发投入,提高技术和产品开发能力;支持中小企业尤其小型微型企业采取联合出资、共同委托等方式进行合作研发,加快实现由"中国制造"向"中国创造"的转变、促进由价值链中低端向中高端的跃迁。

（二）促进绿色发展，增强可持续发展能力

工业园区（集聚区）是最有利于实现能源高效利用、污染集中治理和发展循环经济的区位环境。示范基地创建要以构筑链接循环的工业体系为目标，引导基地内企业加快实施节地、节能、节水、清洁生产和污染防治技术改造，加强电力需求侧管理和重点用能企业能源管理中心建设，提高工业"三废"集中处理和循环利用能力，推动工业向节约、清洁、低碳、安全方向发展。

（三）促进产业融合，大力发展生产性服务业

与国际上先进的产业基地相比，我国不少工业园区以加工制造为主，区域内生产性服务业发展严重滞后。"十二五"期间，要按照"市场化、专业化、社会化、国际化"的发展方向，大力发展第三方工业设计及研发服务，支持专业化信息服务和外包服务企业发展，促进由"生产型"制造向"服务型"制造转变。

（四）促进品牌化发展，积极培育自主品牌和区域品牌

实施质量和品牌战略是工业转型升级的重要任务，也是促进工业由大变强的重要举措。目前，许多示范基地已经将打造区域品牌、产业品牌、企业品牌相结合，形成了一批国内外知名的品牌，但总体来说，自主品牌建设相对滞后，具有国际影响力的著名品牌还十分缺乏。示范基地在加强企业品牌培育的过程中，要大力支持以品牌共享为基础，大力培育地理标志、集体商标、原产地注册、证明标志等集体品牌，提高区域品牌的知名度和美誉度。

（五）充分依托基地园区平台，提高两化融合和军民融合式发展水平

两化深度融合和军民融合式发展是工业转型升级的重要支撑，也是工业和信息化系统的重要职责和使命。要进一步深化信息技术在重

点行业关键环节的集成利用和渗透,发展一批面向工业行业的信息化服务平台,建设一批两化融合的集成、咨询和服务中心,健全信息网络基础设施,加快发展和完善园区信息化服务体系。继续支持和推动军民结合产业示范基地的创建工作,特别是要促进军工和民用技术的双向转移,发展壮大军民结合产业,促进军工经济与区域经济的不断融合。

(六)加强公共服务平台建设,完善配套服务环境

据调查,前三批示范基地公共服务平台在服务功能、专业水平、权威性和公信力、发展要素、运行机制等方面仍存在许多困难和问题,需要加强政策和资金扶持。公共服务平台建设要以满足企业发展和产业升级共性需求为导向,以提升公共服务能力为目标,以关键、共性技术研发应用及公共设施共享为重点,整合各方资源,加大对重点公共服务平台建设支持力度。

（审稿人:周虎;执笔人:李莉）

培育发展战略性新兴产业

　　战略性新兴产业是以重大技术突破和重大发展需求为基础,对经济社会全局和长远发展具有重大引领带动作用的产业,具有战略性、带动性、新兴性等基本特征。培育发展战略性新兴产业,是党中央、国务院在应对国际金融危机中,着眼于当今世界经济格局大变革大调整趋势以及我国经济社会的可持续发展,作出的一项重大战略决策。2010年以来,工业和信息化主管部门认真落实中央决策部署,按照构建现代产业体系的本质要求,以科学发展为主题,以加快转变经济发展方式为主线,以抢占经济科技制高点为目标,以技术创新为支撑,以产业集聚区为载体,以重大项目为抓手,在核心关键技术、产业链条、骨干企业等方面取得了较大的突破,为加快工业转型升级和建设工业强国作出了重大贡献。

一、培育发展战略性新兴产业的现实意义

(一)培育发展战略性新兴产业是抢占经济科技制高点、掌握未来发展主动权的客观要求

　　国际金融危机发生以来,主要发达国家开始反思过多放弃实体经济,单纯发展虚拟经济带来的不良后果,提出了产业回归和"再工业化"战略,并纷纷加强在新能源、新材料、生物、信息等重点领域的前瞻性部署,加大关键技术研发投入,努力争夺未来经济和科技主导权。当

前,面对以新能源、新一代信息技术、新材料、数字化制造等为标志的第三次工业革命浪潮,我国必须高度重视培育发展战略性新兴产业,抓住机遇、赢得主动,抢占未来产业发展的制高点,并以此为突破口,尽快提高我国产业的国际分工地位。

(二)培育发展战略性新兴产业是推动工业转型升级、加快转变经济发展方式的战略途径

工业是我国国民经济的主导力量,是转变经济发展方式的主战场。未来五年,我国工业发展环境将发生深刻变化,长期积累的深层次矛盾日益突出,粗放增长模式越来越难以为继,加快转变工业发展方式已刻不容缓。战略性新兴产业具有技术密集、知识密集、人才密集的特征,对提升产品附加值、带动产业升级和结构优化、发展绿色低碳经济、提高可持续发展能力,具有重要的引领带动作用。"十二五"时期是我国加快工业转型升级的关键时期,战略性新兴产业代表着科技创新的方向,也代表着工业转型升级的方向,是构建现代产业体系的重要内容,也是转变经济发展方式、推动工业转型升级的重要突破口。

(三)培育发展战略性新兴产业是加快形成新增长极、增强经济发展后劲的重要举措

21世纪以来,受外需疲软、内需不振、要素成本上升等多种因素影响,国内经济下行压力加大,稳增长、调结构、防通胀的任务十分艰巨。战略性新兴产业增长潜力大、绿色低碳,所形成的新技术、新产品、新产业具有广阔的市场空间,是新的经济增长点的重要来源,对引导和促进消费升级、带动社会投资、优化出口结构等都具有重要意义。因此,必须把握好当今世界新科技革命和产业的历史机遇,在战略性新兴产业领域,加快形成一批具有国际竞争优势的产业,壮大一批具有国际竞争力的企业,创建一批具有国际影响力的国际化品牌和产业基地,为增强经济发展后劲奠定坚实的基础。

二、培育发展战略性新兴产业的重点工作

2010 年以来,按照国家统一部署和要求,工业和信息化部加强与相关方面沟通协作,扎实抓好各项工作,推动战略性新兴产业培育发展取得积极进展。

(一)加强规划引导

2010 年,经国务院批准,成立了由发展改革委牵头,科技部、工业和信息化部、财政部任副部长单位的"加快培育战略性新兴产业总体思路研究"部际协调小组和文件起草组,负责研究起草《国务院关于加快培育战略性新兴产业的决定》和《战略性新兴产业发展"十二五"规划》。同时,工业和信息化部牵头编制的战略性新兴产业重点领域专项规划中,高端装备、新材料、节能与新能源汽车 3 个专项规划已发布实施;航空、航天、海洋工程装备、环保装备、电子信息制造业、集成电路、太阳能光伏、物联网、云计算、软件和信息技术服务、信息安全、互联网、宽带网络基础设施等 13 个细分领域的专项规划已陆续印发实施。

(二)加快重点领域研发及产业化

"十一五"时期,工业和信息化部利用国家科技重大专项、技术改造等专项资金渠道,加大了对战略性新兴产业重点领域发展的支持力度。据初步统计,2011 年,工业和信息化部利用各种渠道,共安排资金近 140 亿元支持战略性新兴产业发展。其中:工业和信息化部联合发展改革委、财政部启动实施了智能制造、新型显示、云计算及信息安全示范等 3 个重大产业创新发展专项,共安排财政资金 26 亿元;科技重大专项方面,核高基、集成电路、新一代移动通信、高档数控机床等 4 个专项共安排中央财政资金 72.3 亿元;结合企业技术改造,共安排新能源汽车、高端装备、新材料、新一代信息技术等领域重点技术改造项目

财政资金近 40 亿元;电子信息产业发展基金,共安排集成电路、新型显示、电子元器件等项目安排财政资金 8.24 亿元;物联网专项财政资金 5 亿元;重大科技成果产业化方面,共安排中央财政资金 13 亿元。

(三)落实和完善重点政策措施

工业和信息化部积极会同科技部、财政部等相关部门推动落实相关扶持政策。一是落实公共领域新能源汽车示范补贴和私人购买电动汽车试点补贴政策。加强新能源汽车准入管理工作,将节能与新能源汽车示范推广城市扩大到 25 个,共发布 10 批《节能与新能源汽车示范推广应用工程推荐车型目录》,65 家企业的 285 个产品(车型)列入目录。二是落实节能汽车推广补贴政策。将 41 家企业的 427 个车型纳入节能汽车推广目录,补贴节能型乘用车 420 万辆。三是工业和信息化部、财政部、税务总局落实《车船税实施条例》,研究提出《减免车船税的新能源汽车目录》的工作方案,对节约能源、使用新能源的节能与新能源汽车给予减免车船税政策。四是研究制定"信息技术服务合同示范文本",编制信息技术服务业务目录,推进营业税优惠政策落实。同时,制定了《关于推进光纤宽带网络建设的意见》和《关于推进第三代移动通信网络建设的意见》等指导性文件。此外,相关部委还联合印发了《关于国家中小企业公共技术服务示范平台使用科技开发用品进口税收政策的通知》、《国家鼓励发展的重大环保技术装备目录(2011 年版)》等。

(四)加强部省工作对接

2011 年 9 月以来,结合战略性新兴产业专项规划编制工作,工业和信息化部组织地方工业和信息化主管部门,有关行业协会、重点科研机构等研究编制了《战略性新兴产业要素分解指南》,从重点领域、重点方向、发展重点、产业链、关键技术、与国外差距、典型企业、预期目标、相关支持政策等 9 个方面全面梳理我国战略性新兴产业的发展现状与趋势;编制了《战略性新兴产业发展地图》,从全国总体布局入手,梳理了我国战略性新兴产业重点领域的重点企业和园区布局图;编制印发了《战略性新兴产业关键共性技术推进重点(第一批)》以及《战略性新兴产业(产品)推进重点(第一批)》,从重点领域、重点方向、关键共性技术、关键产品、重点企业、政策资源保障等方面明确了当前支持重点。

三、培育发展战略性新兴产业的主要成效

在中央高度重视下,各地把培育发展战略性新兴产业作为"十二五"时期工业转型升级的重要内容和提升区域竞争力的重要途径,建立健全体制机制,加大政策扶持力度;企业也纷纷加大对战略性新兴产业领域的研发投入,大力推进重点领域研发及产业化,战略性新兴产业的培育发展取得了显著成效。

(一)高端装备制造产业

2010年中国高端装备制造业销售收入约为1.6万亿元,占装备制造业销售收入的8%。产业整体技术水平有了明显提升,大型立式五轴联动加工中心、3000米深水半潜式钻井平台、百万吨乙烯生产线等一批具有自主知识产权的高端装备研发成功并投入市场运用,ARJ21新型支线飞机研制已进入试飞取证阶段,6400吨大型快速高效全自动冲压生产线实现与国际同步开发,C919大型客机正式转入详细设计阶段。

(二)新一代信息技术产业

集成电路、新型显示、云计算、物联网、新一代移动通信等重点领域取得了积极进展。2011年,我国规模以上电子信息产品制造业实现销售收入7.49万亿元,软件业实现销售收入超过1.84万亿元,占全球软

件企业收入的比重超过 15%；互联网普及率达到 38.3%，其中宽带接入用户达 1.56 亿户；TD—LTE 规模技术试验全面展开，TD—LTE—A 成为 4G 国际标准，DTMB 成为数字电视国际标准；我国 65—45 纳米集成电路制造工艺实现量产，国产 CPU 基础软件研发和应用推广加快；京东方 8.5 代线等高世代液晶面板线建成投产，面向下一代显示产品的 AM—OLED 的关键技术和工艺研发不断取得新进展。

（三）新材料产业

2010 年我国新材料产业规模超过 6500 亿元，与 2005 年相比年均增长接近 20%。其中，稀土功能材料、先进储能材料、光伏材料、有机硅、超硬材料、特种不锈钢、玻璃纤维及其复合材料等产能居世界前列。自主开发的钽铌铍合金、非晶合金、高磁感取向硅钢、二苯基甲烷二异氰酸酯（MDI）、超硬材料、间位芳纶和超导材料等生产技术已达到或接近国际水平。新材料品种不断增加，高端金属结构材料、新型无机非金属材料和高性能复合材料保障能力明显增强，先进高分子材料和特种金属功能材料自给水平逐步提高。

（四）新能源汽车产业

我国新能源汽车发展初步具备了产业化基础，在动力电池、驱动电机、电子控制和系统集成等关键技术领域取得明显进步，纯电动汽车和插电式混合动力汽车开始小规模投放市场；汽车节能技术推广应用也取得积极进展，通过实施乘用车燃料消耗量限值标准和鼓励购买小排量汽车的财税政策等措施，先进内燃机、高效变速器、轻量化材料、整车优化设计以及混合动力等节能技术和产品得到大力推广，汽车平均燃料消耗量明显降低；天然气等替代燃料汽车技术基本成熟并初步实现产业化，形成了一定市场规模。2011 年 6 月，节能汽车的市场占有率从上年同期的 22% 提高到了 56.9%。

（五）生物医药产业

2010 年产值约为 3000 亿元，新产品、新技术开发取得积极进展，拥有自主知识产权的一批重大创新药物、新型疫苗获得新药证书，基因药物、诊断试剂、疫苗等新产品开发取得积极进展，益赛普、碘美妥昔等5 个品种获批上市，单克隆抗体药物实现规模化生产。形成了上海张江、江苏泰州、辽宁本溪等一批生物医药产业基地。

（六）新能源产业

2011 年，我国太阳能光伏产业装机容量达 300 万千瓦，单晶炉、多晶硅铸锭炉、开方机等关键设备已形成自主研发能力并占据国内较大的市场份额；风电装机容量达 4700 万千瓦，风机关键零部件供应体系逐步完善，国内主要风机企业掌握了兆瓦级风电机组设计制造技术，风机叶片、机架、轮毂等已具备了自主生产能力；核电装机容量达到 1257万千瓦，60 万千瓦和 100 万千瓦核电站国产化率可达 70% 以上；生物质能装机容量约为 450 万千瓦，生物质能技术已具备产业化能力，特别是规模达 3MW 的生物燃气工程、年产 10 万吨级的生物液体燃料工程，已达世界先进水平。

（七）节能环保产业

2010 年节能环保产业总产值突破 2 万亿元，约占 GDP 的 5%，8 年来连续年均增长率超过 20%。已拥有一批较为成熟的常规节能环保技术和装备，节能领域的高炉炉顶差发电、纯烧高炉煤气发电、低热值煤气燃气轮机、纯低温余热发电等技术以及环保领域的炉排炉垃圾焚烧发电、污泥干化发电等技术已取得突破并实现产业化。

培育发展战略性新兴产业，既是一项长期的任务，也是一项十分紧迫的工作，做好这项工作极具挑战性。一是必须遵循产业发展的自身规律。战略性新兴产业有着自身的特征和发展规律，既需要政府的扶持，又需要发挥市场机制的作用；既需要关键核心技术的突破，又需要创造良好的产业发展环境。培育发展战略性新兴产业要在准确把握并遵循产业发展规律基础上做好文章,必须力戒急于求成、拔苗助长的心态,要把真正的着力点放在技术突破和产业链整体升级上。二是必须立足于提高产业自主发展能力。发展战略性新兴产业,仅按铺摊子、搞园区的外延发展模式,是难以取得成功的,仅靠进口设备拉动产业规模扩张,是难以持续的。必须在自主标准、自主知识产权、自主品牌、自主集成制造等方面取得实质性进展,提高自主发展能力,才能赢得"弯道超车"的机会。三是必须夯实产业发展基础。工业基础能力水平决定了工业整体素质、综合实力和核心竞争力。我国部分新兴产业具有一定的后发优势,但若没有工业基础能力的支撑,战略性新兴产业发展也会缺少根基,而且难以改变受制于人的局面。四是必须突出区域产业特色。改革开放30多年来,我国已拥有了坚实的经济基础和科技基础,培育发展战略性新兴产业具有良好的条件。每个地区都有各自的区位优势、资源优势、产业优势和科技优势,应当结合这些优势,找准发展重点,做到有所为有所不为,避免一哄而上导致产能过剩、资源浪费等问题。五是必须完善市场环境和体制机制。新产品被市场接受需要一个过程。在尊重市场主体的前提下,政府应有效、有力、有度做好市场培育工作。对于战略性新兴产业的不同领域,要立足产业现状及特色,采取差异化的市场培育方式,促进企业开拓市场,扶持企业做大做强。六是必须进一步发展生产性服务业。随着信息技术应用不断深化,柔性制造、智能制造、服务型制造日益成为生产方式变革的重要方向。大力发展面向工业生产的服务业,加快推进服务型制造,不断提升对战略性新兴产业的服务支撑能力,是我们当前和今后一个时期的重要任务。

(审稿人:周虎;执笔人:张镁利)

行业经济政策

行业经济政策主要指财政、税收、金融、价格等方面的政策,是两化深度融合的有力支撑,是产业结构调整和优化升级的重要保障,是产业政策的有效实施手段,是行业管理的重要环节,是工业通信业保持平稳较快发展的重要支撑和保障。党的十六大以来特别是工业和信息化部成立四年多来,行业经济政策工作认真贯彻落实科学发展观,建立健全行业经济政策工作协调机制,密切跟踪十大产业调整振兴规划、培育发展战略性新兴产业和生产性服务业等各项规划提出的财税金融政策,围绕工业转型升级和两化深度融合,加强协调落实力度,增强政策的针对性、灵活性、有效性,及时做好效果评估,研究储备一批政策,有力支撑了工业通信业平稳较快发展,在推进"转方式、调结构"中取得了积极成效。

一、统筹利用财政手段 推动工业转型升级

我国经济结构不合理,大量低水平重复建设推高投资占比,消费在经济结构中占比偏低,因此,必须把加快推进工业投资结构优化和消费增长作为解决问题的关键环节。在财政部等相关部门的大力支持下,工业和信息化部统筹利用财政支出、财政补贴、政府采购等手段,按照工业转型升级的总体要求,积极开展工作,引导调节市场微观主体行为,取得了较好的成效。围绕重点产业调整振兴规划的实施,积极争取

在中央财政基本建设资金中设立了重点产业振兴和技术改造专项，2009、2010、2011年分别安排预算200亿、200亿、150亿元。2011年安排项目4000多个，带动投资2791亿元。技术改造取得了显著成效，促进了工业投资结构优化、产业技术进步和企业竞争力提升。同时，将淘汰落后产能作为工业节能减排的重要抓手，2011年公告了18个行业2255家拟淘汰企业名单，与财政部等联合下达奖励资金40.3亿元，为完成全年工业节能减排目标任务奠定了基础。在应对国际金融危机方面，国家陆续实施了家电下乡、汽车摩托车下乡、家电汽车以旧换新、节能产品惠民工程等一系列扩大内需、促进消费的政策措施。以家电下乡为例，截至2011年年底，中央财政资金补贴591亿元，下乡产品累计销售金额为5059亿元，促进了城乡消费扩大和人民生活改善，对工业内外需结构改善和企业技术进步起到了重要的推动作用。统筹用好国家科技重大专项、电子发展基金等财政资金，对战略性新兴产业进行支持。实施了智能制造装备、新型显示、云计算等重大产业创新发展和应用示范工程，全面开展了节能和新能源汽车推广试点工作。围绕支持中小企业发展，2011年，工业和信息化部会同有关部门安排中小企业发展专项资金29.2亿元、公共服务体系发展专项资金3.5亿元、中小企业技术改造资金30亿元，共计62.7亿元。出台了政府采购促进中小企业发展的相关措施，中小企业发展的政策环境不断优化。

二、加强税收政策协调　促进产业结构调整优化

税收政策是经济政策的重要组成，核心是税收负担问题：我国税负整体较高，对高新技术产业的扶持有待完善。工业和信息化部成立以来，积极开展企业所得税、增值税、进出口税收等政策协调工作，根据国内外环境和宏观经济形势及时调整，通过税收杠杆调节产品供求关系，促进产业结构调整优化。在技术装备领域，围绕重大装备发展和技术创新，加大重大技术装备进口税收优惠政策落实工作，完善免税产品清

单管理,增强政策对重大装备自主化的引导有效性。覆盖范围从 2009 年的 9 个领域扩大至 2011 年的 13 个领域,目前已基本覆盖所有重大技术装备领域,惠及企业从 2009 年的 112 家增加至 2011 年的 207 家,每年免税额均超过 100 亿元。会同有关部门推动出台了进一步鼓励软件和集成电路产业发展的若干政策,软件产业发展的政策环境进一步优化。协调解决了液晶显示面板生产企业进口设备增值税占用资金问题,每条液晶面板生产线减少设备资金占用 20 亿—30 亿元。在中小企业方面,研究提出了促进小型微型企业发展的一揽子政策措施建议,财政部、税务总局出台了多项扶持中小企业发展的税收优惠政策。提高了增值税、营业税起征点,减免了部分小型微型企业行政事业性收费,并对面向中小企业服务的金融机构给予税收优惠政策。在出口退税方面,研究提出调整出口退税的政策建议并协调落实。2008 年下半年和 2009 年上半年,为应对国际金融危机影响,先后七次调整出口退税率,工业行业新增退税额约 1530 亿元,支持高技术产品出口,稳定劳动密集型产品出口,对行业应对金融危机、保持国际市场份额发挥了重要作用。2010 年 6 月,为全面完成年度和"十一五"节能减排任务、抑制"两高"过快增长,取消了部分钢材等 406 个税号产品出口退税,将 44 个税号产品列入加工贸易禁止类目录,严格控制"两高"产品出口,提升出口产品质量和附加值。

三、积极配合关税调整　创建内外和谐发展空间

关税结构调整的核心是创建和谐贸易环境,满足国内产业发展和宏观调控需要。作为国务院关税税则委员会成员单位,工业和信息化部积极配合做好关税政策调整工作。加入世界贸易组织(WTO)后,按照承诺,我国关税水平进行了大幅度减让调整。过渡期完成后,我国关税总体水平相对稳定,但也在特定情况下进行了适当的调整:针对自贸区国家和地区(如中国—东盟、中国—秘鲁、中国—智利、中国—哥斯

达黎加、中国—澳大利亚、中国—瑞士等）提出特别关税减让政策建议；在海峡两岸经济合作框架协议（ECFA）磋商中,工业行业从促进两岸经济交流的大局出发,将539个税号产品列入"早期收获"清单,其中大部分产品已于2011年1月1日起实施零关税;为限制化肥产品过度出口,稳定农业生产资料价格,2008年开始对化肥产品加征特别出口关税;为推进节能减排,限制"两高一资"产品,对部分初加工有色金属、铁合金、化工产品等征收出口关税;研究制订对特定产品的暂定税率,确认临时出台的各项关税政策调整措施,最终在每年出版的《中华人民共和国进出口税则》中体现出来,2011年着重解决了稀土产品增列税目等重点问题;积极配合财政部等有关部门做好亚太经合组织（APEC）环境产品清单、信息技术协议（ITA）扩围产品清单以及政府采购协议（GPA）货物组谈判应对的相关工作。

四、开展金融价格政策调研　适时提出政策建议

优化金融政策和稳定物价水平对促进我国工业通信业转型升级具有重要意义。工业和信息化部积极开展重大问题调查研究,就汇率改革和物价调控等提出了一系列政策建议。一是持续跟踪人民币汇率变化,先后3次向国务院领导提交研究报告,经相关部门的共同努力,2010年人民币汇率保持了基本稳定,为工业结构调整赢得了时间;2011年开展人民币汇率形成机制改革与经济结构战略性调整问题研究,围绕工业结构调整提出政策建议。二是与四大国有商业银行签订加大中小企业信贷支持的合作协议,完善信用担保体系,全面落实支持小企业发展的金融政策,进一步拓宽中小企业融资渠道,积极缓解中小企业融资困难。三是密切关注生产资料、大宗商品、企业用工等价格波动的影响,分析工业品出厂价格水平（PPI）变化对居民消费价格总水平（CPI）的影响,积极协调、重点保障了化肥、食糖、食用油、纺织品等重要工业品和生活必需品的生产供应。四是积极研究设立国家中小企

业发展基金有关问题,重点在支持对象、支持方式和管理决策方式等方面提出政策建议;深入开展设立国家产业投资基金问题研究,支持企业快速做大做强。

　　当前,我国正处在加快经济结构战略性调整和转变经济发展方式的关键时期,加快实现由工业大国向工业强国的转变,需要进一步加强行业经济政策与相关政策协调配合,形成促进经济结构调整和发展方式转变的合力;不断完善工作程序,逐步理顺工作机制;注重调查研究,跟踪监测行业发展变化情况,根据行业变化新情况及时进行政策调整;做好对外应对准备工作,避免受制于人和疲于应付。

（审稿人:王占甫、马向晖;执笔人:张春生、丁伟）

应对国际金融危机

　　2008 年下半年,发端于美国次贷危机的国际金融危机愈演愈烈,从局部发展到全球,从发达国家传导到发展中国家,从金融领域扩散到实体经济,酿成了一场历史罕见、冲击力极强、波及范围很广的国际金融危机,全球股市恐慌暴跌,商品市场剧烈波动,世界经济增长明显放缓,各国经济均遭受到不同程度影响,世界经济陷入了自 1929 年大萧条以来最严重的危机。国际经济金融形势恶化对我国经济造成了严重冲击。其影响逐步从出口型的轻纺、电子产业向原材料行业、装备制造业扩散,从中小企业向大企业蔓延,从东部沿海地区向中西部地区发展,经济下行压力加大,增长速度大幅回落,其中工业受到的冲击最大,工业经济单月增幅逐步走低,全国规模以上工业企业工业增加值增速从 2008 年 6 月份的 16% 下滑到 7 月份的 14.7%、8 月份的 12.8%、9月份的 11.4%、10 月份的 8.2%、11 月份的 5.4% 和 12 月份的 5.7%,2009 年头两个月降到 3.8% 的最低点。

　　面对国际金融危机冲击,中央见事早、判断准、行动快,及时调整宏观经济政策,果断实行积极的财政政策和适度宽松的货币政策,围绕扩内需、促增长、调结构、上水平、重民生、促和谐,出台了一揽子计划和政策措施。主要内容是:大规模增加政府投入,大范围实施调整振兴产业规划,大力推进自主创新,大幅度提高社会保障水平。工业和信息化部认真贯彻落实中央决策部署,围绕扩内需、保增长、调结构、上水平,着眼当前,兼顾长远,全力做好各项工作,为保持工业平稳较快发展作出了努力。

一、积极推动相关政策出台和落实

金融危机爆发后,工业和信息化部积极会同有关方面对钢铁、汽车、造船、石化、轻工、纺织、有色金属、装备制造、电子信息等9个行业以及乳制品行业进行调研,提出了有关措施和建议。2008年年底,国务院5次召开专题会议,研究出台了30多条扶持政策和应对措施。同时,加强与相关部门协作,积极落实"家电下乡"、"家电以旧换新"、"汽车下乡"和"农机下乡"等政策取得积极成效。落实"家电下乡"政策方面,财政部、商务部、工业和信息化部等部门联合下发了《关于全国推广家电下乡工作的通知》,自2009年2月1日起在全国推广家电下乡。截至2010年12月31日,全国累计销售家电下乡产品11450万件,累计销售金额为2418亿元。落实"家电以旧换新"政策方面,从2009年6月1日至2010年5月31日在9个省市进行试点,2010年6月1日起,实施范围逐步扩大。截至2010年12月31日,家电以旧换新销售量和回收量双双突破3000万台,分别为3218.2万台和3344.6万台,销售额达1209.4亿元。实施"汽车、摩托车下乡"政策方面,对农民淘汰三轮汽车、低速货车换购轻型载货车,购买微型客车和摩托车给予650元到5000元不同程度的补贴。该政策使企业增加了销售,农民得到了实惠,各方面反响积极。2009年2月份,汽车产销双双超过80万辆(分别为80.6万辆和80.9万辆),结束了2008年7月份以来月度产销量连续低于80万辆的徘徊局面;各大汽车生产企业纷纷上调了全年产销目标。

同时,积极协调推动完善进出口政策。国家先后七次提高涉及4600余个税号的产品出口退税率,2009年全年工业新增出口退税额约1530亿元。完善加工贸易政策,将部分技术含量较高、环保节能产品从加工贸易禁止类目录中剔除,允许全部使用进口资源且生产过程中污染和能耗较低产品开展加工贸易。对我国企业研制生产重大技术装备所需进口关键零部件和原材料,免除关税和进口环节增值税;对进口用做乙烯、芳烃类产品原料的石脑油消费税,实行先征后返。取消氮、磷肥出口特别关税,下调部分高附加值钢材、有色金属深加工产品出口关税。这些措施,降低了企业税赋,支持了企业生产。

二、制定十大重点产业调整振兴规划

按照中央部署,工业和信息化部、发展改革委等共同制订了钢铁、有色金属、石化、汽车、造船、装备制造、轻工、纺织、电子信息、物流等10个重点产业调整振兴规划。为尽快扭转工业增幅下滑势头,帮助企业渡过难关,促进产业健康发展,10个重点产业调整和振兴规划共确定53项目标、76项重点任务和165项实施细则。主要包括三个方面的政策措施。一是扩大内需、稳定出口;二是推进技术改造和自主创新,建设创新型企业;三是推进企业兼并重组,调整优化组织结构。规划出台后,工业和信息化部与发展改革委及时进行了对外发布和宣讲解读,围绕规划确定的目标、任务和政策措施,会同国务院各有关部门制定165项实施细则,并逐一落实牵头部门和完成时间。地方也积极配合,结合本地实际和产业特色,相应出台了具体的实施细则。十大规划实施取得明显成效,扭转了工业增速大幅下滑,企业经营状况逐步好转。

2009年,全国规模以上工业增加值同比增长11%,其中前三个季度分别增长5.1%、9.1%、12.4%,四季度进一步上升到18%。原材料工业增长12%,同比提高1.6个百分点,粗钢产量达到5.7亿吨,增长13.5%;消费品工业、装备工业分别增长10.8%和13.8%,汽车产量达到1379万辆,增长48%;电子制造业增长5.3%,其中11、12月分别增长14.4%和19.8%。2009年1—11月,规模以上工业企业实现利润25891亿元,同比增长7.8%;上缴税金总额21129亿元,增长14.8%;

企业亏损面由 1—2 月 25.3% 缩小到 17.4%；其中中小型企业（占规模以上工业户数的 99.3% 和从业人数的 77.8%）实现利润 17452 亿元，同比增长 18.2%。随着生产形势好转，中小企业吸纳就业人数逐月攀升，部分地区和行业甚至又出现了招工难现象。

三、加大对企业技术改造的支持

在 2008 年中央经济工作会议上，胡锦涛总书记、温家宝总理多次强调了加强企业技术改造的重要性，明确 2009 年安排 200 亿元技改贷款贴息资金，支持企业技术改造。工业和信息化部、发展改革委共同下发《重点产业振兴和技术改造专项投资管理办法》和《产业技术进步和企业技术改造目录》，明确了技术改造的方向和重点。2008—2011 年期间，中央投资共安排技术改造专项资金 550 亿元，拉动社会投资 1.5 万亿元，拉动倍数达 28 倍，充分发挥了财政资金"四两拨千斤"的作用。技术改造成为实现扩大投资、促进增长的重要抓手。同时，地方财政特别是企业加大了技术改造资金投入。技术改造重点支持企业应用新技术、新工艺、新设备、新材料，加强自主品牌建设和提升装备自主化水平，成为引导各类要素向重点行业、重点产品聚集的有效引擎，确保了工业经济增速止跌回升、企稳向好。

四、加强对中小企业的政策支持

在金融危机的冲击下，2008 年年底全国约 7.5% 的中小企业歇业、停产或者倒闭。中小企业受创伤最重，反映最强烈的问题是资金短缺。为缓解融资难问题，支持中小企业发展，各有关方面采取了多项措施。2009 年 9 月，国务院印发了《关于进一步促进中小企业发展的若干意见》。该文件是党中央、国务院应对国际金融危机一揽子计划的重要组成部分和"非公 36 条"的发展延伸，也是今后较长时期指导中小企业工作的纲领性文件。2008年,中央财政安排了51.1亿元专项资金,帮助中小企业积极应对严峻的经济形势。其中新增22亿元,包括追加安排10亿元预算资金,支持中小企业信用担保机构发展,缓解中小企业融资难问题。安排6亿元支持建立东北地区中小企业信用再担保机构,提升中小企业信用担保机构的服务功能和整体水平。加强和改善对中小企业的服务。重点加强对中小企业的信用担保、技术创新、创业辅导、市场开拓、管理咨询和法律援助等服务,加快建立健全中小企业社会化服务体系。"十一五"期间,中央财政累计安排专门用于支持中小企业发展的各项专项资金438.1亿元,为增长最快的时期。各级地方财政也加大了对中小企业的支持力度。

通过各方面共同努力,工业行业应对国际金融危机取得显著成效,率先实现企稳回升,为国民经济发展作出了重要贡献。规模以上工业增速从2009年3月份开始止跌回升,增速逐季加快,6月份开始增速保持在两位数,9月份达到13.9%,10月份达到16.1%,11月份达到19.2%。2009年至2011年,工业年均增长13.5%。2011年,工业实现增加值18.9万亿元,占国内生产总值的40%。当前,国内外经济形势依然严峻复杂,世界经济复苏的艰巨性、曲折性进一步显现,国内经济运行还存在一些突出的矛盾和问题。工业行业要认真贯彻落实中央关于扩大内需促进经济增长等重大决策部署,进一步巩固和扩大应对国际金融危机成果,稳增长,促转型,促进工业经济平稳较快发展。

（审稿人:邵春光;执笔人:李媛恒）

工业通信业经济运行监测协调

近年来,我国工业通信业经济运行监测协调工作紧紧围绕促进工业经济平稳较快发展这个中心,着力加强工业经济运行监测分析和要素保障协调。在应对国际金融危机过程中,紧紧围绕保增长、扩内需、调结构、惠民生的目标,迎难而上、勇于担当,着力扭转工业经济下滑趋势;在促进工业通信业平稳健康发展中,开拓进取、扎实工作,坚持日调度、旬调度、月调度,在运行监测分析、要素保障协调、监测网络和应急体系建设方面做了大量工作,为促进工业通信业平稳较快发展作出了突出贡献。

一、加强经济运行监测分析　做好信息引导和服务

工业和信息化部成立以来,通过着力加强工业运行监测和经济形势分析,把握运行面临的新情况新问题,为工业经济发展提供了有效信息引导和服务。

(一)加强分析研判,准确把握工业经济运行走势

各级经济运行主管部门认真做好工业和通信业运行监测分析,及时形成上报材料,通过创办工业、通信业发展的动态信息简报、刊物等多种形式,全面地反映运行中出现的新情况、新变化,为领导正确研判形势,开展科学决策提供依据。福建、江苏、湖北、山东、广东、宁夏、四

川等省区每个工作日、每周、每旬都有直送地方主要领导的信息上报。

（二）加强经济运行工作指导

积极推动建立区域分析例会制度,每年组织召开两次中心城市工业经济运行会和两次副省级城市工业和信息化系统负责人联席会,指导和推动西部地区、中部地区、西北、东南八省市工业形势分析会,以及全国部分省区市工业经济运行专题座谈会的召开。各地区也通过每个季度经济形势分析会议等多种形式,加强对地、市、县工作指导、沟通和交流。

（三）加强信息引导工作

每季度召开工业通信业经济运行情况新闻发布会,创办发布中国工业经济运行季度报告。每年公开出版《电子信息产业统计年鉴》、《通信统计年度发展报告》、《电子信息产业经济运行状况与发展趋势（蓝皮书）》,定期发布电子百强、软件业前百家的相关信息。2011 年编辑出版《电子信息产业统计 1949—2009》等。及时向社会发布工业、通信业、软件业最新发展情况,得到行业高度关注和认可,为工业和信息化发展创造了良好的社会氛围。制定印发《工业和信息化统计工作管理办法》,加强和规范工业和信息化统计工作。

二、发挥综合协调优势　加快调结构转方式

多年来,工业和信息化部注重发挥综合优势,与实施工业发展相关政策、帮助企业开拓市场相结合,不断完善工业运行发展质量监测评价的数据、指标和范围,并做好 WTO 相关事务性工作,为实现工业转型升级提供了政策支撑。

（一）积极推进落实工业发展相关政策

在应对国际金融危机期间,认真落实重点产业调整振兴规划。17

个省市建立健全综合协调机制,统筹协调解决重大问题,全力扭转经济下滑。加强重大问题专题研究,适时提出有针对性的政策措施建议。协调出台扶持工业企业发展,加快工业调整结构的具体措施,通过安排财政资金,加大金融支持力度等政策,确保工业平稳健康运行。在推进提升工业通信业运行质量和效益方面,各级经济运行主管部门自觉地走以高新技术产业为先导,以先进制造业为支撑,促进工业化与信息化的有机融合、互动发展的道路,更加注重强化经济运行综合协调,更加注重引导企业加强技术改造和自主创新,更加注重监测战略性新兴产业发展,着力提升工业通信业发展与运行质量,促进加快转型升级。

(二)多种形式帮助企业开拓国内外市场

各级经济运行主管部门发挥贴近企业、熟悉情况的优势,积极主动帮助企业扩大市场,健康发展。浙江省安排专项外贸发展资金,支持企业开拓国际市场,福建、辽宁建立了工业品开拓市场协调工作联席会议制度,上海、河南、海南等积极推进上下游产业链对接、市场对接、银企对接、人才对接以及一企一策活动等。

(三)建立完善工业发展与运行质量评价体系

2011年,开展工业发展质量与运行监测评价体系研究工作,对各地区工业经济运行和发展质量进行了初步评价,在2012年全国工业和信息化工作会议上印发。包括工业整体运行质量与效益、结构调整与产业优化升级、企业科技研发与创新能力、工业化与信息化融合水平、资源消耗与综合利用水平、环境友好与绿色发展水平、国际竞争力和人力资源素质与利用水平八个模块,涵盖工业运行发展的47个主要指标。湖北、湖南、浙江、山东、重庆等省市已经和正在开展研究制订省级工业经济运行质量评价体系。

（四）认真做好 WTO 事务性工作

参与多(双)边贸易谈判及研究工作,在货物贸易及服务贸易谈判中积极阐述我方立场,提出我方关切,维护产业利益,支持产业发展。配合做好贸易摩擦的应对工作,为企业走出去营造良好环境。积极探索开展产业安全的研究。加强机电产品进出口管理工作。认真做好自动进口产品和国际招标的备案、管理工作。2009 年至 2011 年共备案进口单证 11165 单,涉及进口金额 20.7 亿元;备案国际招标项目 772 个,委托金额 18.3 亿美元,中标金额 12.4 亿美元。承担加工贸易单耗标准制定项目 19 项,已有 10 项标准制定通过专家评审,成为海关核定出口标准。

三、完善监测网络和预测预警体系 夯实工业经济运行监测分析基础

监测分析和预测预警是经济运行工作的基础,也是正确判断经济形势和做好经济运行调节工作的依据。工业和信息化部通过建立和完善各级经济运行监测网络和预警体系,为工业和通信业的监测预警提供有效支撑。

（一）加强工业通信业日常运行监测分析

建立工业经济运行监测快报和月(季)报工作体系。建立了重点原材料市场价格日监测制度。加强通信业日常运行监测分析,积极开展增值电信统计工作。组织开展中国 IT 市场指数监测工作,建立工业电子商务指数体系,完善互联网市场指数监测体系,适时发布市场分析报告。建立完善工业经济运行监测分析工作制度。组织召开各行业协会(联合会)、有关部门和重点联系企业参加的月度(季度)分析例会。各地区继续发挥经济运行监测优势,扎实开展重点企业、重点园区、重点行业监测调度。

（二）推进监测信息系统建设

开通了全国统一的工业经济运行信息交换平台，实现了与行业协会、地方工业主管部门、中心城市信息交流互通。不断完善信息产业以及通信业、软件业、电子信息制造业领域自有统计体系，定期发布相关统计数据。建立和完善工业经济运行数据库。各地加强工业经济运行监测信息系统建设。目前，全国有 27 个省（市）建立了重点企业监测工作制度。

（三）加强预测预警分析

不断改进和完善工业（行业）景气指数，努力做好工业经济景气指数和预警指数工作。编制《工业景气指数与预测分析报告》和《行业运行景气指数报告》。建立以工业增加值增长速度为中心的预测模型。编报《工业增加值预测分析报告》月报，对原材料工业、装备工业、消费品工业和电子工业增加值增长速度（月度、季度）预测模型进行研究。加强信息服务业统计分类和指标体系研究，推动建立信息服务业统计体系。加快电子信息产品市场统计监测体系建设，开展了电信不变单价测算和互联网相关指数编制工作。

四、加强综合要素保障协调
优化和改善工业运行环境

工业和信息化部通过加强落实煤电油气运以及资金、劳动力、供应链等综合要素的保障协调工作，为产业发展、企业经营营造良好环境。

（一）强化经济运行综合协调保障职能，为工业经济平稳较快发展创造良好的环境条件

积极履行煤电油气运保障工作部际协调机制成员单位职责，开展工业运行要素保障协调工作。坚持常态监控与强化调节相结合，加强

与铁道、交通运输、电力、煤炭、石油等要素保障部门和单位,以及全国省级工业和信息化主管部门信息沟通,定期开展信息交流。建立要素信息旬、月报制度,及时汇总分析煤电油运信息。2010年以来,各地面对能源需求快速增长,历史性干旱造成水电大幅下滑等煤电油运保障方面出现的新情况,开展了大量卓有成效的工作。

(二)加强电力需求侧管理,推动行业节能减排和转型升级

为了缓解能源供应的瓶颈制约,以电力为突破口,开展能源需求侧管理工作。发布关于做好工业领域电力需求侧管理工作的指导意见,积极组织力量,指导地方推进相关工作,帮助各地组织编制实施方案。努力搭建信息服务平台,积极推进工业重点行业、园区和企业试点示范工作。深入研究工业用电规律,查找薄弱环节,建立评价评估体系,探索促进工业转型升级新途径。江苏、浙江、广东、上海、北京、天津等省市以及厦门、成都等15个副省级城市均积极实施电力需求侧管理,优化用电结构,采取有序用电等措施,抑制不合理工业用电,缓解电力紧张效果明显。

(三)努力推进工业物流及供应链管理工作

认真贯彻落实《物流业调整和振兴规划》,指导开展工业物流及供应链管理工作,推动工业领域现代物流发展。落实促进物流业健康发展政策措施相关重点工作,推进中小企业物流服务平台建设、物流信息化及物流示范基地建设等工作。完成全国现代物流工作部级联席会议布置的相关工作任务。

(四)努力做好减轻企业负担工作

组织国务院减轻企业负担部际联席会议各成员单位和部分地区减负机构,认真落实相关政策、开展专项治理和帮助企业维权。发布了工业和信息化部关于做好减轻企业负担工作的指导意见。研究提出了规

范向企业收取捐赠、赞助行为的意见。各地在落实惠企政策,清理规范收费项目、查处新老"三乱"以及减少对企业的评比、达标、检查活动等方面也取得了积极进展,努力降低企业经营成本,切实减轻中小企业负担。

今后一个时期,工业经济运行监测协调工作要坚持以科学发展为主题,以加快转变经济发展方式为主线,从促进工业通信业近期平稳运行和长期可持续发展的大局去统筹谋划,全面正确履行职能,努力完成工业通信业发展的各项目标任务。一是紧紧围绕工业平稳运行这个重要目标,做好经济运行分析和推动落实各项支持政策措施工作。二是建立健全运行监测网络和预警预测体系,加强信息引导和服务。三是强化运行组织协调职能,为工业经济平稳较快发展创造良好的环境条件。四是开展减轻企业负担专项行动,着力优化企业发展环境。五是扎实做好信息产业运行监测工作,促进产业跃上新台阶。

(审稿人:黄利斌;执笔人:何亚琼)

工业应急管理体系和能力建设

工业应急管理是国务院赋予工业和信息化部的一项重要工作职责,主要任务是为保障国家应对突发事件进行工业产品准备、生产和供给,以及对工业突发事件进行预防、处置和恢复。全面加强工业应急管理工作,对于最大程度减少、控制或消除工业突发事件及其造成的损失,促进工业经济平稳较快发展具有重要意义。"十一五"特别是2008年以来,工业应急管理工作克服基础薄弱、手段缺乏等不利条件,紧密围绕走中国特色新型工业化道路和保障国家应对突发事件,突出抓好"一案三制"(预案、体制、机制和法制),发布了相关意见和预案并指导全行业开展工作,不断提高工业产品应急保障能力,大力推动应急产业成为国家新的产业类型,努力推进工业应急体系建设。全力做好汶川和玉树地震、舟曲特大洪水泥石流、南方低温雨雪冰冻灾害、防控甲型H1N1流感、三鹿婴幼儿奶粉事件等一系列重特大突发事件工业产品应急协调保障,为促进经济发展、社会和谐稳定、维护人民群众生命财产安全作出了重要贡献。

一、工业应急体系初步建立
有力支撑工业经济平稳运行

经过不断探索实践,工业和信息化部已初步建立起结构合理、反应灵敏、协调有序、运转高效的工业应急体系,为工业经济平稳运行提供了有力保障。一是健全工业应急管理工作体系。在国务院应急办、国家防汛抗旱指挥部等领导下,认真做好与民政、卫生、公安、安监、地震等国务院部委以及部队应急部门的衔接,切实加强对地方工业和信息化主管部门的指导,应急管理作为一项新职能在地方工业和信息化主管部门中得到落实,目前已经形成一个横向联动、上下互动的工作体系。二是制定工业应急管理政策措施。针对工业应急管理存在的突出矛盾和问题,发布了《关于加强工业应急管理工作的指导意见》(工信部运行[2009]446号),明确了到2015年的工作目标和主要任务,从组织领导、经费投入、技术创新、队伍建设等方面提出保障措施;积极协调将推动工业应急管理工作内容纳入国家相关政策中,如《国务院关于进一步加强防震减灾工作的意见》(国发[2010]18号)推出"推进应急救援产品动员生产能力建设"。三是努力完善工业应急预案体系。在认真研究工业突发事件类型和工业产品应急保障任务的基础上,编制发布了《突发事件工业产品保障应急预案》(工信部运行[2012]98号);云南、广东、安徽等地方结合实际制定了省级应急预案;湖北华舟重工等部分重点应急工业产品生产企业制定了企业级应急预案。四是大力推进突发事件防范体系建设。根据气象、水利等部门提供的灾害预警信息,2009年、2010年和2011年连续三年下发做好工业防汛抗旱工作的通知,2009年和2010年年底下发紧急通知做好应对灾害性气候的通知,指导全行业有效应对了2009年年底北方部分地区暴雪、2010年吉林等地洪涝灾害等。五是建立并规范信息报送和交流制度。编辑44期《工业应急管理情况》,及时向国务院应急办报送突发事件进展等重要信息。组织召开应急产品先进技术培训班,加强工业应急管理队伍培训。

二、稳步推进应急产业发展　应急保障能力日趋增强

应急产品是应对和处理突发事件的物质基础。2007年国务院贯

彻实施《突发事件应对法》电视电话会议上提出发展应急产业后,国务院办公厅《关于加强基层应急管理工作的意见》等文件均要求促进应急产业发展。2011 年,发展改革委将应急产业作为新增产业类别纳入《产业结构调整指导目录(2011 年本)》,提出了 43 项鼓励发展的应急产品,涉及四大类突发事件监测、预警、处置及相关服务。这标志着应急产业成为国家产业结构的重要组成。

与此同时,工业和信息化部将提高应急产品的保障能力作为重点任务,确保应急工业产品供应及时、有序、高效,进一步提高应对突发事件的综合协调能力。一是完善应急产品保障联系制度。每半年召开一次部门间工业产品应急协调保障座谈会,疏通信息渠道,掌握需求信息,做好相关准备;建立应急工业产品重点生产企业联系制度,及时完善突发事件处置应急工业产品数据库并提供企业,动态掌握重点企业现有生产能力;引导部分重点地区加快建立区域应急工业产品联动机制。二是促进应急工业产品推广应用。2009 年和 2010 年连续组织召开重点应急工业产品推广交流活动,加快地质灾害监测系统、交通应急抢通装备等应用;支持 2009 年上海城市公共安全展览活动,支持 2011 年北京工程机械应急救援展览活动。三是探索生产能力储备和实物储备有机结合,提高重特大突发事件相关产品出现峰值需求情况下的应急保障能力。四是协调相关部门在修订应急预案时充分考虑工业和信息化系统承担的工业产品应急保障职责,为开展应急工业产业协调保障提供组织保证。

三、应对重特大突发事件水平明显提高
全力维护人民群众生命财产安全

2008 年以来,我国先后经历了汶川和玉树地震、舟曲特大洪水泥石流、防控甲型 H1N1 流感、三鹿婴幼儿奶粉事件等一系列重特大突发事件,以及上海世博会和广东亚运会等重大国际活动。在这些事件和

活动中,工业和信息化部克服困难、总结经验,极大地提高了应对水平和处置能力。一是参与"5·12"汶川地震。根据国家抗震救灾指挥部的部署,迅速成立领导小组,在人员尚未完全到位的情况下,密切与发展改革委等部门的联系,先后组织调用了急需的起重机、液压挖掘机、挖掘装载机、推土机、小型发电机、液压锤、内燃机切割机(器)、断线钳、公路钢桥、千斤顶、铁镐等18个品种,共计11.6万台(套、件)设备和器材,为部队在第一时间及时抢救生命提供了重要支撑。在灾后恢复重建阶段,联合四川、甘肃、陕西人民政府联合编制发布了《汶川地震灾后工业恢复重建规划》,为灾区恢复重建提供了重要依据。二是参与"4·14"玉树地震。迅速成立了领导小组,全力以赴开展工业产品应急保障,期间组织安排了上肢骨科夹板、医药包、大型挖掘机械以及煤电油等一大批应急物资。在灾后恢复重建阶段,按照国务院玉树地震灾后恢复重建的部署,承担了指导协调青海省开展建材供应任务,先后多次赴青海及周边省份调研建材生产能力,3次组织青海省及周边省份的重点建材企业座谈,按照青海省确定的供应原则,帮助其与15家建材企业签署三年恢复重建建材供应协议,总体上确保建材品种和数量满足恢复重建需要。三是参与"8·8"舟曲特大洪水泥石流。根据甘肃省提出了需要协调解决的14类应急工业产品,向其提供了相关应急工业产品生产企业,协助有关企业捐助100台发电机发电车,指导做好工业恢复重建。四是参与防控甲型H1N1流感。开展莽草酸、磷酸奥司他韦及相关医疗器械、红外测温设备等动态监测,积极组织抗病毒药物扩能改造,协调企业生产中遇到的资金、运输、供应、天然气供应等问题,按时完成国家医药储备和调运,指导地方做好中药饮片和中成药储备。五是参与三鹿婴幼儿奶粉事件处置。建立乳制品收购和生产情况的日报制度,及时反映乳制品企业收购、产销和库存情况,了解乳制品行业发展动态,为制定相关措施提供支撑。此外,指导地方工业和信息化主管部门做好上海世博会、广东亚运会等重大活动应急保障工作。

此外,积极承担了国防动员各项任务。推动工业动员体系建设,参与起草《国防动员法》,会同有关部门下发了《新形势下加强装备动员工作指导意见》;组织开展了全国首次工业动员潜力调查,建立了包括16个行业5685家企业的工业动员潜力数据库,发布了《工业动员"十二五"规划》。开展工程机械行业体系化动员试点和电工电器行业体系化动员试点工作。

当前及未来较长一段时间,我国还将处于加快推进工业化、城镇化、信息化、国际化重要时期,自然灾害、事故灾难、公共卫生事件和社会安全事件易发频发,公共安全形势严峻,工业应急管理工作将着力提高突发事件应急工业产品生产和供给整体水平,建设以生产能力储备为主、社会储备为辅、兼顾必要实物储备的应急工业产品储备体系,推进应急产业迈上一个新的台阶。

（审稿人：景晓波；执笔人：谌凯）

产业政策工作

产业政策是国家为促进经济社会发展,由政府对产业领域的资源配置结构及其形成过程,进行科学、必要、适度和适时的引导和调控,推进产业结构调整和经济发展方式转变的经济政策,是国家宏观调控体系的重要组成部分。工业和信息化部围绕党中央的决策和部署,认真贯彻落实科学发展观,采取多种具体措施,引导产业健康有序发展,在推进"转方式、调结构、促转型"上取得了积极成效,有力支持了国民经济平稳较快增长,促进了经济社会全面协调可持续发展。

一、"十五"以来我国产业政策工作实践

党的"十五"以来,党中央、国务院作出了加强和改善宏观调控,加快推进产业结构调整和优化升级的战略部署。工业和信息化主管部门认真贯彻落实中央的战略部署,按照"从当前和今后一个时期经济社会发展的实际需要出发,完善促进产业结构调整的政策体系,制定实施重点行业的产业政策和行业准入条件,合理引导产业健康发展"的基本思路,和"力求充分体现科学性、预见性和有效性"的基本要求,加强与相关部门的协作,继续推动制定相关政策措施,初步形成了以产业结构政策为核心,产业组织政策、布局政策和技术政策协同发挥作用,有效促进产业结构调整的产业政策体系。

(一)加快产业结构升级,转变经济发展方式

我国经济结构不合理,关键是产业结构不合理、增长方式粗放,必须把加快推进产业结构调整和优化升级作为解决经济生活中突出矛盾和问题的关键环节。

2005 年 12 月,国务院发布了《促进产业结构调整的暂行规定》,相关部门配套出台了《产业结构调整指导目录》。这是我国第一个专门指导产业结构调整的系统性、纲领性文件,是政府管理投资项目,制定和实施财税、信贷、土地、进出口等政策的重要依据,也是引导企业投资决策的重要指南。结合形势变化,《产业结构调整指导目录(2011 年本)》也已经修订发布。

"十五"和"十一五"时期,抑制部分行业产能过剩和淘汰落后产能是产业政策工作的重点。2006 年,国务院发布关于加快推进产能过剩行业结构调整通知,随后出台了针对钢铁、汽车等 11 个产能过剩或潜在过剩行业的相关政策。2009 年,国务院批转了《关于抑制部分行业产能过剩和重复建设引导产业健康发展的若干意见》,进一步治理钢铁、水泥、平板玻璃等行业的产能过剩问题。2010 年,国务院印发《关于进一步加强淘汰落后产能工作的通知》,工业和信息化部发布了《部分工业行业淘汰落后生产工艺装备和产品指导目录》,淘汰落后产能力度进一步加大。

为应对 2008 年以来的国际金融危机给中国工业经济的巨大冲击,2009 年国务院发布了钢铁、汽车、装备制造、有色金属、轻工业、纺织、电子信息、船舶、石化、物流业等十大产业调整和振兴规划,体现了"区别对待、有保有压"的原则,既强调保护和发展好重点产业,又强调走新型工业化道路,淘汰落后产能和产品,特别是防止"两高一资"落后产能死灰复燃。

在产业结构调整过程中,注重制定、完善重点行业产业政策,创新性地研究制定行业准入条件,保障了重点行业健康运行。2002 年以来先后发布了焦化、电石、铁合金、黄磷、铜冶炼、锌冶炼、钨、锡、锑、平板

玻璃、水泥、日用玻璃、电解金属锰、铅酸蓄电池等行业准入条件。2004年后,汽车、钢铁、水泥、造纸等产业发展政策和船舶工业中长期发展规划相继发布。这些政策和规划,对于调控规范高能耗、高污染和资源性产业发展,遏制低水平重复建设和盲目扩张,发挥了重要作用。

在对传统产业进行调整升级的同时,产业政策也着重加大了对战略性新兴产业和高技术产业的扶持力度,筑造新的经济增长点。2006年出台的《国务院关于加快振兴装备制造业的若干意见》对于促进装备制造业的加速发展起到了重要的促进作用。2010年出台的《国务院关于加快培育和发展战略性新兴产业的决定》明确将节能环保、新一代信息技术、生物、高端装备制造、新能源、新材料、新能源汽车等作为战略性新兴产业加以大力扶持,推动产业结构向高级化方向发展。2010年,工业和信息化部等11个部门联合印发《关于促进工业设计发展的若干指导意见》。2011年,《国务院办公厅关于加快发展高技术服务业的指导意见》明确要不断提升高技术服务业的比重和水平,推动高技术服务业做大做强。

(二)引导产业组织结构优化,提高产业竞争力

在经济快速发展的同时,我国产业组织结构还存在许多矛盾和问题,兼顾规模经济和竞争效率的市场结构还没有形成,行业集中度低、无序竞争现象严重是多个行业共同存在的弊病。"十五"以来,产业政策注重把推动企业兼并重组与促进中小企业健康发展相结合,形成以骨干企业为龙头、大中小企业协作配套、产业链上下游企业共同发展的产业组织结构。

促进企业兼并重组,提高规模经济明显的行业产业集中度,发展一批具有国际竞争力的企业集团,是加快经济结构战略调整、转变经济发展方式的重要举措,是提升我国国际竞争力的必然选择。2006年,国务院办公厅转发了《关于推进国有资本调整和国有企业重组指导意见的通知》,加快了国有企业重组步伐。2009年,国务院出台的十大产业

调整和振兴规划,均把加快企业兼并重组作为行业调整振兴的一项重要措施。2010 年,国务院出台了《关于促进企业兼并重组的意见》,同年国务院办公厅转发了《关于加快推进煤矿企业兼并重组的若干意见》等文件。在政策的支持下,钢铁、汽车、煤炭、有色等行业的兼并重组步伐明显加快,行业整合取得较大进展。如 2009 年宝钢重组宁波钢铁,2010 年沙钢重组无锡锡兴钢铁;2009 年广汽集团重组湖南长丰集团,2010 年东风股份重组山东凯马;2010 年山西省矿井数由 2598 座降低到 1053 座,平均单井规模由 30 万吨/年提升到 100 万吨/年以上。

中小企业的健康发展直接关系到经济社会改革发展的大局。"十五"、"十一五"期间,国务院和各相关部门出台了多项扶持中小企业发展的产业政策。2006 年出台《关于加强中小企业信用担保体系建设的意见》,2008 年出台《关于支持中小企业技术创新的若干政策》和《中小企业发展专项资金管理办法》,2009 年出台《国务院关于进一步促进中小企业发展的若干意见》,2010 年出台《关于促进中小企业公共服务平台建设的指导意见》。上述各项措施在帮助中小企业克服困难,转变发展方式,实现又好又快发展方面起到了重要作用。

(三)优化生产力空间布局,提高资源配置效率

生产力空间布局是国民经济的重要方面,也是决定经济效率的重要因素。产业集群是市场经济条件下工业化发展到一定阶段的必然产物,在强化专业化分工、发挥协作配套效应、降低创新成本、优化生产要素配置等方面作用显著。"十五"以来,产业政策在生产力空间布局方面更加重视地区间基于比较优势的个性化发展,更加重视产业的集聚化和集群化发展,依据不同产业的发展特点和规律,引导产业在适宜的空间实现集聚,同时完善公共服务平台,规范工业园区建设,在引导产业合理有序转移和加强主体功能区建设的同时实现区域协调发展。

2010 年,国务院发布了《关于中西部地区承接产业转移的指导意见》。《意见》提出,要支持中西部地区一些资源承载力强、发展潜力

大、工业基础好的城市群,积极承接东部地区产业链整体转移和关联产业协同转移,并成为集聚效应明显、辐射效应渐强的新增长极。在国务院制定发布《主体功能区规划》和《关于中西部地区承接产业转移的指导意见》的基础上,有关部门先后制定了《产业转移指导目录》、《关于推进纺织产业转移的指导意见》等,推动产业布局优化,促进东中西部地区协调互动发展。

(四)推动技术创新和技术进步,夯实经济社会发展的根基

长期以来,中国工业经济的高增长主要依赖于要素驱动和投资驱动,技术进步相对缓慢,总体上技术水平不高,自主研发和创新能力不强,特别是关键技术自给率低,核心技术缺失,大部分工业发展所依赖的先进装备仍然主要依靠进口。我国工业转型升级的核心是要实现由要素驱动、投资驱动向创新驱动转变,由外延增长模式向内涵发展模式转变。

2002 年以来,国家陆续出台了《国家产业技术政策》、《国务院关于振兴软件产业行动纲要的通知》等文件。2009 年,工业和信息化部等部门联合印发了新版《国家产业技术政策》,并制定了《国家产业技术发展指南》,加大技术改造力度和实施国家重大科技专项,成为我国产业技术政策的重点内容。2009 年,《重点产业振兴和技术改造专项投资管理办法(暂行)》就提高技术改造专项资金使用效率、规范技术改造项目管理作出详细规定。2009—2010 年出台的《国家科技重大专项管理暂行规定》、《民口科技重大专项资金管理暂行办法》、《科技重大专项进口税收政策暂行规定》和《国家科技重大专项知识产权管理暂行规定》等政策,就国家科技重大专项的组织、实施和管理进行了具体的部署。通过技术改造,一些行业技术水平明显提高,产品质量不断改善,节能降耗成效显著,一大批重点企业竞争力提升,工业可持续发展能力增强。

（五）加强与财政、金融、价格等政策的协调配合，强化产业政策执行效果

产业政策的实施需要财政、金融等其他经济政策的配合。"十五"以来，产业政策与财税、金融、土地、价格、贸易、生产许可等其他经济政策的协调配合工作取得了积极进展，初步建立了产业政策实施体系。

2004年，发展改革委、人民银行、银监会联合下发了《关于进一步加强产业政策和信贷政策的协调配合，控制信贷风险有关问题的通知》，并配套下发《当前部分行业低水平重复建设目录》，调整信贷结构，防范金融风险，抑制盲目投资和低水平重复建设。研究提出了产业政策和价格政策相配合，对电炉钢、电解铝、铁合金、电石、烧碱、水泥等部分高耗能产业实行差别电价的意见，提高违反国家产业政策规定项目的供电价格。

2011年，财政部、工业和信息化部、能源局联合制定了《淘汰落后产能中央财政奖励资金管理办法》，规范了资金申报、审核下达、分配使用的程序和要求，该办法使《国务院关于进一步加强淘汰落后产能工作的通知》通过财政政策渠道得到了有效的贯彻落实。财政部、国资委等部门在中央国有资本经营预算中设立了专项资金支持中央企业兼并重组。人力资源和社会保障部印发了《关于做好淘汰落后产能和兼并重组企业职工安置工作的意见》等等。这些政策文件操作性较强，对于促进企业兼并重组，都发挥了积极作用。

其他配套政策措施方面，如《禁止用地目录》及《限制用地目录》等政策文件，对不符合产业政策的项目，不提供或限制提供土地；加强产业政策与生产许可政策的配合，对不符合产业政策的生产企业不予颁发生产许可证；对不符合产业政策的企业，不给予产品出口资质等。

二、新时期宏观调控体系中产业政策的突出特点

"十五"以来，根据完善社会主义经济体制的要求，工业和信息化发展的产业政策工作突出体现出以下几个特点：

（一）产业政策思路已经从注重"发展什么"转移到更加注重"如何发展"

"十五"以前，在政策思路上，产业政策工作的重点是优先"发展什么"，在具体内容上就是哪些产业"短线"，供应紧张，就重点考虑或优先发展什么产业。"十五"以后，随着社会主义市场经济体制的逐步完善，随着综合国力的增强和产能的逐步增加，"短线"产业逐步消失，需求约束成为产业发展的主要矛盾。产业政策的思路不仅注重产业发展量的积累，更加注重质的提高；不仅注重发展什么产业，更加注重增长方式的转变和产业技术进步，促进产业又好又快发展。

（二）结构调整成为产业政策工作的主线

当前，我国工业长期积累的深层次矛盾和问题日渐突出。比如，工业自主创新能力不强，研发投入和储备明显不足，关键核心技术及装备主要依赖进口；部分行业集中度偏低，产能过剩问题突出，产业布局与区域能源资源和环境承载能力不相适应，中小企业发展活力有待增强；工业增长过度依靠投资拉动和出口带动，过度依靠资源能源消耗和低成本要素投入，单位国内生产总值能耗过高；工业企业核心竞争力不强，生产效率和经营效益不高，缺乏具有较强的国际化经营能力的大型企业集团和具有国际影响力的著名品牌。只有加快推进产业结构调整和优化升级，较好地解决经济结构问题，才能实现宏观经济的平稳较快发展。这既是全面落实科学发展观的客观要求，也是产业政策工作的核心。综观"十五"以后的产业政策，始终把加快推进产业结构调整放在了工作的突出位置，并且取得了明显成效。

（三）坚持政府引导和市场调节相结合，成为产业政策工作的基本前提

健全的市场机制和有效的政府引导与调控，是社会主义市场经济体制中对立统一的两个方面，两者相辅相成。随着市场经济体制的不

断完善,我们逐步提高了对产业政策作用的认识,使产业政策和市场机制有机地结合起来。在淘汰落后产能、企业兼并重组、产业转移等方面工作中,我们既注重利用政府手段克服市场失灵,又注重充分发挥市场机制的作用,坚持从体制机制上下工夫,推动工作取得实质性突破。

(四)加强产业政策与其他经济政策的协调配合,成为提高产业政策效率和效果的重要保障

产业政策是制定和实施财税、金融、贸易、土地、环保、安全、知识产权、质量监督、标准等政策的重要依据。只有加强与其他经济政策的协调配合,产业政策才能得到不折不扣的执行和落实。"十五"以来,产业政策始终坚持与财税、金融等其他经济政策的协调配合,工作取得了积极进展。

三、未来我国完善产业政策须把握的重点和方向

按照党中央、国务院关于走中国特色新型工业化道路的总体部署,今后一个时期产业政策工作要根据工业转型升级的总体要求,着力推进现代产业体系建设,围绕改造提升传统制造业、培育发展战略性新兴产业、大力发展生产性服务业,将加快淘汰落后产能与大力发展先进生产力紧密相结合,着力促进全产业链整体升级,切实提高产业核心竞争力和经济效益,增强工业可持续发展能力。

(一)抓大促小、促进竞争,优化产业组织结构

我国产业组织结构还存在许多矛盾和问题,兼顾规模经济和竞争效率的市场结构还没有形成,大企业不大不强、小企业不精不专。这决定了必须将优化产业组织结构、提高产业集中度作为产业政策工作的重要着眼点,必须把推动企业兼并重组与促进中小企业健康发展相结合,形成以产业链为纽带,骨干企业为龙头,大中小企业协作配套、产业

链上下游企业共同发展的产业组织结构。一方面,促进企业兼并重组,提高规模经济明显的行业产业集中度,发展一批具有国际竞争力的企业集团。未来一段时间,推进企业兼并重组重点是要切实消除跨区域、跨所有制的制度障碍。另一方面,进一步优化中小企业发展的外部环境,加快推动中小企业服务体系建设和完善,建立中小企业减负长效机制,推动中小企业向"专精特新"方向发展。

(二)加强自主创新,促进产业技术进步,推进经济增长方式转变

我国工业转型升级的核心是要实现由要素驱动、投资驱动向创新驱动转变,由外延增长模式向内涵增长模式转变。产业政策工作必须把全面加强自主创新放在更加突出的位置。在基础研究和高科技前沿领域,支持建立国家层次的科技创新与产业化体系,力争在关键科技领域和若干科技发展前沿拥有一批自主知识产权。继续推动产、学、研相结合,建立科技创新与产业化的新体制和新机制,促进科技与经济的相互支持。发挥企业科技创新与产业化的主体作用,通过财政贴息、加速折旧、无偿资助等方式,鼓励企业加大研发投入,提高企业自主创新能力。

(三)区别对待、分类指导,发展产业集群,优化产业区域布局

推进产业转移,促进集聚发展与和谐发展,既是产业自身发展的需要,也是解决我国工业发展不平衡、不协调问题的重要途径,将贯穿于工业转型升级的整个过程;推进产业转移,不仅是促进要素配置优化、区域产业分工更加合理的战略选择,也是推动东部地区产业升级和中西部地区实现跨越式发展的重要途径。当前和未来一段时间,产业布局政策的重点是实现产业集聚与区域协调的结合,也就是从资源条件和市场潜力出发,充分发挥比较优势,在积极推动生产要素合理流动和配置,促进产业集群化发展的同时,引导区域协调发展,实现东中西互动、优势互补、相互促进、共同发展的包容性增长。

（四）发展循环经济，推进产业生态化进程

在资源约束日益趋紧的大背景下，必须要把资源节约和综合利用作为产业政策工作的一项重要内容。产业政策要推动实施清洁生产，降低资源消耗，减少废物产生，实现废物资源化和再生资源回收利用；提高资源利用效率，鼓励和支持企业开展节能、节水、节材和资源综合利用等方面的技术改造。进一步通过法律和经济手段，逐步淘汰浪费资源、污染环境的落后生产能力和工艺。鼓励通过科技创新，大力推广先进技术，提高资源和能源使用效率。支持共性关键技术的研发和创新，重点注重突破节约资源和环境保护方面的技术瓶颈。

（审稿人：罗俊杰；执笔人：李娟）

产业转移工作

当前,国际国内产业分工深刻调整,我国东部沿海地区产业向中西部地区转移步伐加快。中西部地区发挥资源丰富、要素成本低、市场潜力大的优势,积极承接国内外产业转移,不仅有利于加速中西部地区新型工业化和城镇化进程,促进区域协调发展,而且有利于推动东部沿海地区经济转型升级,在全国范围内优化产业分工格局。工业和信息化部成立以来,高度重视工业经济结构的战略性调整,把优化工业生产力布局作为促进区域经济社会协调可持续发展的重要任务,把推进产业有序转移作为优化生产力布局、促进工业转型升级的重要抓手,不断完善政策体系,创建产业协作平台,全面推进产业有序转移,促进区域协调发展。

一、推进产业有序转移事关区域协调发展

推动产业有序转移,不仅是解决我国产业布局不合理、资源配置效率不高等问题的必要手段,也是缩小区域发展差距、解决地区发展不平衡问题的重要途径;不仅是推进工业经济发展的重要任务,也是转变政府经济管理职能、走新型工业化道路的工作创新;不仅有利于促进区域协调发展,更关系到全面建设小康社会目标的顺利实现。

(一)推进产业有序转移是全面建设小康社会的迫切要求

党的十七大报告对全面建设小康社会提出了明确要求,就是要增

强发展协调性,转变发展方式,基本形成城乡、区域协调互动发展机制和主体功能区布局,以及节约能源资源和保护生态环境的产业结构、增长方式、消费模式。当前我国城乡发展差距、地区发展差距十分明显,没有中西部欠发达地区的小康、没有老少边穷地区的小康,就不是全面的小康。推进产业有序转移,能够加快欠发达地区的发展速度,实现区域产业分工协作、协调互动,是全面建设小康社会的迫切要求。

(二)推进产业有序转移是走新型工业化道路的必然选择

新型工业化道路,就是科技含量高、经济效益好、资源消耗低、环境污染少、人力资源优势得到充分发挥的工业化发展之路。当前,新型工业化面临着能源资源和生态环境约束趋紧、生产要素成本持续上升、核心技术受制于人等诸多制约因素。推进产业有序转移,有利于将中西部地区的资源、能源、劳动力等优势与东部地区的资金、技术、人才等优势有效结合,优化工业空间布局结构,降低环境承载压力,促进可持续发展,是突破各种制约因素的必然选择。

(三)推进产业有序转移是解决当前产业发展不平衡问题的有效途径

"十五"以来,我国工业经济持续快速增长,规模不断扩大,总体实力明显增强,结构调整取得积极进展,但同时我国工业发展仍存在发展方式粗放、要素配置效率低下、产业布局与区域资源和环境承载能力不协调等深层次问题。推进产业有序转移,是优化生产力布局,解决上述问题的重要途径,不仅有利于中西部地区抓住战略机遇期,发挥资源优势,在东部产业基础上高起点实现技术升级和布局优化,而且有利于东部地区加快转出传统产业,为战略性新兴产业和高端制造业腾出发展空间,实现工业转型升级。

二、多措并举推进产业有序转移

近年来,工业和信息化部围绕推进产业有序转移,组织开展了一系列调查研究,进行了大胆的探索和实践,取得了一定的成绩。

(一)深入推进完善产业转移政策

工业和信息化部从现状调查、宏观政策、行业政策等角度,联合有关专业研究机构和行业协会共同开展了一系列针对产业转移的课题研究。主要包括:《中国产业布局情况调查》、《促进产业有序转移的政策研究》、《资源环境约束下的区域产业结构调整》、《产业政策与金融政策协调配合促进产业结构转型升级研究》、《中西部地区承接纺织产业转移的政策研究》、《铜铝铅锌产业转移政策研究》和《调整优化纯碱行业产业布局的政策研究》等。与此同时,通过每年一次的全国性的产业转移工作会议,围绕产业转移的工作思路、存在的主要问题和面临的形势进行交流和讨论,充分听取地方对产业转移工作的意见,统一思想,明确方向。通过这些工作,加强了对产业转移的趋势、规律的认识,为做好产业转移工作奠定了坚实的基础。

(二)加强分类指导,改善工业布局不平衡问题

制定并出台关于产业布局与产业转移方面的政策文件,为相关工作提出导向,是开展工作的基础。2009 年,针对各地产业盲目发展、无序发展的问题,制定出台了《关于促进产业集聚发展和工业合理布局工作的通知》。之后,根据各地的区位特色和优势继续完善区域产业政策,对各地产业转移和产业发展实施分类指导。同年,制定出台了《关于促进新疆工业通信业和信息化发展的若干政策意见》,有力推动了新疆承接发展特色优势产业。2010 年,出台了《关于推进纺织产业转移的指导意见》,对纺织工业结构调整、产业布局和产业升级都提出

了明确的重点和方向,并配以政策保障措施。2012 年,发布了《产业转移指导目录(2012 年本)》。作为我国指导产业转移的首个综合性政策文件,目录提出了全国区域工业发展总体导向、各大经济区工业发展导向以及各省(区、市)优先发展和承接的产业。

(三)开展产业对接,构建转移平台

产业转移既需要政策指导,更需要实际项目的支撑。2010 年 11月,工业和信息化部与河南省人民政府共同主办了"第一届中国郑州产业转移系列对接活动",活动签约项目 381 个,总投资 1371. 3 亿元;2011 年 6 月与新疆自治区人民政府、新疆生产建设兵团共同主办了"中国新疆 2011 产业转移系列对接活动",活动签约重点项目 200 个,总投资 5812 亿元;2011 年 11 月与河南省人民政府共同举办了"第二届中国郑州产业转移系列对接活动",活动签约项目 813 个,总投资3608. 6 亿元。这些活动对于促进产业集群转移,优化区域产业空间布局,推动中西部地区获得跨越式发展起到了极大的促进作用。

三、产业向中西部转移有序推进

推进产业转移是一项开拓性的工作,区域差异性大、行业覆盖面广、工作抓手少、推进难度大。在国家区域发展战略的总体指引下,各级工业和信息化主管部门在实际工作中坚持国家区域发展战略与地方发展需求相结合,坚持现有产业基础和比较优势相结合,坚持政府引导与市场机制相结合,通过综合运用政策、经济、技术、行政等手段,形成工作合力,工作取得了初步成效,积累了一些经验。

(一)产业转移的速度和规模显著增长

随着产业转移工作深入推进,劳动力、技术、资本等生产要素突破区域界限加速流动,规模不断扩大。各地方推进产业升级和承接产业

转移的积极性日益高涨,形成了较强的主动性。广东、上海等省市大力实施"腾笼换鸟"战略,积极发展价值链高端产业。中西部地区承接产业转移的步伐也日益加快。安徽省2010年全年就吸引省外资金6864亿元,是2005年的8.6倍,资金主要来源于浙江、江苏、上海等东部沿海省市。重庆市2010年利用省外资金2638亿元,是2005年的12.8倍,资金主要来源于北京、广东和浙江等发达地区。

(二)产业转移的层次和水平稳步提升

通过搭建产业转移合作平台、举办对接活动等方式,带动了一批优质产业跨区集群转移。大项目和优质项目成为产业转移的主体。2011年,新疆承接发展了100亿元以上项目16项、50亿—100亿元项目8项、10亿—50亿元项目36项、5亿—10亿项目103项,优势资源转化战略得以顺利推进。河南省共承接5亿元以上项目120项,其中20亿元以上项目22项。同时,产业集群转移的态势也非常明显,长三角、珠三角、京津冀地区项目成为产业项目的主要来源地,西部地区的国家高新区和产业园区(集聚区)密集省市成为主要承接地,集群转移、板块承接态势明显。

(三)工业布局不平衡问题逐步改善

随着国家区域发展战略的深入实施,以及产业向中西部转移步伐的加快,工业在地域空间上的分布格局不断优化。中西部地区工业经济增速已经实现了从追赶东部到赶超东部的转变。2000—2010年,东北、中部、西部地区的工业总产值年均增速分别为25.7%、28.8%、28.0%,同期东部地区的增速仅为23.3%。在高速增长的过程中,中西部工业总产值所占份额大幅上升,与东部的差距正在逐渐缩小。据统计,东部工业总产值占全国份额已由2000年的69.2%下降至2010年的61.3%,减少7.9个百分点;同期,中部、西部和东北地区则分别由12.7%、10.2%、7.9%增至17.3%、13.0%和8.4%,分别上升4.6、

2.8 和 0.5 个百分点。

（四）产业集聚发展态势明显

近年来,在相关政策推动下,各地更加重视产业集聚发展。目前,以经济带、城市群、都市圈等为核心的多极化区域布局正在逐步形成,长三角、珠三角和环渤海三大都市圈成为我国最发达的经济区;辽宁沿海经济带、山东蓝色经济区、海峡西岸经济区正在加快开发开放步伐;武汉城市圈、中原经济区、环长株潭城市群、皖江城市带、北部湾经济区、成渝经济区、关中—天水经济区等中西部重点开发地区已具有较为明显的资源和产业优势,其隆起带动效应正在凸显。这些经济区带已经成为产业转移的重要承接地集聚区。

"十二五"时期,我国仍处于工业发展的重要战略机遇期,但工业发展的内外部环境发生深刻变化,既有国际金融危机带来的深刻影响,也有国内经济发展方式转变提出的紧迫要求,而目前国内各区域工业发展仍存在不平衡问题,推进产业转移将是一项长期任务。总结十年来工作经验,未来产业转移工作需要从几个方面加强。一是加强政府规划指导和政策引导以推动产业转移。政府通过合理确定各地的主导产业和发展重点,加强对承接产业转移园区或其他载体建设的指导,探索创建产业转移示范园区,引导产业集聚发展。二是突出各经济区域的比较优势,提升承接产业转移实效。要注意发挥资源、区位、政策等比较优势,突出特色,合理确定承接产业发展重点,防止低水平重复建设。三是创新工作思路和模式,推动产业转移深入开展。要注重从实践中探索引导方式,总结经验,创新促进产业转移、区域合作的思路和模式。调动各方力量参与其中,协调相关部门出台配套政策,形成合力;加强宣传和协调,组织动员企业到产业承接地考察、投资,推动地方经济发展,将产业转移推向深入。

（审稿人:李彦云;执笔人:杨东伟）

淘汰落后产能

　　加快淘汰落后产能是转变经济发展方式、调整经济结构、提高经济增长质量和效益的重大举措,是加快节能减排、积极应对全球气候变化的迫切需要,是走中国特色新型工业化道路、实现工业由大变强的必然要求。淘汰落后产能涉及地方经济发展、企业职工安置、债权债务处理等一系列问题,既是一项复杂的系统工程,又是一项长期的艰巨任务。党中央、国务院高度重视淘汰落后产能工作,多次就此提出明确要求。近几年,工业和信息化主管部门认真贯彻落实中央决策部署,加强与相关方面沟通协作,推进淘汰落后产能工作取得显著成效。

一、推进建立淘汰落后产能协调工作机制

　　2010年,经国务院同意,工业和信息化部牵头成立了有发展改革委、监察部、财政部、人力资源和社会保障部、国土资源部、环境保护部、农业部、商务部、人民银行、国资委、税务总局、工商总局、质检总局、安全监管总局、银监会、电监会、能源局等17个部门参加的淘汰落后产能工作部际协调小组(以下简称部际协调小组),明确部门职责分工,研究解决重大问题,统筹协调淘汰落后产能工作。2010—2011年,部际协调小组召开了3次会议,确定了2010年、2011年以及"十二五"期间工业行业淘汰落后产能的目标任务,研究部署了相关重点工作。按照国发[2010]7号文件要求,各地也成立了以省级政府主管领导或政府

牵头部门领导为组长,有关部门负责同志参加的淘汰落后产能工作协调小组,分解落实目标任务,明确职责分工,制定工作方案,统一领导和组织推进本地区淘汰落后产能工作。

按照职责分工,工业和信息化部负责对淘汰落后任务按地区进行分解,并经部际协调小组研究确定,下达到各省、自治区、直辖市人民政府落实。2010年5月、2011年4月及2012年4月,工业和信息化部分别向各省级人民政府下达了2010年、2011年及2012年工业领域重点行业淘汰落后产能目标任务,并分别以2010年第111号公告、2011年第17号公告、2012年第26号公告,向社会发布了7000多家涉及淘汰落后产能任务的企业名单、淘汰落后设备(生产线)及产能,接受社会监督;2011年12月,工业和信息化部向各省级人民政府下达了"十二五"期间重点行业淘汰落后产能目标任务。

二、建立完善淘汰落后产能的激励政策和约束机制

推进淘汰落后产能,关键是要完善政策环境和市场环境。国务院先后发布了《关于发布实施〈促进产业结构调整暂行规定〉的决定》(国发〔2005〕40号)、《关于印发节能减排综合性工作方案的通知》(国发〔2007〕15号)、《关于进一步加强淘汰落后产能工作的通知》(国发〔2010〕7号)、《关于印发"十二五"节能减排综合性工作方案的通知》(国发〔2011〕26号)、《关于印发工业转型升级规划(2011—2015年)的通知》(国发〔2011〕47号)。2011年4月,财政部、工业和信息化部、能源局联合制定了《淘汰落后产能中央财政奖励资金管理办法》(财建〔2011〕180号),规范了资金申报、审核下达、分配使用的程序和要求。2007年以来,中央财政已累计安排奖励资金300多亿元,统筹支持全国淘汰落后产能工作。2011年4月,人力资源和社会保障部、发展改革委、财政部、工业和信息化部、国资委、能源局、全国总工会等7部门联合印发了《关于做好淘汰落后产能和兼并重组企业职工安置工作的

意见》(人社部发[2011]50号),细化了企业职工安置措施。另外,对于淘汰落后产能任务较重且完成较好的地区,国家在安排企业技术改造资金、节能减排资金、投资项目核准备案、土地开发利用、融资支持等方面给予倾斜,支持企业解决淘汰落后产能的后续发展问题。

与此同时,各相关部门综合运用法律、经济、技术和必要的行政手段,压缩落后产能发展空间。2010年8月,工业和信息化部制定了《部分工业行业淘汰落后生产工艺装备和产品指导目录(2010年本)》(工产业[2010]第111号公告)。2011年3月,发展改革委出台了《产业结构调整指导目录(2011年本)》(2011年第9号令),细化了落后产能界定标准,明确了政策导向。2011年12月,发展改革委、商务部《外商投资产业指导目录(2011年修订)》(2011年第12号令),加强了钢铁、水泥、造纸、平板玻璃等行业备案管理和外商投资项目审核。2012年5月,国土资源部、发展改革委《关于发布实施〈限制用地项目目录(2012年本)〉和〈禁止用地项目目录(2012年本)〉的通知》提出,严格控制落后产能新增项目用地。环境保护部提高了高耗能、高排放行业建设项目的环境准入条件。此外,有关部门也加大土地使用、环境保护、生产许可、工商登记、劳动保障、电力监管等执法处罚力度,规范市场竞争秩序,提高了落后产能使用能源、资源、环境、土地、劳动力等的成本;加大能耗限额督察和差别电价执行力度,严厉查处擅自实行优惠电价的行为,对超过能耗限额标准的企业执行惩罚性电价,促使落后产能在竞争中被淘汰。

三、加强对淘汰落后产能工作的监督检查

国务院《关于进一步加强淘汰落后产能工作的通知》明确提出,将淘汰落后产能目标完成情况纳入地方政府绩效考核体系,实行严格的问责制。2010年,工业和信息化部会同协调小组各成员单位,研究制定了淘汰落后产能工作的考核办法。2011年1月,经国务院同意,部

际协调小组 18 个成员单位联合印发了《淘汰落后产能工作考核实施方案》(工信部联产业[2011]46 号),明确了淘汰落后产能工作考核要求、考核内容、工作程序和奖惩措施,指导和督促地方按照要求开展各项工作。2010 年 12 月、2011 年 4 月和 2012 年 4 月,工业和信息化部组织部际协调小组成员单位组成 10 个工作组,分别对各地 2010 年和2011 年淘汰落后产能工作情况进行了督查和考核,有力地规范和促进了各项工作。此外,监察部还将淘汰落后产能工作情况,列入加快转变经济发展方式监督检查的重要内容,督促各地完成淘汰落后产能任务。在加强考核的同时,利用社会、媒体的力量监督和推进淘汰落后产能。工业和信息化部指导和督促各地,按时将目标任务分解落实到企业,在政府网站及主流媒体上公告企业名单、落后设备(生产线)及淘汰产能;现场检查验收后,对已完成淘汰任务的企业再次予以公告,同时工业和信息化部每年向社会公告全国淘汰落后产能企业名单,考核完成后公告上年度任务完成情况,接受社会监督。

四、支持鼓励地方积极探索有效的方式方法

按照国务院部署,各地结合实际情况,探索形成了行之有效的做法和经验。山东省成立了节能减排和淘汰落后工作指挥部,从 11 个部门抽调精干人员集中办公,形成了强有力的组织领导体系。湖北省在推进淘汰落后产能工作中做到"三个结合",即把淘汰落后产能与企业技术升级改造相结合、把淘汰落后产能与兼并重组相结合、把淘汰落后产能与发展战略性新兴产业相结合。河南省实行联席会议制度,领导小组定期召开联系会议,汇总情况、通报进度、研究难题、部署工作。上海市提出"三个转变"的工作方针,即从企业调整向行业调整转变、从注重降耗考核向注重环境和社会综合效益转变、从点状调整向区域性块状调整转变,通过成片调整,保证土地资源再次利用和持续发展。山西省对各市进行全方位的检查考核,考核结果与当地下一年度奖励资金

挂钩,对推进不力的市、县相关责任人进行问责。四川省在确定淘汰落后企业名单、节能减排量核算、各类专项检查中充分发挥专业节能监察机构的作用,对重点用能企业开展日常监督检查。重庆市公开拍卖淘汰落后产能企业的有关资产和存量土地,将市、区(县)两级所得分成部分全部返还用于淘汰企业的职工安置;根据《劳动法》、《劳动合同法》、《社会保险法》等法律法规,参照现行国有和集体企业破产关闭职工安置政策,全面落实职工安置政策。浙江、福建、安徽、广东等省充分利用差别电价等经济手段,将差别电价收费返还地市政府,用于淘汰落后产能工作,提高地市政府工作积极性。

经过各方面共同努力,淘汰落后产能工作取得积极成效。"十一五"期间淘汰炼铁产能 1.2 亿吨、水泥产能 3.5 亿吨、造纸产能 1070 万吨。2011 年淘汰落后产能目标任务全面完成。据初步统计,淘汰炼铁落后产能约 3100 万吨、炼钢 2800 万吨、焦炭 2000 万吨、铁合金 200 万吨、电石 150 万吨、电解铝 63 万吨、铜冶炼 40 万吨、铅冶炼 60 万吨、锌冶炼 33 万吨、水泥 15000 万吨、平板玻璃 3000 万重量箱、造纸 800 万吨、酒精 45 万吨、味精 8.4 万吨、柠檬酸 3 万吨、制革 480 万标张、印染 18 亿米、化纤 37 万吨,部分行业超额完成任务。

（审稿人:辛仁周;执笔人:舒朝晖、冯欣）

企业兼并重组

　　合理的产业组织结构,是一个国家资源配置效率和产业运行效率的重要标志,是产业竞争力和抗风险能力的重要体现。企业兼并重组作为调整产业结构、转变发展方式、提高产业竞争力的重要举措,对于解决我国企业存在的"弱、小、散、差"问题,加速淘汰落后产能,抑制过剩产能,培育壮大一批具有自主知识产权、主业优势明显的大型企业集团,增强我国企业参与国际竞争的话语权和主动权,推动我国企业和产业在国际分工中向中高端发展,实现新一轮产业转型升级,具有十分重要的意义。党中央、国务院高度重视企业兼并重组工作,国务院发布了《关于促进企业兼并重组的意见》(国发〔2010〕27 号)。工业和信息化部认真贯彻落实国务院的部署和要求,建立健全法律法规,不断完善政策措施,着力消除制约企业兼并重组的体制机制障碍,充分发挥市场配置资源的基础性作用,突出企业主体地位,加强政府引导和规范,推动优势企业强强联合、跨地区兼并重组、境外并购和投资合作,培育一批具有国际竞争力的大企业、大集团,形成发展更具活力、资源配置更富效率的产业组织结构,有力促进了经济结构调整和发展方式转变。

一、推进建立多层次工作协调机制

　　2010 年 8 月 28 日,国务院下发了《关于促进企业兼并重组的意见》,对企业兼并重组进行全面部署,明确了促进企业兼并重组工作的主要目标、基本原则和政策措施。根据《国务院关于促进企业兼并重组的意见》精神，为建立健全组织协调机制，加强对企业兼并重组工作的领导，经国务院批准，由工业和信息化部牵头，发展改革委、财政部、人力资源和社会保障部、国土资源部、商务部、人民银行、国资委、税务总局、工商总局、银监会、证监会等部门参加，成立企业兼并重组工作部际协调小组。协调小组负责统筹协调企业兼并重组工作，贯彻国务院关于促进企业兼并重组的工作部署，研究解决推进企业兼并重组工作中的重大问题，细化有关政策和配套措施，落实重点产业调整和振兴规划的相关要求，协调有关地区和企业做好组织实施。工业和信息化部加强对地方兼并重组工作的督促指导，2012 年 4 月印发了《关于进一步加强企业兼并重组工作的通知》（工信部产业〔2012〕174 号），要求各地区根据实际，建立和完善本地区企业兼并重组工作组织协调机制，落实完善政策措施，协调解决企业兼并重组中的困难，积极反映企业兼并重组中的问题，建立工业和信息化系统推进企业兼并重组工作体系。各地积极认真贯彻落实《国务院关于促进企业兼并重组的意见》，结合本地实际推进企业兼并重组。一些省市出台了实施意见，建立了地方相关职能部门参加的工作协调机制，落实完善政策措施，加强对企业兼并重组的指导。目前已建立了工业和信息化部牵头的国务院有关部门、地方工业和信息化主管部门、工业和信息化部部内相关司局三个层次的推进企业兼并重组工作体系，初步形成了中央和地方联动、部门相互配合的协调配合机制。

二、积极营造良好的市场环境和政策环境

2002 年以来，我国陆续颁布了一系列法律法规，规范企业兼并重组行为，营造良好的市场环境，如《上市公司收购管理办法》、《外国投资者并购境内企业暂行规定》、《外国投资者对上市公司战略投资管理办法》、《反垄断法》、《企业法》、《证券法》等。出台一系列鼓励和引导

民间投资健康发展的政策措施,放宽民营资本市场准入,鼓励民营资本通过兼并重组等方式参与国有企业改制。

《国务院关于促进企业兼并重组的意见》印发后,各部门积极履行职责,针对制约企业兼并重组的突出问题,制定了一系列政策措施。

(一)财税政策方面

加大财政支持力度,设立国有资本经营预算企业兼并重组专项资金,支持中央企业兼并重组。鼓励地方人民政府通过财政贴息、信贷奖励补助等方式,激励商业银行加大对企业兼并重组的信贷支持力度。在企业所得税、营业税、契税、增值税等方面出台了一系列税收优惠政策,减轻兼并重组企业税收负担,如《关于企业重组业务企业所得税处理若干问题的通知》(财税[2009]59号)、《企业重组业务企业所得税管理办法》(国家税务总局公告2010年4号)、《关于纳税人资产重组有关营业税问题的公告》(国家税务总局公告2011年51号)、《关于企业事业单位改制重组契税政策的通知》(财税[2012]4号)、《关于纳税人资产重组有关增值税问题的公告》(国税[2011]13号)等。

(二)融资政策方面

充分发挥资本市场推动企业兼并重组的作用,加大金融支持力度,出台了一系列通过并购贷款、股权投资、企业债券支持企业兼并重组的政策。如《商业银行并购贷款风险管理指引》(银监发[2008]84号)、《关于调整部分信贷监管政策促进经济稳健发展的通知》(银监发[2009]3号)、《关于促进股权投资企业规范发展的通知》(发改办财金[2011]2864号)、《关于推进企业债券市场发展、简化发行核准程序有关事项的通知》(发改财金[2008]7号)等。

此外,有关部门还出台了土地使用、债权债务、职工安置等方面的政策,如《关于改革土地估价结果确认和土地资产处置审批办法的通知》(国土资发[2001]44号)、《关于印发〈企业改制土地资产处置审批意见(试行)〉和〈土地估价报告备案办法(试行)〉的通知》(国土资厅发[2001]42 号)、《协议出让国有土地使用权规定》(国土资源部令第 21 号)、《关于做好淘汰落后产能和兼并重组企业职工安置工作的意见》(人社部发[2011]50 号)、《关于企业重组有关职工安置费用财务管理问题的通知》(财企[2009]117 号)等。

三、加强和改进管理与服务

为了更好地促进企业兼并重组,工业和信息化部积极发挥牵头部门作用,协调推动消除政策性和制度性障碍,为企业兼并重组提供良好的管理和服务。工商总局在公司合并分立登记方面提出了支持、便利性措施。证监会取消了 4 项豁免要约收购义务的行政许可,会同有关部门出台了加强企业兼并重组信息知情人管理、打击防控内幕交易的政策。商务部、发展改革委等积极开展经营者集中审查和外资并购安全审查工作。国资委进一步规范央企国有产权置换行为,加强央企境外并购管理等。2012 年 7 月 11 日,工业和信息化部会同企业兼并重组部际协调小组各成员单位主办的企业兼并重组公共信息服务平台在北京正式开通。平台及时公布各部委、各地方推进企业兼并重组工作进展情况、相关工作信息和政策文件,为企业提供政策信息服务;分析企业兼并重组信息和产业发展态势,介绍企业兼并重组典型案例和成功经验,以及国外并购政策环境和经济社会情况,为企业提供决策参考和有益借鉴;介绍企业兼并重组中介服务机构情况,推动兼并重组企业与中介机构交流与合作。

通过多年的努力,企业兼并重组取得积极进展。突出表现在:一是产业集中度提高,产业组织结构不断优化。钢铁、汽车、船舶、水泥等行业大企业集团实力明显增强,行业集中度不断提高,产业组织结构更加合理。2011 年,我国前十大钢铁企业粗钢产量之和占全国粗钢总量的比重为49.2% ,比 2005 年提高14.2 个百分点;汽车销量前十名的企业

（集团）共销售的汽车数量占汽车销售总量的87.0%,比2005年提高了3.3个百分点;水泥行业前十家企业产量占水泥总产量的比重为26.5%,较2005年增长了12.9个百分点;工程机械行业销售额10亿元以上的企业占全行业销售额比重达到85%,较2005年提高近45个百分点;全国造船产量超过100万载重吨的企业达到了22家,比2010年增加了3家,前10家企业造船完工量增长到3654万载重吨,占全国总量的47.7%。二是国有企业兼并重组取得明显进展。2003年国资委成立后,积极推进中央企业兼并重组和布局调整,进一步突出主业,提升国际竞争力。2006年发布《关于推进国有资本调整和国有企业重组指导意见》（国办发[2006]97号）。通过兼并重组,国资委监管的中央企业数量从2003年的196家减少至2012年的117家,数量下降了40%。中央企业整体运行质量不断提升。从2002年到2011年,资产总额从7.13万亿元增加到28万亿元;营业收入从3.36万亿元增加到20万亿元;上缴税金从2926亿元增加到1.7万亿元,进入财富500强的中央企业达到42家。三是企业兼并重组呈加速发展趋势。随着我国经济的强劲发展和产业加速整合,企业兼并重组活跃度和并购金额都创下了几年以来的历史新高。以上市公司为例,企业兼并重组案件数由2002年的951件增长到2011年的2429件,增长255%。2002年,上市公司兼并重组交易金额936亿,而到2011年交易金额已达到7111亿,增长660%。我国企业海外并购快速增长,无论是单个并购的规模,还是总体数额都在增加,并购规模不断扩大。此外,伴随着企业兼并重组市场的快速发展,专业化、规范化的财务顾问、法律顾问、会计事务所、资产评估事务所也获得了迅速发展。

当前,我国经济发展面临的形势仍然严峻复杂。从国际看,受金融危机的影响,全球生产要素重组和产业结构调整步伐加快,大企业在国际竞争中的地位更加重要。从国内看,我国产业组织结构还存在许多矛盾和问题,缺乏具有规模优势的大企业集团,兼顾规模经济和竞争效率的市场结构还没有形成,产业组织结构调整的任务更加艰巨。企业

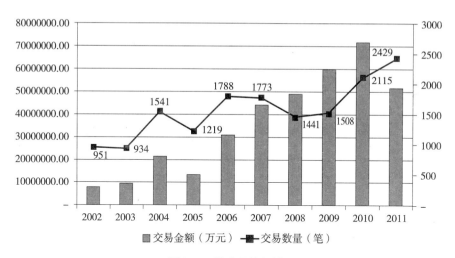

图2-1　并购总体规模

资料来源:北京交通大学中国企业兼并重组研究中心的"中国企业并购数据(China Merger)"。

兼并重组工作事关我国产业结构调整优化、转变经济发展方式的全局。必须充分发挥企业兼并重组工作部际协调机制作用,以汽车、钢铁、水泥、造船、机械制造、电解铝、稀土、电子信息、医药、食品等行业为重点,推动企业兼并重组;充分发挥地方政府在推进企业兼并重组中的作用,整合已有资源,加强政策协调。着力营造有利于企业兼并重组的良好环境,把企业兼并重组工作同技术改造、淘汰落后、产业转移、重大专项、行业管理等工作结合起来,找准切入点,创造性地开展工作,逐步形成促进企业兼并重组的工作机制,不断完善企业兼并重组政策环境。

　　　　　　　　　　　　　　　　　(审稿人:苗长兴;执笔人:樊烨)

产业创新体系建设

当今世界,经济全球化加快,国际竞争态势正发生重大而深刻的变化,科学技术作为先进生产力的集中体现和重要标准,越来越成为产业发展的主要驱动力和产业竞争的决定性因素。不断提高自主创新能力,才能占领产业竞争的制高点,立于不败之地。近年来,工业和信息化领域通过加强技术创新,构建以企业为主体、市场为导向、产学研结合的技术创新体系,强化企业在技术创新中的主体地位,大力开发关键核心技术和共性技术,使重点行业、重点领域的技术创新能力得到不断提升。工业企业申请专利数占国内发明专利数比重超过50%,航天、导航卫星、高仿真机器人、无人飞机、通信技术等领域取得一大批重大技术创新成果,约50%的机械工业主要产品接近或达到国际先进水平。65—45纳米集成电路制造工艺实现量产,国产CPU集成软件研究和应用加快,大型立式五轴联动加工中心研制成功。一批关键和核心技术攻关取得突破,一大批重大科技成果得到成功转化,企业技术创新的主体地位得到进一步的加强,企业创新能力水平得到进一步的提升。

一、完善政策规划体系 推进技术创新体系建设

工业和信息化部自组建以来,始终把技术创新体系建设作为一项重点工作。为了更好地引导和推进工业和信息化领域的技术创新工作,提高企业自主创新能力,进一步完善产业技术创新的政策体系,

2009 年 5 月 22 日,工业和信息化部、科技部、财政部和税务总局联合发布了《国家产业技术政策》。2011 年 11 月 4 日,工业和信息化部印发了《"十二五"产业技术创新规划》;2011 年 7 月 1 日,印发了《产业关键共性技术发展指南(2010 年)》。随着一系列政策、规划、重点指南的发布,调动社会创新资源的政策基础进一步夯实,对引导企业技术创新、指导产业关键共性技术发展和应用起到了积极作用。

《国家产业技术政策》从宏观层面对我国产业技术发展的目标、途径、手段、作用等作了政策性阐述,对构建产业技术创新体系提出了具体要求。《"十二五"产业技术创新规划》具体提出了"十二五"期间,工业和信息化部技术创新工作推进的重点任务,确定了原材料、装备、消费品、信息产业等重点领域技术发展方向,并明确提出技术创新的主要目标:到"十二五"末,规模以上工业企业研发经费内部支出占主营业务收入比重达到 1%,重点骨干企业达到 3% 以上,一批骨干企业达到 10% 以上。

依托上述政策、规划,针对当前企业尚未成为产业关键共性技术开发应用的主体的问题,工业和信息化部印发了《产业关键共性技术发展指南(2011 年)》(以下简称《指南》),《指南》包括了 8 大领域 176 项技术,其中,节能环保与资源综合利用领域 14 项,原材料工业领域 29 项,装备制造业领域 65 项,消费品工业领域 19 项,电子制造业领域 31 项,通信业领域 10 项,信息化和生产性服务业 8 项。《指南》着力于引导地方、行业、企业和研究机构开展针对性的技术创新工作;引导社会创新要素向企业集聚,推动企业成为产业关键共性技术创新的主体,在关键共性技术开发方面发挥核心主导作用。《指南》的发布对推进企业成为技术创新的主体,推进技术创新体系建设起到了重要作用。

二、推动企业成为技术创新主体　提高自主创新能力

推动企业成为技术创新主体,增强企业创新能力,是一项关系国家

长远发展的基础性、全局性、战略性的重大任务。企业强则国家强。企业的创新能力在很大程度上决定我国经济发展的前景。2010年,工业和信息化部与财政部共同组织开展"国家技术创新示范企业"的认定工作。在行业骨干企业中,对具备足够能力把握创新机会、选择创新方向和技术路线,组织技术研发、产品创新,利用和转化科技成果能力强的企业进行认定。首批共认定了55家"国家技术创新示范企业"。通过认定"国家技术创新示范企业",鼓励企业真正成为技术创新的主体,不断增强企业的核心竞争力。

近年来,随着"企业技术中心"认定工作的蓬勃发展,国家有关部门先后认定了18批793家国家级企业技术中心,省级企业技术中心已达6000余家。一大批技术研发组织体系较为完善、技术创新成绩显著、综合经济指标处于国内同行业前列的企业技术中心被认定为国家或省级技术中心企业。在工业重点行业、重点领域,已基本建立起以企业技术中心为核心的企业研发机构体系。企业技术中心已经成为产业关键和共性技术研发的重要载体。

表2-1 2005—2011年国家认定企业技术中心数量

年份	2005	2006	2007	2008	2009	2010	2011
国家认定企业技术中心数量	330	438	499	575	636	729	793

资料来源:国家发展和改革委员会历年公告。

三、促进重点领域成果转化 提高产业核心竞争力

促进科技成果产业化是解决科技与经济脱节的重要措施,也是推进以企业为主体的技术创新工作的重要切入点。从2010年开始,工业和信息化部与财政部共同组织实施了国家重大科技成果转化项目。在近三年的组织实施过程中,专项组织部门根据实际情况不断改进组织

管理方法,专项逐步形成了"申报渠道全面、重点领域突出、支持力度明显、滚动监督实施"的特点。截至2012年,国家科技成果转化项目共支持项目556个,安排资金约56亿元,支持了100多项国家技术发明奖、国家科技进步奖的成果转化。项目的实施有效增强了项目承担单位自主开发、技术集成创新和转化应用能力;促进了一批先进适用科技成果的转化、示范与推广;促进了新品种、新技术、新产品和新工艺的中试熟化和应用。

此外,为支持重点领域自主创新,突破关键技术,按照核心和关键技术优先、支柱和基础产业优先的原则,启动实施了一批产业技术创新项目,项目总投资约7.6亿元。目前,项目实施成效显著,取得了一批重大技术成果。例如,"超高效节能电机技术"项目已完成9个超高效电机型号的自主开发,并初步形成产业规模。"超低分子量肝素技术"项目已开发出高效率、连续化的分离纯化绿色工艺,奠定了良好的产业化基础。"超大型矿山浮选设备"项目已研制完成具有自主知识产权的超大型浮选设备及配套控制系统,并交付用户进行考核验证。"新型抗高血压沙坦类药物技术"项目开发出具有自主知识产权的原料合成新工艺和制剂新处方、工艺,打破了国内市场被进口药物所垄断的局面。

四、深化产学研合作　整合优化配置创新资源

产学研结合是技术创新的一种重要推进形式。为进一步深化以企业为主导的产学研结合,最大限度发挥企业直接参与市场竞争,对新技术、新产品敏感的优势,工业和信息化部采取了多种形式,推进产学研的深度合作。为支持省部联动开展产学研合作,积极推动部属高校和科研机构与广东产业界加强产学研合作,2010年7月26日,工业和信息化部与广东省签署了《全面推进产学研合作协议》,参加广东省部产学研结合工作。为推进有条件的高等学校加强技术研发成果转化基地

建设,2011年7月14日,工业和信息化部与科技部签署了《共建国家重点实验室培育基地合作备忘录》。为支持各地整合优化现有资源,实现产学研深度合作,工业和信息化部自成立以来,始终大力支持安徽、湖北、山东等地召开的产学研合作展洽会,通过现场交流、网上对接等多种形式推动各地产学研合作的深入开展。为促进产学研在更广泛的领域开展更为有效的工作,工业和信息化部还通过国家科技重大专项、中小企业技术创新服务平台、企业技术改造、新型工业化基地建设、节能减排、战略性新兴产业等专项的实施,对以企业为主导的产学研联合采取倾斜支持,推动企业在产学研联合中占据主导地位。

五、采取多种措施　营造有利于自主创新的良好环境

2011年11月26日,工业和信息化部联合财政部、中国企业联合会共同召开全国企业技术创新大会,中共中央政治局委员、国务院副总理张德江出席会议并讲话。大会总结交流了企业技术创新的典型经验,提出了进一步开展技术创新工作的意见,并为工业和信息化部、财政部首批认定的55家2011年国家技术创新示范企业授牌。

此外,工业和信息化部积极利用"部际联动"、"部省合作"等多种形式营造有利于企业技术创新的环境和氛围。一是大力宣传提高自主创新能力的重大战略意义。2011年11月4日,工业和信息化部与全国总工会、科技部、国资委等在山东胜利油田联合召开了全国职工技术创新大会;加强新形势下职工技术创新工作,推动职工技术创新活动的深入开展。二是广泛开展群众性的自主创新活动。2010年11月19日,工业和信息化部与全国总工会、科技部、人力资源和社会保障部共同组织开展了全国职工优秀技术创新成果评选活动。最后确定表彰100项优秀技术创新成果,四部门联合发布了表彰决定,中央领导王兆国、张德江出席表彰会并讲话。三是积极推进开展国际合作。2011年9月1日,在首届中国—亚欧博览会期间,工业和信息化部与科技部联

合主办了题为"加强科技创新合作,促进区域经济发展"科技交流合作论坛,通过与会国家和参会企业相互交流,增强了相互了解,拓展了合作领域,创新了合作方式,为深化合作打下了基础。

全球科技竞争的发展态势和国内经济发展的内在需求形成了技术创新的动力。未来一个时期,工业和信息化系统将在建设创新型国家战略的引导下,进一步推进产业技术创新体系建设,提升企业创新能力,发挥技术创新对转变经济发展方式的重要引领支撑作用,使我国在新一轮国际竞争中赢得发展主动权。一是加强企业技术创新能力建设,继续推进技术创新示范企业认定,鼓励企业加强企业技术中心等研发机构建设。二是构建技术创新服务体系,推进产业技术创新联盟建设和支撑服务体系建设。三是大力开发关键共性技术,依托科技重大专项加强重大产业技术研发,促进产学研用有机结合。四是着力促进科技成果转化,积极推动重大科技成果的产业化,大力推广先进适用技术,加快传统产业的改造升级。五是积极培育和发展战略性新兴产业,适时修订并发布产业关键共性技术发展指南,引导社会资源支持战略性新兴产业的发展。

（审稿人：闻库；执笔人：王锐）

质量品牌建设

质量是企业的生命。加快质量品牌建设,是为工业企业注入活力、加快工业转型升级、提高发展的质量和效益的重要途径。党中央、国务院高度重视工业产品质量工作,要求提升工业产品质量作为应对国际金融危机、调整产业结构、转变发展方式、提高产品国际竞争力的战略任务,持之以恒地常抓不懈。近年来,工业和信息化部紧密结合工业转型升级中心任务,围绕质量工作职能,加深认识,明确思路,采取措施,狠抓落实,探索实践加快工业质量品牌建设的发展道路。

一、提升质量培育品牌的重要意义

(一)提升质量培育品牌是迈向工业强国的必由之路

改革开放以来,我国工业经济实现跨越式发展,成为名副其实的工业大国。支撑这一阶段发展的核心竞争力以低劳动力成本、低技术含量为重要特征。但是,这样的核心竞争力无法支撑从工业大国向工业强国的跨越。从世界主要经济强国的发展经验和我国工业发展实践看,构建以质量品牌为核心的竞争力是工业强国的共同特征,也是我国迈向工业强国的必由之路。

(二)提升质量品牌是扩大消费的必然需要

扩大消费需求是实现"消费、投资、出口"协调拉动经济发展的重中之重。提升质量、开发品种,满足不同层次的消费需要是扩大消费的基础;树立信誉、培育品牌,增强消费信心是扩大消费的动力;创新产品,创造新需求,释放消费潜能是持续扩大消费的根本保障。

(三)提升质量品牌是促进转型升级的关键环节

指导企业增强质量管理和品牌创建能力,培育一批管理集约化、产品质量好、品牌价值高的工业企业,提高工业附加值水平,增强产业核心竞争力,促进企业由价值链低端向高端跃升,是工业转型升级的重要内容。

二、推进质量品牌建设初见成效

通过多年的探索实践,工业质量品牌工作逐步形成了"以企业为主体,坚持落实责任与提升能力相结合、全面推进与具体指导相结合,综合运用政策规划、工业标准、技术改造和技术创新、推广先进质量管理方法等手段,带动地方和行业,会同有关部门合力推进质量品牌发展"的工作思路。以企业为主体,是要发挥企业在质量品牌建设中的主观能动作用。增强企业质量品牌意识,营造有利于企业提升质量、培育品牌的社会环境是质量品牌工作的出发点。落实责任与提升能力相结合,一方面要落实企业的质量主体责任,引导企业增强质量责任意识,规范与质量责任相关的行为;另一方面要提高企业履行质量责任,加强质量品牌工作的能力。全面推进与具体指导相结合,一方面要优化支持质量品牌发展的规划、政策、标准、信息等方面的环境和条件,组织开展质量品牌推进活动;另一方面要开展质量品牌理论和方法研究,用科学的理论、方法和经验指导企业开展质量品牌工作。在这一工作思路的指导下,工业和信息化部积极部署和开展工业质量品牌建设工作,在产品质量提升和品牌培育工作方面取得了初步成效。

(一)建立健全政策规划体系

2009年,工业和信息化部印发了《关于加强工业产品质量工作的指导意见》。同年5月14日,全国加强工业产品质量工作电视电话会议召开。会议针对工业产品质量存在的主要问题,全面部署了质量工作的主要任务。2011年7月,工业和信息化部会同发展改革委、财政部等七部门联合印发了《关于加快我国工业企业品牌建设的指导意见》,突出了品牌建设在工业产品质量工作中的重要地位。2011年11月,工业和信息化部发布了《工业产品质量发展"十二五"规划》,明确提出质量工作的指导思想、基本原则与规划目标,确定了质量工作的主要任务,提出了促进质量发展的四项重点工程及相应的保障措施。2012年,工业和信息化部启动了"工业质量品牌建设年"活动,通过开展"促进药品和婴幼儿奶粉生产质量安全"、"加快工业品牌培育"和"千家企业学标杆,提升质量促转型"等活动,集中力量解决质量品牌方面的突出问题,以重点突破带动质量品牌工作全面发展。这些文件与规划的发布标志着工业产品质量建设工作的重要性不断提升,工业质量品牌发展的宏观环境不断改善。

(二)加强企业质量主体责任和能力

工业和信息化部在2010年深入开展"中国工业企业质量信誉承诺活动",截至2011年年底,12个省市和7个行业的3000家工业企业参加了承诺活动。国务院10部门联合推进食品工业诚信建设取得成效,已在27个省市的4000家食品生产企业启动建立诚信管理体系。在重点行业开展的规范企业自我声明工作已经完成网络平台建设,启动了在平板电视、锂离子电池和卫生陶瓷等领域试点工作。工业和信息化部会同发展改革委、财政部等部门联合制定了《关于在工业企业深化推广先进质量管理方法的若干意见》,组织中国质量协会、工业行业协会和质量专业机构落实实施。截至2011年年底,为企业培训质量管理人员超过100万人次,组织参加全面质量管理知识普及教育全国统一考试人员 46 万人次,培养六西格玛黑带等高级质量专业人员 11000 余人。

(三)加快工业标准和技术能力建设

围绕自主创新、技术改造、质量品牌等重点工作,加快工业标准制修订工作。截至 2012 年 3 月,完成制定国家标准 4494 项;立项行业标准 10065 项,批准发布 4714 项;复审行业标准 24904 项,达到行业标准总数的 61.4%。在河南、重庆等省市推进工业产品达标备案试点,河南省已经完成 400 多种产品达标备案审查。工业和信息化部会同发展改革委、财政部等部门,在 2010 年和 2011 年安排涉及品种质量的技术改造项目 5449 项,占项目比重 64%,安排专项资金 118.5 亿元。2011 年,在中小企业服务体系发展专项资金中安排 3 亿元,支持建立 135 个市级和 192 个产业集群中小企业服务平台。在 2012 年工业转型升级专项资金中设立质量品牌专项,重点支持"质量品牌建设年"活动。2012 年 2 月 13 日公布了首批 54 家工业产品质量控制和技术评价实验室名单,为工业企业质量控制和质量改进提供技术支撑。

(四)以提高品牌培育能力为重点推进品牌建设

研究发布了品牌培育管理体系实施指南和评价指南,提高品牌创建的科学化水平。开展品牌培训,为 2000 多家企业培养品牌培育人才。组织 1000 多家企业开展品牌培育试点,指导企业增强品牌培育能力。制定《服装家纺自主品牌企业评价指标体系(试行)》和《服装家纺自主品牌企业评价细则》,建立中国服装家纺自主品牌企业数据库。从 2011 年开始组织品牌力指数评价发布,2012 年评价 6800 多个品牌,发布 152 个行业第一品牌。

(五)推动地方和行业质量提升

指导地方工业和信息化主管部门实施质量提升项目。辽宁省通过实施"输变电设备制造链质量提升行动示范项目",大幅提升了向家坝—上海特高压输电工程用换流变压器产品质量,18 台产品一次装配合格率和产品交货准时率都达到 100%。在全国工业行业开展的"质量兴业"活动全面展开,截至 2012 年 6 月,机械、有色、石化、纺织等行业已经组织 36 个专业协会启动"质量兴业"活动。

三、工业质量品牌建设工作任重道远

工业质量品牌建设是长期性战略任务。随着工作深入,质量品牌建设的重要性、迫切性和复杂性越来越深刻地呈现出来。一是工业质量品牌工作中还存在着一些急需解决的问题,包括企业质量主体责任需要进一步落实,解决关键性质量问题的手段缺乏,品牌发展滞后,尚未形成一批有国际影响力的自主品牌等,这些问题是增强工业竞争力,促进实现转型升级的重大障碍。二是质量品牌建设是复杂的系统性工程,既需要党中央、国务院的领导和支持,也需要各有关部门、全国工业和信息化系统、行业协会和社会各界的共同努力。加强工作合力建设将成为质量品牌工作的重要内容。三是以品牌培育为重点带动质量品牌工作发展。品牌具有双重特性,要求企业在内部培养以质量、技术、产品、文化等因素为基础的核心竞争力,在外部要树立信誉、完善服务、展现竞争优势,得到市场和顾客认同。加强企业创建品牌能力,既可以促进企业练内功,增强竞争力,又可以把企业竞争优势与市场联系起来,加快竞争力向市场效益的转化。

加强工业质量品牌建设是推动工业转型升级、走中国特色新型工业化道路的重要举措和有效途径。今后一个时期,要围绕开发品种、提升质量、创建品牌、改善服务、提高效益等重点工作,大力实施质量和品牌战略,提高工业产品附加值和竞争力。一是进一步强化企业质量主体责任,加强质量诚信建设,改善质量发展环境条件,加快技术进步和标准建设,提高企业质量管理和工艺技术水平。二是以培育有竞争力的自主品牌为龙头,指导企业增强品牌创建能力。到 2015 年,在全国 50% 以上大中型工业企业实施品牌培育战略,重点培育 100 个具有国际影响力的品牌及 1000 个国内著名品牌。三是继续突出重点,以推动药品和婴幼儿奶粉生产企业实施新版《药品生产质量管理规范(GMP)》,婴幼儿奶粉企业实施新版《危害分析与关键控制点(HACCP)体系食品生产企业通用要求》为重点,开展质量提升专项活动。四是落实《工业产品质量发展"十二五"规划》,努力构建"四大工程",即质量基础能力发展工程、重点产品质量提升工程、重点行业质量振兴工程和重点区域质量引领工程,推动质量品牌建设迈上新台阶。

(审稿人:沙南生;执笔人:何小龙)

扶持中小企业和非公经济健康发展

中小企业大部分属于非公经济,非公经济大部分是中小企业,二者互为主体。大力发展中小企业和非公经济,是我国的一项长期性、全局性任务。党的十六大以来,中小企业主管部门认真贯彻落实党中央、国务院的决策部署,建立健全法规政策体系,扎实做好各项工作,推动中小企业和非公经济快速健康发展,为稳增长、扩内需、调结构、转方式、保就业、惠民生发挥了重要作用。

一、中小企业和非公经济工作事关经济社会发展大局

改革开放以来,中小企业和非公经济从小到大、从弱到强,逐步发展壮大,已经成为经济社会发展的基础力量。截至 2011 年年底,全国工商登记实有企业 1253.1 万户,个体工商户 3756.5 万户,其中绝大多数是中小微型企业。中小企业和非公经济的长期平稳健康发展,关系到经济社会发展的全局,需要从战略高度来认识做好中小企业和非公经济工作的重要意义。

(一)做好中小企业工作,是应对复杂多变经济形势、实现经济平稳健康发展的重要举措

中小微型企业创造了 60% 的国内生产总值、59% 的税收和 60% 的进出口,在稳定出口、扩大内需方面都具有重要作用,是我国实体经济

的重要基础。促进中小企业平稳健康发展,是应对复杂多变经济形势、实现经济平稳较快发展的客观需要。

(二)做好中小企业工作,是推动技术创新、促进结构升级和转变发展方式的重要抓手

中小企业技术创新活跃,是调整经济结构和转变发展方式的重要担当者。支持传统产业里的中小企业加快技术改造、降低消耗和提升效率,客观上推动了传统产业的升级改造。推动科技型中小企业加强技术创新和商业模式创新,可以更好地促进新兴产业发展。据测算,中小企业提供了全国约65%的发明专利、75%以上的企业技术创新和80%以上的新产品开发。

(三)做好中小企业工作,是实现我国从工业大国向工业强国转变的关键

我国已进入工业化中期阶段,支持中小企业技术创新和广泛应用信息化技术,推动中小企业在信息化领域、现代制造业和现代服务业领域发挥重要作用,是我国走新型工业化道路、努力实现由要素驱动向创新驱动转变、由工业大国向工业强国转变的关键。截至2011年年底,全国规模以上中小工业企业(年销售收入2000万元以上)占全部规模以上工业企业总数的98.8%,已成为做大做强工业的主体力量。

(四)做好中小企业工作,是稳定就业、改善民生的重大举措

就业是民生之本,是提高居民收入、改善民生的基础。中小企业提供了80%以上的城镇就业岗位,是吸纳就业的主渠道。"十一五"时期,我国中小企业新增城镇就业岗位4400多万个。大力支持中小企业发展,切实增加城镇居民就业、农村劳动力转移就业和高校毕业生就业等,居民收入提高才有保障,改革发展成果才能真正惠及民生。

（五）中小企业是建立和完善社会主义市场经济体制的重要力量

促进中小企业和非公经济健康发展,是坚持和完善社会主义基本经济制度、实现两个"毫不动摇"的重要内容,也是全面建设小康社会、加快推进社会主义现代化建设的重要内容。可以说,没有中小企业的参与发展,社会主义市场经济体制建设就不可能取得今天这样的巨大成就。

此外,中小企业和非公经济生于市场,长于市场,机制灵活,量大面广,它们积极参与市场竞争,为充分发挥市场在资源配置中的基础性作用创造了条件,为大力发展外向型经济增添了活力。中小企业和非公经济的发展既是改革开放的重要成果,也是进一步推动改革开放的重要力量。

二、着力优化中小企业和非公经济发展环境

党中央、国务院高度重视中小企业和非公经济发展,先后作出一系列决策部署。多年来,中小企业主管部门认真贯彻落实党中央、国务院决策部署,创新思路,完善措施,紧紧围绕加快转变经济发展方式主线,以营造环境、改善服务为重点,不断完善政策法规体系,支持和引导中小企业和非公经济加快技术进步、提升管理、优化结构和转型升级,提高整体素质和竞争力,推动中小企业和非公经济走上内生增长、创新驱动的发展轨道。

（一）在法律和政策体系建设方面

2003 年,国家出台实施了《中小企业促进法》,标志着我国促进中小企业发展走上规范化和法制化轨道。此后,共出台了四个综合性政策文件,即《国务院关于鼓励支持和引导个体私营等非公有制经济发展的若干意见》(国发〔2005〕3 号)、《国务院关于进一步促进中小企业发展的若干意见》(国发〔2009〕36 号)、《国务院关于鼓励和引导民间

投资健康发展的若干意见》(国发[2010]13 号)、《国务院关于进一步支持小型微型企业健康发展的意见》(国发[2012]14 号)。各地和相关部门也出台了一系列配套政策措施,比如"非公36 条"中央各部门配套文件50 多个,地方配套文件200 多个。此外,2011 年6 月,经国务院同意,工业和信息化部、国家统计局、发展改革委和财政部向社会公布了新修订的中小企业划型标准,新标准增加了微型企业标准,突出了国家扶持小型微型企业发展的政策取向。2011 年9 月,工业和信息化部向社会公布了《"十二五"中小企业成长规划》,提出了"十二五"时期促进中小企业进一步优化结构和转型成长的主要任务。

(二)在财政资金支持方面

2003 年,按照《中小企业促进法》的规定,中央财政预算设立了中小企业科目。目前中央财政安排的促进中小企业发展的专项资金(基金)主要有中小企业发展专项资金、中小企业服务体系发展专项资金、科技型中小企业技术创新基金、中小企业国际市场开拓资金等8 个专项资金,资金规模由最初的10 亿元增至2012 年的141.7 亿元,主要用于支持中小企业专业化发展、与大企业协作配套、技术创新与进步、建立公共服务平台、开拓国际市场、改善中小企业发展环境等。国发[2012]14 号文件提出,中央财政将从2012 年开始,安排150 亿元资金设立国家中小企业发展基金。各地也陆续设立了中小企业发展资金或民营经济发展资金,为促进中小企业发展提供财政支持。

(三)在税收优惠及减负方面

税收政策对中小企业发展更具有普遍意义,近些年出台了一系列税收优惠政策。比如,对符合条件的小型微利企业和高新技术企业,分别减按20%和15%的税率征收企业所得税;对年应纳税所得额低于6 万元(含6 万元)的小型微利企业,其所得减按50%计入应纳税所得额,按20%的税率缴纳企业所得税;提高了小型微型企业增值税、营业税起征点;连续上调部分劳动密集型、高技术含量、高附加值商品的出口退税率;对小规模纳税人增值税征收率由6%和4%统一降至3%;出台了创业投资企业股权投资税收优惠政策。2012年出台的国发[2012]14号文件提出要结合深化税收体制改革,完善结构性减税政策,研究支持小型微型企业发展的税收制度。在减轻企业负担方面,金融危机时期对困难企业缴纳职工社会保险实行"五缓、四减、三补贴"等援企稳岗政策;从2011年2月开始,国家取消31项涉企行政事业性收费和20项社团收费,每年可减轻企业负担约65亿元;2012年1月1日至2014年12月31日,对小型微型企业免征管理类、登记类和证照类等部分行政事业性收费;从2012年2月1日起,取消253项各省、自治区、直辖市设立的涉企行政事业性收费,每年减轻企业负担约100亿元。

(四)在缓解中小企业融资难方面

　　推动在金融机构中建立中小企业信贷部门,实行针对小型微型企业的差异化监管和激励政策,连续三年实现了小企业信贷增速、信贷增量"两个不低于"目标。截至2011年年末,银行业金融机构小企业贷款余额达到10.8万亿元,同比增长25.8%,占全部贷款的19.6%。大力发展中小金融机构,截至2011年年底,全国小额贷款公司4282家,贷款余额达到3914亿元。通过营业税减免、各项准备金税前提取、资本金注入、担保费用补贴等扶持政策,支持中小企业信用担保机构。从2006年到2011年六年,中央财政累计安排担保专项资金45.38亿元,扶持2762家次中小企业信用担保机构,为28.7万户次中小企业提供1.24万亿元贷款担保服务。14个省还建立了省级中小企业信用再担保机构。此外,还积极推动中小企业通过资本市场融资,截至2011年年底,276家中小企业通过创业板上市,中小企业板上市企业达到631家。

（五）在支持中小企业结构调整方面

2009 年至 2011 年,中央财政支持中小企业技术进步项目 4160 个,技术改造项目 8527 个,科技创新项目 1.6 万个。实施了中小企业信息化推进工程和知识产权战略推进工程。推动建立促进中小企业节能减排的政策激励和约束机制。

（六）在中小企业服务体系建设方面

2010 年,工业和信息化部会同发展改革委等 7 部门下发了《关于促进中小企业公共服务平台建设的指导意见》(工信部联企业[2010]175 号)和《国家中小企业公共服务示范平台管理暂行办法》(工信部企业[2010]240 号)。2011 年,工业和信息化部与科技部、财政部、人力资源和社会保障部和税务总局联合印发了《关于加快推进中小企业服务体系建设的指导意见》,提出了培育服务队伍、加快服务平台建设、创新服务机制和加强措施保障等方面的意见。2011 年,工业和信息化部组织认定了首批 99 家国家中小企业公共服务示范平台,"十二五"期间,支持建立和完善 4000 个为小型微型企业服务的公共服务平台,重点培育认定 500 个国家中小企业公共服务示范平台,发挥示范带动作用;工业和信息化部会同财政部,安排 3.5 亿元服务体系发展专项资金,支持了 10 个省市中小企业服务平台网络和中国中小企业信息网建设,对中小企业服务机构开展的培训服务和信息服务给予补助。积极推进创办小企业,2009—2011 年中小企业发展专项资金共安排 5.38 亿元,支持了 433 家小企业创业基地建设项目;目前全国小企业创业基地有 1600 多家,入驻企业达 12 万家。2003 年,启动了国家中小企业银河培训工程,目前每年培训 50 万人次。2011 年,工业和信息化部会同国资委实施了企业经营管理人才素质提升工程,中央财政重点支持中小企业经营管理领军人才的培训和培养。实施中小企业管理提升计划,在中小企业发展专项资金中安排 4.8 亿元,支持了 566 个中小企业素质提升项目。

（七）在推动中小企业合作交流方面

我国政府与有关国家和国际组织先后签署合作协议 12 个。中国—东盟中小企业投资基金、中国—比利时直接股权投资基金和中意曼达林基金相继批准成立。建立了中德中小企业合作示范园，中德中小企业经营管理人员培训项目启动实施。与法国、德国、韩国、欧盟等双边和多边合作机制及政策磋商在不断深化。经国务院批准，每年 9 月份在广州举办中国国际中小企业博览会（简称"中博会"），已成功举办八届。APEC 中小企业技术交流暨展览会已举办了七届。同时，加大了中小企业国际市场开拓、出口退税、出口优惠信贷以及出口信用保险等政策支持。

三、中小企业和非公经济保持持续较快发展

随着一系列法律政策措施的贯彻落实，中小企业和非公经济发展出现新的变化。谋求科学发展，重视质量、品牌和创新，逐步成为中小企业和非公经济的内在需要和自觉行为，调结构、转方式的力度明显加大，自主创新能力不断增强，管理水平有所提高，在走产业集群和集聚发展路子、与大企业协作配套和"专精特新"发展方面不断迈出新的步伐。

根据新的中小企业划型标准和第二次经济普查数据测算，目前中小微型企业占全国企业总数的 99.7%，其中中型企业占 2.4%，小型微型企业占 97.3%。中小微型企业提供了 80% 的城镇就业岗位，其中中型企业约占 25%，小型微型企业占 55% 以上；创造了 60% 的国内生产总值、59% 的税收和 60% 的进出口；完成了 65% 的发明专利以及 75% 以上的新产品开发。从工业来看，截至 2011 年年底，全国规模以上中小企业（年销售收入 2000 万以上）占全部工业企业总数的 98.8%，从业人员占 75.2%，工业总产值占 69.2%，主营业务收入占 67.4%，利润占 67.4%，上缴税金占 55.2%。

同时,多年来中小企业和非公经济工作也积累了一些成功的经验和做法。

(一)立足经济社会发展全局的高度来统筹谋划和综合协调

中小企业工作综合性强,涉及经济社会发展的各领域各行业,政策扶持涉及方方面面。应解放思想,提高认识,把握形势,顶层设计,拓展工作思路,抓住主要矛盾,突出重点,以点带面,务求实效。应健全工作机制,注重发挥国务院促进中小企业发展工作领导小组的统筹规划、组织领导和政策协调作用,形成部门合力和政策合力。应加强纵向政策协调,形成上下贯通的工作机制,实现国家和地方政策及其实施方式的有机衔接。

(二)以加快中小企业转型升级为工作主线

扶持中小企业和非公经济发展,主要是通过政策措施鼓励引导,推动中小企业和非公经济依靠技术改造、技术创新、专业化发展、管理提升、提高素质,实现结构调整和转型升级,把促进中小企业发展与发展现代产业体系、培育战略性新兴产业结合起来,推动传统产业中小企业向高端制造业、现代服务业升级,发挥中小企业和非公经济在发展实体经济和转变发展方式中的重要作用。

(三)以营造良好的政策环境、建立促进中小企业和非公经济发展的长效机制为主要任务

中小企业工作与大企业工作不同,后者是点,前者是面,应从环境入手,以营造良好的政策环境、市场环境和服务环境为重点,坚持普惠性原则,健全财税、金融、市场准入、公共服务和社会保障等政策法规体系,理顺体制机制,形成有利于中小企业和非公经济健康发展的长效机制。一方面,要抓好已有政策的全面贯彻落实,进一步使政策实化细化标准化,指导各地因地制宜地实现政策本地化;另一方面,要密切跟踪

研究新形势、新情况和新问题,及时总结和提出新的政策建议。

(四)要充分发挥社会资源集聚在促进中小企业和非公经济发展中的主体作用

中小企业量大面广,很多困难和问题亟待解决,但政府资源相对有限,必须注重政府引导和发挥市场机制相结合,利用有限的政府资源撬动社会各方面资源,构建中小企业社会化服务体系,切实解决中小企业面临的困难和问题。从根本上讲,促进中小企业和非公经济发展要靠环境、靠服务。要坚持把完善服务体系作为促进中小企业和非公经济发展的重要保障,重在完善中小企业融资、技术、培训、信息、人力资源开发、管理咨询等公共服务体系建设,加大支持力度,健全各种类型的公共服务平台,丰富服务内容,规范服务行为,为广大中小企业和非公经济提供多元化、低成本、高质量的服务。

(审稿人:郑昕;执笔人:吴义国、赵宝华)

工业节能减排工作

党中央、国务院高度重视节能减排工作。党的十六届五中全会把节约资源作为基本国策,党的十七大明确提出要加强能源资源节约,坚持走中国特色新型工业化道路,到 2020 年基本形成节约能源资源和保护生态环境的产业结构、增长方式和消费模式。"十一五"规划纲要明确要求加快建设资源节约型、环境友好型社会,并将单位 GDP 能耗降低 20% 和主要污染物排放总量减少 10% 作为经济社会发展的约束性指标。为贯彻落实科学发展观,加快推进节能减排,国务院成立了以温家宝总理为组长的节能减排工作领导小组,制定和发布了加强节能工作的决定、节能减排综合性工作方案等一系列政策性文件,多次召开会议研究部署节能减排工作。节能减排重点在工业,难点也在工业,在党中央、国务院的正确领导下,在各部门、各地区、各行业的共同努力下,我国工业节能减排工作取得积极进展。

一、推进工业节能减排是加快转变发展方式的必然要求

"十五"以来,我国进入工业化加速发展的新阶段。面对日趋严峻的能源资源和环境约束,按照科学发展观和走新型工业化道路的要求,工业发展必须寻求新的发展思路和发展模式。大力推进工业节能减排,加快建设资源节约型、环境友好型工业体系,逐步把工业发展建立在节约发展、清洁发展、可持续发展的基础上,是贯彻落实科学发展观、

实现发展方式转变的重要内容。

(一)推进工业节能减排是缓解工业发展与能源资源环境矛盾的根本途径

新世纪以来,我国工业化发展面临的能源资源约束矛盾日益加剧。主要原因是:第一,我国正进入工业化加快发展阶段,这是资源需求量上升最快的时期。13亿人进入工业化中后期所消耗的资源,即使是使用效率达到国际先进水平,其规模也是前所未有的。第二,我国资源产出效率低下。我们生产消耗了全球一半左右的钢铁和水泥,消耗了全球18%左右的能源,但仅创造了全球10%左右的GDP。我国单位能源资源消耗的产出水平,远远低于世界平均水平,相当于美国、日本、德国等发达国家的1/10至1/5。第三,我国的资源利用效率不高,在许多方面浪费惊人。我国吨钢可比能耗、火电供电煤耗、水泥综合能耗等主要工业产品能耗仍高出发达国家先进水平20%左右。第四,我国在许多资源禀赋上处于劣势,人均拥有量低于世界平均水平。石油、铁矿石等重要资源进口依存度不断提高。第五,我国环境承载能力面临着巨大压力。近年来"血铅"、铬渣等污染事件频发,表明工业发展在常规污染问题尚未完全解决的同时又面临非常规污染、重金属污染,环境风险进一步加剧。为此,只有大力推进工业领域节能减排,才能缓解工业发展与能源资源环境的矛盾。

(二)推进工业节能减排是促进工业转型升级的关键任务

工业能耗占全国总能耗的70%以上,化学需氧量(COD)、二氧化硫等主要污染物排放量分别约占全国的40%和85%左右。改变我国工业增长过分依赖物质资源投入、不计环境成本和生态代价的粗放型增长方式,必须加快工业向节约、清洁、低碳、高效生产方式转变,这是我国工业发展面临的一项战略任务。工业节能减排的成效是衡量工业转型升级程度的重要标志,推进节能减排是促进工业转型升级的重要抓手和核心内容。没有更高水平、更好效果的节能减排,工业转型升级将很难实现。

(三)推进工业节能减排是应对全球气候变化的必然举措

近几年国际社会应对气候变化博弈日趋激烈。在全球排放总量控制的情况下,我国已不可能像发达国家工业化时期一样无限制排放温室气体。节能、环保、低碳正成为全球产业发展新趋势,能效、碳足迹、有毒有害物质控制等绿色贸易壁垒正成为国际贸易政策的焦点。西方发达国家以节能环保和应对气候变化为目标,大力倡导和推进低碳经济,实施绿色新政,谋划抢占后危机时代发展的制高点。由于我国制造业总体上仍处于产业价值链中低端,产品资源能源消耗高,相当大一部分企业的产品能耗、排放水平与国际先进水平相比,还存在较大差距。在国内劳动力成本优势逐步削弱,工业增加值率较低的情况下,面对新的国际竞争和国际贸易环境,工业产品出口面临巨大压力。我国工业发展必须适应新形势,不断提高节能减排水平,提升产业国际竞争力。

(四)推进工业节能减排是完成全国节能减排目标要求的重要保障

抓好全社会的节能降耗首先要抓好工业的节能降耗,同时工业还承担为全社会提供节能环保技术、装备和产品,为节能减排提供物质技术支持的重任。"十一五"期间出现的两个"不降反升":一是工业能耗占全社会能耗比重不降反升,由 2005 年的 70.9% 上升到 2010 年的 73%;二是钢铁、有色金属、建材、石化、化工和电力 6 大高耗能行业能耗占工业总能耗的比重不降反升,从 71% 上升到 77% 左右,给实现节能目标带来了更大的困难。为实现 GDP 能耗下降 16% 的目标,国务院节能减排综合性工作方案提出,"十二五"期间,全国要实现节能量 6.7 亿吨标准煤。工业领域节能成效直接关系到国家节能目标的实现。"十二五"规划纲要明确提出国家将实施能源消耗总量控制,这将进一步压缩工业能耗的增长空间。只有毫不松懈地加强工业节能减排,大幅度提高能源利用效率,才是根本出路。

二、全面推进工业节能减排

做好工业节能减排工作,关键是要抓住四个重点:一是要大力抓好工业节能、节水、节地、节材,提高能源资源利用效率;二是要树立新的资源观,抓好工业资源综合利用和"三废"资源循环利用,缓解资源供需矛盾;三是切实加强重点工业污染源治理,减少工业污染排放;四是要全面推行清洁生产、大力发展工业循环经济,逐步形成新的工业发展模式。近年来,工业领域节能减排重点抓了以下工作。

(一)加大结构调整力度,遏制"两高"行业过快增长

近年来,我国节能减排目标任务完成难度加大的一个重要原因是产业结构越变越重。这个问题不解决,节能减排的目标很难完成。为此,按照《国务院关于发布实施〈促进产业结构调整暂行规定〉的决定》,工业和信息化部加快推进工业结构调整步伐:一是加快构筑以核心技术和自主知识产权为先导、先进制造业为支撑的产业格局。通过技术改造等渠道,支持实施一批节能技术改造和清洁生产项目,推动产业升级与节能减排上水平。二是坚决遏制"两高"行业过快增长。切实强化对"两高"和产能过剩行业新上项目的审批、核准工作,严格控制高耗能项目建设和产能过剩行业盲目发展。实施工业固定资产投资项目节能评估和审查制度,把能耗作为项目核准和备案的强制性门槛,加大工业投资项目节能评估和审查力度,提升新上项目能效水平。三是坚决淘汰落后生产能力。按照《国务院关于进一步加强淘汰落后产能工作的通知》(国发[2010]7号)要求,工业和信息化部会同有关部门认真研究提出各行业淘汰落后产能分年度计划,落实到具体地区和企业,并建立淘汰落后产能工作定期报告和检查制度,协调中央财政加

强对淘汰落后产能的政策支持。

(二)加强行业分类指导,强化行业准入管理

工业和信息化部先后研究制定了钢铁、有色金属、石油石化、化工、建材等行业重点节能技术推广专项规划,发布了分行业节能减排指导意见,树立行业能效"标杆"企业,总结推广典型经验和先进技术,制定行业节能减排技术政策。在强化行业准入管理方面,制(修)订和发布实施了黄磷、铁合金、焦化、水泥等行业准入标准,完善和提高了矿产资源开发、再生金属冶炼等行业的准入条件。与此同时,工业和信息化部认真贯彻落实粗钢、水泥、电解铝、烧碱等行业28项工业产品的能耗限额标准,进一步完善工业产品能耗限额标准体系,开展了能耗限额标准执行情况监督核查,对超能耗限额标准的企业实施惩罚性电价。

(三)加强重点企业监管,狠抓节能减排

进一步强化重点用能企业节能管理,完善企业能耗计量设施和节能管理制度,建立重点耗能设备能耗运行在线监测和企业能源管理系统,开展能源审计。大力推进企业开展节能诊断、能效对标达标,支持建设了一批重点用能企业能源管理中心。切实加强工业用能设备的更新改造,制定重点高耗能设备更新淘汰规划。加快建设能源管理体系,强化能源管理负责人培训。突出抓好行业排名前列的重点企业节能、节水、节材和资源综合利用引导示范工作,工业和信息化部、财政部、科技部联合选择一批基础较好、起点较高、潜力较大的行业领先企业开展资源节约、环境友好型企业创建试点,探索工业绿色低碳发展道路。

(四)大力发展循环经济,加强资源综合利用

探索和总结工业行业循环经济发展模式,建立了一批循环经济重大示范工程,总结推广典型经验,推动钢铁、有色、化工、建材、制糖等重点行业实施循环经济改造。探索建立重点行业循环经济发展模式和重

点资源循环利用体系。针对目前尾矿利用率不足 10% 和尾矿库安全隐患突出的问题,组织制定了相应规划、法规和标准,加强技术攻关,抓好矿山尾矿综合利用。大力推进了冶炼废渣、化工废渣、炉渣等大宗工业废物利用;推动钢铁、水泥行业消纳有毒有害危险废物,以及城市污泥等固体废物。抓好再生铜、铝、铅、锌回收拆解集散市场和重点利用工程,推动废旧金属、废纸、废塑料、废橡胶等再生资源回收利用,大力发展资源再生产业。以汽车零部件、工程机械、机床、大型工业设备、机电产品及其关键零部件等为重点,积极推进机电产品再制造,组织实施机电产品再制造试点,建设一批再制造示范工程和示范基地;开展再制造产品认定,研究制定再制造相关鼓励政策,推进再制造产业规模化、规范化发展。

(五)全面推行清洁生产,加强工业污染防治

按照《清洁生产促进法》的要求,以资源能源消耗高、污染物排放量大、涉重金属工业行业为重点,组织编制了清洁生产技术推行方案,认真抓好高耗能、高污染行业清洁生产推行工作。利用中央财政支持,组织实施了一批清洁生产重点工艺技术示范工程,制定和发布清洁生产工艺、设备和产品目录,以清洁生产技术的示范推广为核心,加快推进重点工业行业、重点企业实施清洁生产。积极推动石油和化工行业开展"责任关怀"行动,以增强企业的社会责任感,促进企业可持续发展。抓好工业污染防治工作,重点是加强重点工业污染源治理,加大"三河三湖"等重点流域和区域工业废水污染防治力度。配合环保部门严格督察工业企业超标排放工业污水。积极推进钢铁、有色金属等行业二氧化硫治理,有效控制造纸、纺织、化工等行业化学需氧量排放。开展钢铁厂烧结烟气脱硫示范试点工作,加大工业烟尘、粉尘治理力度。加快危险废物处理设施建设,强化对危险化学品的监管,加强重金属污染治理。贯彻落实《电子信息产品污染控制管理办法》,制定电子信息产品污染控制重点管理目录,继续完善相关标准体系,积极参加国

际相关标准制定,探讨符合中国国情的电子信息产品强制认证模式。

三、工业节能减排取得显著成效

"十一五"期间,全国工业和信息化系统认真贯彻落实党中央、国务院的工作部署,以高度的历史使命感和责任感,始终坚持把节能降耗和减排治污作为调整产业结构和转变发展方式的重要举措,紧紧围绕国家节能减排目标任务,开拓创新,不断加大工作力度,采取一系列有效措施,推动工业领域节能减排取得实质性成效。

(一)工业节能降耗成效显著

全国规模以上企业单位工业增加值能耗从 2005 年的 2.59 吨标准煤下降到 2010 年的 1.91 吨标准煤,5 年累计下降 26%,实现节能量 6.3 亿吨标准煤,以年均 8.1% 的能耗增长支撑了年均 14.9% 的工业增长,为确保完成国家"十一五"节能减排目标任务、促进工业科学发展作出了重要贡献。单位工业增加值用水量下降 36.7%,超过规划纲要确定的 30% 的目标。

(二)工业产品单位能耗明显下降

钢铁、有色、石化、建材等行业既是主要耗能行业,也是节能减排取得明显成效的行业。主要用能行业增加值能耗显著下降,2010 年同 2005 年相比,钢铁、有色金属、石化和化工、建材等行业增加值能耗分别下降 23.4%、15.1%、35.8%、37.9%,吨钢、铜冶炼、吨水泥综合能耗分别下降 12.1%、35.9%、28.6%。电解铝单位产品电耗已达到国际先进水平,钢铁、铜冶炼、水泥等主要工业产品综合能耗指标与国外差距逐步缩小。

（三）落后产能淘汰任务全面完成

"十一五"期间，采取经济、法律、技术和必要的行政手段等一系列综合措施，大力推进落后产能淘汰。全国累计淘汰落后炼铁产能1.2亿吨、炼钢产能7200万吨、水泥产能3.7亿吨、焦炭1.07亿吨、造纸1130万吨，占全部落后产能的50%左右。电解铝行业大型预焙槽产量比重增加到90%，建材行业新型干法水泥熟料产量比重超过72%。淘汰落后产能工作的不断推进，促进了工业结构优化升级和技术进步。

（四）行业清洁生产水平明显提升

国家有关部门、地方工业和信息化主管部门、行业协会、中央企业集团等共同努力，认真贯彻落实《清洁生产促进法》，进一步加大钢铁、有色金属、石化、化工、建材等重点行业清洁生产推行力度，实施了一批清洁生产示范项目，先后发布了聚氯乙烯等22个重点行业的134项产业化示范和应用推广技术，显著提升了行业清洁生产和污染预防水平，有力促进了工业重点行业污染物减排。工业化学需氧量及二氧化硫排放总量分别下降21.63%和14.02%，累计消减化学需氧量120万吨、二氧化硫304万吨、氨氮25.2万吨。

（五）资源综合利用能力持续增强

工业固体废物综合利用率由2005年的55.8%增加到2010年的69%，超额完成"十一五"规划提出的综合利用率60%的目标。高铝粉煤灰提取氧化铝、磷石膏生产硫酸联产水泥、钢渣高温熔渣快速粒化、尾矿生产加气混凝土、高压立磨等一批用量大、成本低、经济效益好的综合利用技术与装备得到了较快发展。

（六）循环经济试点示范不断深化

推动工业园区、重点企业按照循环经济理念布局、规划和改造，一批独具特色的循环经济发展模式和关键技术逐步成形。编制和发布了

《再生有色金属利用产业推进计划》，开展了机电产品再制造试点，探索实施了再制造产品认定，推动了废弃电子产品、废旧轮胎、废旧铅蓄电池等综合利用，资源循环利用体系建设得到扎实推进。

尽管在过去10年工业领域节能减排工作取得了显著成效，但我国仍处于工业化加速发展阶段，工业转型升级和绿色发展的任务十分繁重。面对国家调结构、转方式的战略任务和工业可持续发展内在需要，"十二五"期间工业节能减排要求更高、任务更重、压力更大。新时期推进工业节能减排工作，必须坚持以科学发展观为指导，把促进绿色低碳发展作为转变工业发展方式的重要着力点，紧紧围绕建设资源节约型、环境友好型工业体系，强化管理创新，提升技术和标准支撑水平，搞好试点示范，推动工业节能减排再上新台阶。一是加快推进工业节能减排从主要抓重点行业扩展到其他行业，从抓重点企业、大企业扩展到中小企业，从重生产环节扩展到终端用能产品，形成工业领域全面推进节能减排工作的良好格局，为完成"十二五"节能减排约束性指标、推进工业转型升级、实现工业绿色低碳发展奠定坚实基础。二是加强信息技术在节能减排工作的应用，进一步促进两化深度融合，实施"绿色IT"和"数字能源"推进计划，推动绿色数据中心、云基站、高能效电脑等评价标准的建立，加大现有电子、通信设备节能技术改造，推进重点用能企业对主要用能设施、装备实行数字化监控，实施能源系统数字化、智能化改造，推进能源利用在线数字仿真系统建设。三是推动节能减排技术创新和推广应用，加快核心、关键技术的开发推广，加强工业绿色低碳工程科技支撑，编制发布重点行业节能减排技术目录、技术指南和应用案例，推广工业节能减排技术信息管理平台的应用。四是抓好工业节能减排重大示范工程，积极推进建设一批技术先进、工艺路线清晰、推广意义重大、具有行业代表性的重大节能技术、重大节水技术、重大环保装备产业化及稀贵金属再生利用示范工程，优先支持拥有自主知识产权的工业节能减排共性关键技术示范，充分发挥示范工程对行业的引导作用。五要培育重点龙头企业和鼓励产业集聚，支持培育一批核心技术成熟可靠、市场占有率高的节能环保龙头企业和配套能力强的技术服务企业,加快实现产业集聚,指导建设一批区位优势突出、集中度高、特色鲜明的节能环保产业园区。

（审稿人:周长益;执笔人:刘文强）

工业通信业安全生产指导与管理

安全发展是科学发展观重要内容，"安全有保障"是走中国特色新型工业化道路的内涵之一。进一步夯实工业通信业安全生产基础，提高工业通信业安全生产保障能力，提升企业本质安全水平，强化工业管理部门安全生产指导管理能力，推动工业通信业安全发展，是走中国特色新型工业化道路的根本要求。2008年工业和信息化部成立后，深入贯彻落实科学发展观，确立安全发展理念，坚持"安全第一、预防为主、综合治理"的方针，指导企业以提高本质安全水平为主要任务，紧密围绕产业结构调整和转型升级主线，促进信息化与工业化深度融合，引导企业落实安全生产主体责任，提高工业安全保障能力。

一、加强安全发展统筹规划和布局

依据国家安全生产"十二五"规划，工业和信息化部组织编制了《工业和通信业安全生产"十二五"规划》，从完善安全生产标准、严格行业准入，统筹安全发展规划布局，推动安全技术改造和科技进步，培育安全产业发展，推进两化深度融合，提升企业安全生产保障能力和管理能力，加强民爆、通信行业安全生产监督管理等七个方面，明确了"十二五"时期重点任务。同时，在《工业转型升级"十二五"规划》和其他重点行业规划中，明确了安全生产工作任务和要求，加强安全生产源头预防工作，做好产业转移区域建设规划，制止安全保障能力低的项目建设和延续,防止产生新的重大安全隐患。

二、完善安全生产标准和行业安全准入

(一)加强安全生产标准建设

　　针对多年来部分行业相关安全标准严重滞后和缺失问题,进一步加大安全生产标准建设的工作力度。定期清理、及时制修订安全生产标准,开展标准实施效果的跟踪评价,加快亟须的重点行业安全生产标准规范的制修订工作,重点制定涉及行业安全准入的强制性标准。鼓励企业根据科技进步及时制修订新产品、新技术、新材料、新工艺标准。近年来配合工业领域淘汰落后产能工作,组织制订了钢铁、水泥、玻璃、造纸等10余个行业的安全生产技术标准。组织编制完成了200余项工业安全生产领域行业标准。

(二)提高行业安全准入门槛

　　结合产业布局,重点提高石化化工、冶金、有色、建材、机械等行业安全准入门槛;淘汰安全性能差、危害劳动者健康的生产工艺技术和装备等落后能力;在已制定或修订的行业准入条件中,进一步补充完善了安全生产要求。一批安全水平低的落后产能和不具备安全生产条件的企业退出市场。

三、推动安全技术改造和安全科技进步

(一)实施重点行业安全技术改造

　　有针对性地加大安全技术改造力度,在《工业转型升级投资指南》中设立安全生产专篇,明确将钢铁、有色、建材、化工、机械等九个行业的110项工艺技术、装备纳入技术改造支持范围,安全生产技术改造力度不断加大。在电池行业推广无汞、无铅、无镉化改造,高效照明产品

和固汞替代液汞改造,泡沫塑料无氟改造、皮革清洁生产等,有效降低职业病发生率。

(二)加强安全技术发展

加大对石化化工、冶金、有色、建材、机械等行业安全工艺技术、装备和产品研发的支持力度,推动技术进步和成果转化。紧密围绕工业产业结构调整,推广先进、适用、成熟的安全生产技术,提升工业机械化、自动化、信息化生产水平,引导企业优先采用有利于提高事故预防能力和防治职业危害的新技术、新工艺和新材料,提高企业安全防护水平,建设安全技改示范工程。安全科技进步明显加快,一批先进适用安全技术得以推广,安全生产保障能力不断提高。

四、推动两化融合促进安全生产

充分利用信息化成果提升传统产业安全水平,在重点行业(领域)支持推进安全生产信息化系统的建设和应用,引导高危行业提高信息化水平。支持重大安全生产信息化项目建设,加强对信息技术与安全生产技术融合的新技术、新产品的攻关和应用。在钢铁、石化、有色、建材、装备相关重点行业,组织开展了100项信息化促进安全生产示范推广项目,在实现危险作业场所人机隔离、远程遥控操作、灾害监测预警等方面,建成一批有示范引领作用的示范工程。信息化和工业化融合稳步推进,信息技术在安全生产监控监测预警、人机隔离自动化操控等装置和系统中大量采用,信息化促进安全生产效果明显。组织开展了民爆行业生产经营动态监控信息系统建设,完成一期项目验收。通过对全国工业炸药、雷管生产情况进行在线信息采集及视频图像监控,初步实现了民爆产品生产流通环节的跟踪管理。

五、加强民爆、通信业安全生产监督管理

（一）加强民爆安全生产监督管理

做好民爆生产、流通环节安全生产监管，规范企业生产经营行为，强化隐患排查治理。加强安全技术基础和应用技术研究，加大安全技改力度，淘汰落后生产工艺、产品和设备，保障本质安全。重点发展现场混装炸药、导爆管雷管等安全、高效产品品种，优化产品结构。以信息化技术改造传统的工艺技术装备和生产管理方式，实现产品生产和经营各环节的信息化监控和跟踪。推广安全预警、监控、检测和防护等技术，加强重大危险源的监测监控，完善安全生产评价体系，提高风险防范能力。

（二）做好通信业安全生产监督管理

严格执行通信业安全生产"三同时"制度。针对安全生产薄弱环节和新技术新业务应用，加快更新、健全通信业安全生产标准。完善通信企业安全生产培训体系，提高企业管理人员和一线操作员工安全素质。加大通信安全生产法律法规宣传，加强对通信基础设施的保护。加强安全生产和网络安全应急和对自然灾害的防御能力。

过去10年，工业通信业安全生产指导和管理工作取得了显著成效，工业安全生产状况明显改善，重点行业（领域）安全生产形势持续稳定好转，安全生产基础进一步优化，企业本质安全水平进一步提高。下一步，工业和信息化系统将从四个方面推进工业通信业安全生产指导和管理工作。一是健全工业安全生产指导管理体系。落实省、市、县三级工业部门安全生产指导管理职责，形成完善的工业行业安全生产管理体系，推动制度建设，强化安全生产工作目标控制与考核，提升安全生产指导管理能力和素质。发挥各行业协会、科研院所作用，开展政策、标准、规范的制修订，推广安全生产先进适用技术，开展安全生产宣

传教育。二是加强制度机制建设。综合利用现有政策,发挥行业准入、产业结构调整、信息化建设、中小企业发展、技术改造等现有政策引导作用,建立安全发展专项计划和配套资金。突出企业主体、行业自律、政府引导和社会舆论监督作用,维护企业职工对安全生产的参与权与监督权,明确各方权利义务,合力推进工业行业安全生产工作,保证规划任务的顺利实施。三是加强安全生产技术改造。抓好《工业转型升级规划(2011—2015年)》安排的智能清洁安全发展示范工程的落实,支持化工、冶金、有色、民爆等重点行业加大安全生产技术改造力度,支持工艺技术先进、有效消除重大安全隐患的技术改造项目,扶持先进安全技术装备的研发制造。四是引导建立工业安全生产管理联动机制。建立同各行业安全监管部门、安全生产综合监管部门的管理联动机制,依法参与事故调查处理,配合做好安全生产监督检查,强化工业行业安全生产的源头预防、企业管理、监督检查、教训汲取的闭环管理。五是强化规划组织实施。督促各地工业主管部门结合当地安全生产实际和企业工艺装备状况、安全生产管理水平等情况,制定安全生产专项规划或在有关规划中明确安全生产任务,开展分类指导,落实配套措施。

（审稿人:张新民;执笔人:姚佳）

稀土行业管理

　　稀土是元素周期表中镧系 15 种元素加上化学性质相近的钪、钇共 17 种元素的总称,因其独特的物理化学性质,广泛应用于新能源、新材料、节能环保、航空航天、电子信息等领域,特别是随着战略性新兴产业的发展,其功能的特殊性和资源的战略性更为突出。经过多年努力,我国建立了比较完整的稀土工业体系,稀土开采、冶炼和应用技术研发均取得较大进步,产业规模不断扩大。在快速发展的同时,稀土行业仍存在非法开采屡禁不止,冶炼分离产能扩张过快,生态环境破坏和资源浪费严重,高端应用研发滞后,出口秩序较为混乱等问题,严重阻碍了行业的持续健康发展。2008 年国务院机构改革后,工业和信息化部承担了稀土行业管理工作职责和稀有金属部际协调机制的牵头工作。在党中央、国务院正确领导及相关部门配合下,工业和信息化部从健全管理体制、转变工作方式、创新管理模式出发,努力加强和改善行业管理,加快推进稀土行业转变发展方式,有力促进了稀土行业持续健康发展。

一、出台政策文件　促进稀土行业健康发展

　　为妥善解决我国稀土行业长期存在的问题,进一步巩固和发挥稀土战略性基础产业的重要作用,2011 年 2 月,国务院召开常务会议,专门研究讨论稀土管理问题。5 月,国务院正式发布了《关于促进稀土行业持续健康发展的若干意见》(国发〔2011〕12 号,以下简称《若干意

见》),为稀土产业的持续健康发展指明了方向,也为全面加强改善稀土行业管理奠定了坚实的基础。《若干意见》要求,用 1 至 2 年时间,建立起规范有序的稀土资源开发、冶炼分离和市场流通秩序,资源无序开采、生态环境恶化、生产盲目扩张和出口走私猖獗的状况得到有效遏制;基本形成以大型企业为主导的稀土行业格局,南方离子型稀土行业排名前三位的企业集团产业集中度达到 80% 以上;新产品开发和新技术推广应用步伐加快,稀土新材料对下游产业的支撑和保障作用得到明显发挥;初步建立统一、规范、高效的稀土行业管理体系,有关政策和法律法规进一步完善。再用 3 年左右时间,进一步完善体制机制,形成合理开发、有序生产、高效利用、技术先进、集约发展的稀土行业持续健康发展格局。《若干意见》主要有 22 项内容,国务院又将各部门和地方的工作分工细化为 30 条,明确了各自在稀土行业管理中的职责。文件下发后,经国务院批准,工业和信息化部会同稀有金属部际协调机制成员单位,组织召开了全国稀土工作会议,全面部署了稀土管理工作任务。各部门、各地区积极行动、狠抓落实,相继出台了落实《若干意见》细化方案,扎实推动各项贯彻落实工作。

二、推进制度建设　完善稀土行业管理体系

工业和信息化部会同有关部门制定并出台了一批稀土行业管理的相关政策。其中,工业和信息化部牵头出台和实施了《稀土指令性生产计划管理办法》、《稀土行业准入条件》;环境保护部牵头出台和实施了《稀土工业污染物排放标准》;发展改革委牵头修订了《产业结构调整指导目录(2011 年本)》和《外商投资产业指导目录(2011 年本)》;国土资源部牵头发布了《限制用地项目目录(2012 年本)》和《禁止用地项目目录(2012 年本)》;财政部和税务总局牵头提高了稀土资源税征收标准,实施了稀土专用发票监控系统等政策措施,为进一步加强和改善行业管理奠定了良好基础。

三、开展专项整治行动　推动稀土行业走向规范化发展

2011 年,工业和信息化部、国土资源部、环境保护部、海关总署分别牵头开展稀土开采、生产、环保和打击走私 4 个专项整治行动。查处、纠正稀土违法勘查和开采行为 600 余起、立案 100 余起,89 家稀土矿山和冶炼分离企业被停产整顿;查获稀土走私犯罪案件 10 余起,查获稀土 1500 多吨,案值 3 亿多元,抓获了一批走私犯罪嫌疑人;56 家稀土企业通过环保核查,企业投入 40 多亿元进行环保改造和技术升级,稀土行业长期存在的资源乱采滥挖,无计划、超计划生产,污染环境、破坏生态,走私犯罪等现象得到了初步遏制,稀土行业开始走上规范化发展的道路。

在各个专项行动取得阶段性成效的基础上,工业和信息化部牵头组织开展专项整治联合检查,进一步巩固专项整治成果。国土资源部建立了稀土开采企业计划执行情况直报系统,建立了 9 省(区)20 市(州)稀土监管联动机制,进一步加大稀土开发秩序监管和打击非法开采力度。海关总署会同工业和信息化部、商务部等部门将打击稀土走私纳入了 2012 年"国门之盾"专项行动。

四、加强行业运行监测　产业发展质量显著提高

为抑制稀土产能盲目扩张,维护正常的生产经营秩序,自 2007 年起,国家开始对稀土生产实行指令性计划管理。

为加强指令性生产计划的管理和落实,稀土办公室对各重点稀土生产省区进行生产计划检查,对无计划、超计划生产企业立即责令停产整顿。为做好稀土行业生产运行情况监测,工业和信息化部多次开展行业摸底调查,建立了稀土行业生产月报统计制度,按月请有关方面提供稀土出口、价格等信息。

通过建立统计体系,加强对生产计划执行情况和行业运行监测分析,并与海关总署等部门加强信息沟通,及时掌握和分析生产、需求、出口和价格变化情况。一是产量得到明显控制。2011年全国稀土矿产品产量8.44万吨,冶炼分离产品产量9.69万吨,同比分别减少5.5%和18.5%。2012年1—6月,全国稀土矿产品产量4.0万吨,冶炼分离产品产量3.8万吨,同比分别减少36%和38%。二是产品价格理性回归。2011年以来,稀土产品价格大幅上涨,最高涨幅达10多倍;2012年上半年出现明显回落,但主要稀土产品价格仍比2011年年初高1倍多,重点稀土企业效益大幅提升。三是出口量减价增。2011年,全国出口稀土产品1.86万吨,仅完成配额指标的61%;出口金额33.1亿美元,同比增长252%。2012年1—6月,出口稀土产品5231吨,同比减少39%,出口金额8.2亿美元,同比减少29%。

国务院新闻办公室、工业和信息化部会同有关部门组织编制了《中国的稀土状况与政策》白皮书,阐述了我国稀土行业发展的状况与立场。创办了《稀土工作简报》,召开新闻通气会,正面宣传稀土政策、行业管理成效。工业和信息化部积极参与同美国、欧盟、俄罗斯、日本等国家和地区开展的双边或多边交流与对话,沟通信息,增进了解。

五、加快兼并重组步伐　产业结构不断优化

力促稀土行业兼并重组,形成规模、高效、清洁化的大型生产企业集团为主导的稀土行业发展格局,是实现稀土行业持续健康发展的根本途径。2009年以来,我国稀土企业联合重组步伐逐渐加快,产业结构调整取得了积极进展。按照《若干意见》要求,工业和信息化部会同有关部门、地方积极引导推动大型稀土企业集团组建工作,稀土资源整合和企业兼并重组工作取得积极进展,以大型稀土企业为主导的稀土行业格局已具雏形。内蒙古、广东、福建等省区基本完成区域内稀土资源整合和冶炼分离企业兼并重组工作,组建了省级稀土企业集团。中

国五矿、中铝公司等中央企业加大兼并重组力度,形成了技术研发、资源开采、冶炼分离、加工应用为一体的大型综合性企业集团。随着产业整合工作的深入推进,大型企业集团主导稀土产业发展的格局将逐步形成。

六、大力推进技术创新 推动产业升级发展

发展改革委、财政部、工业和信息化部利用技术改造、战略性新兴产业发展等专项资金,支持稀土技术改造和高端应用项目,给予中央财政补助。财政部会同工业和信息化部设立了稀土产业转型升级专项,支持稀土共性关键技术研发、绿色选冶、高端应用等全产业链的转型升级。

近年来,稀土应用产业加速发展。一是有关部门加大对稀土共性关键技术研发、高端稀土材料及应用器件产业化的支持力度,一批稀土高端应用项目投入建设。二是高端稀土功能材料和应用器件产业规模进一步扩大。包钢稀土、厦门钨业、中科三环、安泰科技、有研稀土等重点稀土企业瞄准产业发展需求,积极发展高端稀土功能材料和终端应用产业,产品品质不断提高,规模不断扩大。三是重点稀土省区加大对稀土高新技术产业的扶持力度,积极开展稀土园区化建设,广东、福建、四川等地均已建成或在建稀土产业园区,重点发展高端稀土功能材料和应用产业,优化产业结构,提升产业品质已经成为地方和企业的共识。四是中外合作取得积极进展。目前,美国、德国、法国、加拿大、日本等国已在中国建立稀土独资、合资企业 38 家,投资额达 61 亿元。2011 年以来,中铝公司、厦门钨业等企业加大了引进国外先进技术的力度,与日本信越化学、日立金属、法国罗地亚等企业合作,积极发展高端稀土功能材料和应用器件等产业。

稀土管理工作任重道远,还需要做大量艰苦的工作,工业和信息化部将继续深入贯彻落实科学发展观,在党中央和国务院正确领导下,与

各有关部门和地方政府密切配合,在社会各界的共同努力下,不断推动稀土行业的可持续健康发展。一是继续发挥行业管理部门的牵头作用,创新工作机制,加强与有关部门的配合,加强各项政策的衔接落实;二是把加强稀土全产业链管理,将开采、冶炼分离重点环节的管理与促进下游应用产业发展结合起来;三是妥善处理中央政府与地方、企业各方利益,充分调动地方工业主管部门的工作积极性,加强工作联系和指导,努力为地方开展工作创造条件;四是发挥企业、科研院所、专家的支撑作用,依托中介力量,推动行业自律,争取多方支持;五是加强舆论引导,做好正面宣传,创造良好的舆论氛围。

（审稿人：贾银松；执笔人：史瑞庭、张永奇）

食品工业企业诚信体系建设

"民以食为天,食以安为先",食品安全关系着广大人民群众的身体健康和生命安全,关系着经济健康发展和社会和谐稳定。做好食品安全工作,是深入贯彻落实科学发展观、维护人民根本利益的必然要求,是保障群众健康安全、维护社会和谐稳定的现实需要。

2008 年三聚氰胺事件发生后,国务院领导多次作出重要批示,要求从立法、监管、诚信等各个环节入手,系统而有序地解决食品安全问题。《食品安全法》及其实施条例、《轻工业调整和振兴规划》中,也明确提出要建立生产者诚信体系。2009 年以来,国务院有关乳制品专项整顿、食品安全整顿的会议和多个文件中均要求工业和信息化部会同有关部门大力推进食品工业企业诚信体系建设。

一、加强食品工业企业诚信体系建设的重要意义

食品行业诚信自律是保障食品安全的重要基础,提高我国食品安全水平,归根结底要通过规范食品生产经营活动,提高质量安全控制水平来实现。加快推进食品工业企业诚信体系建设,提高企业诚信意识、建立食品工业企业诚信管理制度、规范企业诚信经营行为、营造行业诚信环境、完善诚信社会监督机制,对防范食品安全事故发生,提高食品质量安全整体水平,保障人民群众身体健康和生命安全,具有十分重要的意义。

（一）诚信体系建设是保障食品安全的根本途径

诚实守信是市场经济的基础,是完善社会主义市场经济和构建社会主义和谐社会的客观要求。建立食品工业企业诚信体系是保障食品质量安全、促进行业健康发展的治本之策。食品工业企业诚信体系的建设遵循市场经济规律,能够发挥市场机制作用,引导生产要素流转和消费选择,形成市场倒逼机制,通过优胜劣汰打造消费者放心的良心产业。

（二）诚信体系建设是建立食品安全长效机制的重要内容

食品工业企业诚信体系建设以培养食品生产经营企业遵纪守法为核心,通过相应的制度规范、运行系统和运行机制的建设,实现褒奖守信、惩戒失信,进而使食品生产经营者处在守信光荣、失信可耻的浓厚氛围之中,最终使诚信成为一种品牌声誉,更成为一种经济资源,从根本上解决食品安全问题,形成食品安全长效机制。

（三）建立食品工业企业诚信体系是提高政府监管效率的有效措施

完善的诚信体系能够充分发挥行业协会、商会等社会组织的作用,通过健全行业规范和行业公约等手段,推进行业自我教育、自我管理、自我监督,建立一种市场化的监管体系。这种市场化的监管体系不仅更为全面和有效,而且可以改善目前食品工业多头监管、职能重复、政府监管效率低的现状。

二、推进食品工业企业诚信体系建设的主要工作

食品安全核心是质量安全,关键是落实企业责任,根本是要有制度保障。通过政府指导推动,协会加强行业自律,企业履行主体责任,社会各界参与并监督,大力推动建立以"企业责任为基础、社会监督为约

束、诚信效果可评价、诚信惩奖有制度"的食品工业企业诚信体系。

(一)建立健全食品工业企业诚信体系的工作机制

2009 年 12 月 18 日,工业和信息化部会同国务院 10 部门联合印发了《食品工业企业诚信体系建设工作的指导意见》,全面指导诚信体系建设工作。同时与发展改革委等 15 部门(单位)建立起部门协调工作机制,初步形成协同指导和推动诚信体系建设落实的工作机制,并会同协调机制成员单位制定下发《食品工业企业诚信体系建设工作实施方案(2010—2012 年)》,明确了诚信建设工作的任务和分工,提出了工作目标和要求。

(二)狠抓食品工业企业诚信体系制度建设

在诚信体系建设过程中,重视制度建设对工作的规范作用,制定下发 2011 年、2012 年食品工业企业诚信体系建设工作实施方案和《关于印发〈食品工业企业诚信管理体系评价机构工作规则(试行)〉和委托评价机构名单(第一批)单位名单的通知》。同时将行业标准作为诚信体系建设的重要内容,制定了《食品工业企业诚信管理体系(CMS)建立及实施通用要求(QB4111—2010)》和《食品工业企业诚信评价准则(QB4112—2010)》两个诚信建设行业标准,并组织编写了乳制品、肉类食品、葡萄酒、调味品、饮料和罐头等 6 个行业的标准实施指南。

(三)积极推广食品工业企业诚信体系试点工作

2010 年,选择黑龙江省乳制品行业、河南省肉类加工行业作为第一批试点省份和试点行业;2011 年,启动北京调味品、河北葡萄酒、福建罐头、广东饮料等行业诚信建设扩大试点工作,推动全国婴幼儿配方乳粉生产企业 100% 建立诚信管理体系。在试点推动过程中,工业和信息化部会同地方工业主管部门研究试点方案,组织开展诚信建设标准宣贯培训,聘请专家指导试点企业按照标准建立诚信管理体系。截至 2012 年 6 月,共组织举办了 40 余期诚信管理体系标准宣贯培训班,并对全国 31 个省(区、市)5600 家食品企业、6600 人次进行了专题培训,指导近 4000 家食品生产企业建立诚信管理体系。

(四)大力支持食品工业企业技术改造

在督促企业抓管理制度建设的同时,针对企业食品安全工艺装备和检测条件存在的薄弱环节,在粮油加工、肉制品加工、乳制品加工、食品添加剂、饮料制造、罐头加工、酿酒制造、发酵制品、焙烤制品、制糖加工、水产加工等 12 个重点行业安排企业技术改造项目,重点支持企业设备更新、产品质量检测、质量可追溯体系建设等配套硬件条件的改善。初步统计,2009 年以来在食品行业安排了 6 批、1100 多个项目,总投资 400 余亿元,中央财政安排资金 40 余亿元。在北京、兰州试点建设了"食品企业质量安全检测示范中心",建成并开通国家食品工业企业诚信信息公共服务平台。同时,安排中小企业专项资金支持地方诚信信息平台建设。

(五)宣传引导食品工业企业提高诚信理念

为营造食品企业诚信建设社会舆论环境,邀请中央电视台、新华社和《经济日报》等主流媒体对黑龙江、河南等省市食品工业企业诚信体系建设试点启动大会,青岛婴幼儿配方乳粉生产企业诚信管理体系建设启动会以及在河南、江苏等省市举行的总结交流会进行了报道。在 2011 年、2012 年食品安全宣传周期间,组织《中国工业报》、《中国食品报》和《中国食品安全报》等媒体,就食品工业企业诚信建设主题进行了系列报道及企业诚信专题报道;全面部署在全国食品行业开展"讲诚信、保质量、树新风"活动,组织 400 余家食品企业作出质量安全承诺。同时,还利用"食品安全高层论坛"、"诚信兴商"新闻发布会、工业和信息化部门户网站等平台,开展诚信建设相关宣传。

三、推进食品工业企业诚信体系建设的成效

通过推进诚信建设,试点企业诚信意识明显增强,企业诚信管理制度正在加快建立,企业诚信管理体系逐步完善,诚信建设取得了初步成效。一是食品企业诚信建设社会认知度提高。2009年以来,工业和信息化部会同相关部门组织地方及企业,通过开展诚信建设专题宣传、诚信知识竞赛、诚信标准培训、食品企业诚信承诺等多种形式的活动,食品企业诚信建设工作已产生较大的影响,社会关注度很高。二是地方诚信建设主动性增强。除工业和信息化部组织开展的6个省(市)诚信建设试点工作外,到2012年2月,全国31个省(区、市)全部启动了食品工业企业诚信体系建设工作。通过开展宣传培训,增强企业诚信意识,塑造企业诚信文化,建立企业诚信制度,培育企业诚信环境,有力促进了食品质量安全保障能力的提升。三是试点工作取得一些好经验。试点地区、试点企业在推进食品企业诚信体系建设工作中,归纳出了一些好的做法和经验。如黑龙江省按照"建立以质量诚信和制度建设为根本,以平台和档案建设为载体,以人才建设为保障,以诚信文化建设为基础,以运行机制建设为动力"的"五位一体"工作思路,形成了各方联动、各负其责、整体推进的工作格局;河南省总结出"以诚信立企,抓制度建设,按标准办事,以数据说话,用结果评价,有奖惩机制"的做法,在企业推行取得实效,正在加快向全省推广。企业方面,完达山乳业总结出"以人为本立诚信,从源头做起抓诚信,从生产过程保诚信,从产品质量上守诚信,从销售环节重诚信,在企业文化铸诚信";雨润集团恪守"食品工业是道德工业"的经营理念,将其贯穿到企业各项工作中,努力构筑食品生产安全长堤,打造诚信企业。四是食品质量安全水平向好发展。在各地区、各有关部门和全社会的共同努力下,我国食品安全工作力度不断加大,通过深入开展食品专项整治和推进企业诚信体系建设,严厉打击违法犯罪活动,强化食品安全监督,推进企业

诚信文化和诚信制度建设,食品安全各项工作取得了明显成效,全国食品安全形势总体稳定并保持向好趋势,各类食用农产品、食品安全水平稳中有升。

食品工业企业诚信体系建设是一项复杂而艰巨的任务,虽然通过开展试点工作摸索出一些可行的做法,取得了一定成效,但在实施过程中依然面临一些亟待破解的问题:一是企业主体责任落实不到位。个别企业缺乏诚信责任意识,企业诚信管理制度不健全,质量安全管理存在薄弱环节,食品安全隐患问题突出。二是诚信建设工作的进展不均衡。一些地区对推动企业诚信建设的紧迫性缺乏认识,指导和协同推动力度不够,企业全面建立诚信制度工作尚未展开。三是诚信机制建设步伐有待加快。对企业守信激励和失信惩戒措施研究不够,需要充分发挥市场机制作用,调动企业参与的积极性,实现诚信建设由"要我做"到"我要做"的转变。下一步,食品工业行业将进一步总结经验,正确处理好部门职能分工与协同配合的关系、政府主导与企业主体的关系、试点探索与总结推广的关系,加大工作力度,大力推进企业诚信体系建设,为提高食品质量安全水平奠定坚实基础。

（审稿人：高伏；执笔人：郭翔、邓小丁、杜朦）

军民融合发展

统筹经济建设与国防建设,在全面建设小康社会进程中实现富国和强军的统一,走出一条中国特色军民融合式发展路子,是我们党着眼全面增强国家战略能力、实现中华民族伟大复兴作出的重大战略决策,也是国防和军队现代化建设贯彻落实科学发展观必须做好的一篇大文章。建立和完善军民结合、寓军于民武器装备科研生产体系,是中国特色军民融合式发展的重要内容,是根植于大工业基础之上,建设先进国防科技工业的必由之路,更是党中央科学分析当前国际国内实际,准确把握未来形势走向,运筹帷幄、决胜千里的战略举措。

一、军民融合发展关键在于建立和完善军民结合、寓军于民武器装备科研生产体系

推进中国特色军民融合式发展,主要任务是建立和完善军民结合、寓军于民的武器装备科研生产体系、军队人才培养体系、军队保障体系和国防动员体系,其中,武器装备科研生产体系是军民融合式发展的基础性工程,占据极其重要的地位。这一体系着眼于适应市场经济发展规律和打赢未来战争需要,推动经济建设与国防建设、民用工业与国防科技工业资源共享、良性互动,既有利于国防和军队现代化建设从经济建设中获得更加深厚的物质支撑和发展后劲,也有利于经济建设从国防和军队现代化建设中获得更加有力的安全保障和技术支持。

（一）建立和完善这一体系，是国防和军队现代化建设的需要

随着以信息技术为主导的新军事变革深入发展，战争形态已发生了质的变化，信息化战争、海陆空天电五位一体联合作战、非接触与非对称作战已成为战争和作战的新形态。打赢信息化条件下的局部战争，加快转变战斗力生成模式，对武器装备供给能力提出了新的要求。信息化条件下的武器装备科研生产涉及工业的诸多技术门类，资源几乎覆盖整个国家的战略资源，新形势下的对抗已不仅仅是军事体系间的直接较量，而表现为以国家整体实力为基础的体系对抗，是举国之力的对弈。推进军民结合、寓军于民武器装备科研生产体系建设，既有利于适应武器装备机械化和信息化复合发展的需要，依托国家科技和工业基础，集中力量解决制约武器装备发展的瓶颈问题，也有利于建立开放的格局，吸纳更多优势资源向武器装备科研生产领域集聚，提升国防和军队现代化建设的质量和效益。

（二）建立和完善这一体系，有利于更好地统筹经济建设与国防建设

统筹好、协调好国防建设和经济建设的关系，是推进经济社会又好又快发展的必然选择。一方面，随着我国经济、科技的快速进步，尤其是改革开放三十年的发展积累，为统筹经济建设与国防建设创造了成熟的条件；另一方面，我国现代化建设仍面临资源不足、环境约束等现实问题，统筹军民利用资源，提高资源利用效率，是建设经济有效的国防，实现富国强军的现实需要。建立和完善军民结合、寓军于民武器装备科研生产体系，能够实现军民信息互通，在军、民两大体系之间有效配置资源，实现一份投入两份产出，一种资源两种效益，走出一条投入少、收效高的发展路子，使两者在更广范围、更高层次、更深程度上融合，实现兼容、双赢发展。

（三）建立和完善这一体系,有利于加快转变经济发展方式

国防科技工业作为技术密集、人才密集的高技术产业,在辐射引领和带动产业结构优化升级、促进转变经济发展方式方面具有独特优势。实践充分表明,最先进的技术往往产生或首先应用于军事工业领域,同时,军工高技术向民用领域转移,对带动产业结构优化升级起着十分重要的作用。全球定位系统、互联网、移动通信等军工技术应用到民用领域后,都催生出规模庞大的民用高技术产业,产生了巨大的经济效益。建立和完善军民结合、寓军于民武器装备科研生产体系,能够充分发挥国防科技的牵引作用,加快军民资源互动共享,促进工业发展转型升级,构建现代产业体系。

二、军民结合、寓军于民武器装备
科研生产体系建设迈出坚实步伐

新中国成立以来,我国武器装备科研生产体系走过了从无到有、从小到大,由封闭向开放、由单一军品生产向军品民品生产并重转变的不平凡历程,军民结合产业快速发展,民口单位参与武器装备科研生产的范围持续扩大,军工经济与地方经济融合程度不断提高,军民结合、寓军于民的发展格局基本形成。2010 年以来,政府和军队有关部门认真落实国务院、中央军委联合印发的《关于建立和完善军民结合　寓军于民武器装备科研生产体系的若干意见》(国发〔2010〕37 号,以下简称《若干意见》),团结协作,积极进取,不断取得新成绩。

（一）军工核心能力建设水平、武器装备供给能力跨上新台阶

国防科技工业突出军工核心能力建设,不断完善军工配套体系,武器装备科研生产水平全面提升。以二代装备为主体、三代装备为骨干、综合电子信息系统为依托的武器装备供给能力大幅提高,军工经济保持平稳快速增长,国防科技创新体系进一步完善,一大批关键核心技术

获得突破,军贸出口规模逐年扩大,为国防科技工业可持续发展打下坚实基础。近五年来,一大批重点武器装备交付部队,有力地提升了我军信息化条件下的威慑和实战能力。

(二)军工开放步伐不断加快,"民参军"取得积极进展

政府和军队有关部门相继出台了《关于鼓励和引导民间资本进入国防科技工业领域的实施意见》、《非国有企业军工项目投资监管暂行办法》等一系列政策法规,确保民间投资主体与国有军工企业获得同等待遇,吸引和鼓励民间资本进入武器装备科研生产、国防科技工业投资建设、军工企业改组改制和军民两用技术开发等国防科技工业领域,民企"参军"热情得到进一步激发。截至 2011 年年底,民口单位获得武器装备科研生产许可证的数量已占总数的三分之二,武器装备科研生产"小核心、大协作"的开放式发展格局业已形成。

(三)军民结合产业快速发展,武器装备发展的产业基础不断增强

国防科技成果向民用领域转化速度明显加快,军工经济与地方经济进一步融合,军工民用产值已占国防科技工业总产值的 75%。以核能应用为例,截至 2011 年,我国核电装机容量达 1253.8 万千瓦。部省间、军地间战略合作协议启动实施,具有明显军民结合特色的产业朝着规模化、集聚化、集约化方向发展,国家新型工业化产业示范基地(军民结合)呈现蓬勃发展的势头和良好的示范带动效应。

(四)军民互动共享逐步深化,资源利用效率进一步提高

产学研用一体化得到推进,一批研发设施实现军民共建共享,国防和民用基础技术、产品的统筹和一体化逐步推进。有关部门定期发布《军用技术转民用推广目录》和《军民两用产品及技术共享目录》,启动军民结合公共服务平台建设,信息交流渠道得到拓展。积极推动中美

核安保、中俄核电、中巴通信卫星等重大项目实施,核与航天领域国际合作不断深化。"十二五"规划制定过程中,国防科技工业与国民经济各行业 80 余项规划实现协调衔接,减少了重复建设,有效提高了资源的利用效率和水平。

(五)体制机制改革步伐明显加快,军工发展动力和活力进一步增强

2011 年,国务院、中央军委批准成立军民结合、寓军于民武器装备科研生产体系建设部际协调小组,由工业和信息化部、总装备部牵头,23 个部门参加,为组织协调跨部门、跨领域的重大事项提供了重要的组织机制保障。按照中央关于分类推进事业单位改革的有关精神,搞好顶层设计,明确任务分工,不断深化和推进军工科研院所改革。积极推进军工企业建立现代企业制度,实施股份制改造,企业发展后劲和核心竞争力进一步提升。

工业领域军民融合工作取得的成绩,离不开党中央、国务院、中央军委的英明决策和正确领导,离不开中央国家机关和解放军有关部门的沟通协调和积极配合,离不开军工战线和"民参军"企业广大干部职工的辛勤工作和忘我付出。回顾这些年来的工作,我们进一步加深了几方面的认识和体会:坚定方向,科学谋划,是军民结合、寓军于民武器装备科研生产体系实现全面发展的前提;把握规律,统筹兼顾,是军民结合、寓军于民武器装备科研生产体系实现协调发展的关键;顺应潮流,与时俱进,是军民结合、寓军于民武器装备科研生产体系实现可持续发展重要途径。

三、进一步推进新时期军民融合发展

在看到成绩的同时,我们也要清醒地认识到,军民结合工作仍然存在军工行业相对封闭、自成体系、资源共享程度不高、信息不对称等问

题。只有广泛依靠军地和社会各界力量,按照科学发展观总体要求,坚定走军民融合式发展路子,深入贯彻落实《若干意见》,加强部门间分工协作,才能全力保障武器装备科研生产,推动经济建设和国防建设全面、协调、可持续发展。为确保上述目标的实现,重点要在以下几方面开展工作:一是加强宏观协调和指导。充分发挥部际协调小组作用,统筹兼顾,分工合作,重点突破,建立长效机制。充分发挥各地、各部门的积极性和主动性,确保《若干意见》各项工作任务落到实处。二是积极完善相关政策制度。研究解决现行政策存在的分散、重复、缺失和相互矛盾等问题,推进国防科技工业投资体制改革,营造公平、开放、竞争有序的市场环境。三是大力发展军民结合产业。依托国家新型工业化产业示范基地,引导军民结合产业规模化、集聚化发展。结合武器装备发展和能力建设规划,加快推进军民结合型产业发展。指导各地区有重点地发展军民结合产业,加快军工与地方经济融合。四是着力破解"民参军"体制机制障碍。加强武器装备科研生产许可管理,完善武器装备科研生产许可制度,着力消除"民参军"信息不对称,待遇不公平等现象,破解阻碍"民参军"的体制机制障碍。五是努力提升军民资源共享水平。发挥各自优势,促进军民资源的合理流动和有效配置,逐步建立开放共享机制。充分利用"核高基"等科技重大专项,解决武器装备科研生产领域的瓶颈问题。完善合作机制和模式,组织开展跨学科、跨领域、跨行业的技术攻关,推动国防关键技术取得突破。

建立和完善军民结合、寓军于民武器装备科研生产体系任务艰巨、使命光荣。我们将认真贯彻党中央、国务院的决策部署,紧紧围绕走新型工业化道路、建设先进国防科技工业的中心任务,同心协力、锐意进取,军民携手共同写就军民融合发展的新篇章。

（审稿人:屠森林;执笔人:曲艳丽）

大力推进信息化与工业化融合

大力推进信息化与工业化融合,是中央着眼于我国经济社会发展迈入新阶段作出的重大战略决策。党的十六大提出,要坚持以信息化带动工业化,以工业化促进信息化,走出一条科技含量高、经济效益好、资源消耗低、环境污染少、人力资源得到充分发挥的新型工业化路子。党的十七大强调,要大力推进信息化与工业化融合,促进工业由大变强。十七届五中全会进一步指出,要推动信息化和工业化深度融合,加快经济社会各领域信息化。各地区、各部门深入贯彻落实中央决策部署,加强协调配合,创新工作机制,开展了卓有成效的工作,推动信息化和工业化深度融合,取得了一系列重要成果,有力地促进了经济结构战略性调整和发展方式转变。

一、推进两化融合的探索实践

工业是国民经济的主导,信息化是当今世界发展的大趋势。我国正处于工业化加速推进的关键时期,与发达国家发展进程相比,面临着实现工业化和加快信息化的双重历史使命。两化融合既是一个长期的发展过程,也是一种新的发展方式,更是一种新型发展理念,需要不断地实践探索。近年来,按照中央的总体部署和要求,工业和信息化部确定了从企业、行业、区域三个层面推进两化融合的总体思路,厘清关键环节和方向,总结推广典型经验,积极开展试点示范,创新推进机制,完善两化融合的基础和条件,初步建立起两化融合推进体系。

(一)加强政策制定和标准引导

国务院印发的《工业转型升级规划(2011—2015年)》,明确提出两化深度融合是今后一段时期工业转型升级的内生驱动力,对两化融合作出了具体部署和要求。2011年4月,工业和信息化部会同科技部、财政部、商务部、国资委印发了《关于加快推进信息化与工业化深度融合的若干意见》(以下简称《意见》)。《意见》发布后,工业和信息化部组织开展了"两化融合深度行"活动,以"转方式,调结构,实现信息化和工业化深度融合良好开局"为主题,加强政策解读、工作部署和现场典型经验交流,深化了企业对两化融合的认识。为掌握各行业企业两化融合现状,分析判断各行业两化融合所处发展阶段,确立推进两化融合的标杆企业,明确推进两化融合的关键要求和可行路径,工业和信息化部发布了《工业企业信息化和工业化融合评估规范(试行)》(2011年第39号公告),依托行业协会、研究机构,以企业为主体,对钢铁、化肥、重型机械、造纸、棉纺织、肉制品加工等17个行业的850家企业进行了两化融合水平测评,并进一步向民爆等18个行业扩展,以实现工业各行业的全覆盖,全面把握我国两化融合现状和水平,为推进两化融合工作提供支持。

(二)分类指导,加强典型经验交流

因地制宜、分类指导是推进两化融合的基本经验。按照推进两化融合的总体思路,工业和信息化部重点开展了原材料、装备、消费品三大工业领域的两化融合典型企业经验交流,遴选出一批典型企业和成功案例,明确了各行业推进两化融合的方向和主要任务。针对安全生产和节能减排领域存在的突出问题,开展专题经验交流活动,引导重点高危行业提高安全生产水平,高耗能行业增强可持续发展能力。实践表明,两化融合在这些领域发挥着重要作用,从2006年到2010年,万元GDP能耗从1.241吨标准煤下降到1.034吨标准煤;亿元GDP事故死亡率从2005年的0.697下降到2010年的0.201,下降近四成。围绕推进中小企业信息化和集群发展,以中小企业产业集聚区为载体,建立起政府推动、市场主导、企业主体、社会参与的互动工作体系,促进中小企业集聚、集群发展。截至2010年,初步建立了国家级中小企业公共服务平台99个,省级公共服务平台1131家。中小企业服务中心数量达到818家,小微企业创业基地1600家。

(三)试点示范,支持重点项目建设

作为一项开创性工作,推进两化融合需要在探索中前行。经过近年来的工作实践,摸索出了先行先试树标杆、以点带面促进程的推进新模式,推动形成比学赶超的良好氛围。为加大对推进两化融合的支持力度,国家设立了1亿元的两化深度融合专项资金。2012年,专项资金以信息化综合集成创新、产品信息化和服务型制造、面向产业服务与行业管理的信息化服务三个方向为支持重点,选择了能够代表两化深度融合发展方向、具有一定先进性和引领性的90个重点项目予以支持,涵盖钢铁、石化、有色、建材、装备、汽车、造船、纺织、轻工等主要工业门类。紧紧抓住做强做优地方支柱产业和特色优势产业这条主线,聚焦制约产业发展的瓶颈问题,加强了区域两化融合试点示范。工业和信息化部分两批确立了16个国家级两化融合试验区。目前,内蒙古呼包鄂地区、上海市、广州市、唐山暨曹妃甸地区、青岛市、珠三角地区、重庆市、南京市等首批试验区总结验收工作已经完成。经过三年的努力,八个试验区共投入资金约32亿元,支持两化融合试点示范项目1400个左右,建设了546个服务平台,培育了1023个示范企业,为区域经济发展作出了重要贡献。首批试验区工业增加值年均增长15.9%,生产性服务业年均增长23%,万元GDP能耗年均下降4.82%,重大安全生产事故伤亡人数年均下降17.8%。

（四）营造氛围，不断增进社会共识

推进两化融合是一项系统性工程，需要政府、行业协会、工业企业、信息化服务机构、中介机构协同推进，形成合力。为进一步树立融合发展理念、展示两化融合成果、增进社会各界共识，工业和信息化部在前期推进两化融合的各项工作基础上，举办了"信息化与工业化融合成果展览会"，选择了386家典型企业和单位参展，涉及427个成果案例，集中展示了近年来我国两化融合取得的成效。吴邦国、贾庆林、李长春、李克强，以及李源潮、马凯等党和国家领导人到场参观，对两化融合工作给予了高度肯定，并对下一步工作提出了要求。社会各界也充分感受到了两化融合在促进经济发展方式转变、保障和改善民生等方面的突出作用。通过本次展会，社会各界对两化融合的认识得到深化，进一步凝聚了共识。

二、两化融合取得显著成效

在党中央、国务院的正确领导下，各地区、各部门以科学发展为主题，以加快转变经济发展方式为主线，坚持信息化带动工业化、工业化促进信息化，重点围绕改造提升传统产业，着力推动制造业信息技术的集成应用，着力用信息技术促进生产性服务业发展，着力提高信息产业支撑服务能力，推动两化融合取得显著成效。

（一）改造提升传统产业，提高工业发展质量和效益

主要行业大中型企业数字化设计工具普及率超过60%，产业链协同设计、个性化定制生产等研发新模式不断涌现，产品开发和创新能力显著增强。成套设备、重大装备、生产工艺的技术改造步伐加快，重点行业关键工序数（自）控化率超过50%，柔性制造、网络制造、智能制造、绿色制造等先进生产方式快速普及，显著提升了工业的高效、清洁、安全生产水平。

（二）加快信息产业做大做强进程，支撑工业转型升级

集成电路设计水平突破 65 纳米，千万亿次高性能计算机研制成功，高世代薄膜晶体管液晶显示屏（TFT—LCD）、等离子显示屏（PDP）实现大规模量产，培育出华为、海尔、联想等一批世界级领先的通信设备制造企业。工业电子、工业软件逐步发展壮大，物联网、云计算的技术研发、产业化和示范应用整体推进。3G 网络已覆盖全国大部分城镇，TD—SCDMA 成功实现规模商用。基于信息基础设施的应用创新不断出现，移动互联网快速发展。三网融合取得积极进展，IPTV 和手机电视试商用业务用户分别达到 1400 万户和 5200 万户。

（三）推动生产性服务业现代化，促进产业结构战略性调整

电子商务蓬勃发展，涌现出一批电子商务交易额超过 2000 亿元的行业电子商务交易平台，中小企业网上交易和网络营销的利用率达到42.1%。物流信息化取得长足进展，主要沿海港口城市基本实现电子口岸无纸化大通关。信息技术服务、工业设计、信息咨询等生产性服务业加快发展。2011 年信息技术咨询服务、数据处理和运营服务分别实现收入 1864 亿元、2028 亿元，同比分别增长 42.7%、42.2%。

（四）推进大企业资源整合，增强中小企业发展活力

大型骨干企业的信息管理和业务系统进入应用集成阶段，钢铁、石化、航空、电子等行业部分企业综合集成应用能力达到世界领先水平。中小企业信息化服务体系开始建立，超过 300 家中小企业信息化辅导站已覆盖全国所有地级市，45 个城市建立了信息化管理提升服务中心，"一站式"信息化服务新模式初步形成，显著提高了中小企业技术创新能力和企业管理水平。

（五）推动产业集聚，促进区域经济协调发展

各地方根据自身特色优势产业发展需要，加快面向产业集群的信

息化公共服务平台建设,有力促进了产业链上下游协作和产业集聚发展。国家新型工业化产业示范基地、国家级两化融合试验区建设初显成效,正成为区域经济协调发展新动力。

(六)两化融合工作体系初步形成,工作机制逐步完善

建立了由各级工业和信息化主管部门、行业协会、企业、科研院所共同参与的工作体系,加强政策宣贯和标准规范引导,从企业、行业、区域三个层面开展两化融合试点示范,逐步建立长效推进机制。

与此同时,经济社会各领域信息化水平再上新台阶,有力促进了民生改善和基本公共服务均等化。信息强农富农取得显著进展,100%的行政村通电话,99%的乡镇具备宽带接入能力,98%的行政村建立了农村信息服务站。教育、医疗、社会保障、人口和计划生育、劳动就业、社会救助、优抚安置、社会福利、社区服务和无障碍助残事业等领域信息化建设稳步推进。

信息化与工业化融合发展是新型工业化道路的鲜明特征,也是经济社会转型发展的重要动力。牢固树立融合发展理念,进一步推动信息化和工业化深度融合,是我国今后较长一段时期的重大战略任务。下一步,要深入总结推进两化融合的经验做法,加强两化融合重大问题、政策法规、技术标准研究,推动信息化和工业化融合向更深层次发展。要继续深化信息技术在工业等各领域的集成应用,改造提升传统产业,提高工业发展质量和效益,努力实现从工业大国向工业强国转变。要大力推广以信息技术为代表的高新技术,培育发展新一代信息技术产业,不断形成新的经济增长点。要继续宣传信息化与工业化融合发展取得的丰硕成果,在全社会营造良好氛围。

(审稿人:徐愈;执笔人:李颖新)

电信基础设施共建共享

节约资源、保护环境,实现可持续发展是全球共同面临的一项重大而紧迫的任务。国家"十二五"规划纲要提出,把建设资源节约型、环境友好型社会作为加快转变经济发展方式的重要着力点。工业和信息化部成立后,针对通信业发展中存在的问题,积极采取措施推进电信基础设施共建共享,为促进行业持续健康发展奠定了重要基础。

一、结合实际明确推进电信基础
设施共建共享基本要求

新世纪以来,随着改革的推进和竞争的引入,我国电信行业从传输线路的杆路到移动通信的基站铁塔等基础设施建设,均出现了不同程度的重复建设问题。大力推进电信基础设施的共建共享,可以充分发挥现有资源优势,提高资源利用率;可以有效缓解电信行业发展中面临的资源环境约束压力,促进转变粗放式建设与经营模式;可以有效节约企业建设和运营成本,促进电信价格水平降低,对于节约资源、保护环境、促进行业科学发展,都具有重要意义。

电信领域的重复建设是电信行业改革发展中出现的新问题,推进电信基础设施共建共享,既缺乏可以借鉴的经验,也缺乏法律、法规直接依据和有力支撑。工业和信息化部在广泛深入调查研究基础上,提出了推进电信基础设施共建共享的目标,即按照科学发展观以及建设

资源节约型、环境友好型社会的要求,为节约土地,减少能源和原材料的消耗,保护自然环境和景观,实现杜绝同地点新建铁塔、同路由新建杆路现象;实现新增铁塔、杆路的共建;管道、室内分布等其他电信基础设施共建共享比例逐年提高。同时,也明确了工作的主要思路,即按照"企业自律、政府监管,突出重点、以点带面,安全可靠、合理负担,有利竞争、促进发展"的原则,实行"一把手负责制",以考核奖惩提升企业积极性为核心,以站址稀缺场所共建共享为突破,建立一套全新的管理制度和机制,并逐步形成系统的工作体系。经过近五年的实践,通过建立制度、加强领导、强化指导、重点突破、探索创新等举措,初步建立和完善了中国特色的共建共享工作体系。

二、大力推进电信基础设施共建共享制度机制建设

在制度体系方面,2008 年 9 月工业和信息化部与国资委联合印发《关于推进电信基础设施共建共享的紧急通知》(工信部联通〔2008〕235 号),之后又联合相关部门出台了一系列管理制度及相关配套政策,我国电信基础设施共建共享的制度及机制基本形成。其核心内容包括:已有铁塔、杆路必须共享,新建铁塔、杆路必须共建,其他基站设施和传输线路具备条件的应共建共享;禁止同地点新建铁塔、同路由新建杆路,禁止租用第三方设施签订排他性协议等。从 2008 年开始,工业和信息化部与国资委每年均对三家基础电信企业集团公司下达基础设施的共建率、共享率指标,未完成则在国资委业绩考核中减分。各省通信管理局也均出台了当地管理办法、细则或实施意见,并推动地方政府出台了规划、选址、建设等方面支持政策。三家基础电信集团公司制定完善了内部管理制度,将共建共享融入管理工作流程。

在组织体系方面,工业和信息化部、国资委组织三家基础电信集团公司设立了领导小组和办公室,省通信管理局组织设立了共建共享协调机构,各级电信企业基本设置了专门机构和人员。三家基础电信企

业在集团和省级层面均签署了共建共享合作协议,并建立了建设、维护、管理等合作机制和工作流程。同时,部、省、地市不同层面都建立了例会制度、信息通报制度等,及时沟通信息,加快工作流程。

在考核体系方面,从2009年开始,工业和信息化部与国资委共同将共建共享纳入对三家基础电信集团公司的年度业绩考核,如集团公司未完成规定设施的共建率、共享率考核值则减分,违反有关禁止性规定也将减分。大部分省通信管理局结合当地情况制定了省内的考核制度和更高的考核目标,实施综合打分制度并与省内一些管理手段、评比活动等相结合。各级企业已将共建共享纳入内部绩效考核体系。

另外,在统计体系方面,工业和信息化部建立了全国共建共享统计指标体系、指标解释和统计渠道等,并在根据管理和发展需要不断调整完善,基本能够及时准确掌握共建共享进展情况和相关资源情况。在标准体系方面,制定了相应工程和技术标准,探索出台了大量的地方性的工程和技术标准,各地已全部制定了当地共建共享价格标准,企业也专门制定了企业内部的有关标准。在支撑体系方面,一是建立信息系统,多数地方都已建立了管理信息系统,实现网上流程处理和信息沟通,有的还建立了资源数据库及地理信息管理系统;二是完善支撑队伍,很多地方都建立了专家库或确定了第三方评估机构等,咨询、设计、施工单位将共建共享融入具体设计施工流程中,各级企业协会开展了协助管理和协调等支撑工作;三是发展相关技术、设备,一些新的适合共建共享的技术和设备日趋成熟,共天线、共室分等新技术已在多地得到试点和应用。同时,加强与相关部门的沟通协调,联合电监会出台了电力支持共建共享的措施,联合铁道部出台了《关于加强铁路沿线通信基础设施共建共享的通知》,并与住房和城乡建设部抓紧研究制定有关共建共享的国家规范。

三、狠抓重点领域电信基础设施共建共享

高铁、地铁、高速公路、机场、国家级和省级风景名胜区、大型场馆等10类重点场所,进入成本高、难度大,共建共享效益显著、影响深远。2010年开始,工业和信息化部规定三家基础电信企业进入上述场所必须实施共建共享,并纳入有关处罚规定,已取得初步成效。在高铁方面,相关省市已基本建立了与铁路部门的沟通机制,已建和新建高铁项目均实施或正在统筹规划和共建电信基础设施。在地铁方面,多个城市已实现新建地铁由运营企业共同投资建设,部分已有地铁通信设施实现了回购。在公路方面,多地通信部门与公路部门合作,实现了电信基础设施与公路同步建设和三家基础电信企业的共同覆盖。在机场方面,多个地方在机场新建和改扩建工程中全面实施共建共享。在景区方面,多数地方实现了风景区三家共同覆盖,有的还采用新的综合分布系统以及美化天线等方式,有效保护了环境、节约了投资。在场馆、工业园区等方面,各地多个大型场馆、工业园区已实现了共建共享。另外,支持TD建设、跨省干线光缆、国际传输的国内延伸段光缆建设也是共建共享的重点领域。各地通信管理局、电信企业大力支持TD建设所需资源的共建共享,跨省干线光缆、国际传输的国内延伸段光缆建设已全部实现共建共享。

四、鼓励探索电信基础实施共建共享新模式

工业和信息化部一直鼓励各地因地制宜,积极探索共建共享的新模式、拓展新领域和应用新技术。在探索新模式方面,多个地方联合当地建设等部门出台了住宅小区通信配套设施建设规范或管理规定,有的开展了第三方投资建设和运营铁塔的试点,一些地方实施了本地区的奖惩措施。在开拓新领域方面,有的地方将基站各类设施、所有传输

线路均纳入必须共享的范畴,有的将重点工程、重点项目都纳入重点场所管理,地震灾区灾后重建和地方的新区开发都组织实施了事先统筹规划和共建共享。在采用新技术方面,三家集团公司组织实施了共享宽频天线、管道中布放微管微缆、共基站的电磁干扰等技术试验,许多地方组织了共室内分布系统、共天馈线、WLAN 共建共享的应用试点,有的将已有基站进行整合并塔,多余的塔搬迁后再利用。

经过相关各方共同努力,电信基础设施共建共享成效显著,实现了"企业认识有提高,行业节约出效益,百姓受益有实惠,资源环境得保护"。2008 年 9 月到 2011 年年底,通过共建共享全国共减少新建铁塔超过 10.6 万个,杆路超过 18.8 万公里,基站站址及其配套环境(含铁塔)超过 13.6 万个,传输线路(含杆路)超过 26.31 万公里。在重点场所方面,实施共建共享的包括哈大、沪宁等 90 多条铁路,长沙 2 号线、昆明 6 号线等 40 多条地铁,合肥新桥、湖南黄花等 24 个机场,宁武高速、广合高速等 100 段高速公路,长白山景区、黄山景区等 40 多个国家级和省级景区,上海世博园区、广州亚运场馆等 40 多个大型场馆,节约投资超过 350 亿元。与此同时,推进电信基础设施共建共享也积累了宝贵经验。比如,要坚持实事求是的基本原则,从实际出发,量力而行,采取针对性措施,增强工作实效;比如,要鼓励各地、各企业不等不靠、大胆探索实践,加强对典型经验做法的总结推广,发挥示范带头作用,最终实现纵向到底、横向到边的全面突破;比如,要强化考核,督促、指导企业不断优化内部绩效考核体系,完善组织架构,落实目标责任到人。随着共建共享的深入推进,工业和信息化部在后续工作中,将继续按照数量上有提高、范围上有拓展、模式上有创新的要求,通过继续大力提高企业主观积极性、加强考核、推进重点场所共建共享、完善配套环境和政策、加强指导、检查和交流等方面,不断深入推进共建共享工作。

(审稿人:陈家春;执笔人:刘博)

深化电信体制改革

新世纪以来,电信业发展呈现大融合大变革大转型特征。我国电信业在快速发展的同时,发展模式不可持续、格局失衡和产业链不协调等深层次问题日益凸显,电信体制在产业结构、制度环境、监管模式与能力等方面面临严峻挑战。通信行业主管部门认真贯彻落实党中央、国务院的决策部署,加强与各方面沟通协作,大力推进深化电信体制改革,推动业务创新和行业转型,有效满足经济社会各方面对信息通信服务的需求。

一、电信体制重大改革的实施

十年来,围绕国家经济体制及行政体制改革的总体要求与部署,着眼于释放行业活力、推动产业持续快速发展,电信行业主管部门和国家有关部门适时、持续推进电信运营和监管体制改革,取得积极成效。一方面,大力破除垄断、引入竞争,推动基础电信企业重组,激发企业发展潜力,构建全业务市场竞争格局,迎接全球技术产业变革机遇;另一方面,积极推进监管机构职能转变,构建完善合理有效的监管体制,为市场竞争与行业发展提供良好保障。

(一)改革电信运营体制

在 20 世纪 90 年代末实现政企分开、邮电分营、业务拆分等一系列改革重组措施的基础上,为进一步优化资源配置,打破固定通信领域的垄断局面,确立比较竞争的基本框架,根据 2001 年电信体制改革方案,对电信企业进行了新一轮重组。原中国电信分拆为南、北两部分,北方北京、天津、河北、山西、内蒙古、辽宁、吉林、黑龙江、河南、山东等 10 省(区、市)的电信公司和中国网络通信有限公司、吉通通信有限责任公司重组为中国网络通信集团公司,其余南方 21 省(区、市)的电信公司重组为新的中国电信集团公司。这一轮电信运营改革形成了中国电信、中国移动、中国网通、中国联通、中国卫通、中国铁通六家基础电信运营企业,强化了市场竞争尤其是固定电话市场的竞争。随着全球范围内移动通信迅速发展,移动业务快速增长,固话业务增长趋缓并出现负增长,基础电信市场竞争结构失衡不断加剧。为推进形成更为合理、有效的市场竞争格局,2008 年 5 月 14 日,工业和信息化部、国家发展和改革委员会、财政部联合发布《关于深化电信体制改革的通告》(以下简称《通告》),启动新一轮电信运营体制改革,实施全业务运营。《通告》鼓励中国电信收购中国联通 CDMA 网(包括资产和用户),中国联通与中国网通合并,中国卫通的基础电信业务并入中国电信,中国铁通并入中国移动。这一轮行业重组形成了新中国电信、新中国移动、新中国联通三大骨干企业的格局,塑造了三家实力与规模相对接近、具有全业务经营能力的市场竞争主体,市场竞争架构得到优化,为形成相对均衡的市场格局奠定基础。

(二)持续深化行业监管体制改革

十年来,行业主管部门加快转变政府职能,切实落实监管职责,为行业发展充分发挥保驾护航的作用。特别是 2008 年工业和信息化部成立以来,为落实新一轮电信运营体制改革目标,深入推进行业监管体制改革,从不同层面推出配套政策,力求在促进电信市场竞争的同时,推动 TD—SCDMA 自主创新成果的规模应用和后续技术的不断发展,进一步加强监管体系建设,让广大人民群众充分分享电信行业发展改革的成果。一是构建完善电信监管体系,形成部省两级的垂直监管格局。根据国务院批准的方案,从 2000 年年底到 2001 年年初,各省、自治区、直辖市通信管理局相继成立,构建了部省双重领导,以原信息产业部为主、部省两级的垂直型电信监管体系,为有效实施电信监管提供了体制保障。2008 年,工业和信息化部成立后,以走新型工业化道路、推进信息化和工业化融合、推进高新技术与传统工业改造结合、促进工业由大变强为牵引,规范电信市场竞争,保护电信用户合法权益。二是切实加强职能与手段建设,形成八大监管职能体系。以 2000 年出台的《电信条例》为核心,建立起包含业务许可准入、电信资费、互联互通、服务质量、电信设备管理、电信资源管理、网络建设、网络和信息安全在内的监管职能体系,切实维护用户合法权益、促进市场公平有序竞争、保障网络与信息安全。三是全面提升监管能力,建立健全四位一体的综合监管手段体系。面对新世纪以来电信行业发展的新形势,行业主管部门主动适应产业和技术变革趋势,紧密跟踪国际监管趋势,加大体制机制创新力度,建立健全了融经济、技术、法律、行政四种手段于一体的综合监管手段体系,推动行业转型和持续健康发展。

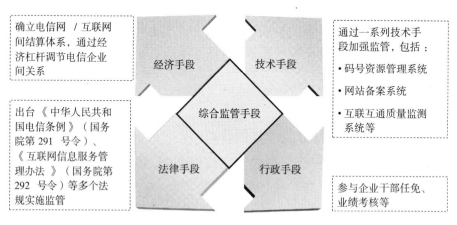

图 2-2　四位一体的综合监管手段体系

二、电信行业管理改革重大举措

从 20 世纪末开始,通信行业主管部门适应推进社会主义市场经济体制改革和行业发展实际,大力推进行业管理改革,积极营造良好的政策环境和公平公正、有序有效的市场环境。

(一)加快市场开放,完善电信市场准入机制

电信技术进步和市场发展需求为电信市场开放创造了条件,从 1993 年开始,增值电信业务市场就向民营资本开放,截至 2011 年年底,我国增值电信业务经营者已达两万多家,其中 90% 以上为民营企业。为贯彻《国务院关于鼓励和引导民间投资健康发展的若干意见》精神,落实"鼓励民间资本参与电信建设;鼓励民间资本以参股方式进入基础电信运营市场;支持民间资本开展增值电信业务。加强对电信领域垄断和不正当竞争行为的监管,促进公平竞争,推动资源共享"的要求,工业和信息化部于 2012 年 6 月 27 日发布了《关于鼓励和引导民间资本进一步进入电信业的实施意见》,引导民间资本通过多种方式进入电信业,积极拓宽民间资本的投资渠道和参与范围。加快推进电信法制建设,坚持依法行政,为民间资本参与电信业竞争创造良好的发展环境。

(二)发放 3G 牌照,推动市场格局优化与新一代宽带无线通信发展

2008 年 12 月 31 日,国家批准启动第三代移动通信(3G)牌照发放工作。2009 年 1 月 7 日,3G 牌照正式发放,中国电信获得 CDMA2000 牌照,中国移动获得 TD—SCDMA 牌照,中国联通获得 WCDMA 牌照,我国正式进入第三代移动通信时代。3G 牌照的发放,以推动新一代宽带无线通信发展拉动国内需求、促进经济增长,加速我国科技自主创新

步伐和优化电信市场竞争结构,并通过将我国拥有自主知识产权的TD—SCDMA 技术制式颁发给收入和盈利能力最强的中国移动,推动自主创新成果规模应用和后续 LTE 技术发展。

(三)提高资源利用效率,建立电信基础设施共建共享机制

为减少电信重复建设,提高电信基础设施利用率,2008 年起,工业和信息化部大力推进电信基础设施共建共享,并将其作为电信市场全业务运营后一段时期电信行业改革和发展的重点之一。通过采用共建共享考核结果纳入企业业绩考核体系等激励机制,以狠抓贯彻落实、争端解决机制、价格确定原则、建设维护协议、建立基础数据库、逐步完善鼓励政策等六项措施为保障,不断开创了电信基础设施共建共享新局面,取得显著成效。

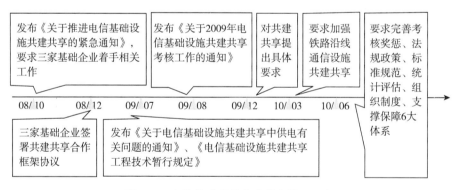

图 2-3　电信基础设施共建共享推进历程

(四)加强市场格局调控,推动建立有效竞争的市场机制

一是实施宽带业务不对称准入监管政策。2009 年 12 月,工业和信息化部出台《关于进一步落实规范电信市场秩序有关文件精神的通知》,明确中国移动各地公司不得经营有线宽带业务和国内通信设施服务业务(TD—SCDMA 网络元素出租出售除外);有线宽带业务和国内通信设施服务由中国移动集团授权铁通公司经营。在宽带业务快速发展的情况下,不对称准入监管政策有力保障了中国电信和中国联通

的市场增长,推动竞争格局均衡化发展。二是实施差别结算政策,兼顾推动竞争和扶持 TD。2009 年 12 月,工业和信息化部下发《关于公用电信网网间结算调整问题的通知》,下调网间短信的结算价格。2009年 12 月,工业和信息化部下发《关于 TD—SCDMA 网络网间互联结算问题的通知》,以降低 3G 业务成本,支持 3G 发展。三是加强竞争行为监管,建立规范有序市场环境。2009 年 5 月工业和信息化部下发《关于规范当前电信市场秩序的意见》,当年 12 月下发《关于进一步落实规范电信市场秩序有关文件精神的通知》,2005 年 2 月下发《关于治理当前电信服务热点问题的指导意见》,对电信市场中损害用户合法权益的热点、难点问题,以及各类不正当竞争行为,提出明确的查处意见。2010 年 7 月发布《关于规范基础电信运营企业校园电信业务市场经营行为的意见》,专门对校园营销中可能出现的不正当竞争手段,如签订排他性协议、在宣传中诋毁竞争对手等行为提出了规范要求,推动形成公平有序的竞争环境。

(五)改进和加强互联网行业管理机制

主动适应互联网发展要求,积极探索推动互联网发展与完善互联网行业管理的体制机制。一是结合我国电信监管实际情况,对互联网行业管理沿用了政府行政管理为主的部省两级垂直管理体系;二是以《电信条例》和《互联网信息服务管理办法》为基础,采用部门规章、文件等多种方式,形成了市场准入、网络与信息安全、资源管理等管理制度;三是建立了前后置审批、黑名单联动、联合专项治理三大跨部门管理机制,探索了以网站注册地为主的属地化管理机制;四是对增值业务进行分类管理,以事前准入为主要管理环节,实施经营性许可、非经营备案的分级管理方式,专项内容前置审批;五是将网间互联作为互联网网络监管的关键抓手;六是逐步形成互联网域名资源体系。

三、电信体制改革的主要经验

电信行业主管部门积极探索电信体制改革思路、模式和手段,不断加强行业发展与监管工作,努力营造良好的政策环境和公平公正、有序有效的市场竞争环境,为电信业持续健康发展提供了有力保障。

(一)持续推进体制改革和市场开放

按照经济体制及行政体制改革要求,我国适时、持续推进电信运营和监管体制改革,释放行业活力和潜力,推动产业持续快速发展。一是积极推进政企分开、转变职能,构建合理有效的监管体制,为市场竞争与发展提供良好保障。二是破除垄断、引入竞争,推动基础电信企业上市与重组,构建全业务市场竞争格局,激发企业活力与行业发展潜能,适应全球技术与市场环境的发展。三是稳步推进电信市场开放,增值电信市场形成了以民营资本为主、各类资本共存的竞争局面,大力促进增值业务与应用的创新与发展。

(二)准确把握技术和产业变革规律

改革开放之初,跨越纵横制引入程控交换系统,大规模发展光纤通信,使我国通信业跟上全球发展步伐。在全球迈入数字移动通信时期,科学论证、果断决策,全面引入 GSM 制式,抓住了数字移动通信大发展的机遇期。在全球共同探索互联网发展和管理时,一面积极引导网络建设和应用创新,一面加强和完善管理,确保了我国互联网发展与全球基本同步。在通信产业已取得长足发展、基础条件日益成熟之际,发挥举国体制优势,大力支持和发展具有自主知识产权的 TD—SCDMA,并为新一代移动通信发展奠定了基础。

（三）积极实施有效的通信监管

通信监管部门加快转变政府职能,切实落实监管职责,为行业发展充分发挥了保驾护航作用。一是适应传统电信产业特点,构建了部省两级、以部为主的垂直通信监管体系,打造出一只高素质专业化的通信监管队伍,形成了"监管为民"的基本理念,为有效实施通信监管提供了体制与能力保障。二是建立起包含业务许可准入、电信资费、互联互通、服务质量、电信设备管理、电信资源管理、网络建设、网络和信息安全在内的监管职能体系,切实维护用户权益,促进市场公平有序竞争,保障网络与信息安全。三是主动适应产业和技术变革趋势,紧密跟踪国际监管趋势,加大体制机制创新力度,不断建立健全法律、管理、技术等监管手段,推动行业转型和持续健康发展。

（四）充分依靠和利用全社会力量

全社会通力协作共建电信业是实现跨越式发展的基本保障。在电信业改革初期,相关部门发布的初装费、"三个倒一九"、"两个六条"、"四个一起上"等系列扶持电信业发展的政策,使电信业迅速摆脱了落后局面。在通信业转型发展时期,各领域和各行业信息化应用需求的扩张和升级,地方政府与企业的战略合作,推动了行业信息化应用市场的拓展、促进了业务结构的调整。互联网的飞速发展更是各种资本和社会力量共同推动的结果。

当前,以互联网为核心的技术产业变革加速电信转型,行业体制面临深入转变的紧迫压力。面向未来,电信业要进一步深化改革,逐步形成适应产业技术发展、职责清晰、协调有力的新型监管体系,建立完善科学的监管规则体系和监管程序。进一步完善运营体制,基本形成均衡有效的竞争架构和公平有序的竞争环境,为行业持续健康发展提供有力保障和强大动力。

（审稿人:刘杰;执笔人:林啸）

电信行业监管

新世纪以来,我国电信行业准确把握产业技术变革规律和发展机遇,主动履行经济社会发展赋予的新使命和新要求,持续推动行业改革重组和市场开放,不断取得新的突破和跃升。目前,已建成全球最大信息通信网络,电话用户和互联网网民规模均位居世界首位。与此同时,我国电信行业紧密跟踪国际监管趋势,建立健全电信监管法规制度,不断完善部省两级行业监管体系,持续推动市场公平有序竞争,推动行业转型升级与持续健康发展。

一、加强和改进电信行业监管日益重要

近年来,信息通信领域技术创新活跃,特别是以互联网为核心的产业技术变革推动电信业全面转向综合信息服务大行业。电信业自身在向宽带化、移动化、智能化和泛在化加速演进的同时,更与产品制造、软件开发、数字内容、信息技术服务等深入交融、深度集成,不断涌现出新的融合型业务和业态,跨行业市场竞争加剧,通信业的内涵和边界急剧扩展。面对新形势、新问题、新要求,为增强行业自主创新能力,提升电信企业的竞争能力,促进基础电信业及产业链上下游协调健康发展,需要遵循产业发展规律,进一步深化电信体制改革,加强电信行业监管,以监管促发展,优化资源配置,更好地服务于国家两化融合战略、推动社会消费升级、服务社会民生和提升公共服务管理水平。

作为国家战略性基础设施,电信网尤其是宽带网络正深刻影响和改变着人类社会的生产生活方式,并成为全球主要经济体提振经济、推进发展方式转变和提升国家长期竞争力的战略基石。传统电信网络为中心的封闭模式,正面临以互联网和终端为中心开放模式的巨大挑战。尤其是在互联网、物联网、移动互联网及云计算等技术浪潮的不断冲击下,传统电信企业被管道化、边缘化的趋势日益明显。加大行业改革重组力度,完善行业监管体系,更加重视网络信息安全监管,对于深入贯彻落实科学发展观,着力提高自主创新能力,大力推进信息化与工业化融合,积极发展现代信息服务业,具有十分重要的意义。

二、健全完善电信监管体系和措施

十年来,电信行业监管紧紧围绕加快经济发展方式转变、全面建设小康社会的要求,主动适应产业技术变革,坚持以电信业的科学发展为主题,以保障网络与信息安全为基本要求,把开拓监管思路、创新监管模式和提升监管能力作为根本保障,着力推进通信服务全面普及和深化应用,着力推进网络优化和演进升级,着力推进技术业务创新和行业转型,着力促进公平竞争和保护消费者权益,全面支撑信息化与工业化深度融合和经济社会发展,为全面提高信息化水平奠定坚实基础。

(一)建立职责明确的电信监管组织体系,形成部省两级垂直监管体系

按照国务院批准方案,从2000年年底到2001年年初,各省、自治区、直辖市通信管理局相继成立,构建起以原信息产业部为主、部省两级的垂直监管体系,这为转变政府职能、实施政企分开和落实电信监管职能提供了体制保障。2008年,在整合发展改革委的工业管理有关职责、国防科工委除核电管理以外的职责、信息产业部和国务院信息化工作办公室的职责的基础上,组建工业和信息化部,为深入推进工业化和信息

化融合,实施新一轮电信体制改革,不断加强监管体系建设,让广大人民群众充分分享电信行业发展改革的成果提供了体制保障。

(二)建立适应新形势要求的监管职能体系

健全的法律环境和公正透明的监管规制,对于规范市场秩序,改善外商投资环境,保障竞争有效和有序进行是十分必要的。以 2000 年出台的《电信条例》为核心,我国已建立起业务许可准入、电信资费、互联互通、服务质量、电信设备管理、电信资源管理、网络建设、网络和信息安全等电信监管职能体系。同时,按照 WTO 相关文件和国际电信业市场的通用规则,建立一整套适应 WTO 规则和中国国情、符合市场经济要求的行业规制和竞争规范制度,保障电信行业监管有法可依。

(三)着力夯实基础网络,推进技术、业务、商业模式和管理机制创新,扩大普及、深化应用,优化发展环境,维护消费者权益,不断提升我国互联网发展水平

大力创新应用体系,培育发展互联网新兴业态。推进互联网经济领域的广泛应用与综合集成,完善互联网社会信息化服务平台,全面支撑经济社会发展。推进整体布局,向下一代互联网发展演进。突破关键技术,夯实核心基础产业。完善和强化市场监管体系建设,建立健全互联网用户权益保护机制,打造诚信守则的互联网市场环境。健全制度手段,强化互联网基础管理。加强体系建设,提升网络与信息安全保障能力。

(四)面向全业务运营时代,强化竞争行为监管,建立公平、公正、有效、有序的市场竞争环境

2003 年 8 月,国务院办公厅转发了信息产业部、发改委等六部委《关于进一步加强电信市场监管工作的意见》,从法律、经济、技术、行政等方面提出了对电信市场综合治理的意见。2009 年 5 月,工业和信

息化部下发《关于规范当前电信市场秩序的意见》,当年 12 月下发《关于进一步落实规范电信市场秩序有关文件精神的通知》,两个文件均针对电信市场中损害用户合法权益的热点、难点问题,以及各类不正当竞争行为,提出了明确的监管意见。2011 年 6 月,专门发布《关于规范基础电信运营企业校园电信业务市场经营行为的意见》,就校园营销中可能出现的不正当竞争手段,如签订排他性协议、在宣传中诋毁竞争对手等行为提出了详细规范要求,持续推动形成有效竞争的市场环境。

(五)实施电信重组配套监管措施,推动电信市场竞争,并扶持 TD—SCDMA 产业发展

为配合新一轮电信体制改革,出台了一系列监管措施。其一,实施宽带业务不对称准入监管政策。2009 年 12 月,工业和信息化部出台《关于进一步落实规范电信市场秩序有关文件精神的通知》,明确现阶段中国移动各地公司不得经营有线宽带业务和国内通信设施服务业务(TD—SCDMA 网络元素出租出售除外)。有线宽带业务和国内通信设施服务由中国移动集团授权铁通公司经营。这一政策为中国电信和中国联通赢得了宽带发展窗口,成为推动市场结构均衡化发展的重要举措。其二,实施差别结算政策,兼顾推动市场竞争和扶持 TD—SCDMA 双重目标。2009 年 12 月,发布《关于公用电信网网间结算调整问题的通知》,将网间短信的结算价格由 0.05 元/条下调为 0.03 元/条,直接降低了中国电信和中国联通支付给中国移动的结算费用。同时为兼顾 TD—SCDMA 发展,针对 TD—SCDMA 网间本地通话出台优惠性结算政策。2009 年 12 月,发布《关于 TD—SCDMA 网络网间互联结算问题的通知》,规定在本地网范围内 TD—SCDMA 专用号段(157、188)用户呼叫其他公用电信网用户时,中国移动向被叫方归属的基础电信运营企业支付结算费由 0.06 元/分钟下调为 0.012 元/分钟,直接降低 TD—SCDMA 业务的结算成本,扶持 TD—SCDMA 发展。

（六）进一步修订完善国家通信保障应急预案体系，健全应急通信指挥体系，优化了应急处置和应急联动流程，为相关部门和活动提供重要通信保障

为适应当前应急通信保障形势的发展变化，工业和信息化部对近年来应急工作进行了认真总结，充分吸取了抗击冰冻雨雪、地震灾害以及历次重大活动通信保障的经验，修订发布《国家通信保障应急预案》，预案的指导性、适应性、可操作性更强。近年来，工业和信息化部抗击重大自然灾害及奥运会、国庆 60 周年、世博会、大运会等历次重大活动通信保障工作荣获多项表彰和荣誉。2010 年，工业和信息化部"上海世博会通信保障办公室"被中共中央、国务院授予"上海世博会先进集体"称号。

（七）以保障网络与信息安全为基本要求，着力推进网络优化和演进升级，更加重视网络信息安全监管

高度重视网络与信息安全，加强组织领导和统筹协调，强化基础性工作，加快推进电信网络的等级保护、风险评估、灾难备份等网络安全防护工作，建设网络安全监控手段，制定网络安全专项应急预案，加强网络安全监测预警和信息通报，认真做好网络安全事件的应急指挥协调工作，切实保障各项网络安全工作整体、规范、科学、有序地开展。

（八）持续实施村通工程，实现行政村通电话，进一步推进行政村通宽带

为适应农业、农村、农民日益增长的通信需求，推进社会主义新农村建设，原信息产业部在国家尚未建立电信普遍服务基金的情况下，探索出以"村村通电话"工程为核心的普遍服务工作机制，采用"分片包干"的方式，实现电话网在全国行政村的覆盖与普及。2004 年 1 月 16 日，原信息产业部下发《关于在部分省区开展村通工程试点工作的通知》，同时出台《农村通信普遍服务——村通工程实施方案》，"村村通电话"工程正式启动。截至"十一五"末,电信运营企业投资逾 600 亿元,为 7.6 万个行政村和 10.8 万个 20 户以上的自然村开通了电话、2600 多个乡镇开通互联网,使我国 100% 行政村通电话、所有乡镇基本具备互联网接入能力,80% 的行政村基本具备宽带接入能力,近一半乡镇建成信息服务站并基本形成县、乡、村三级信息服务体系。

三、电信监管工作成效和经验

近年来,在党中央、国务院的正确领导下,全国电信行业主管部门坚持以科学发展观统领全局,围绕经济社会发展大局,加大发展、改革、监管、服务等各项工作力度,促进了电信行业持续快速健康发展。具体表现为,电信监管体系不断完善,依法管理的水平与效能不断提高,电信业务收入和用户数飞速增长,市场竞争更加充分,资费大幅降低,服务水平显著提高。加大整治力度,电信市场竞争秩序明显好转。积极推进互联网的发展,加强互联网管理,进一步净化网络环境。服务工作机制逐渐完善,社会关注的服务热点问题逐步得到解决。电信资费的市场化形成机制初步建立,资费管理方式改革深入推进。2011 年电信业务综合资费同比下降 4.8%,通信业资费自 2005 年以来已经连续 7 年下降,整个"十一五"期间,我国电信资费总计下降了 41.93%。2001 年到 2011 年,全国电信业主营业务收入从 3719 亿元增至 9880 亿元,2011 年比上年增长 10%。用户数从 3.26 亿户增至 12.7 亿户(其中移动电话 9.86 亿户,3G 移动电话用户达到 1.28 亿户,而 TD 用户占 3G 用户比例达到 39.9%)。截至 2011 年年底,我国新增互联网宽带接入端口 4.4 亿个,在宽带业务市场发展方面,宽带接入用户达到 1.56 亿户,其中在 2 兆比特每秒以上的用户超过 84.4%,互联网网民规模达到 5.13 亿。固定、移动电话用户总数双双跃居世界第一,市场竞争更加充分,资费大幅降低,服务水平显著提高,改革发展进入新阶段。

同时,多年来电信监管工作也积累了宝贵经验。

第一，必须紧紧围绕经济社会发展和信息化建设大局，以监管促发展。近年来，全行业认真贯彻落实党中央、国务院的方针政策，把握大局，服务大局，电信业在国民经济中的地位进一步提高，作用进一步凸显，国际影响力和竞争力进一步提升，以电信监管促进行业发展。服从于大局，服务于大局，是我们行业发展和监管的基础、目标和方向，必须时刻牢记、始终坚持。

第二，必须坚持改革开放，为电信行业发展提供强大动力。按照经济体制和行政体制改革要求，坚持统筹兼顾，积极稳妥地推进优化电信市场竞争格局、改革电信资费管理方式、深化电信体制改革，释放行业活力和潜力，推动产业持续快速发展。坚持"引进来"与"走出去"相结合，产业发展活力不断增强，不断拓展发展空间。一是积极推进政企分开、转变职能，构建合理有效的监管体制，为市场竞争与发展提供良好保障。二是破除垄断、引入竞争、推动基础电信企业上市与重组，构建全业务市场竞争格局，激发企业活力与行业发展潜能，适应全球技术与市场环境的发展。三是稳步推进电信市场开放，增值电信市场形成了以民营资本为主、各类资本共存的竞争局面，大力促进增值业务与应用的创新与发展。改革开放是我们行业发展的鲜明特征，是积极应对市场化、国际化深入发展的必然选择，必须在实践中进一步深化和扩大。

第三，必须强化自主创新能力，为电信行业做大做强提供有力支撑。改革开放之初，跨越纵横制引入程控交换系统，大规模发展光纤通信，使我国通信业跟上全球发展步伐。在全球迈入数字移动通信时期，科学论证、果断决策，全面引入 GSM 制式，抓住了数字移动通信大发展的机遇期。在全球共同探索互联网发展和管理时，一面积极引导网络建设和应用创新，一面加强和完善管理，确保了我国互联网发展与全球基本同步。在通信产业已取得长足发展、基础条件日益成熟之际，发挥举国体制优势，大力支持和发展具有自主知识产权的 TD—SCDMA，并为新一代移动通信发展奠定了基础。增强自主创新能力，是积极应对世界科技进步和激烈市场竞争、赢得发展主动权的必然要求，是行业做大做强的关键所在,必须在今后工作中务实推进。

第四,必须坚持监管为民,依法监管,着力推进职能转变和管理创新。在电信监管工作中,坚持监管为民、坚持社会利益最大化,把维护人民群众根本利益作为一切工作的出发点和落脚点。严格按照法定权限和程序进行监管、履行职责,加强立法,规范执法。坚持"有所为有所不为",充分发挥市场机制的作用,综合运用法律、经济、技术和必要的行政手段。实践证明,这些思路是正确的,做法是行之有效的,提高了依法行政水平,促进了行业发展。要在今后的实践中进一步创新思路、完善措施、增强实效。

(审稿人:张新生;执笔人:杨璠)

3G 和 TD 发展

　　以 3G(第三代移动通信)发展为契机,我国牢牢抓住技术演进和市场发展的历史机遇,加快推动 TD—SCDMA(时分同步码分多址)发展,TD—SCDMA 已成为我国自主创新、发展战略性新兴产业的重要里程碑。自 2009 年我国发放 3G 运营牌照以来,3G 特别是 TD—SCDMA 取得了显著进步,不仅满足了人民群众对高速率移动通信的需求,而且带动了我国通信产业的跨越发展,培育形成较为完善的移动通信产业链,也为我国经济社会发展做出重要贡献。

一、我国自主创新 3G 技术 TD—SCDMA 的发展历程

　　TD—SCDMA 是我国通信业首个拥有自主知识产权的国际标准,其发展意义已经超过了技术本身,成为我国自主创新的重要标志。TD—SCDMA 发展可分为三个阶段。

(一)1998—2001 年为技术标准研发阶段

　　1998 年,在原邮电部科技司的直接领导下,电信科学技术研究院(现大唐电信科技产业集团)组织队伍,研究和起草符合 IMT—2000 要求的 TD—SCDMA 建议草案,并于 1998 年 6 月 30 日提交 ITU,成为 IMT—2000 的 15 个候选方案之一。2000 年 5 月,ITU 正式批准 TD—SCDMA 与 WCDMA、CDMA2000 并列为第三代移动通信国际标准之

一,实现我国电信发展史上重大突破。

(二)2002—2008 年为产业积累准备阶段

2002 年,TD—SCDMA 产业化开始启动。2002 年 10 月,原信息产业部公布 TD—SCDMA 频谱规划,划分了总计 155MHz 的非对称频段,为 TD—SCDMA 的发展提供重要的资源保障。推动成立了 TD—SCDMA 产业联盟,覆盖了从系统、芯片、终端到测试仪表的产业链各个环节,对协调各环节关系、推动产业全面发展起到了重要作用。2008 年 1 月,中国移动、中国电信、中国联通在北京、上海、天津、沈阳、广州、深圳、厦门、秦皇岛、保定、青岛市建成了 TD—SCDMA 试验网,并成功试运行。2008 年 4 月,中国移动在北京等 10 个城市启动 TD—SCDMA 社会化业务测试和试商用,为 TD—SCDMA 的产业化及规模商用奠定坚实基础。

(三)2009 年至今为 TD—SCDMA 规模商用阶段

2009 年 1 月 7 日,中国移动获得 TD—SCDMA 业务的经营许可,开始在中国的 28 个省会城市、直辖市和计划单列市全面建设 TD—SCDMA 网络,并于 2009 年 6 月建成并投入商业化运营。截至 2011 年年底,中国移动累计建设 TD—SCDMA 基站约 22 万个,基本实现了地级市、县级市和县城主要区域连续覆盖,用户达到 5121 万户,约占全国 3G 用户总数的 40%。

二、推进我国 3G 和 TD 发展的重点部署

2009 年 1 月,工业和信息化部适时发放了三张 3G 运营牌照,标志着我国全面步入 3G 时代。在国务院领导下,工业和信息化部联合相关部委制定出台了若干政策,采取有力措施,集聚社会资源和产业力量,大力推进 3G 特别是 TD—SCDMA 的发展。

1998—2001年	2002—2008年	2009年至今
技术标准研发	产业积累准备	TD规模商用
◆ 1998 年 6 月 29 日，原中国邮电部电信科学技术研究院（现大唐电信科技产业集团）向 ITU 提出了 TD-SCDMA 标准。该标准将智能天线、同步 CDMA 和软件无线电（SDR）等技术融于其中 ◆ 2000 年 5 月，TD-SCDMA 被 ITU 接纳为第三代移动通信国际标准 ◆ 2001 年 3 月 16 日，TD-SCDMA 标准被 3GPP（第三代移动通信伙伴项目）接纳	◆ 2002 年 3 月，大唐移动通信设备有限公司挂牌成立，拉开了中国 TD-SCDMA 技术全面产业化的序幕 ◆ 2002 年 10 月 30 日，TD-SCDMA 产业联盟在北京成立。TD-SCDMA 产业联盟的成员企业由最初的 7 家，发展到目前的 48 家企业，覆盖了 TD-SCDMA 产业链从系统、芯片、终端到测试仪表的各个环节 ◆ 2008 年 4 月 1 日，中国移动在中国北京、上海、天津、沈阳、青岛、广州、深圳、厦门、秦皇岛和保定等 10 个城市启动 TD-SCDMA 社会化业务测试和试商用	◆ 2009 年 1 月 7 日，中国政府正式向中国移动颁发了 TD-SCDMA 业务的经营许可，中国移动开始在中国的 28 个直辖市、省会城市和计划单列市进行 TD-SCDMA 的网络建设，于 2009 年 6 月建成并投入商业化运营 ◆ 截止到 2011 年年底，中国移动的 TD-SCDMA 的基站 22 万个，基本实现了地级市、县级市和县城主要区域连续覆盖。用户达到 5121 万户，约占全国总 3G 用户数的 40%

图 2-4　我国 TD—SCDMA 的发展历程

（一）推进产业协同，完善和壮大产业链

依托产业联盟，加强了一系列公共平台与机制的建设，不断强化产业发展合力，积极推动、吸收产业内众多企业参加 TD—SCDMA 产业化开发，打造形成了以国内企业为主的完整的 TD 产业链。主要措施包括：构建产业技术共享平台，加快企业间的技术合作；制定知识产权共享制度，促进企业间专利共享；创建开放试验室与公共测试平台，保障产业链上下游间及全系统的试验验证；协调联盟成员的一致性行动，承担共性技术开发，组织产业链进行市场推广；提升 TD 技术的整体形象，推动 TD 海外技术合作，最终推动 TD—SCDMA 的国内成功商用等。

（二）加强资金支持，推动 TD 研发和产业化

安排国家科技专项经费支持 TD 技术研发与产业化，在国家科技专项研究中设置了 TD—SCDMA 研发板块，针对芯片等薄弱环节及瓶

颈技术加大支持力度,大大降低了企业的投入风险。同时,积极引导社会资金加大向 TD—SCDMA 产业投入。

(三)完善监管政策,加快 3G 和 TD 网络建设

积极协调相关部委、地方政府及运营企业,推动电信基础设施的共建共享,大力支持 3G 和 TD—SCDMA 的网络建设。出台并细化了产业发展相关的资费、频率、结算及设备进网等配套政策。

(四)发挥企业主体作用,推动 TD 产业走向成熟

依托中国移动通信集团公司在移动通信领域丰富的网络建设与运营经验,加快 TD 规模商用。中国移动雄厚的资本实力和庞大的用户群体有助于 TD—SCDMA 的网络建设和大规模商用。在按规划部署网络建设的同时,企业还采取了有力措施,以市场化的手段培育市场需求、扶持和带动产业链相关企业发展。如中国移动推出"不换号、不换卡、不登记"的"三不政策",实现 TD—SCDMA 和 2G 网络兼容;实施了终端集采,提供终端补贴和研发资金,支持 TD—SCDMA 终端企业加快缩小与领先企业间的差距。

三、3G 和 TD 发展取得显著成效

经过几年努力,在政策大力支持和产业协同配合下,我国 3G 的发展基本实现了 2009 年确定的三年规划目标,3G 网络初具规模,形成了较为完善的移动通信产业链。

(一)3G 网络建设和用户发展初具规模

3G 网络建设取得阶段性进展。截至 2011 年年底,我国 3G 网络建设投资(含配套投资)达到 4556 亿元,3G 基站数量达到 81.47 万个。其中,中国移动 TD—SCDMA 基站 22 万个,中国电信 CDMA2000 1x

EV—DO 基站 26.95 万个,中国联通 WCDMA 基站 32.45 万个(如表 2-2 所示)。同时,3G 市场步入良性发展阶段。截至 2011 年年底,我国 3G 用户规模达到 1.28 亿户,用户渗透率达到 13%,突破 10% 的发展拐点。其中,中国移动 TD—SCDMA 用户 5121 万户,3G 市场占有率接近 40%,成功地实现了"三分天下有其一"的市场目标。目前 3G 对电信运营企业收入增长贡献率达到了 60% 以上,支撑 2011 年电信业收入增幅达到 10%。

表 2-2　我国 3G 网络建设情况

2011 年 12 月	3G 基站数	覆盖城市
3G 基站总数	81.47 万	
TD—SCDMA	22 万	基本实现了地级市、县级市和县城主要区域连续覆盖
WCDMA	32.45 万	全部城市和县城以及 3.2 万个乡镇
CDMA2000	26.95 万	所有地级以上城市和 97% 的县级城市

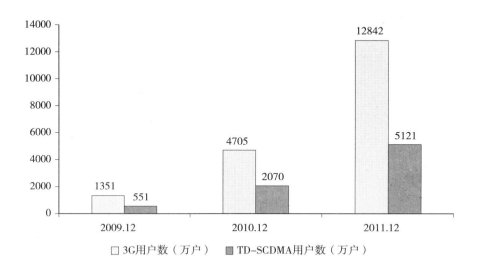

图 2-5　我国 3G 和 TD 用户规模

（二）推动了国民经济和社会的快速发展

3G 已广泛应用于能源、矿业、农业、物业、安保、社会管理等众多行业和领域。移动信息化的普及应用加快了不同产业间的相互渗透和融合，加速了产业升级改造步伐，为经济增长注入了内生动力。截止到 2011 年年底，我国 3G 发展直接投资 4556 亿元，间接拉动投资 22300 亿元；带动终端业务消费 3558 亿元，间接拉动社会消费 3033 亿元；直接带动 GDP 增长 2110 亿元，间接拉动 GDP 增长 7440 亿元。同时，增加了社会就业机会。截止到 2011 年年底，3G 直接带动增加就业岗位 123 万个，间接拉动增加就业岗位 266 万个。

（三）推动了我国通信领域的自主创新

TD—SCDMA 产业发展取得显著进步，自主创新能力大幅提升。TD 系统设备、芯片工艺水平均已接近产业先进水平，技术成熟度、系统集成度等方面和其他 3G 标准相当；TD 终端品种丰富，涵盖 200 多元低端手机、千元智能手机、数千元高端旗舰手机，能够满足高中低端用户的不同需求；测试仪表种类不断丰富；网络设备持续改善，网络管理能力大幅提升。同时，培育了大唐电信、华为、展讯等一批研发生产企业，形成了 TD 完整产业链，产业群体超过 300 家，专业技术队伍超万人。

（四）优化了电信市场格局

随着 3G 牌照的发放，我国形成了中国移动、中国联通、中国电信三家拥有全国性网络资源、全业务经营许可的市场竞争主体。中国联通、中国电信利用 WCDMA、CDMA2000 技术，大力发展 3G 业务，通信业增量市场和存量市场均出现新的变化，市场格局初显优化态势。截至 2011 年年底，中国联通、中国电信在新增移动用户市场中所占份额合计已接近 50%。

（五）带动了电信业务和终端的多元化、丰富化

3G 用户规模的快速增长，带动了业务的不断丰富，应用的不断深化。手机电视、手机阅读、无线城市、微博、微信等应用快速增长，移动支付、手机应用商店、移动位置服务等新业务形态不断涌现，推动了移动互联网的蓬勃发展。提升了用户上网体验，降低了移动互联网访问成本，促进了选择多元化。3G 终端更加丰富多样，截至 2011 年年底，累计核发 TD—SCDMA、WCDMA、CDMA2000 三种制式终端进网许可证分别达到 799 张、752 张、775 张。

（六）促进了行业转型的不断深入

3G 发展加速了行业服务从以固定通信为主向移动通信为主的变动，推动了以话音为主向非话音业务为主的迁移，促进了数据业务以固定为主向固定和移动并重的转变。到 2011 年，移动通信业务收入达 7162 亿元，占电信业务收入的比重上升到 72.5%；非话音业务收入 4598 亿元，占电信业务收入的比重上升到 46.5%，行业发展呈现出明显的移动化、非话音化趋势。

当前，尽管我国 3G 发展取得了阶段性成果，但推进整个 3G 产业科学、可持续发展的任务仍很艰巨，3G 网络的覆盖广度和深度尚显不足，3G 网络的应用和业务仍有待提高。下一步，通信行业主管部门将继续采取措施加快 3G 和 TD 的发展：一是巩固成果，提升 3G 网络建设服务水平。继续引导电信运营企业加快 3G 网络建设，支持网络平滑演进。二是提升 3G 产业链发展能力。继续研究政策，推动 3G 产业链、网络、业务的不断完善，引导产业链进行合理布局，增强 TD—SCDMA 产业持续发展能力。三是立足长远，统筹 3G 和 LTE（长期演进技术）协调发展，安排 3G 网络整体演进进程。积极推进 TD—LTE 扩大规模试验，大力推进 TD—LTE 产业研发和产业化，加快提高技术成熟度。

（审稿人：刘杰；执笔人：林啸）

互联网行业发展与管理

作为 20 世纪人类最伟大的发明之一,互联网推动着生产力、生产关系和生活方式的深刻变革,进而不断重塑经济社会的发展模式,成为推动国家发展、构建信息社会的重要基石。当前是我国全面建设小康社会的关键时期,抓住技术业务变革的历史机遇,全面提升我国互联网的自主创新和科学发展能力,加强互联网行业发展与管理,将有力推进信息化和工业化深度融合,形成推动经济发展方式加快转变、社会不断繁荣进步和人民生活持续改善的强大动力。

一、加强互联网发展与管理的重要性不断提升

互联网是全球经济发展中最有活力的领域之一,广泛而深入地推动产业优化升级,促进经济运行和交易方式的根本变革,改进社会公共服务,创新政府管理模式。当前,围绕互联网的全球战略布局加快,网络空间成为继领土、领海、领空和太空之后的重要新疆域,主要国家结合本国资源禀赋与核心优势,相继出台互联网国家战略和行动计划,加快构建现实世界与网络空间有机统一的国家综合竞争新优势。

互联网的移动化、融合化、平台化等趋势,正在开辟更深交融、更广交互、更高智能的发展新阶段。应用形态不断扩展,宽带移动、多媒体、智能搜索等将使互联网应用范围和信息智能空前提升,社会化网络和大规模交互式协同将不断扩大创新空间、加速创新步伐。应用模式不

断变革,云计算将深刻改变计算模式和信息服务模式,泛在感知、高速互联和智能处理技术的发展更将互联对象从人扩展到物。互联网发展形成的跨界融合将不断深入,推动通信、广播电视、软件等产业的深刻变革,更与传统产业加速融合集成,催生新业态和新市场。

互联网流量高速增长,要求网络带宽能力快速提升。网络形态发生深刻变化,以内容分发网络(CDN)、互联网数据中心(IDC)等为代表的互联网应用平台形成了新的应用基础设施,改变着互联网的流量分布和设施布局,对网络带宽的要求不断提高。下一代互联网的演进和技术前沿布局加快,各国加速向以IPv6为基础的下一代互联网演进过渡。互联网资源新的发展机遇显现,IPv6创造出巨大的地址空间,新通用顶级域名走向开放,中文域名等多语种域名不断发展。

网络与信息安全挑战更趋严峻。互联网上信息来源海量化,信息传播和聚合能力空前增强,信息内容形态和交互模式日益复杂,对不良信息的管理面临严峻挑战。以智能终端和应用商店为代表,网络、系统、终端、应用的安全问题相互交织,应用层和终端的网络信息安全问题越来越突出。云计算等新业态可以实现跨地域、虚拟化服务模式,带来大规模数据跨境流动安全等新问题。

全球互联网管理力度不断加大。国际社会积极探索适应本国的管理方式,在不断加强法制环境建设的基础上,针对网络与信息安全、个人隐私、青少年保护和知识产权等突出问题,加强政策调整和监管创新,加大管理力度和跨领域协作,强化经济、技术、法律等手段的综合运用,大力推动行业自律和公众监督,构建全方位的社会化治理体系。同时,国际社会正不断加强互联网管理的国际协同,通过国际多边和双边机制,加快探索网络空间国际规则的形成,以应对日益复杂的网络空间挑战。

我国互联网处在创新提升的重要关口。当前,全球互联网正处在快速变革的时期,各国在云计算、移动互联网、下一代互联网、物联网、三网融合等技术业务变革中面临的机遇和挑战相类似,这为我国在新时期互联网发展和国际竞争中加快创新、不断迈进提供了难得的历史机遇。经过多年快速发展,我国在国际互联网领域的影响日益增强,初步具备向更高水平发展的基本条件。我们必须主动适应经济社会发展的紧迫要求,把握互联网技术产业变革的趋势和规律,力争在新一轮互联网产业技术革命中赢得优势,为我国加快转变发展方式、迈进信息社会奠定坚实基础。

二、多措并举大力加强互联网发展与管理

十年来,通信行业主管部门深入贯彻落实科学发展观,紧紧围绕加快经济发展方式转变、全面建设小康社会的要求,以服务信息化与工业化深度融合、支撑经济社会发展为出发点,以保障网络与信息安全为基本要求,以实施科学管理、优化发展环境、维护消费者权益为根本保障,着力夯实基础网络,着力推进技术、业务、商业模式和管理机制创新,扩大普及、深化应用,不断提升我国互联网发展水平,为建设下一代国家信息基础设施和全面提高信息化水平奠定坚实基础。

(一)创新应用体系,培育发展互联网新兴业态

强化应用创新的引导与规范,大力发展生产性、民生性互联网应用创新服务,支持健康向上的数字内容应用。构建互联网应用创新生态体系,优化基础电信运营、互联网服务、内容提供及软件开发企业间互动发展格局,加强对中小企业特别是创新型企业的知识产权保护和服务。全面提升对互联网信息资源的深化利用,在保障安全和用户隐私的前提下提升信息整合、挖掘能力,创造和规范基于信息数据的新应用新市场。突破智能搜索、新一代 web 及浏览器、多媒体等互联网应用关键技术,加快互联网应用基础平台、操作系统的研发推广,构建基于互联网能力开放的应用聚合及业务创新体系。

（二）服务两化融合,全面支撑经济社会发展

重点推进互联网经济领域的广泛应用与综合集成。大力推进互联网在农村的应用,发展面向三农的互联网综合信息服务;积极推动金融、商贸、物流、旅游等服务领域的信息化改造和网络化经营,显著提升服务水平和附加价值,推动服务业高端发展和向现代服务业的优化升级;推动互联网与研发设计融合,构建网络化、协同化的研发设计体系。推动互联网与企业营销生产、经营管理融合,实现市场需求智能化感知和动态响应,建立高效协同供应链管理、营销管理和物流体系。同时,完善互联网社会信息化服务平台,加强互联网在教育、医疗、社保、人口等领域中的应用,提高公共服务效率和能力。完善政府门户网站和基于互联网的公共服务系统,支撑政府建设在线公共服务与政民互动的新技术新业务手段,推动提升互联网时代的政府公共服务和管理能力。以电子商务、网络创作、应用程序和新兴互联网服务等为重点,不断创造就业机会、降低创业门槛,促进高校毕业生创业就业,吸纳城镇新增就业人员,帮助农村就业人口实现"离土不离乡"。

（三）推进整体布局,向下一代互联网发展演进

大力推进互联网向 IPv6 的平滑过渡。制定国家层面推进方案,加快 IPv6 商用部署。以重点城市和重点网络为先导推进网络改造,以重点商业网站和政府网站为先导推进应用迁移,发展特色应用,积极推动固定终端和移动智能终端的 IPv6 支持,在网络中全面部署 IPv6 安全防护系统。加快 IPv6 产业链建设,形成网络设备制造、软件开发、运营服务、应用等的创新链条和大规模产业。同时,加快面向未来互联网的技术研发前沿布局,建设支持互联网网络和应用领域科学研究、技术研发和产业化的创新试验环境,以解决网络可扩展性、安全、质量和能耗等问题为重点,开展未来互联网理论研究和技术攻关,在创新性体系架构和重大关键技术上取得突破,适时开展应用示范。

（四）突破关键技术，夯实核心基础产业

抓住机遇突破互联网相关高端软件和基础软件核心关键技术。重点支持移动智能终端操作系统、网络化操作系统平台、智能海量数据资源中心等新兴网络化基础软件研发与产业化，支持面向互联网新兴业态的关键应用软件和信息技术支撑软件研发及产业化。加快高端服务器和核心网络设备产业发展，研发高并发性、高吞吐量、高可靠性、高容错性的高端服务器和高处理能力、低成本、低能耗的超级服务器，研发低能耗高端路由器、大容量集群骨干核心路由器和虚拟化可编程路由器等核心网络设备。加强核心芯片设计制造能力，研发低能耗高端路由器芯片、高速接入设备芯片，以及支持下一代网络的智能终端芯片等核心器件。

（五）完善监管体系，打造诚信守则的互联网市场环境

大力强化市场监管体系建设，逐步建立互联网服务企业信誉记录、评估与公示制度。完善市场规则和争议协调处理机制，规范互联网信息服务活动，理顺产业链上下游关系，维护公平、公正、有序的市场秩序。完善覆盖应用、接入、网络基础设施和资源各层的市场监测体系，逐步建立互联网市场分级预警机制。建立健全互联网用户权益保护机制，建立互联网用户权益保护协调处置机制，完善面向用户权益的互联网服务质量和服务规范指标体系，加强用户个人信息保护，明确互联网服务提供者保护用户个人信息的义务，制定个人信息保护标准。

（六）健全制度手段，强化互联网基础管理

完善互联网资源发展和管理制度。进一步推动 IP 地址的申请，鼓励推广使用 IPv6 地址。建立健全 IP 地址管理制度，统筹规划 IP 地址资源的申请、使用和协调。优化域名产业发展政策，规范和引导域名产业健康有序发展。完善域名注册管理办法和注册流程，探索建立域名解析服务标准和市场管理制度，提高域名解析服务质量。加强技术手

段研究和技术平台建设,建设完善网站备案、IP 地址、域名等互联网基础资源管理系统,进一步提高 IP 地址分配使用备案准确率和域名实名注册率。

(七)加强体系建设,提升网络与信息安全保障能力

大力加强网络与信息安全管理,深入推进安全等级保护、安全评测、风险评估等基础工作,加大网络安全监测、冗余备份等安全基础设施建设力度,加强对增值电信业务、移动互联网和智能终端的网络安全监管工作。探索建立互联网新技术新业务信息安全评估体系,提高安全防范和处置能力。加强互联网网络安全的应急管理能力,健全工作机制、贯彻和完善工作预案,提高重大活动保障和突发事件应急处置能力。持续推进公共网络环境治理,组织开展网络安全联合应急演练,加强重要联网信息系统的安全监测。

三、互联网发展与管理取得积极成效

经过 20 世纪 90 年代以来的高速发展,我国互联网迅速崛起,已成为国际互联网发展重要组成部分,国际影响力和竞争力日益显现,更已全面渗透到生产建设、经济贸易、科技创新、公共服务、文化传播、生活娱乐等各个领域,成为经济社会发展的新型平台与变革力量。

(一)我国已成为互联网大国

历经多年发展,我国互联网已成为全球互联网发展的重要组成部分,国际影响力和竞争力日益增强。一是用户规模世界第一。截至 2012 年 6 月,网民数达到 5.38 亿人,普及率 39.9%;手机网民增长迅速,达到 3.88 亿,超过台式电脑网民的 3.8 亿。我国建成全球规模最大的互联网基础设施,通达所有城市和乡镇,3G 网络覆盖大部分城市与乡镇,固定宽带接入端口近 2 亿个,居全球第一。二是我国互联网的

业务应用基本与全球先进水平保持同步。近几年,社交网络、微博客、电子商务、移动互联网等成为全球发展最快、影响最广的应用领域。我国互联网在模仿创新的同时,也发展了一些独特的应用,如阿里巴巴基于诚信记录的支付宝模式,腾讯在虚拟商品方面的创新,百度的搜索及多种应用服务等,其中,若干家互联网企业具备了相当的国际影响力。按市值计算,百度和腾讯进入了全球互联网企业市值前五位。互联网设备制造业不仅满足国内发展需要,还实现了海外拓展,华为公司高端路由器产品的市场份额已跻身全球前三。三是互联网标准和技术领域的国际话语权持续提升。在下一代互联网领域,我国已建成全球最大的 IPv6 示范网络,并在网络建设、应用试验和设备产业化等方面取得阶段性成果,面向未来的下一代互联网新型架构研发稳步推进。在国际标准制定方面,我国主导完成或署名的请求评论稿(RFC)标准已有46 个,涉及互联网路由、网际互联、安全等核心技术领域,国际影响力明显增强,长期跟随国外的被动局面正在逐步得到改观。

(二)互联网在我国经济社会发展中的地位和作用更加突出

互联网已渗透到国民经济和社会的各个领域,成为经济发展与社会运行的基本要素,推动传统产业结构调整和经济发展方式转变,并深刻改变着人民生活和社会管理。从互联网推动工业转型升级看。互联网深入应用于工业产品研发设计、生产控制、供应链管理、市场营销等环节,通过信息交互和网络协同改变了生产、管理和销售方式,优化了资源组织、业务流程、企业管理和产业链协同,推动了以精益生产、绿色制造和服务化为方向的工业转型升级。一些传统制造企业利用互联网进行大规模客户定制,降低了供应链成本并实现柔性制造。从互联网改造提升传统农业看,截至 2010 年,建成涉农网站近 2 万个,乡镇信息服务站 2 万多个,通过生产和市场信息的及时传递、交流,增强了信息和知识要素在农业生产中的作用,提升了土地、生产资料和资金等传统生产要素的使用效能,形成了具有现代化特征的农业产业链,推动了现代农业的发展。从互联网推动服务业现代化看。互联网在物流、商贸流通、金融行业的应用,促进了传统服务业向现代服务业转型,推动形成了现代物流、网上银行等现代生产性服务业。2011 年电子商务交易总额达 5.8 万亿元,2007 年至 2010 年间网络零售交易额年均增速是同期社会消费品零售额增速的 5.7 倍。互联网在医疗卫生、教育、旅游、娱乐等传统领域的应用,也有力地推动了民生性、消费性服务业的发展。从互联网推动社会公共服务创新看。互联网已成为政府行政管理和社会公共服务的基础平台,有效提升了政府监管能力和行政效率,改善了公共服务,促进了政务信息公开和政府职能转变。我国 97% 以上的中央政府部门、100% 的省级政府和 98% 以上的地市级政府部门开通政府门户网站,工商注册、申报纳税、社会保障等社会服务实现在线提供。互联网也推动了政府管理和公共服务水平的提升,促进了文化传播和社会交往方式的变革创新。从互联网促进文化发展看。互联网深刻改变了文化传播模式,已成为宣传社会主流思想、传播先进文化的重要平台。从互联网促进社会就业、创业看,互联网创造了大量具有一定知识含量的就业机会,弥补了由于社会生产力提升带来的传统就业岗位的损失,为有志于创业的人群提供了广阔的空间,促进了就业结构的优化,2010 年互联网服务企业直接从业人员接近 80 万。通过网店方式有上百万人在经营着自己的事业,有更多人正投身于互联网带来的科技浪潮中,努力实现着自己的梦想。

(三)互联网管理得到加强

各相关部门认真贯彻落实中央部署和要求,"齐抓共管、分工负责"的互联网管理格局初步形成。工业和信息化部切实履行互联网行业管理职责,坚持发展与管理并重,在加快发展的同时,加大管理力度,为行业健康发展提供了有效保障。法制建设方面,初步形成了以《电信条例》和《互联网信息服务管理办法》为核心,《互联网域名管理办法》、《互联网 IP 地址备案管理办法》、《非经营性互联网信息服务备案管理办法》等10余部部门规章为支柱，一系列行业规划、政策、标准为基础的互联网管理法规框架，基本覆盖了互联网业务的市场准入、互联互通、资源管理、服务质量等各主要环节。基础管理方面，加强网络资源管理，推进域名注册实名制，初步建立起2家域名注册管理机构、82家域名注册服务机构的域名注册服务体系，". cn"实名率达到98%。加强网站准入管理，逐步完善网站实名制，网站备案率达到99%。加强接入服务管理，强化接入企业责任，探索建立接入企业信用制度。维护互联网市场秩序，及时有效处理市场纠纷事件，规范互联网市场行为，维护用户权益。加强移动智能终端管理，开展手机内置信息服务跟踪检查，推进移动智能终端标准研究，建立移动智能终端安全评估管理制度。加强互联网网络管理，优化网络架构，改善网间互联互通，加强网络运行安全保障，提高网络通信质量。净化网络环境方面，针对社会反映强烈、百姓关注的网络淫秽色情和低俗信息、非法网络公关、网络传销、网络诈骗、网络制售假冒伪劣商品和侵犯知识产权等突出问题，积极组织和参与专项整治行动，配合有关部门，依法处理违法违规网站和信息。

（四）网络与信息安全管理有效加强

多年来，工业和信息化部按照党中央、国务院要求，认真履行维护国家网络与信息安全的职责，坚持一手抓发展、一手抓安全，发展和安全并重，切实维护好国家网络与信息安全。法规和标准制定工作深入推进。颁布出台《通信网络安全防护管理办法》、《基础电信企业信息安全责任管理办法》、《公共互联网网络安全应急预案》等10余部部门规章和规范性文件，基本覆盖了网络信息安全管理的各个主要环节。制定颁布"电信网和互联网安全防护系列标准"、"绿色上网系列标准"等120余项通信行业安全标准，初步形成了覆盖安全管理、手段建设、特殊通信等领域的行业管理和技术标准体系。管理工作不断加强。以落实企业网络信息安全责任为切入点，通过监督检查等手段，督促基础电信企业和互联网企业加强网络信息安全管理。积极推进互联网新技术新业务网络信息安全评估。采取有效措施,加强对即时通信、搜索引擎、社交网站等新业务管理。组织实施通信网络安全防护检查,指导督促电信企业和互联网服务企业开展安全评测和风险评估,有效提升了通信网络安全防护水平。加强网络信息安全应急管理,完善应急工作机制,定期组织开展大规模应急演练。持续开展木马和僵尸网络打击行动。圆满完成重大网络与信息安全保障任务。加强组织领导,发挥通信行业技术、人才和资源优势,先后组织完成了党的十七大、北京奥运会、国庆 60 周年、上海世博会、广州亚运会以及中央领导同志在线访谈等多项重大活动网络信息安全保障任务。行业自律不断加强。充分发挥中国互联网协会、中国通信企业协会等行业协会和自律组织作用,指导成立通信网络安全专业委员会、中国反网络病毒联盟等行业自律组织,组织签署抵制恶意软件等一系列行业自律公约。强化社会监督,深入开展网络违法不良信息举报受理和奖励工作,3 年来累计受理各类举报超过 28 万件次。

（审稿人:张新生;执笔人:裴玮）

三 网 融 合

　　三网融合是指电信网、广播电视网、互联网在向宽带通信网、数字电视网、下一代互联网演进过程中,其技术功能趋于一致,业务范围趋于相同,网络互联互通、资源共享,能为用户提供话音、数据和广播电视等多种服务。加快推进三网融合,是党中央、国务院作出的战略部署,是培育战略性新兴产业的重要任务,有利于迅速提高国家信息化水平,推动信息技术创新和应用,满足人民群众日益多样的生产、生活服务需求,拉动国内消费,带动相关产业发展,形成新的经济增长点;有利于更好地参与全球信息技术竞争,抢占未来信息技术制高点;有利于创新宣传方式,扩大宣传范围,促进中华文化繁荣兴盛。近年来,工业和信息化部认真贯彻落实党中央、国务院决策部署,稳步推进三网融合取得积极进展。

一、三网融合的背景

　　三网融合是现代信息技术融合发展的必然趋势,是信息产业进一步发展的内在需要,是国民经济和社会信息化的迫切要求。新世纪以来,信息技术的 IP 化、宽带化、多媒体化使三网融合成为全球趋势。美国、加拿大、日本、韩国、澳大利亚、欧盟大多数国家和地区均开放了有线电视和电信市场,允许双向进入,使电信、广电业务领域得到拓展,并取得快速发展。据 Point Topic 统计,截至 2012 年一季度,全球 IPTV 用户达到 6560 万,宽带接入用户超过 6 亿,其中 1/5 为基于有线电视网的宽带接入用户。

党中央、国务院高度重视三网融合。早在三网融合试点正式启动之前,国家就明确了三网融合的发展方向,国民经济和社会发展"十五"、"十一五"规划和《2006—2020 年国家信息化发展战略》《关于鼓励数字电视产业发展若干政策的通知》等一系列政策文件为推进三网融合提供了支持。工业和信息化部先后出台了系列政策措施,引导电信企业进行宽带网络、3G 网络建设,实施"光进铜退",为推进三网融合奠定了网络基础。电信企业与广播电视播出机构在部分城市合作开展IPTV、手机电视业务试验,探索形成了"上海模式"、"杭州模式"、"河南模式"等多种合作发展模式,一些地区的有线电视网络公司也开展了互联网接入等电信业务,受到了人民群众的欢迎,产生了积极的经济效益和社会效益,为在更大范围、更高层面推进三网融合积累了有益经验。

二、推进三网融合试点

2010 年 1 月 13 日,国务院常务会议决定加快推进三网融合,并成立了三网融合工作协调小组。2010 年 6 月,国务院办公厅公布了第一阶段 12 个试点地区(城市),启动三网融合试点工作。2011 年 12 月 31日,国务院办公厅公布了第二阶段试点地区(城市)名单,第二阶段试点启动,三网融合试点扩大到全国各直辖市、各省(区)的省会城市及其他符合条件的城市。试点地区党委、政府高度重视三网融合工作,均成立了由省(区、市)政府主要领导或主管领导担任组长的三网融合工作协调小组,制定了试点实施方案,出台网络基础设施建设和业务发展等计划,采取得力措施,引导试点企业加快相关网络建设和业务发展。

(一)积极推进广电、电信业务双向进入

广电、电信业务的双向进入是三网融合的核心工作,既是重点,也

是难点。国务院推进三网融合的总体方案确定了有限双向进入的工作思路,即三网融合双向进入业务从有限进入开始,循序渐进,最终实现完全双向进入,使双向进入的操作性大大增强,消除了影响三网融合推进的主要障碍。工业和信息化部与广电总局等有关部门加强沟通,密切协作,共同指导试点企业开展三网融合各项工作,并就系统对接、双向进入业务许可发放、安全评估、扩大试点等重点问题反复磋商,取得一致意见。目前,电信企业和广电播出机构已基本完成了网络和相关业务系统建设,具备了合作开展业务的条件。工业和信息化部与广电总局于 2011 年 12 月正式启动双向进入业务许可申报和审批工作,相关准备工作已基本就绪,将尽快完成许可发放。广电播出机构、电信企业已分别完成了 IPTV 集成播控平台、传输分发系统的建设,完成了系统对接、全流程业务验证等前期工作,并在业务推广方面取得积极进展。截至 2012 年 5 月,国内 IPTV 用户达到 1700 万,同比增长超过 80%,其中试点地区用户接近 1000 万;手机视频签约用户达到 4700 万,与上年同期相比翻了一番。第一批试点地区(城市)有线电视网络公司均开展了宽带接入业务。

(二)加强网络建设改造和统筹规划

三网融合对电信、广电企业加快网络建设改造具有明显的促进作用。2010 年 4 月工业和信息化部联合相关部委下发了《关于推进光纤宽带网络建设的意见》和《关于推进第三代移动通信网络建设的意见》,引导推进光纤宽带和 3G 网络建设。电信企业加大了网络升级改造力度,加速推动光进铜退,基本完成了 IPTV、手机电视业务支撑平台系统的建设改造,具备了与广电视频流对接实现内容加载的业务能力。为进一步促进网络基础设施升级和融合业务发展,工业和信息化部从 2012 年开始组织实施宽带普及提速工程,成立了宽带普及提速工程领导小组,联合发展改革委、财政部、住房城乡建设部等七部门印发了《关于实施宽带普及提速工程的意见》。2012 年一季度,全国新增光纤到户覆盖家庭超过1100万户,新增固定宽带接入用户755万户(其中4M及以上用户占48%),宽带接入用户总数达到1.58亿户。3G(第三代移动通信)网络建设超额完成了三年发展规划目标,3G基站总数达到87万个,3G网络已经覆盖全国所有地级以上城市和县城,以及部分发达乡镇,运行稳定。同时,在统筹规划和共建共享方面,工业和信息化部初步研究提出了三网融合环境下网络统筹规划和共建共享的原则,以及现阶段电信企业和广电企业共建共享设施的主要范围,并对相关协调机制、合作模式和管理办法进行了研究。

(三)强化网络信息和文化安全管理

随着网络和业务朝着宽带化、分组化的方向演进,网络逐步开放,业务能力逐渐复杂、内容流量激增、用户终端智能性提高,造成目前面临的网络信息安全形势更加严峻。为强化网络信息和文化安全管理,协调小组办公室成立了安全评估小组,负责对三网融合涉及的网络信息和文化安全问题进行研究并提出建议。工业和信息化部从责任落实、制度保障、工作机制建立以及新技术新业务发展管理几个方面初步建立了全方位的网络与信息安全保障体系。试点所在省市通信管理局、广播电影电视局分别建设并完善网络信息安全和文化安全管理系统,加强网络信息和文化安全管理。各试点企业按照同步规划、同步建设、同步实施的原则,建设并完善企业层面的网络信息和文化安全保障体系。

(四)推动产业发展

三网融合作为战略性新兴产业之一,在加快经济结构调整、促进经济增长方面具有重要作用。工业和信息化部对高性能网络和接入设备、智能电视、移动智能终端等新型产品及配套集成电路、关键元器件的研发和产业化给予资金和政策支持,引导企业开展技术业务应用示范工程,制定实施相关行业标准,鼓励产业链各环节加强合作,推动

IPTV、手机电视、互联网视频、数字家庭等业务应用快速发展,带动设备制造、数字内容等相关产业发展。试点地区也纷纷采取措施促进三网融合相关技术、产品研发和产业化。北京、上海、浙江等地区将电信网、有线电视网、第三代移动通信网的建设和升级改造作为重要基础设施项目纳入地区发展规划,予以优先安排;黑龙江省将三网融合技术研发和产业化列入战略性新兴产业发展指导目录,对交互数字电视、IPTV、多媒体终端、智能化家庭设备等产业研发生产给予贴息、无息贷款等扶持政策;湖南省将三网融合项目列为省重点工程,筹措资金1500万元支持技术创新。电信、广电、互联网、IT及家电等行业的企业发挥各自优势,在IPTV、手机电视、互联网视频、基于有线电视网络的互联网接入等领域加强合作,积极开展技术、业务和产业形态方面的创新,培育新的增长点,推动了技术创新基地、内容产业基地、业务应用示范基地的建立,促进了数字家庭、智能终端、高清互动电视、内容分发等设备市场的发展。2010年,三网融合终端和设备制造业实现销售收入约2000亿元。此外,三网融合的产业体系庞大,对经济的辐射和拉动作用十分明显。据国内研究机构测算,2011—2013年三网融合将带动投资消费近7000亿元,创造就业岗位超过20万个。

三、大力推进三网融合取得新进展

十年来,我国在三网融合领域开展的探索和实践,为后续全面推进三网融合提供了宝贵经验,奠定了坚实基础。下一步,工业和信息化部将进一步采取有效措施,积极推进三网融合。

(一)加快推进双向进入,形成新的产业发展空间

当前以电信和广电行业为代表的信息服务业面临着转型的重大挑战,需要通过寻求新的业务应用和经营方式来创造新的产业发展空间。双向进入启动以来,IPTV、手机电视、互联网视频、有线电视网宽带接

入等融合业务得到了快速发展。下一阶段,将充分发挥试点地区地方党委、政府的积极性,引导企业结合本地实际,加快 IPTV、手机电视等业务的发展,研究更大范围双向进入的可行性,为产业拓展新的发展空间,推动产业发展和转型。

(二)继续大力推进宽带网络建设,构建新一代信息网络基础设施

依托电信企业,大力推进宽带网络建设。通过加大光纤网络建设力度和升级提速,提高宽带性价比,推动互联网企业提升业务服务能力和水平,大力推广利用宽带网络的行业应用,加快构建宽带、融合、安全、泛在的下一代国家信息基础设施,促进宽带在国民经济和社会各领域的深入应用,推进信息化和工业化深度融合,形成支撑经济社会发展和科技创新的基础平台和强大动力。

(三)从标准、产品研发、政策出发,做好产业发展各项配套工作

做好融合类技术、业务标准的制定工作,推进自主知识产权技术标准的国际化,研究确定近期和中长期技术演进路线;通过国家专项带动对共性、关键性、基础性产品的研发和产业化,加大对产业链上游产品的支持力度,完善产业链并降低融合类业务和服务成本;培育公平开放的市场环境,鼓励企业研发和应用新产品;会同相关部门,抓紧研究出台扶持三网融合关键技术研发和产业化及推动网络建设、业务应用的财政、金融、税收、产业等政策,切实推动产业发展。

(审稿人:刘杰;执笔人:贺宁)

无线电管理

　　无线电频谱是稀缺的自然资源,是经济建设、社会发展和国防建设不可或缺的重要战略资源。无线电管理不仅事关经济、社会发展和国防建设,事关人民群众生命财产安全,还关系到国家安全和社会稳定。党的十六大以来,无线电技术应用日益广泛,台站数量急剧增长,电磁环境日趋复杂,各行各业对于无线电频谱资源使用的依赖度不断加深,无线电频率和卫星轨道资源的紧缺性日益突出。无线电管理机构深入贯彻落实科学发展观,紧紧围绕经济社会发展大局,积极探索新形势下无线电管理的机制、方法和途径,综合运用行政、法律、技术、经济等多种手段,为促进无线电业务的科学发展,推动经济发展、服务国防建设作出了新的贡献。

一、统筹保障经济社会发展和国防建设用频需求

　　多年来,我国无线电管理机构从国家大局出发,科学规划及配置无线电频率资源,统筹保障通信、民航、广电、交通、气象、渔业、铁路、航天、公安、安全、军队等行业和部门用频需求,为经济社会发展和国防建设提供了不可或缺的无线电频谱资源保障。结合我国无线电业务的发展需求和技术发展方向,先后完成了《中华人民共和国无线电频率划分规定》2006 年版、2010 年版的修订工作,满足了我国的实际需求并与国际频率划分规定接轨。开展了 3G、TD—LTE 系统、微功率(短距

离）无线电技术、各类无线接入、微波技术、RFID、超宽带（UWB）等频率规划和分配工作，有力地引导和促进了各类无线电技术在我国的发展和应用。协调解决高速铁路、中俄原油管道、新一代气象雷达网等国家重大工程频率需求，保证国家重大工程项目的顺利进行，为促进经济社会发展，服务国防建设作出了贡献。

二、大力加强无线电台站管理

　　各级无线电管理机构进一步规范无线电台站的设置、使用和管理，大力推进全国无线电台站数据管理制度化、规范化建设，不断加大对违法违规设台的查处力度，有效保证了各部门各行业无线电台站和业务的正常运行。在全国范围内开展了清理违法使用对讲机专项行政执法活动，取得积极成效。2006—2008 年开展的全国无线电台站数据清理登记工作，共清理验收各类无线电台站 212 万部，摸清了无线电台站数量和用频情况，为无线电台站的科学管理打下基础。从 2011 年 1 月起，在全国实施无线电台站数据月报制度，开展了台站核查工作，台站数据的完整性、准确性、实时性显著提高。截至 2011 年年底，我国已办理台站执照的无线电台站 266.78 万个，其中广播台站 2 万个，短波台站 2.03 万个，超短波台站 85.46 万个，集群基站 2754 个，公众移动通信基站 106.10 万个，固定无线接入台站 3.67 万个，微波接力站 3.43 万个，卫星地球站 7751 个。公众移动通信用户数已达 9.7 亿户。截至 2012 年 3 月底，在中国主管部门登记的在轨运行的静止卫星 35 颗，非静止卫星 19 颗。同时，无线电管理机构加强了对生产、进口无线电发射设备的管理，严格执行型号核准制度，做好在用无线电台站发射设备检测工作。2011 年检测机构陆续开通检测服务网上受理，并实现了手机型号核准和进网许可受理"一站式"服务，方便了企业办理业务。

三、开展边境无线电频率协调和
卫星频率轨道资源管理

　　边境无线电频率协调不仅直接关系到国家权益,也关系到我国通信、广播等事业的健康可持续发展。为维护我国合法权益,积极开展了边境地区无线电频率协调工作,先后与朝鲜、越南、俄罗斯、哈萨克斯坦和港澳等国家和地区进行了边境无线电频率协调会谈。特别是在中俄协调中,在最短时间内协调解决了中俄原油管道跨境微波通信、专用对讲等无线电通信系统的频率使用问题,为中俄原油管道的顺利开通奠定了基础。

　　为争取和维护好我国卫星频率轨道资源,先后向国际电联申报卫星网络资料2300多份,为我国各类卫星应用的顺利开展打下了重要基础。同时,为避免和消除各国卫星之间产生无线电干扰,我国依据国际规则,先后与数十个国家或政府间开展政府主管部门级协调会谈,有效解决了我国卫星与其他相关国家卫星之间可能出现或实际存在的相互干扰问题。围绕北斗全球卫星导航定位系统、载人航天工程等重大航天项目,无线电管理机构积极开展了相关卫星频率轨道资源的申报、协调、维护和登记等工作,为工程的顺利实施提供了保障。

四、加强无线电安全保障

　　近年来,无线电管理机构充分发挥无线电技术手段优势,不断加大对重要地域、重要业务、重要频段的无线电监测,及时消除干扰隐患,保障了各领域、各行业无线电使用安全,为促进经济发展,维护社会稳定发挥了重要作用。无线电管理机构会同民航、铁路等相关部门建立健全保护航空、铁路等重要行业无线电频率使用的长效机制,确保航空、铁路等重要频率使用安全;会同广电、公安等相关部门依法查处卫星电视接收干扰等各类无线电干扰事件,保证了人民群众正常收看卫星电视节目。在 2008 年北京奥运会、国庆 60 周年庆典、上海世博会、广州亚运会、深圳大运会、山东亚沙会等重大活动中,无线电管理机构大力协调保障活动用频,加强无线电监测、检测与监督执法,确保了无线电安全和活动的顺利进行;在四川汶川地震、青海玉树地震、舟曲泥石流、特大洪灾等重大自然灾害抢险救灾过程中,无线电管理机构及时启动应急预案,协调解决抗震救灾应急频率需求,为抢救人民生命财产提供重要的无线电安全保障。此外,在普通高考、研究生考试、国家公务员考试、司法考试、注册会计师考试等国家各类重大考试中,无线电管理机构配合考务和公安部门,积极防范和打击利用无线电设备作弊行为,有效保障了考试的顺利进行,维护了考试的公平公正。

五、积极开展无线电对外合作与交流

十年来,我国积极参与国际电信联盟、亚太电信组织等国际组织的各项工作和国际无线电规则的制定和修改,在无线电领域国际事务中的影响力逐步提升。世界无线电通信大会是制定国际无线电频谱管理规则的最高级别会议,我国参与水平明显提升,取得了一系列重大成果。在 2007 年世界无线电通信大会上,经我代表团艰苦努力,成功地将 2300MHz—2400MHz 频段确定为 IMT 的国际划分频段,实现了全球统一划分,为我国 TD—SCDMA 后续技术发展谋求了更大的国际发展空间,2012 年世界无线电通信大会上,我国推动大会将卫星无线电测定业务(空对地)在 2483.5MHz—2500MHz 上作为主要业务在全球范围内进行划分,为北斗卫星导航定位系统将来在全球范围的推广和应用创造了有利条件,维护了现有北斗系统的国际规则地位,还成功实现了对我国航空无线电导航相关系统使用频率的保护。在我国的积极参与和推动下,大会为空间研究业务、气象相关业务、雷达业务、水上移动业务增加的频谱划分,有利于促进我国气象、海洋、交通、空间科学等部门和领域无线电应用的发展。此外,我国无线电管理机构还积极与国际电联、亚太电信组织等国际组织,与美国、俄罗斯、加拿大、日本、韩国、巴西等国无线电主管部门开展双边或多边交流,不断拓展无线电频谱管理合作与交流新的领域和空间。

六、不断提升无线电管理水平

十年来,我国无线电管理机构不断加强统一领导下的无线电管理和整体组织协调能力,形成无线电管理合力。同时,适应无线电管理工作需要,大力推进法制建设、技术手段建设及人才队伍建设,不断提高无线电管理水平。

（一）加强无线电管理法制建设

"十五"以来,我国进一步加强无线电管理法制建设,逐渐形成了以《中华人民共和国无线电管理条例》（以下简称《条例》）为主体的无线电管理法律法规体系。2006 年施行的《中华人民共和国治安管理处罚法》对于违反无线电管理相关规定的行为规定了具体的处罚措施,2007 年颁布的《中华人民共和国物权法》首次在国家法律中明确规定了无线电频谱资源为国家资源的属性,2010 年发布的《中华人民共和国无线电管制规定》,为无线电管制的有效实施提供了法律依据。工业和信息化部积极推进《条例》修订工作,制定并发布了《建立卫星通信网和设置使用地球站管理规定》、《卫星移动通信系统终端地球站管理办法》等无线电管理方面的部门规章。各地积极开展无线电管理法制建设。福建、云南、江苏、山东、湖北、深圳、内蒙、广东和海南共 9 个省(区、市)制定了地方无线电管理条例,15 个省市出台了地方无线电管理规章。这些无线电管理法规、规章,为加强无线电管理工作提供了有力的法律依据。

（二）加快无线电管理技术设施建设

"十五"以来,我国进一步加快了无线电管理技术设施建设步伐,全国无线电管理技术能力和信息化水平得到明显提升。目前,全国已建成超短波固定监测站1024个,覆盖约15%的县级以上城市;建成了由9个短波监测站组成的全国无线电短波监测网,具备对欧亚大陆和太平洋地区常规短波信号的监测能力;建成了由北京、深圳卫星监测网组成的全国卫星监测网。截至2011年年底,建成了31个省(区、市)联网运行的全国无线电管理信息网,大部分省(区、市)建成了较为完善的无线电设备检测实验室,部分实验室的资质通过国际或国内相关机构的认证或认可。这些技术设施的建成,进一步提高了无线电管理工作效率,显著增强了无线电频谱资源管控能力,为及时排查无线电干扰、维护空中电波秩序提供了重要保障。

（三）扎实开展无线电管理宣传工作

十六大以来,随着无线电技术的广泛应用,电磁环境日益复杂。由于无线电频谱知识普及不够,社会各界依法使用频谱资源、依法设置无线电台站以及无线电安全意识不足,无线电干扰时有发生,危害合法无线电业务正常开展,威胁重要频率使用安全。全国无线电管理机构不断加大无线电管理宣传力度,着力提升社会公众遵守无线电管理法规的自觉性和依法用频、依法设台意识,积极倡导全社会共同关注和重视无线电频谱资源的开发和保护,共同维护空中电波秩序,取得了良好的社会宣传效应。工业和信息化部印发了《全国无线电管理宣传纲要(2011—2015年)》,于2010年、2011年和2012年连续三年召开了全国无线电管理宣传工作会议,印发了《全国无线电管理宣传工作实施方案》,在全国组织开展了"无线电管理宣传月"活动。各地结合《条例》和《中华人民共和国无线电管制规定》等无线电管理法规纪念日,开展了丰富多彩、形式多样的宣传活动。同时,各级无线电管理机构进一步建立健全无线电管理宣传工作机制、工作流程,加强无线电管理宣传阵地建设和人才队伍建设。各省(区、市)建立了无线电管理宣传工作站,加强了无线电管理门户网站建设,开展了内容丰富的无线电管理宣传工作培训,取得了积极成效。

(四)积极推进人才队伍建设和无线电管理基础性研究

十年间,无线电管理机构大力加强无线电管理人才队伍建设,不断增强培训的针对性和有效性,通过开展形式多样、内容丰富的培训和技术演练,进一步提高了无线电管理领导干部的业务素质和技术人员的业务技能,人才队伍的整体素质得到了显著提升,为做好无线电管理工作打下坚实的组织基础。同时,加强对无线电管理政策理论和基础性、前瞻性、战略性问题的研究,创新无线电管理发展思路,全面推动无线电管理工作的科学发展。

当前,我国正处于加快发展方式的关键时期,信息化和工业化深度融合,经济社会各领域信息化加快推进。无线电波成为各领域信息化过程中信息无所不在的唯一载体,无线电频谱资源更为稀缺,电磁环境日趋复杂。无线电管理机构在科学规划、合理配置无线电频谱这一稀缺国家资源,促进无线电业务可持续发展,维护良好的空中电波秩序,保障无线电频率使用安全等方面任重道远。全国各级无线电管理机构将继续深入贯彻科学发展观,围绕工业转型升级规划和《国家无线电管理"十二五"规划》的目标任务,按照"管资源、管台站、管秩序,服务经济社会发展、服务国防建设、服务党政机关,突出做好重点无线电安全保障工作"的总体要求,继续加强无线电管理工作的集中统一领导和整体组织协调,科学配置与合理利用无线电频谱资源,加强无线电台站和设备管理,维护空中电波秩序,做好无线电安全保障工作,加强无线电管理法制建设,为经济社会发展和国防建设提供有力的支撑和服务。

(审稿人:谢远生;执笔人:张虹)

网络与信息安全保障

进入新世纪,信息通信网络在国民经济和社会发展中的基础性、战略性、全局性地位日益突出,网络与信息安全问题已经成为关系国家政治安全、经济安全、国防安全、文化安全的重大问题。十六大以来,面对信息通信网络迅猛发展和复杂多变的国际国内形势,网络与信息安全管理部门以科学发展观为统领,坚决贯彻落实党中央、国务院一系列决策部署和文件精神,一手抓发展、一手抓安全,以维护信息化时代国家网络与信息安全为目标,创新发展思路,加大工作力度,加强制度环境建设,加强行业安全监管,落实企业责任,强化行业自律和社会监督,推进信息安全保障体系建设,全面提升网络与信息安全保障能力和工作水平,为支撑经济社会全面协调可持续发展发挥了应有作用。

一、深入推进政策法规和标准制定工作

坚持依法管理和标准先行。积极推动《电信法》等法律法规的起草和制定工作,颁布出台《通信网络安全防护管理办法》、《公共互联网网络安全应急预案》等 10 余部部门规章和规范性文件,基本覆盖了网络信息安全管理的各主要环节。制定颁布"电信网和互联网安全防护系列标准"、"绿色上网系列标准"等 120 余项通信行业安全标准,组织制修订了 160 项国家标准,初步形成了覆盖网络与信息安全管理各领域的标准体系。推动完善政策措施,国务院发布了《国务院关于大力

推进信息化发展和切实保障信息安全的若干意见》,对信息安全工作做了重要部署。明确了确保重要信息系统和基础信息网络安全、加强政府和涉密信息系统安全管理、保障工业控制系统安全、强化信息资源和个人信息保护、夯实网络与信息安全基础、加强网络信任体系建设和密码保障、提升网络与信息安全监管能力、加快技术攻关和产业发展的信息安全工作目标。

二、加强网络与信息安全监管

指导和督促电信企业建设必要的技术手段,提高网络安全风险防范和发现处置能力。"十一五"期间,网络与信息安全技术手段建设取得长足进步,为国家维稳反恐、打击违法犯罪、处置重大突发事件、开展信息内容监管和网络反窃密防泄密等工作提供了有力支撑。以落实企业网络信息安全责任为切入点,通过监督检查等手段,督促基础电信企业和互联网企业进一步加强网络信息安全管理。加强域名系统安全防护管理,完成国家域名系统定级备案,正式将国家域名系统纳入通信行业安全防护管理体系。积极推进互联网新技术新业务网络信息安全评估,建立和完善新技术新业务网络与信息安全巡查和报送制度。连续五年组织实施通信网络安全防护检查,指导督促电信企业和互联网服务企业开展安全评测和风险评估,有效提升了通信网络安全防护水平,切实增强了安全工作"预防为主"的意识,调动了全行业做好通信网络安全防护工作的自觉性和主动性。加强政府信息系统安全检查,自2009年起,每年组织对政府信息系统进行安全检查,查找安全漏洞,降低安全风险。加强网络安全应急管理,完善应急工作机制,定期组织开展大规模应急演练,全面检验和提高了网络安全应急处置和协同配合能力。进一步理顺和完善行业内外的应急响应机制,指导企业妥善处置了多起重大网络安全突发事件,赢得了主动,及时消除了不良影响。

三、持续推进网络环境治理

自 2009 年起,先后在全国范围内组织开展了"打击整治网络淫秽色情专项行动"、"依法打击手机淫秽色情专项行动"、"木马和僵尸网络集中治理"等一系列专项行动,有力净化了互联网网络环境。仅上海世博会和广州亚运会期间,累计清理 1000 余个境内外木马和僵尸网络控制端,有效减少了发生大规模网络攻击的风险。结合新技术新业务发展趋势,完善各关键环节的业务流程、制度规范,制定宽带网络接入管理规定,切实落实网站接入责任。建立网站黑名单联动管理制度和互联网行业管理跨省联动处置机制,对涉黄网站实施跨企业、跨地区联动处置。进一步强化技术手段建设、手机及互联网上淫秽色情等有害信息治理工作取得明显效果,建立了网络环境治理长效机制。

四、强化行业自律和社会监督

充分发挥中国互联网协会、中国通信企业协会等行业协会和自律组织作用,指导成立通信网络安全专业委员会、中国反网络病毒联盟等行业自律组织,组织签署抵制恶意软件等一系列行业自律公约。强化社会监督,设立了"12321 网络不良与垃圾信息举报受理中心",制定并向社会公布实施了《举报互联网和手机媒体淫秽色情及低俗信息奖励办法》,深入开展网络违法不良信息举报受理和奖励工作,建立了与基础电信企业的协同处置机制,加强对举报信息的梳理汇总和分析研判能力。2009 年以来,累计受理各类举报超过 39 万件次。实践证明,群众举报这种社会监督方式,对于查处各种违法有害短信息及网上违法有害信息发挥了十分重要的作用,有力促进了网络环境净化,维护了网络秩序。

五、积极参与网络与信息安全国际和区域合作

利用联合国、亚太经合组织(APEC)、东盟、上海合作组织、国际电信联盟(ITU)和互联网治理论坛(IGF)等开展了广泛的网络与信息安全国际和区域交流。加强地区间网络安全合作,与东盟成员国签订网络安全合作框架,与上海合作组织其他成员签署保障国际信息安全政府间合作协定。主动参与互联网名称与数字地址分配机构(ICANN)有关工作,扩大和争取我国在域名分配方面的话语权,成功将".中国"顶级域名入根并实现全球解析,初步打开中文域名发展局面。积极参加亚太地区计算机应急组织(APCERT)年会,连续当选 APCERT 副主席和指导委员会委员。

六、全力做好重大活动网络信息安全保障工作

圆满完成了历年"两会"、2008 年北京奥运会、2009 年国庆 60 周年、2010 年上海世博会、广州亚运会以及中央领导同志在线访谈等多项重大活动安全保障任务。一是以维护通信网络和重要信息系统安全为重点,制定完善工作预案,强化落实工作部署,先后组织开展安全测评、木马和僵尸网络专项打击、网络安全应急演练等,实行 7×24 小时监测预警和情况通报制度,保障活动期间通信网络和重要信息系统安全稳定运行。二是建立工作机制,形成工作体系,研究制定各项活动信息安全保障工作方案,加强信息安全监控并做好应急处置,圆满顺利地完成了各项保障任务。三是做好日常管理工作。配合教育部门做好重大考试期间的网上违法有害信息处置工作,截至目前共依法关停违法有害网站 44 个。会同中国人民银行开展打击利用短信息进行金融诈骗的专项行动。配合税务、公安等部门开展发票违法短信举报受理,并对利用手机、互联网传播的发票违法有害信息进行清理整治。

十年来,网络与信息安全保障走过了一条发展与管理并重的科学发展之路。信息化过程产生的安全威胁与风险,是发展中的问题,必须也只能通过发展去解决,不发展才是最大的不安全。切实维护网络与信息安全,要坚持走科学发展的道路,积极应对互联网不断创新、快速变化的客观现实,加强跟踪研究,创新工作机制,努力做到以安全保发展,在发展中求安全。要加强统筹协调,坚持"齐抓共管、分工负责"的管理体制。要综合运用法律、行政、经济和自律等手段,建立健全法律规范、行政监管、行业自律、技术保障、公众监督、社会教育相结合的管理体制,不断加强和改进网络与信息安全管理。要发挥企业的市场主体作用,加强行业自律和社会监督,督查企业切实落实网络与信息安全责任。

（审稿人:赵志国、胡啸;执笔人:姚志杰、张胜）

提升工业通信业对外开放水平

党的十六大以来,随着中国特色社会主义市场经济改革的深入,工业、通信业贯彻落实国家对外开放战略,积极融入国际产业分工体系,促进开放型经济水平不断提升。

一、工业出口大国地位稳固 贸易竞争力不断增强

十年来,我国充分利用财税、金融、产业政策的导向作用,积极调整产业结构,不断优化产品进出口结构。依据不同时期经济环境和产业发展情况,适时调整出口退税率,不断弱化劳动密集型产业的出口导向倾向,实现"两高一资"产业的"进口反替代",鼓励医药、电子信息等技术密集型产业出口。鼓励金融机构与企业集团合作,通过利率优惠、金融租赁、资金担保等模式,支持高新技术产品出口和关键装备的进口,不断改善进出口商品结构。同时,加入 WTO 以来,国际贸易争端日益增多,特别是 2008 年金融危机以来,贸易保护主义再度抬头,我国作为出口大国首当其冲成为针对对象。据商务部公布的数据,2010 年,我国共遭遇来自 19 个国家和地区发起的 66 起贸易救济调查案件,涉案金额高达 77 亿美元。贸易壁垒也由关税政策延伸至汇率政策、能源政策、知识产权保护、投资环境等宏观经济政策领域。针对这一情况,相关部门积极参与 WTO 谈判和处理贸易纠纷,积极参加双边(多边)贸易谈判,参加对其他成员国的 WTO 贸易政策审议,通过双边(多边)协

议的签订和WTO多数成员集体的呼声推动问题的改善与解决,切实维护我国产业发展和企业进出口利益。

从数量来看,目前我国工业出口大国地位日益稳固。2001年,我国工业制成品出口额为2398亿美元,到2011年,我国工业制成品出口额达到17980.5亿美元,比2001年增长6.5倍。工业制成品占总货物出口比重由2001年的90.1%提升到2011年的95%,提高了4.9个百分点,初级品在货物出口中的比重则从9.9%下降至5%。2010年,我国工业制成品出口额占全球工业制成品出口贸易的比重达到14.8%,成为世界第一大工业品出口国(欧盟27国不作为整体计算),在500多种主要工业产品中,有220种产量居世界首位。

从竞争力来看,我国工业领域贸易竞争力在不断增强。测算数据显示,我国工业领域贸易竞争力不断增强,从2001年到2011年(除2008年以外),工业制成品的贸易竞争力指数值(TC值)都在0.5以上,制造业整体贸易显性竞争优势指数(RCA指数)从2001年的1.21上升到2010年的1.43。

产品出口结构不断优化。劳动密集型产品出口放缓,高能耗、高物耗产品的出口得到有效控制,高技术含量和高附加值产品成为新的出口增长主体。2011年,机电产品、高新技术产品出口占出口总额的比重分别提高到57.2%和28.9%;彩电、手机、计算机等主要电子产品产量占全球出货量的比重分别达到48.8%、70.6%和90.6%,均名列世界第一。党的十六大以来,我国食品、钢铁、机械及运输设备等行业RCA指数不断增加,办公电信设备的RCA指数更是达到了2.5以上,表明我国的产品出口结构正在逐渐向技术密集型转变。

表 2-3　中国制造业及部分行业 RCA 指数

	2001 年			2010 年		
	中国出口额（百万美元）	世界出口额（百万美元）	RCA 指数	中国出口额（百万美元）	世界出口额（百万美元）	RCA 指数
钢铁	3152	131804	0.5564	39570	430827	0.887
食品	14222	443461	0.043	44168	1118680	0.1036
纺织品	16825	147443	2.6549	76900	250652	2.9628
机械、运输设备	94901	2481678	0.8897	781265	5082252	1.4845
办公电信设备	52263	840430	1.4468	449395	1602734	2.7077
制造业	235822	4511000	1.2163	1476906	9962004	1.4317

资源来源：WTO（世界贸易组织）。

贸易增长方式得到有效改善。2011 年，我国一般贸易进出口比 2001 年增长 7.58 倍，占进出口总额的比重由 2001 年的 44.2% 提高到 52.8%，加工贸易占进出口总额的比重由 2001 年的 47.4% 下降到 2011 年的 35.8%。

分行业看，2006 年，机械产品进出口首次出现贸易顺差，结束了新中国成立以来的逆差局面。2008 年，面临金融危机冲击，我国机械工业外贸顺差仍取得了 477 亿美元的历史最好水平。党的十六大以来，我国汽车出口开始加速，2005 年，中国汽车出口量首次超过进口量，达到 17.3 万辆，2003—2007 年年均出口增速达到了 94%，2010 年，汽车出口量达 56.62 万辆，首次进入全球前 10 名。电子信息产业进出口规模总体保持高速增长态势，2010 年，我国电子信息产品进出口贸易总额首次突破万亿美元关口，2011 年再攀新高至 11292.3 亿美元，比 2001 年的 1241 亿美元增长了 8 倍。

二、提高利用外资质量

党的十六大以来，我国以培育产业竞争力为原则，进一步加大工业通信业领域对外开放的深度和质量。工业领域，通过政策引导、发布招商目录、严格市场准入等手段,从"招商引资"发展到"挑商选资",引导外国资本投向新兴战略产业和低污染、低能耗、高附加值行业,促进外商投资使用新技术、新工艺、新材料、新设备,改造和提升传统产业,为产业结构调整升级服务。通信业领域,进一步扩大电信、计算机及相关服务领域开放,取消外商投资电信企业的地域限制,并降低了经营电信业务的注册资本最低限额。同时,顺应新一代移动通信技术产业发展的变革趋势,通过规划、政策引导和市场调节引导外资,为我国通信业企业的发展赢得了更加广阔的市场空间和发展机遇。

十年来,我国在利用外资规模和质量上得到了全面提升。2001—2011年,中国利用外商直接投资从468亿美元增加到1160亿美元,累计达到7691亿美元,居发展中国家首位,来华投资的全球500强企业超过480家。工业通信业成为利用外资的主要领域,2010年,规模以上外商及港澳台商投资企业实现工业增加值占全部规模以上工业企业的25%;吸纳就业人员2564万人,占全部规模以上工业企业的28%;出口交货值6.3万亿元,占全部规模以上工业的70%。同时,我国利用外资在加强技术创新、促进国内产业升级等方面取得巨大成果,各行业逐渐摆脱全球"产业初级加工厂"的地位,产业竞争力不断增强。汽车行业与外资的合作领域不断向产业链纵深发展,吸引外资从整车组装向零部件工业、在华建立研发中心发展,在国内形成了较长的产业链,使产业集聚效应和技术扩散效应不断增强,我国不但成为汽车生产第一大国,还涌现出吉利、奇瑞、福田等自主品牌,汽车产业成为我国重要支柱产业。纺织业是我国较早利用外资的行业,通过有效引进国外资金、先进技术和现代化管理,对提高纺织装备水平,加强自主品牌开发意识,推动技术进步和产业结构调整都起到了重要促进作用。2010年,纺织业一般贸易出口比重由55.5%提高到74.4%,加工贸易比重明显下降。纺织业一般贸易出口比重由55.5%提高到74.4%,化纤差别化率达到46%,比2000年提高了24个百分点,贸易增长方式和产业结构都获得显著提升。电子信息产业引进外资成果显著,"全球IT百强"基本均已在华投资,我国已经成为世界最大的电子信息产品出口国。

三、加快工业通信业企业"走出去"

党的十六大以来,我国加快实施"走出去"战略,积极培育企业国际化经营能力,不断增强工业通信业企业"走出去"实力。通过制定兼并重组战略,推动工业领域整合资源,培养各行业对外投资的龙头企业。发挥财税、金融政策的激励作用,通过减免税收、金融支持、财政补贴等手段,鼓励企业"走出去"创建国际化营销网络和知名品牌。支持和推动战略性新兴产业企业"走出去"开拓国际市场,鼓励新能源汽车、光伏等产业开拓发达国家市场,推动节能环保、生物医药等产业开拓亚非拉新兴市场。鼓励纺织、电子加工等传统优势产业向外转移,延长产业生命力。积极开展部际协调与合作,推动对重点国家的双边产业合作规划;为企业对外合作交流搭建平台,多层次、多渠道、多方式推进国际科技合作与交流;加大技术引进力度,鼓励工业通信业企业积极参加产业标准制定;制定对外投资指南,介绍国外情况;签订双边合作协议,保障我国对外投资企业在东道国的投资权益。通信业领域,特别是工业和信息化部成立以来,不断加强与各国的深层次、宽领域合作,通过大湄公河次区域信息高速公路建设、2007 年香港世界电信展、成功推选国际电联副秘书长等一系列成果,推动我国电信业参与国际事务的深度和广度。

十年来,工业通信业"走出去"步伐进一步加快。从 2002 年到 2010 年,工业企业对外直接投资共计 742. 79 亿美元,占对外投资存量总额的 23. 42%。近年来,工业通信业企业"走出去"步伐加快,从 2010 年对外投资情况来看,除采矿业有所下降以外,其他行业大类都取得飞速发展。其中,制造业同比增长 108. 2%,电力、煤气及水的生产和供应业同比增长 113. 7%,信息传输、计算机服务和软件业同比增长

82%。同时,充分利用国际国内两个市场、两种资源,积极培育企业国际竞争力、构建对外合作平台,工业通信业领域涌现了一大批"走出去"的优秀企业。中石油、中石化等企业的对外投资规模与范围不断扩张,足迹遍布主要新兴国家和部分发达国家;电子百强企业成为"走出去"的生力军,多家企业出口和海外经营收入占比超过一半,发展成为名副其实的跨国公司,华为、中兴已经步入全球电信设备提供商的一线阵营。对外投资模式也不断向高端发展,联想、吉利汽车通过企业并购,成功收购国外优质资产,不断做大做强自主品牌。

当前,国际国内经济形势都在发生深刻变化,工业通信业对外开放面临的经贸形势十分复杂。国际上,国际金融危机和主权债务危机的深层次影响还在发展。国内,劳工等成本上升和产业转型的阵痛还将持续。当前和未来一个时期,面对复杂的经贸形势,我们要继续坚定不移地走新型工业化道路,积极促进产业结构转型升级。要在推动工业通信业对外开放进程中,将国际化与工业化、城镇化、市场化密切结合在一起,要有步骤、有重点地推动技术密集型产业出口,转变贸易发展方式。要引导外资向劣势产业和产业链高端流动,提高利用外资的效率和技术扩散速度。要制定优势产业海外开发战略,建立健全"走出去"促进保障体系建设。

（审稿人：龚晓峰、曹建华;执笔人：吴中宝、江道辉）

组织人事工作

　　工业和信息化部是深化行政管理体制改革、推行大部门制改革的试点单位。组建之初，又正值应对国际金融危机、"汶川"特大地震、北京奥运会等大事难事，如何围绕中心、服务大局，扎实有效促进多部门的干部队伍融合，优化干部队伍结构，提高干部能力素质，是组织人事工作亟待解决的问题。面对上述情况，我们紧紧围绕大部门制的实际，以促进融合、推进发展为中心，选干部、建队伍、聚人才，积极营造"一条心、一盘棋、一股劲"的良好氛围，为加快促进两化融合、走新型工业化道路提供了有力支撑和保障。

一、打基础、促融合　营造心齐气顺劲足的良好环境

　　工业和信息化部组建以来始终把"深刻理解走中国特色新型工业化道路的历史使命"和"部情教育"作为干部教育培训的重要内容，开展大讨论，分析形势任务，统一思想认识，树立共同的信念、目标和志向，增强了干部队伍的凝聚力，激发了广大干部齐心干事创业的激情。同时，把制度建设作为重要的基础性工作来抓，按照切实际、可操作、重实效的要求，先后制定修订50多个制度办法，使组织人事工作方方面面都用一把尺衡量、按程序办事、依规矩执行，工作规范化水平不断提高。针对五地办公、两个服务局、两个离退休干部局、两个财务并存的状况，用两年多时间，在机构编制上成立了统一的机关服务局、离退休

干部局,实现财务统一管理和全体干部统一的津补贴标准。

二、改革创新　不断提高干部工作水平

深入贯彻落实《2010—2020 年深化干部人事制度改革规划纲要》,统筹谋划,分步实施,积极稳妥推进干部人事制度改革,为各项工作提供了有力的组织保障。积极探索通过"海推"的方式确定考察人选,扩大推荐范围,在司局正职岗位出现空缺时,由机关全体正司局以上干部进行投票推荐,保证了选拔质量,树立了正确的用人导向。积极探索对干部"德"的考察,在抗震救灾、奥运保障、处置"三鹿"奶粉事件等急难险重任务中,近距离、全方位地考察干部的德才表现,更好地发现和培养干部。坚持公正公开,在直属单位和部机关全面推行干部竞争上岗。2011 年和 2012 年,部机关先后拿出所有空缺的 8 个和 11 个副司局长岗位开展竞争上岗,全程公开透明,得到了干部群众的广泛认可。工业和信息化部组建以来,通过竞争上岗方式共选任直属单位局级干部 11名,机关司局级干部 8 名。加强干部监督,严格执行向上级主管部门报告干部选拔任用工作事项,认真受理部属单位干部选拔任用事项审批,坚持干部监督联席会议制度,做好干部任前征求意见、干部任前谈话和干部任期经济责任审计各项工作,做好部机关和直属单位干部选拔任用"一报告两评议",努力营造风清气正的良好环境。2011 年,工业和信息化部选人用人公信度比 2010 年提高了 10.41 个百分点,组织工作满意度提高了 7.49 个百分点。

三、畅通渠道　积极改善干部队伍结构

针对成立之初,机关近 1/5 的干部基层工作经历不足 2 年,其中"三门"干部 59 名的情况,把干部培养和下基层补课结合起来,大范围开展干部挂职锻炼。制定了"3 年选派计划",有计划、分步骤地选派干

部到基层挂职锻炼。经过近 4 年努力,共选派 113 名干部到基层锻炼,机关基层工作经历不满 2 年的干部减至 20 名,"三门"干部到基层锻炼工作基本完成。同时,坚持双向交流,接收 112 名基层干部到机关司局挂职交流,既密切了与地方的联系,也有力地支持了机关工作。为畅通干部交流渠道,积极推动干部交流轮岗,先后有 44 名副司局级以上干部在机关与部属单位间进行交流,74 名干部在机关司局间进行了交流,55 名干部在部属单位间进行了交流。为解决熟悉工业行业、两化融合复合型人才紧缺等问题,多方选调招录紧缺急需人才,先后选调了 50 多名同志到部机关工作,严格坚持公务员招录标准,开展了面向基层遴选公务员试点工作。围绕"十二五"规划、工业转型升级等中心工作,大力加强机关干部培训。先后开展了处级以上干部大规模轮训,并通过调训、高级研修班、自主选学等形式,对机关干部开展了培训。

四、量化标准　稳妥推进考核评价工作

按照推行政府绩效管理和完善干部考评机制的要求,积极创新考核办法,努力提高工作效能、促进协调配合、推动重点工作落实。从 2009 年开始,在部机关和直属单位实行目标责任制管理,按季度组织自查自评,年中总结点评,年底检查考核,逐一落实到具体单位和个人。实施以来,每年目标任务完成率都在 98% 以上。在目标责任制取得初步成效的基础上,2012 年开始在机关所有司局试行以关键业绩指标(KPI)为核心的绩效管理,开展多维度评估,将原有的近千项目标责任制精简为 118 项关键业绩指标,做到考核内容指标化、指标项目精简化、评价标准分级化,使组织考察有依据、干部努力有方向、群众监督有标准。积极摸索干部考核新方法,2011 年开始在部机关施行干部量化考核测评,正司局长实行三维度考核测评,其他干部实行单维度测评,加权计算年度考核成绩,为准确了解干部、强化考核结果运用、增强司

局间协作配合提供了重要依据。

五、突出重点　加强行业人才队伍建设

组织编制了《工业和信息化领域中长期人才发展规划纲要（2010—2020年)》和装备制造、信息产业、航空航天三个重点领域中长期人才队伍建设规划。以两院院士、"青年科技奖"人选、"百千万人才工程"、政府特殊津贴专家推选为重点,做好各类人才培养工作,推动一批人才脱颖而出。2008年以来,部属单位有8名专家当选为院士,11名专家被评选为"中国青年科技奖"专家、15名专家被评选为"百千万人才工程"国家级人选、60名专家被评选为享受政府特殊津贴专家。用好国家政策,借助"千人计划"和外专局引智项目等渠道,做好海外高层次人才引进和服务,支持部属单位引进各类高端人才。组织做好行业人才培训和评价工作,制订并实施了30余万名行业人才的培训计划,认真组织做好全国计算机技术和软件专业技术资格（水平）考试、通信和电子行业特有工种职业技能鉴定等工作。

回顾工业和信息化部组建以来的组织人事工作,有几点体会:一是要始终坚持党管干部、党管人才的方针,坚持德才兼备、以德为先的用人导向,把握好正确的工作方向。二是要始终坚持围绕中心、服务大局。具体到工业和信息化部就是为走中国特色新型工业化道路,推进两化深度融合、军民结合,促进工业通信业较快发展选干部、建队伍、聚人才。三是要始终坚持在继承的基础上改革创新,适应干部人事制度改革的需要,拓宽工作思路,创新工作方法,提升工作水平。四是要始终注重突出重点,破解难题,群策群力,沟通协调,统筹推进,确保工作实效。下一步,工业和信息化部将认真落实中组部关于组织人事工作的部署和要求,结合大部门制的实际,继续坚定不移地深化干部人事制度改革,以系统化、类别化、精细化为重要方法,努力提高组织

人事工作的科学化水平,为推动工业转型升级和两化融合发展作出积极贡献。

（审稿人:衣雪青;执笔人:王昊）

深入学习实践科学发展观
活动和为民服务创先争优活动

近年来,按照中央的统一部署,工业和信息化部扎实开展深入学习实践科学发展观活动和为民服务创先争优活动,取得了明显成效,实现了预期目标,为工业和信息化改革发展提供了有力保障。

一、开展深入学习实践科学发展观活动

在全党开展深入学习实践科学发展观活动是党的十七大作出的战略决策,是用中国特色社会主义理论体系武装全党的重大举措,是深入推进改革开放、推进经济社会又好又快发展、促进社会和谐稳定的迫切需要,是提高党的执政能力、保持和发展党的先进性的必然要求。工业和信息化部党组认真贯彻落实中央决策和部署,坚持把学习实践活动作为一项重大政治任务,带领各级党组织紧紧抓住深入学习实践科学发展观这条主线,牢牢把握"党员干部受教育、科学发展上水平、人民群众得实惠"这个总要求,坚持解放思想、突出实践特色、贯彻群众路线,紧紧围绕部党组确定的"走中国特色新型工业化道路,推进信息化与工业化融合,推进军民结合、寓军于民,促进工业由大变强"这个中心,圆满完成了3个阶段11个环节各项工作。在学习实践活动的群众满意度测评中,比较满意以上的达到99.6%。

（一）加强组织领导，充分准备动员

工业和信息化部党组从 2008 年 8 月开始，进行了前期调研和准备工作，摸清了机关党员队伍和基层党组织的基本情况。中央进行学习实践活动动员后，及时传达贯彻中央精神，研究部署学习实践活动，成立了学习实践活动领导小组及其办公室。召开了部机关全体党员干部参加的学习实践活动动员大会。活动过程中，部党组始终以高度的政治责任感，切实加强组织领导，认真准备、超前谋划各阶段工作，反复强调工作要求，明确任务，注重质量，把握进度，及时掌握和检查学习实践活动进展情况，不折不扣地抓好落实。

（二）领导积极带头，发挥表率作用

工业和信息化部党组讲政治、讲党性、顾大局、守纪律，切实发挥示范作用，认真自觉投入学习实践活动，研究部署学习实践活动各阶段每一环节的工作，以实际行动引导广大党员干部积极投身学习实践活动。同时还明确要求部机关司局、直属单位党组织要带头推动学习实践活动深入开展。切实发挥领导带头示范作用，层层落实责任制，做好深入细致的思想政治工作，扎实推动本单位学习实践活动深入开展。

（三）"规定动作"与"自选动作"相结合，确保学习实践活动落到实处

在学习调研阶段，坚持把提高思想认识、打牢思想基础放在首位，紧抓理论学习不放松，举办学习班、培训班、研讨班 120 余期，广大党员干部参加集中学习培训的时间在 80 个小时以上，学习培训确保了全覆盖。紧密结合工作实际、岗位实际，以及应对国际金融危机等新要求，扎实开展专题调研活动，工业和信息化部党组成员带队分赴 15 个省区市进行专题调研，为保持工业经济平稳较快发展献计献策。组织开展解放思想大讨论，统一了思想认识，深化了学习调研效果。在分析检查阶段，围绕找准突出问题这个核心，广泛征求意见，书面征求各方面意

见和建议 505 条。认真撰写分析检查报告,提出了 11 个方面整改任务,包含 50 项整改事项和 153 条整改措施。在整改落实阶段,经过认真研究,反复听取意见,把整改措施目标化、具体化、责任化,按照"四明确一承诺"的要求,把当前能办的事情作为整改落实的重点,形成了切实可行的整改落实方案。

(四)区别不同情况,加强分类指导

工业和信息化部党组根据不同单位党员的不同情况,加强分类指导,提出不同要求,确定不同的重点内容,推动学习实践活动的目标要求落到实处。党组建立了联系点工作制度,党组成员积极参加各自联系单位的学习实践活动,传达中央有关精神,听取有关工作汇报,了解实际情况,对深入开展学习实践活动给予了具体指导,提出了明确要求。党组成员参加所在党支部活动 40 余人次,参加联系单位活动 50 余人次。

(五)坚持统筹兼顾,两手抓、两不误,妥善处理好学习实践活动与各项工作的关系

为正确处理好学习实践活动与各项工作的关系,工业和信息化部党组把应对国际金融危机、扭转工业经济增速下滑、促进平稳较快发展作为学习实践活动的重要任务,坚持一手抓学习实践活动这件大事不放松,一手抓重点工作这个中心不动摇,把学习实践活动转化为推动各项工作的动力,努力做到两不误、两促进。

二、深入开展创先争优活动

在党的基层组织和党员中深入开展创先争优活动,是党的十七大部署的两项全党性活动之一,是学习实践科学发展观活动的延展和深化。按照中央的统一部署,工业和信息化部党组牢牢把握科学发展这

个主题和加快转变经济发展方式这条主线,在走中国特色新型工业化道路中开展创先争优活动,紧密结合行业特色,坚持民生为重、服务为先,把解决电信服务质量、食品药品安全、无线电服务保障等问题作为关键环节,全面实施"6+1"工程,有序推进为民服务创先争优活动,实现了为人民服务、让群众满意的预期目标。

(一)领导重视强有力,组织到位好开局

工业和信息化部党组高度重视为民服务创先争优活动,及时传达学习中央创先争优活动领导小组相关会议精神,制定下发《工业和信息化系统窗口单位和服务行业深入开展为民服务创先争优活动的指导意见》。组织召开工业和信息化系统窗口单位和服务行业为民服务创先争优视频会议。随后,对工业和信息化系统窗口单位和服务行业情况进行了梳理,确定了包含行政服务、行业服务、技术服务以及其他服务类重点窗口单位2078个,涉及通信、无线电、煤炭、电子信息、医疗、互联网、食品等领域,为开展为民服务创先争优活动奠定了良好基础。

(二)以人为本抓重点,服务民生见成效

在为民服务创先争优活动中,工业和信息化部把通信业、消费品工业、无线电等与民生息息相关的行业作为重点领域。一是狠抓电信服务质量,坚持"专项检查、分析例会、问责督办、社会通告"等工作机制。2011年年初至2012年6月,对三家基础电信企业和676家增值电信企业的1800多项业务进行了抽查,纠正电信企业服务质量问题36项,问责督办侵害用户权益事件47项,查处违规企业182家,受理并处理跨地区电信业务许可签发、变更、续期申请1800多个。2012年组织开展了道德领域突出问题专项教育治理活动和纠正电信领域侵害消费者权益专项行动,进一步规范电信资费行为,加强服务质量监管,坚决惩治侵害消费者合法权益的行为。二是确保食品安全,会同相关部门制定了多个食品行业规划和准入条件,配合有关部门开展了打击滥用食品

添加剂等多项整治工作,联合 15 个部委(单位)建立了部门联席会议制度,开通国家食品工业企业诚信信息公共服务平台。三是强化无线电管理,针对一些不法分子利用无线电技术和设备进行违法犯罪活动的现象,加大工作力度,严肃查处干扰卫星电视接收信号非法行为,维护正常电波秩序,保证了人民群众正常收看卫星电视节目。充分发挥无线电监测技术优势,及时发现并定位,协助查处在各类考试中利用无线电作弊的行为,维护了考试的公平公正和广大考生的利益。

(三)认真履职转作风,执政为民树形象

工业和信息化部党组将 2012 年确定为"改进机关作风年",将作风建设与创先争优活动紧密结合,大力弘扬诚心服务之风、求真务实之风、主动进取之风、团结协作之风、令行禁止之风、廉洁从政之风,以好的政风推动行风建设,坚决纠正损害群众利益的不正之风。同时,深入推进行政审批制度改革,规范行政审批权,2011 年提出取消行政审批项目 7 项、下放地方的行政审批项目 2 项的建议,以减少直接管理和介入微观经济活动。加强对审批权力的监督制约,规范审批程序,推进审批过程和结果公开,完善行政审批事项动态管理,推进电子监察系统建设,强化全过程监控。

(四)选树标杆作示范,条块联动共推进

在活动中,注重加强对地方工业和信息化主管部门和通信管理局的指导,全系统涌现出了一批好经验好做法。2012 年 3 月 29 日组织召开了全国工业和信息化系统为民服务创先争优座谈会,对全系统创先争优情况进行了交流,有效地推动了系统创先争优活动的深入开展。

(五)深抓基层促党建,夯实基础添活力

全面贯彻落实《关于在创先争优活动中开展基层组织建设年的实施意见》的各项要求,集中力量抓好基层组织建设。认真开展党支部

分类定级工作,工业和信息化部机关和在京直属单位313个支部、6000余名党员参与了评级活动。积极开展"走进基层党支部、总结支部工作法"活动,组织行业媒体资深记者,走进基层优秀党支部,深入调研、宣传和挖掘"服务中心、建设队伍"的好经验好做法。

(六)深入一线接地气,服务基层促发展

认真落实《关于在创先争优活动中进一步推动各级党政机关和干部深入基层为民服务的指导意见》,采取多种形式,积极推动机关干部深入基层、深入群众,知民情、解民忧。坚持基层工作经历不足两年的机关干部不提拔的干部使用原则,有针对性地选派局、处级干部支持地方工作,有计划地选派缺乏基层经验的年轻干部到地方锻炼。组织开展了青年公务员"百村调研"活动和"根在基层、走进一线"调研活动。认真贯彻落实《中国农村扶贫开发纲要(2011—2020年)》,研究建立部际、部省工作联系机制和部县"一对一"对口联系机制,直接联系群众、服务群众、引导群众。扎实开展信息下乡活动,截至2011年年底,全国已有76%的乡镇开展了信息下乡活动。

三、党员干部职工思想作风出现新变化

通过开展深入学习实践科学发展观活动,工业和信息化部广大党员干部以科学发展观统领工业和信息化工作的自觉性和坚定性显著增强,党员干部队伍素质有了新提高。加快了推动解决人民群众和社会关注的民生问题的步伐,促进了工业、通信业和信息化科学发展的管理体系初步建立。通过为民服务创先争优活动的深入开展,全系统的服务意识显著增强,服务作风显著改进,服务能力显著提升,服务效能显著提高。基层组织建设得到了加强,部门形象得到了提升,行业风貌大为改观,人民群众得到了真正的实惠。

回顾总结学习实践科学发展观活动和为民服务创先争优活动,有

以下体会和认识。一是贯彻落实科学发展观、保持党的先进性是一项长期的任务,是一个不断深化和升华的过程,要自觉总结和运用活动过程中的好经验好做法,以更大力度加强党的先进性和纯洁性建设,不断推动科学发展取得新成绩。二是围绕中心、服务大局是党内教育实践活动必须坚持的重要原则,要坚持把党建工作放到党和国家大局及部的中心工作中去思考、去部署,贯穿到部党组确定的重点工作和各项业务工作的具体实践中,不断探索建立新形势下搞好党建工作的有效机制。三是要高度重视思想政治建设,充分发挥党的理论优势和政治优势,坚持用马克思主义中国化的最新成果武装头脑、指导实践,教育引导党员不断增强保持和发展党的先进性和纯洁性、推动科学发展的自觉性和坚定性。四是科学发展观的核心是以人为本,全心全意为人民服务是党的宗旨,要坚持问政于民、问需于民、问计于民,讲党性、重品行、作表率,努力在服务人民、廉洁从政、改进作风上取得新成效。当前,工业、通信业和信息化发展面临着新的机遇和挑战,任务艰巨、挑战严峻。工业和信息化系统要从教育实践活动中汲取力量,紧紧围绕工业转型升级这个全系统的中心工作,不断推动工业、通信业和信息化科学发展,为国民经济平稳较快发展作出新贡献。

（审稿人:王耀光、楼宇光;执笔人:胡晓华、顾建萍、卢小山）

第三篇

行业篇

石化和化学工业

石化和化学工业是我国国民经济的基础产业和支柱产业,资源资金技术密集型产业,产业关联度高,经济总量大,产品广泛应用于国民经济、人民生活、国防科技等各个领域,对促进相关产业升级和拉动经济增长具有举足轻重的作用。党的十六大以来,石化和化学工业全面贯彻落实科学发展观,加快推进和深化各项改革,经受了国际金融危机等国内外复杂形势的严峻考验,结构调整步伐加快,产业规模进一步扩大,自主创新能力不断增强,技术装备水平明显提高,质量效益稳步提升,行业总体保持平稳较快发展。

一、综合实力明显增强

经过多年发展与积累,我国已经成为世界化工生产大国。2008 年下半年受全球金融危机影响,石化产品出现阶段性供需失衡。国家及时制定和实施了扩大内需、刺激经济增长的一揽子计划,并于 2009 年出台了《石化产业调整和振兴规划》,在政策扶持、内需支撑以及投资拉动下,全国石化产业企稳回升,产业综合实力进一步增强。

(一)经济总量不断扩大

2011 年,全行业规模以上企业 2.7 万家,从业人员 670 万人,实现产值 11.28 万亿元,十六大以来年均增长约 25.0% ,占全国规模以上工业总产值的 13.2%;实现利润 8070.1 亿元,年均增长约 23.5%,约占同期全国工业利润总额的 15%;进出口总额 6071.5 亿美元,年均增长约 24.4%。2011 年,全行业产值、利润和进出口总额分别是 2002 年的约 7.4 倍、6.7 倍和 7.1 倍(见图 3-1)。

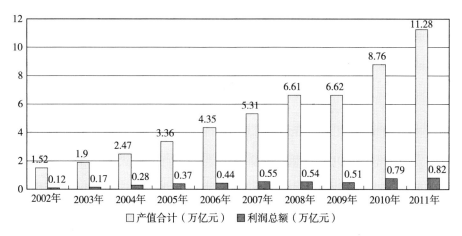

图 3-1　2002—2011 年石化化工行业产值及利润

资料来源:石油和化学工业联合会。

(二)主要产品产量稳步增长

目前我国已成为世界石油化工生产和消费大国。党的十六大以来,主要产品总量保持较快增长,成品油、乙烯、合成树脂、无机原料、化肥、农药等重要大宗商品产量位居世界前列,基本满足国民经济和社会发展需要。2011 年,主要石油和化工产品总量保持较快增长。全年原油产量 2.04 亿吨,原油加工量 4.48 亿吨,成品油产量 2.67 亿吨,分别是 2002 年的 1.22 倍、2.04 倍和 2.08 倍。主要化学品产量达 4.18 亿吨,同比增长 12.9%(见表 3-1)。

表 3-1　主要产品产量表　　　　　　　　(单位:万吨)

产品名称	2002 年	2011 年	年均增长	产品名称	2002 年	2011 年	年均增长
汽油	4320.8	8141.0	7.3%	初级形态塑料	1455.7	4798.2	14.2%
柴油	7706.1	16676	9.0%	PE 树脂	354.7	1015.2	12.4%
煤油	826.1	1879.7	9.6%	PP 树脂	374.2	980.4	11.3%
硫酸	3050.4	7416.6	10.4%	PVC 树脂	338.9	1295.2	16.1%
烧碱	878.0	2466.3	12.2%	合成纤维单体	350.8	1771	19.7%
纯碱	1033.2	2303.3	9.3%	化肥(折纯)	3791.0	6217.2	5.7%
电石	425.6	1737.6	16.9%	氮肥(折纯)	2742.6	4179	4.8%
纯苯	213.1	665.9	13.5%	磷肥(折纯)	776.0	1462.4	7.3%
乙烯	543.0	1527.4	12.2%	化学农药原药(折纯)	92.9	264.9	12.3%

资料来源:国家统计局。

(三)化工行业质量效益不断增强

随着产业结构调整和发展方式转变,行业发展质量和效益不断提升。党的十六大以来,行业利润不断向下游集中,化学工业利润年均增速约为 35.9%,超过全行业平均增速 12.4 个百分点。化学工业占全行业的利润比重持续上升,由 2002 年的 21.4% 提高到 2011 年的51.2%(见图 3-2)。

2011 年,化学工业产值为 6.62 万亿元,利润为 4134.1 亿元,进出口总额 3239.96 亿元,分别是 2002 年的 8.05 倍、15.8 倍和 5.2 倍。基础化工原料、专用化学品、合成材料的产值为 1.69 万亿元、1.66 万亿元和 1.10 万亿元,分别是 2002 年的 9.5 倍、13.2 倍和 7.3 倍;利润为956.9 亿元、1260.9 亿元和 582.2 亿元,分别是 2002 年的 27.1 倍、23.8 倍和 32.2 倍(见表 3-2)。三大合成材料的保障能力、产品差别化率和档次进一步提高。

图 3-2　2002—2011 年化学工业产值和利润占全行业比重

数据来源：石油和化学工业联合会。

表 3-2　2011 年我国化学工业主要经济指标　（单位：亿元）

序号	行业	项目	2002 年	2011 年	年均增长
1	化学工业	产值	8224.8	66200	26.1%
		利润	261.2	4134.1	35.9%
2	基础化工原料	产值	1773.3	16900	28.5%
		利润	35.3	956.9	44.3%
3	专用化学品	产值	1257.5	16600	33.2%
		利润	53.03	1260.9	42.2%
4	合成材料	产值	1515.6	11000	24.6%
		利润	18.1	582.2	47.1%

资料来源：石油和化学工业联合会。

二、产业结构调整步伐加快

　　石化产业在快速发展过程中，集约发展程度偏低，产业布局分散，产品结构不尽合理等结构性问题日益凸显，产业结构调整势在必行。为加快产业结构调整，发展改革委制定了《产业结构调整指导目录》、《外商投资产业指导目录》、《中西部地区外商投资优势产业目录》，工业和信息化部制定了《部分工业行业淘汰落后生产工艺装备和产品指导目录》等,并根据行业发展情况及时调整。制定了电石、氯碱、纯碱、氟化氢、黄磷、磷铵等行业的准入条件,并实行准入公告管理。《石油和化工产业结构调整指导意见》和《石油和化工产业振兴支撑技术指导意见》也明确了加快落后产能的淘汰,支持优势、龙头企业做强做大,鼓励、支持和引导企业实施兼并重组。一系列的政策出台为石化产业结构调整提供了有力支撑,产业结构调整的步伐不断加快。

(一)产品结构向功能化、差异化和高端化方向发展

我国石油和化工产品在质量和创新方面取得了长足的进展,产品和技术加快向高端领域延伸。车用汽油质量全面达到国Ⅲ标准;两碱产品和技术已达到世界先进水平,在国际市场具有较强的竞争力,烧碱中离子膜法比重已达 86.5%,纯碱中能耗较低的联碱占比 47.6%,重质纯碱比重达 50% 以上;轮胎子午化率达 80% 以上;化肥中,磷、钾肥比重稳步上升,高浓度化肥比重达 80% 以上,高毒高残留农药比重下降到 5% 左右。有机硅、有机氟、工程塑料等化工新材料开发步伐加快,高附加值产品比重不断增加,技术含量较高的产品在国内市场占有率逐步扩大,资源密集型出口结构得到改善。

(二)产业规模效应进一步显现

2010 年千万吨级炼厂已达 20 个,占国内总能力的 49.6%;形成 6 家百万吨级乙烯生产企业,现有蒸汽裂解制乙烯装置平均规模达 54 万吨/年。产业集中度不断提高,形成 24 家百万吨级大型化肥生产企业,大中型化肥企业产量占总产量的 70% 以上,聚氯乙烯、纯碱、染料、轮胎行业前十大企业产量分别占总产量的 52%、60%、80%、70%。

(三)组织结构多元化发展

石油和化学工业已基本形成大中小企业并存、多种所有制经济协

调发展的格局。大型石化化工企业集团国际化步伐加快,综合实力进一步提升。随着社会主义基本经济体制的不断完善,非公有制经济比重在经济总量中的比重不断扩大。2011 年,行业非公经济总产值 5.65万亿元,占比首次过半,达到 50.11%;公有控股经济产值 5.35 万亿元,占比 47.38%;其他经济占比 2.51%。

(四)基地化格局基本形成

目前我国已形成了长江三角洲、珠江三角洲、环渤海地区三大石油化工集聚区及 22 个炼化一体化基地。沿海地区依托市场和国内外资源,外向型经济发展迅速,建设了一批以高端产品为特色的化工产业园区。上海、南京、宁波、惠州、茂名、泉州、独山子等化工园区和基地已达到国际先进水平。依托煤、盐、化学矿等资源,形成了一批各具特色的化工产业基地,包括蒙西、宁东等大型煤化工及煤电化一体化基地、环渤海湾碱业、云贵鄂磷肥、青海和新疆钾肥等一批大型生产基地。

(五)中西部地区产业发展加快

2011 年中西部地区石油和化学工业经济增长较快,产值占全国比重合计 35.2%,较上年同期提高 1.5 个百分点;投资增长较快,占全国比重达 51.8%,增速同比分别达 34% 和 24.1%,快于东部地区增速 17.2 和7.3 个百分点;西部地区新开工项目增长也相对较快,增长 5.13%(见表3-3)。产业由东部向中西部转移逐步加快,区域发展进一步协调。

表 3-3　2011 年石油和化学工业区域总产值　(单位:万亿)

	总产值	同比增长	产值占比	投资增速
东部地区	7.3	28.7%	64.8%	16.8%
中部地区	2.1	36.0%	18.5%	34.0%
西部地区	1.9	38.5%	16.7%	24.1%

资料来源:石油和化学工业联合会。

三、行业自主创新能力不断增强

多年来,石化和化工行业十分注重自主创新能力建设,通过结合国家科技计划(专项),重点突破核心、关键、共性技术;加大技术改造投入,加快新技术、新工艺、新材料、新装备升级;努力建设企业为主体、产学研结合的技术创新体系,行业自主创新能力不断增强。

(一)自主创新成果显著

在科技创新领域,石化与化学工业突破了大批关键、共性技术,打破了制约行业发展的瓶颈,形成了一大批拥有自主知识产权的技术,提高了产业核心竞争力。如,二苯基甲烷异氰酸酯(MDI)制造技术和装备开发获得国家科技进步一等奖;自主研发的杀菌剂"氟吗啉",具有活性高、毒性低等显著优点;精密塑料注射成型装备实现国产化并跃居国际先进水平;千吨级芳纶产业化项目成功投产、并稳定运行;饲料级DL—蛋氨酸、高端聚氨酯原料(HDI)实现国产化。

(二)工艺技术装备取得突破

千万吨级炼油加氢反应器、循环氢压缩机等关键设备,百万吨乙烯"三机"(裂解气、乙烯、丙烯压缩机)立足国内制造;大型乙烯裂解炉、乙烯冷箱、聚乙烯、聚丙烯成套设备、化肥关键技术与装置、大型空气分离装置已基本实现自主化;千万吨炼油、百万吨乙烯、30万吨合成氨等形成了成套工程化技术;大规模二苯基甲烷异氰酸酯(MDI)、巨型工程子午胎、全氟离子膜工程技术、膜极距复极式离子膜电解槽、煤制油、甲醇制烯烃、多喷嘴对置式水煤浆气化以及粉煤加压气化技术等一批关键技术及成套设备取得突破,并相继建设了煤制油、煤制烯烃、煤制乙二醇、煤制天然气等示范工程。

四、节能减排和化学品管理初见成效

石化和化学工业将节能减排、环境保护和"三废"治理作为行业生存和发展的重点,大力发展循环经济,积极推广环保技术,开展资源综合利用,高度重视清洁生产和安全运行。2011年上半年,全行业万元产值耗标煤0.48吨,同比下降17.1%;化学工业万元产值耗标煤0.50吨,同比下降16%。

为加强有毒有害化学品控制,加强化学品的分类和标签管理,国务院批准同意成立工业和信息化部等13个部委组成的实施《全球化学品统一分类和标签制度》(简称"GHS")部际联席会议,明确了各部门职责。工业和信息化部牵头建立了实施GHS专家咨询委员会,多次开展政府部门及企业参加的培训,建立了GHS网站,正在制定GHS国家行动方案。

"十二五"是全面建设小康社会的关键时期,也是加快转变经济发展方式的攻坚时期,经济全球化深入发展,国内外经济形势将继续发生深刻变化,我国石化和化学工业发展既面临有利的机遇,也面临诸多严峻挑战。未来几年,石化和化学工业要深入贯彻落实科学发展观,以加快转变发展方式为主线,加快产业转型升级,优化产业布局,增强科技创新能力,进一步加大节能减排、联合重组、淘汰落后、技术改造、安全生产、两化融合力度,提高资源能源综合利用效率,大力发展循环经济,实现石化和化学工业集约发展、清洁发展、低碳发展、安全发展和可持续发展。

(审稿人:蒋健;执笔人:罗其明、田凯军)

钢 铁 工 业

钢铁工业是国民经济的重要基础产业,是国家实现工业化的重要支撑,也是国家经济水平和综合国力的重要标志。钢铁行业关联度高,是建筑、机械、汽车、造船、家电、交通运输等行业的重要原材料,在一定程度上影响甚至支配了下游产业的发展。过去十年,是我国钢铁工业发展速度最快、节能减排最有成效的十年。进入新世纪,我国钢铁工业发展取得了巨大成就,粗钢产量跨越新台阶,品种质量明显改善,技术装备水平大幅提高,节能减排成效显著,自主创新能力大大增强,综合竞争力大幅提升,满足了我国经济社会发展的需要。

一、钢铁行业实现跨越式发展

工业和信息化部组建以来,在钢铁行业的规划、政策、标准以及行业指导等方面开展了大量工作,特别是通过制定《钢铁产业调整和振兴规划》、《钢铁工业"十二五"发展规划》、推进铁矿石保障协调体系建设、推进钢铁行业与下游合作等一系列措施,钢铁行业保持规模增长,有力地支撑了国民经济发展。

(一)《钢铁产业调整和振兴规划》(以下简称《规划》)作为我国应对国际金融危机的十大产业振兴规划之一率先公布

《规划》要求着力做好保持国内市场稳定、严格控制钢铁总量、提高产业集中度和优化产业布局等八个方面工作,提出了调整部分产品进出口税率、加大技术改造投入、完善落后产能退出机制、适时修订钢铁产业政策等十二条具体措施。《规划》明确要以控制总量、淘汰落后、企业重组、技术改造、优化布局为重点,着力推动钢铁产业结构调整和优化升级,切实增强企业素质和国际竞争力,加快钢铁产业由大到强的转变。《规划》还提出了钢铁业调整振兴的五条基本原则,即应对危机与振兴产业相结合、控制总量与优化布局相结合、自主创新与技术改造相结合、企业重组与体制创新相结合以及内需为主与全球配置相结合。

(二)依据《国民经济和社会发展第十二个五年规划纲要》和《工业转型升级规划(2011—2015 年)》,工业和信息化部制定了《钢铁工业"十二五"发展规划》

《钢铁工业"十二五"发展规划》确定了"十二五"时期我国钢铁工业"三个转变"的发展思路,提出了品种质量、节能减排、产业布局、资源保障、技术创新和产业集中度的具体目标,明确了加快产品升级、深入推进节能减排、强化技术创新和技术改造、淘汰落后生产能力、优化产业布局、增强资源保障能力、加快兼并重组、加强钢铁产业链延伸和协同、进一步提高国际化水平等九项工作任务,以及完善行业管理体系、营造公平竞争的市场环境、加强行业标准化工作、加强宏观政策引导、促进国际交流与合作、推动两化深度融合、健全规划实施机制等七项政策措施。

(三)推进铁矿石保障协调体系建设

针对铁矿石对外依存度高、价格不断上涨、三大矿商垄断以及流通秩序混乱等状况,根据国务院领导的指示,由工业和信息化部牵头,成立了由发展改革委、财政部、商务部、国土资源部等部门和钢铁协会、五矿商会、钢铁企业和贸易企业作为成员单位的铁矿石保障协调机制工作组,建立定期会商制度,通报工作进展情况和重要信息,加强部门间协作配合,及时研究建立有关工作预案,并就重要问题共同研究提出意见建议。一是指导行业协会实施进口铁矿石代理制,发布中国铁矿石价格指数,规范流通秩序。二是会同住房和城乡建设部推广应用高强钢筋,推动减量化用钢,减少铁矿石消耗。三是参与组织修订废钢国家标准,研究制订《废钢加工配送中心、示范基地准入标准及管理办法》,增加资源供应。四是研究云南、黑龙江、新疆、内蒙古、吉林、甘肃等沿边地区利用周边国家铁矿石资源发展钢铁工业的思路。五是推进建设中国铁矿石现货交易平台,探索铁矿石价格形成机制。六是配合有关部门开展国内外铁矿石资源开发。

(四)推进钢铁行业与下游合作

2010年以来,工业和信息化部会同住房和城乡建设部、有关专家对高强钢筋推广应用进行了广泛调研。2011年7月成立了以两部领导为组长的推广应用高强钢筋协调组,2012年年初联合发布了《关于加快应用高强钢筋的指导意见》,"十二五"期间,将高强钢筋占热轧螺纹钢筋生产比例由目前的40%提高到80%。此外,提出了"十二五"期间,建立高性能钢铁材料生产应用合作机制,提高钢铁企业产品开发能力,促进下游企业联合钢铁企业和最终用户建立高性能钢铁材料应用示范平台。通过协同创新,促进量大面广钢铁产品升级换代,推进关键钢材品种产业化,推动钢铁工业与下游用钢产业持续健康发展。

受经济发展和固定资产投资增长的拉动,我国粗钢产量实现跨越式发展。十年来,我国粗钢产量由2001年的1.52亿吨提高到2011年的6.8亿吨,增加了3.5倍,年均增幅16.2%,占世界粗钢产量的比例由2001年的17.9%提高到2011年的44.7%。钢铁产品总量规模的增长为建筑、机械、汽车、家电、造船等行业以及国民经济的快速发展提供了重要的原材料保障,有力地支撑了国民经济发展。

二、产业结构调整步伐加快

"十一五"期间是钢铁工业由大变强的重要时期,面对诸多机遇和挑战,中国钢铁工业逐渐由单纯追求数量扩张的粗放发展模式向可持续的内涵式发展道路转变。2010年6月,工业和信息化部发布了《钢铁生产经营规范条件》,大力加强落后产能、兼并重组、节能减排、布局优化,推动产业结构调整步伐不断加快。

(一)淘汰落后钢铁产能

按照淘汰落后产能部际领导小组的要求,完成年度淘汰落后考核工作,并提出钢铁行业淘汰落后分解指标。根据各省工业主管部门提出的"十二五"期间分年度淘汰落后任务和总体目标,提出了钢铁工业"十二五"淘汰落后炼铁产能4800万吨。应各地工业主管部门和中国铸造协会诉求,为防止借铸造生铁逃避淘汰落后,又保持铸造行业用铸造铁需求,2011年3月,工业和信息化部印发了《铸造用生铁企业认定规范条件》,组织专家对上报的铸造用生铁企业进行了评审,并在工业和信息化部门户网站上对通过审核的企业进行了公示。

(二)联合重组步伐加快

根据《国务院办公厅关于进一步加大节能减排力度　加快钢铁工业结构调整的若干意见》(国办发[2010]34号),工业和信息化部牵头推进钢铁企业兼并重组工作。一是促进优势大型钢铁企业开展跨地区、跨所有制兼并重组。二是支持区域优势钢铁企业兼并重组。三是指导地方开展区域内兼并重组工作。指导河北、山东、云南等省编制兼并重组方案。跨地区重组不断推进,宝钢重组新疆八一钢铁、韶钢和宁波钢铁,武钢重组鄂钢、柳钢和昆钢股份,鞍钢联合重组攀钢、三明钢铁,首钢重组水钢、长治钢铁、贵阳钢铁和通化钢铁,沙钢重组河南永钢,华菱钢铁重组无锡钢厂等基本完成。区域联合重组取得新进展,相继组建了河北钢铁集团、山东钢铁集团、渤海钢铁集团、新武安钢铁集团,河北钢铁集团还探索以渐进式股权融合方式重组了区域内 12 家民营钢铁企业。

(三)节能减排成效显著

随着我国钢铁工业结构调整和装备逐步大型化、自动化,以及管理水平的提高,节能减排取得巨大进步。高炉炉顶压差发电、煤气回收利用及蓄热式燃烧等节能减排技术得到广泛应用,部分大型企业建立了能源管理中心,促进了钢铁工业节能减排。重点统计钢铁企业各项节能减排指标全面改善,2011 年吨钢综合能耗降至 602 千克标准煤,比 2001 年下降了 274 千克标准煤,降幅高达 31%;耗新水量 3.88 立方米、COD 排放 2.67 万吨,比 2001 年均有较大幅度下降。

(四)布局优化取得进展

建成了曹妃甸、鲅鱼圈、宁波等现代化沿海钢铁基地,宝钢、武钢、沙钢、马钢等沿江钢厂的影响力进一步增强。宝钢湛江和武钢防城港沿海钢铁精品基地已正式获批并完成前期筹备,首钢、重钢、大连钢厂等城市钢厂搬迁工程基本完成。以国内资源为主导的钢铁工业布局逐步向国际、国内资源并举和贴近市场的战略布局转变。

(五)两化融合水平不断提升

钢铁行业工业化和信息化相互促进,融合程度不断加深。钢铁企业在工艺装备、流程优化、企业管理、市场营销和节能减排等方面的信息化水平大幅提升,并加速向集成应用转变。基础自动化在全行业普及应用,重点统计钢铁企业已全面实施生产制造执行系统,主要钢铁企业实现了企业管理信息化,逐步形成了多层次、多角度的信息化整体解决方案。

三、自主创新能力大幅上升

"十五"以来,我国钢铁工业到了必须提高自主创新能力的新阶段。钢铁工业在满足国民经济对钢铁产品数量需求的同时,品种和质量不断适应市场变化,技术装备水平大幅提高,钢铁工业高端产品生产能力不断增强。随着品种质量的改善和产品结构的不断优化,国产钢材的市场竞争力不断提高。

(一)技术装备水平大幅度提高

2001 年以来,重点统计钢铁企业 1000 立方米及以上高炉生产能力大幅增加,占我国炼铁总产能的比例达到 65% ;100 吨及以上炼钢转炉生产能力占比提高到 59% ;大部分企业已配备铁水预处理、钢水二次精炼设施,精炼比达到 70% 以上。轧钢系统基本实现全连轧,长期短缺的热连轧、冷连轧宽带钢轧机分别增加到 75 套和 57 套。宝钢、鞍钢、武钢、首钢京唐、马钢、太钢、沙钢、兴澄特钢、东特大连基地等大型钢铁企业技术装备达到国际先进水平。

(二)自主创新能力显著提高

宝钢、武钢自主研发的高磁感取向硅钢已经替代进口用于 50 万伏以上等级超高压大型变压器,并成功应用于我国三峡电站。宝钢、鞍钢、本钢等企业的汽车板质量与国际先进水平的差距不断缩小。一大批机械行业用高端特殊钢产量和质量不断提高,钢铁工业高端产品生产能力不断增强,大型钢铁企业的设计、制造和系统集成技术已经达到一个崭新的高度。首钢京唐曹妃甸钢铁基地建成投产,成为我国首个发展循环经济的临海大型钢铁联合企业。鞍钢鲅鱼圈钢铁基地顺利投产,其主要技术经济指标全面达到或超过设计水平。宝钢梅钢公司建成我国第一条具有自主知识产权的冷连轧生产线,标志着我国钢铁工业自主设计、制造、工程建设和掌握运用新技术的水平达到新的高度。产品竞争力不断提升,钢材进口量呈现下降趋势,出口量不断增加,国产钢材市场占有率不断提高。2005 年,我国国产钢材的市场占有率达到 92% ,2009 年进一步提升至 96% 。

(三)品种质量明显改善

钢铁工业在满足国民经济对钢铁产品数量需求的同时,品种和质量不断适应市场变化,基本满足了下游行业发展的要求。特别是"十一五"时期,我国钢铁产品结构进一步优化,钢材品种齐全,产品质量不断提高,大部分品种自给率达到 100% ,部分钢材产品质量达到或接近国外先进水平。关键钢材品种开发取得长足进步,高强建筑用钢板、抗震建筑用高强螺纹钢筋、航天器用合金材料、高性能管线钢、大型水电站用钢、高磁感取向硅钢、高速铁路用钢轨等高性能钢铁材料有力支撑了相关领域的发展,保障了国家重点项目的顺利实施。

"十二五"期间,我国发展仍处于工业发展的重要战略机遇期,钢铁工业将步入转变发展方式的关键阶段,既面临结构调整、转型升级的发展机遇,又面临资源价格上涨、需求增速趋缓、环境压力增大的严峻挑战,产品同质化竞争,行业总体上将呈现低增速、低盈利的运行态势,困扰着我国钢铁行业发展的矛盾和问题仍需尽快解决,需要继续在钢铁企业兼并重组、规范钢铁行业生产经营秩序、铁矿石资源保障、产品升级、节能减排、淘汰落后、技术改造等方面加快推进相关工作,促进我国钢铁行业保持稳定、较快、可持续发展。

(审稿人:苗治民;执笔人:高升)

有色金属工业

有色金属工业是国民经济重要的基础原材料产业,产品种类多、应用领域广、产业关联度高,在经济社会发展以及国防科技工业建设等方面发挥着重要作用。除常用的铜、铝、铅、锌、镍等十种有色金属外,还有性能独特、在战略性新兴产业以及国防军工起重要材料支撑作用的钨、钼、钛、锆、铪、钽、铍、锂、铟、锗、镓等稀有金属,也包括保障国家经济和金融安全的黄金等贵金属。经过十年的发展,我国已成为全球最大的有色金属生产国和消费国,产业整体水平明显提高。10种有色金属产量连续10年居世界第一位,同时在技术装备、品种质量、节能减排等方面均取得显著成绩,基本满足了国民经济和社会发展的需要,也为进一步转变产业发展方式、促进产业由大到强奠定了坚实基础。

一、产业规模持续增长

在"十一五"期间,有色金属行业实现了跨越式发展,产业规模和实力不断壮大。2010年我国10种有色金属和黄金产量分别为3121万吨和340吨,2000年以来年均分别增长14.8%和6.5%。其中,2010年精炼铜、电解铝、铅、锌等主要金属产量分别为458万吨、1577万吨、426万吨和516万吨,年均分别增长12.8%、18.1%、14.4%和10.3%。2011年我国10种有色金属和黄金产量分别为3438万吨和361吨,其中,精炼铜、电解铝、铅、锌等主要金属产量分别为520万吨、1806万吨、465 万吨、522 万吨,均居全球第一位。

2010 年有色金属行业规模以上企业完成销售收入 3.3 万亿元(含黄金,下同),实现利润总额 2193 亿元,"十一五"期间年均增长率为 29.8% 和 28.1%。2011 年完成销售收入 3.8 万亿元,实现利润总额 1989 亿元。

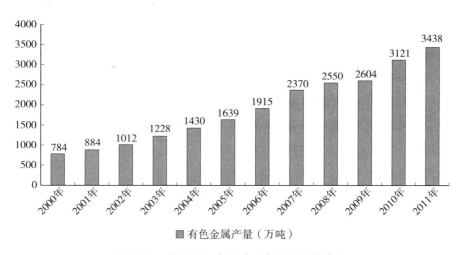

图 3-3 我国 2000 年以来有色金属产量情况

2000 年我国有色金属进出口总额 143 亿美元,2010 年达到 1203 亿美元,是 2000 年的 8.4 倍,年均增长率为 23.7%。其中 2010 年进、出口额分别为 920 亿美元、283 亿美元,与 2000 年相比,年均增长率分别为 24.8% 和 20.7%。2011 年,我国有色金属进出口总额 1607 亿美元,其中进口额 1175 亿美元,出口额 432 亿美元。

二、自主创新能力显著提升

有色金属行业始终把解决资源、能源、环境和新材料等制约行业发展的关键技术作为自主创新,实现重大技术突破的重点,集中各方面力量,组织开展技术攻关。通过以企业为主体、市场为导向、产学研相结合的技术创新战略联盟等有效组织形式,集聚创新资源,实现了引进、

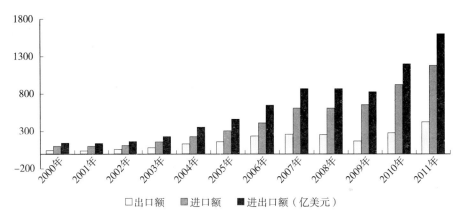

图 3-4　2000 年以来我国有色金属进出口情况

吸收、消化、再创新和集成创新,形成了一批具有自主知识产权、居世界领先水平的核心技术,行业工艺技术水平和产品品种结构明显改善,为有色金属工业可持续发展发挥了支撑和引领作用。

(一)工艺技术及装备水平显著提高

国内自主开发的液态高铅渣直接还原、一步悬浮炼铜、底吹炼铜、海绵钛大型还蒸炉等技术实现了产业化,新型阴极结构等铝电解等技术居世界领先水平,并已出口国外。目前具有国际先进水平的铜、镍冶炼产能占 95%,大型预焙槽电解铝产能占 90% 以上,先进铅熔炼及锌冶炼产能分别占 50% 和 80%。多条具有国际先进水平的铜、铝加工生产线投入生产。

(二)产品结构有所改善

铜、铝、铅、锌、镍等 10 种产品的 64 个品牌已先后在伦敦金属交易所(LME)注册。通过引进技术及装备并经过消化吸收与再创新,铝板带箔、大型工业铝型材、精密铜管箔、钛棒等产品实物质量接近或达到了国际先进水平,基本满足了电子信息、航空航天及国防科技工业等重点领域的需要。

(三)行业标准化建设取得进展

为适应有色金属行业产品结构调整、发展新材料的需要,"十一五"期间,有色金属行业加快了技术和产品标准的建立、修订和完善,基本建立了能耗、安全生产、清洁生产、再生有色金属以及新产品的标准体系。截至 2011 年年底,发展改革委与工业和信息化部批准发布了有色金属行业国家和行业标准 2400 余项。

三、产业结构不断优化

近十年来,有色金属行业认真贯彻中央一系列宏观调控政策和产业政策,通过加强宏观管理、行业引导和准入管理,不断优化产业结构,加快经济发展方式转变。

(一)积极淘汰电解铝行业落后产能

针对电解铝等行业重复建设严重的问题,近年来国务院不断出台宏观政策加以引导和控制,2009 年,国务院批转发展改革委等部门《关于抑制部分行业产能过剩和重复建设引导产业健康发展的若干意见》(国发[2009]38 号),2011 年,工业和信息化部等 9 部门联合下发了《关于遏制电解铝行业产能过剩和重复建设引导产业健康发展的紧急通知》(工信部联原[2011]177 号)。积极协助国家有关部门落实控制电解铝产能过快增长,限制高耗能产品出口等具体措施,率先淘汰了电解铝落后产能,推进煤(水)电铝一体化,发展高附加值产品,全面提升产业水平,增强了市场竞争力。

(二)通过规划引导提高产业集中度

为应对 2008 年金融危机对有色金属工业的冲击,2009 年,国家发布了《有色金属产业调整和振兴规划》,提出了促进有色金属行业振兴和健康发展的一揽子政策,国务院有关部门认真组织实施,开展了技术改造、收储、淘汰落后、电解铝直购电试点、产品税率调整等一系列工作,使产业集中度明显提高。中铝公司重组云南铜业、焦作万方、包头铝厂、兰州铝厂、连城铝厂等,成为全球第二大氧化铝和第一大电解铝生产企业;中信集团重组白银有色金属集团,中电投集团重组青铜峡铝厂以及鲁能晋北铝业等,企业实力得到显著增强。2010 年,前 10 家企业的冶炼产量占全国的比例分别为铜 76%、电解铝 67%、铅 45%、锌50%、镁 55%。为加强对有色金属工业的规划指导,2011 年,工业和信息化部发布了《有色金属工业"十二五"规划》和《铝工业"十二五"发展专项规划》。

四、节能减排初见成效

十年来,有色金属行业牢固树立绿色发展理念,以提高资源利用效率和保护环境为核心,以调整结构、淘汰落后产能、推进技术进步、发展循环经济和低碳技术为重点,加强再生金属回收利用,扎实推进节能减排工作,加快建设资源节约型、环境友好型产业,增强可持续发展能力。"十一五"期间累计淘汰了落后冶炼能力铜 50 万吨、电解铝 84 万吨和铅 40 万吨。2010 年综合能耗氧化铝 508 千克标准煤/吨、铜 347 千克标准煤/吨、铅 376 千克标准煤/吨和镁 5 吨标准煤/吨,比 2005 年分别下降 41.6%、43.7%、15.1% 和 38%,铝锭综合交流电耗为 14013 千瓦时/吨,比 2005 年下降 620 千瓦时。二氧化硫回收率由 2005 年的 90%提高到 2010 年的 95%。

五、境外资源开发有所突破

"十一五"期间,企业在实施"走出去"战略,开展海外矿产资源开发方面取得了突破性进展。海外资源投资项目,主要有以下几种方式:一是通过收购海外矿业公司股份或股权方式;二是通过国际竞标直接获得勘探权和开采权;三是采取与国际矿业公司合作开发;四是投资购买生产能力或产品销售权等。截至目前,有色金属企业已在70多个国家和地区开展矿产资源勘探和开发工作,投资规模不断扩大,投资主体呈多元化。中国有色矿业集团成功开发了赞比亚谦比希铜矿,并建设了赞比亚—中国经济贸易合作区,同时缅甸红土镍矿生产镍铁项目已经投产。中国铝业公司成功收购了秘鲁铜矿,并联合美铝收购力拓英国上市公司12%股权。中冶科工集团巴布亚新几内亚红土镍矿项目已经投产,与江铜集团联合投标获得了阿富汗艾那克铜矿开发权。中国五矿集团成功收购澳大利亚OZ金属矿山。初步测算,截至2010年年底,我国已获得境外权益资源量铜4750万吨、铝土矿37亿吨、铅锌750万吨、镍110万吨,形成了年产15万吨铜、40万吨氧化铝、6万吨铅锌、5万吨镍的权益产能。

六、稀有金属和黄金行业管理取得进展

为加强稀有金属行业管理,2009年7月,经国务院批复同意,建立了由工业和信息化部牵头,发展改革委、财政部、国土资源部等12个部门参加的稀有金属部际协调机制。工业和信息化部根据相关工作要求,对钨、锡、锑、钼、稀土等5个品种实行指令性生产计划管理,逐年下达指令性生产计划并予以监督,切实控制生产总量,保护资源和环境。

为加快有色金属行业结构调整,加强环境保护,规范行业投资行为,制止盲目投资和低水平重复建设,依据国家有关法律法规和产业政策,"十一五"期间发布了《铝行业准入条件》、《铜冶炼行业准入条件》、《钨、锡、锑行业准入条件》、《铅锌行业准入条件》、《镁行业准入条件》、《钼行业准入条件》等一系列行业准入条件及其管理办法,工业和信息化部实施了行业准入公告管理工作,公布了一批符合铜、铅锌、镁行业准入条件的企业名单,其他品种的准入工作也正在有序开展。

为加强对黄金矿山开采企业的规范管理,发展改革委发布了《办

理开采黄金矿产批准书管理规定》,2008年,黄金行业管理职能划转工业和信息化部,并按照相关规定开展了开采黄金矿产批准书的管理工作,规范了黄金开采秩序,促进了行业健康发展。

多年来,我国有色金属行业持续快速发展,取得卓越成就,但电解铝等行业产能过剩、资源对外依存度高、自主创新能力不强等行业积累的结构性矛盾依然存在。"十二五"期间,是有色金属工业加快转变发展方式,实现由大变强的关键时期,既面临着难得的发展机遇,也面临着严峻挑战。有色金属工业要深入贯彻落实科学发展观,走中国特色新型工业化道路,以加快转变有色金属工业发展方式为主线,以科技进步为支撑,以推进节能减排、技术改造、兼并重组和环境治理为重点,立足国内需求,严格控制冶炼产能过快扩张,积极发展有色金属精深加工产品,加强国际合作,大力发展循环经济,提高资源保障能力,增强有色金属工业核心竞争力和可持续发展能力,加快实现我国有色金属工业由大到强的转变。

（审稿人:陈学森;执笔人:黄瑜、程明明、刘舒飞）

建　材　工　业

　　建材工业是国民经济的重要基础产业,在我国工业化、城镇化和农业现代化进程中发挥着重要作用。建材工业主要包括建筑材料及制品、非金属矿及加工制品、无机非金属新材料等相关产业。进入新世纪,在国民经济持续快速发展的强劲带动下,我国建材工业发展取得了巨大成就,全行业主要产品产量保持高速增长,生产规模不断扩大,在产业结构调整、方式转变、节能减排等方面均取得长足进步,很好地满足了国民经济和城乡建设快速发展对建材产品的需要。党的十六大以来的十年是我国建材工业发展速度最快、质量效益最好的十年。

一、主要产品产量和效益大幅提高

　　工业和信息化部组建以来,在建材工业发展规划、产业政策、标准规范等方面开展了大量工作,发布了《建材工业"十二五"发展规划》,推进行业结构调整,促进行业提高发展质量和效益。几年来,受国民经济快速发展的拉动,建材工业保持高速增长。2011 年,水泥产量 20.8 亿吨,平板玻璃产量 7.9 亿重量箱,建筑陶瓷产量 92 亿平方米,与 2002 年相比,10 年间年均增长率分别为 11.1%、12.9% 和 30.3%。

　　2011 年,规模以上建材工业企业完成销售收入 3.4 万亿元,实现利润 2798 亿元,10 年间年均增长率分别为 25.2% 和 35.1%。

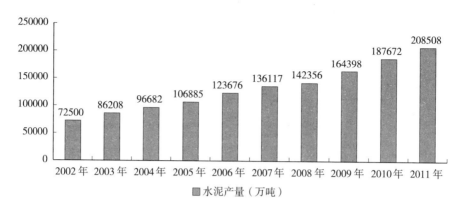

图 3-5　2002—2011 年水泥产量

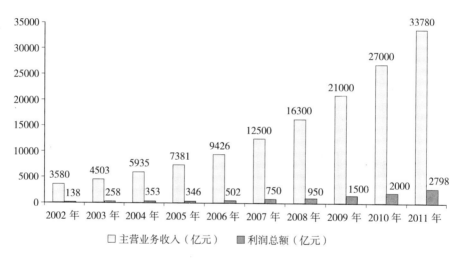

图 3-6　2002—2011 年建材行业主营业务收入和建材行业利润总额

二、技术创新和品牌建设成绩显著

技术创新是实现行业进步发展与提升水平的重要支撑。目前,建材行业已全面掌握了大型新型干法水泥、大型浮法玻璃、大型玻璃纤维池窑拉丝等先进生产技术,并具备了成套装备的制造能力。12 万吨超大型无碱玻璃纤维池窑拉丝及全氧燃烧技术达到国际领先水平。新型干法水泥在预分解窑节能煅烧工艺、大型原料均化、节能粉磨、自动控制和环境保护等方面,从设计、装备制造到工程建设整体都接近或达到了世界先进水平,并实现了大型成套技术装备的出口。新一代洛阳浮法技术全面达到国际先进水平,电子工业用0.4mm超薄浮法玻璃产品拥有自主知识产权,产品质量达到国际先进水平。大规格建筑陶瓷薄板、多晶硅石英陶瓷坩埚研发成功并实现产业化。5兆瓦级风力发电机玻璃钢叶片、年产千吨级的碳纤维项目均已投产。高铁用高性能无砟道制造技术、高速列车风挡玻璃等在重大工程中得到推广和应用。

在推动行业品牌建设方面,工业和信息化部根据行业技术进步和民生发展需要,不断制订、修订行业标准,推动产品质量、节能减排、清洁生产、职业卫生、本质安全、综合利用、协同处置等方面水平稳步提升。修订《水泥企业质量管理规程》,规范水泥企业质量管理体系建设和生产过程质量管理,确保出厂产品质量,鼓励建筑卫生陶瓷等产品创建知名品牌。

三、产业结构调整取得重大进展

针对水泥、玻璃等行业产能过剩现状,工业和信息化部发布了《工业和信息化部关于抑制平板玻璃产能过快增长促进行业健康发展的通知》、《关于进一步做好淘汰水泥落后产能工作的通知》等相关政策引导行业加快淘汰落后产能、延伸产业链、转变发展方式。同时,为引导健康发展,抑制产能过快增长,保护生态环境,提高资源能源利用率,发挥先进企业引导示范作用,陆续发布了《水泥行业准入条件》、《平板玻璃行业准入条件》、《玻璃纤维行业准入条件》等重要子行业准入条件,并实施行业准入公告管理,公布符合准入条件的企业名单,强化社会监督,倒逼落后产能退出。通过一系列政策和措施的实施,建材行业在淘汰落后产能、提高产业集中度、优化产业结构和布局结构等方面取得重大进展。

（一）落后产能淘汰工作进展顺利

"十一五"期间,累计淘汰落后水泥产能3.4亿吨、落后平板玻璃产能6000万重量箱。2011年水泥熟料产量新型干法比重达86%,比2002年提高近70个百分点,新型干法生产线日均产能从2002年的1676吨提高到2011年的3098吨。浮法玻璃比重89%,单线最大规模达到日熔化量1000吨。玻纤池窑拉丝比重85%,比2005年提高16个百分点;新型墙材比重56%,比2005年提高14个百分点。

（二）产业集中度提高

2011年前10家水泥企业产量5.53亿吨,约占全国的26.5%,前20家企业的熟料产量约6.35亿吨,占熟料总产量的53%。前10家浮法玻璃生产集中度达到57%。

（三）产业结构比例进一步优化

传统的能耗高的产业增加值比重下降是"十一五"时期建材工业结构发生变化的又一个显著特征。水泥制造业工业增加值占建材工业增加值总量的比重从2002年的43%下降为2005年的34%,2010年下降到24%;玻璃纤维增强塑料、建筑用石、云母和石棉制品、隔热隔音材料、防水材料、土砂石开采、技术玻璃、水泥制品等行业的发展速度远超过了传统的能耗高的行业增长速度。2010年低能耗产业工业增加值比重已经达到建材工业增加值总量的43%,其对建材工业增长的贡献率,已接近传统的高能耗的建材产业。

（四）区域布局优化

东、中、西部水泥熟料生产能力占比由2005年的54%、25%、21%调整为2010年的41%、29%、30%,一批浮法玻璃和建筑陶瓷生产线在西部地区相继建成。

表3-4   2011年分地区建材工业经济效益情况

	主营业务收入（亿元）		利润总额（亿元）		主营业务利润率（%）	销售利润率（%）
	2011年	比重	2011年	比重		
东部地区	18293.94	54.16	1414.47	50.56	15.08	7.73
中部地区	10054.33	29.76	960.04	34.32	18.14	9.55
西部地区	5431.50	16.08	422.99	15.12	17.50	7.79

四、节能减排成效显著

节能减排和发展循环经济是建材行业发展进步的总要求,是提升行业内在总体素质和提高企业经济效益,提高企业市场竞争力的内外双重动力,是行业发展融入推进社会进步与文明进程之列的必然举措。2010年建材工业单位工业增加值综合能耗比2005年降低52%。主要污染物排放总量呈明显下降趋势,其中烟气粉尘排放量、二氧化硫排放量分别比2005年减少46%和12%。建材工业利用各类工业固体废弃物超过6亿吨,其中利用煤矸石量占全国50%以上,综合利用粉煤灰量占全国30%以上。水泥行业余热利用技术得到普遍认可和推广应用,700多条水泥生产线配套建成余热发电,总装机容量超过4800兆瓦。玻璃熔窑余热发电技术得到推广应用。水泥行业已基本掌握了利用水泥窑无害化处置工业废弃物的关键技术。利用水泥窑无害化最终协同处置城市生活垃圾、城市污泥、有毒有害废弃物及工业废弃物(以下简称"协同处置")关键技术已经全面掌握,一批示范工程陆续实施并推广应用。建材工业作为发展循环经济不可或缺的绿色功能产业特征日益显现。

五、国际合作进一步深化

建材商品出口总体保持了较快增长态势,2011 年,建材工业进出口总额411 亿美元,同比增长30.2%,其中:出口总额242 亿美元,同比增长25.1%。专用机械、特种玻璃、玻璃纤维、建筑陶瓷、石材制品等较高附加值产品出口增加,出口产品出口额增长明显快于出口量增长。资源类非金属矿产品价格形成机制日趋完善,出口结构不断优化。依托具有国际先进水平的大型新型干法水泥成套技术出口,水泥工业大型成套装备已批量进入海外市场,伴随着国内企业广泛参与国际水泥工程服务领域竞争,我国占有国际水泥工程总承包建设市场的份额日益提升,2011 年年底已达40%。玻璃纤维行业大企业启动实施了海外投资战略,瞄准海外市场,“走出去”积极参与国际市场竞争,行业国际竞争力大幅提升。

“十二五”时期是我国全面建设小康社会的关键时期,国民经济仍将保持平稳较快增长。建材工业既面临着难得机遇,也面临着诸多挑战。行业发展内外部环境发生着深刻变化,既有投资和消费结构调整带来的深刻影响,也有经济发展方式转变提出的紧迫要求,建材工业发展将由“增量扩张”转向“提质增效”,由高速增长转向平稳发展。一是通过改善组织结构、产品结构、布局结构和业态结构实现产业结构的优化升级。二是利用先进节能技术,实施清洁生产技术改造,推进节能减排。三是充分发挥建材工业消纳利废功能,发展循环经济。四是加强非金属矿资源开发利用和保护,加大资源保护。五是继续推进国际合作,充分利用国内、国际两种资源、两个市场,在全球范围内配置资源,提高我国建材工业的国际竞争力,走国际化发展道路。

（审稿人:高云虎;执笔人:高萍）

机 械 工 业

机械制造是市场竞争最充分、最活跃的行业之一,是国民经济最重要的基础产业之一,是发展战略性新兴产业的出发点和落脚点。尤其是高端装备制造业,既是战略性新兴产业的组成部分,也是保障其他战略性新兴产业健康发展的重要基础。"十一五"以来,我国机械工业着力调结构、转方式、上水平,不仅自身发展迅猛,而且为经济发展和国防建设作出了巨大贡献,成为国民经济发展的重要支柱产业。

一、支柱地位日益突出

正如 20 世纪最后十年的经济增长见证了家电、纺织、服装等行业的兴起,21 世纪最初十年的经济增长掀起了钢铁、水泥等行业的热潮一样,新一轮的经济增长也需要新的、具有长期成长性的行业来引领,而机械工业无疑责无旁贷。按照日本经济学家战略产业领先增长理论,当电力和钢铁工业完成了第一组和第二组战略产业的使命之后,第三组领先发展的战略产业将是机械工业。在这一轮经济危机中,中国的机械工业已经显示出了其强大的发展力量,已经成为逆周期调节者,而不是顺周期参与者,未来它将是中国新一轮经济增长的带动力量,主要表现为:一是机械工业将成为中国技术创新的"发动机";二是随着高端机械工业发展,将产生一大批中产者;三是中国机械工业将逐步掌握相当数量产品的国际市场定价权。

机械工业是我国规模最大的产业门类之一、吸纳就业能力强、关联带动作用大、国际竞争力强。2011 年,我国机械工业(不含交通运输设备和电子信息)总产值达到 11.89 万亿元。从 2007 年开始,年均增速超过 20%,总规模陆续超过德国、日本和美国,位居世界第一位。机械工业每亿元固定资产吸纳就业 732 人,高于全国工业平均水平 296 人。机械工业通过为各行业提供先进技术装备,对这些产业的发展起到强有力的支撑作用。2011 年技术附加值较高的机械产品出口增长加快,增速明显高于机械工业平均增速。在一些领域我国机械行业企业的产品已走在世界前列。我国机械工业新增私人投资占比已经由 2004 年的 30% 上升到 2011 年的 80% 以上。2011 年民营企业在机械工业产值和利润总额中占比已达一半,出口创汇已占 30% 以上,发展速度快于全行业平均水平约 10 个百分点。

二、产品结构调整加快

"十一五"以来,我国机械工业产业进行了积极的结构调整,取得明显成效。一是高端电力机械发展势头良好。水、核、风等非化石能源发电设备在发电设备总产量中的占比由 2010 年的 30.9% 上升到 32.9%。特高压交流百万伏输变电试验示范线路扩容所需机械顺利完成,±1100 千伏直流输电设备及智能电网设备研制已经启动。二是重型矿山设备大型化有新成绩。1.85 万吨自由锻造油压机、3 万吨单缸模锻液压机、300 吨和 400 吨级电动轮自卸车,75 立方米矿用挖掘机等大型高端机械的研制投产,大型球磨设备向世界矿业巨头出口,大型船用曲轴进入批量生产。三是天然气长输管线加压站设备国产化取得突破。以前全部靠进口的 2 万千瓦级压缩机、拖动电机、变频装置及全锻焊管线阀门已成套研制成功并通过用户测试,即将在西气东输工程中安装运行。四是高档机床竞争力有所提高。数控机床、数控装置产量增速明显快于普通机床,数控化率继续提升。五是高端仪表发展势头已有起色。自动化仪表产值增速达到35%,大大高于仪表行业25%的平均增速,其主营业务收入利润率达到了10%,高于机械工业7%左右的平均利润率;代表高端控制系统水平的 DCS 系统,国产化已取得长足进展,智能电表迅速发展。六是农机产品升级势头明显。拖拉机向大功率升级的势头日益明显;继小麦、水稻收割机热潮之后,为玉米、棉花、甘蔗等经济作物服务的多种新型农业机械自主创新势头也已出现明显加速之势。七是文化办公设备制造业被外资产品一统天下的局面开始发生变化。经过不断努力,文化办公设备制造业中内资企业的市场份额近几年开始上升,2010 年达到 12% ,2011 年又进一步提高到14% 。八是工程机械已成为国际市场的主角。工程机械行业近几年迅速发展壮大,得益于行业企业科技的投入、产品质量的提升、制造能力的增强和国内外市场的拓展。2011 年工程机械出口达 159 亿美元,成为国际上具有较强竞争力的国家之一。中国企业开始走出国门,参与国际间的兼并重组竞争。

三、发展模式发生深刻转变

过去,我国机械工业发展是"从无到有"时期,走的是整机带动零部件发展的模式。2000 年以来,机械工业进入"从大到强"发展阶段,迈入整机与零部件并重发展的道路。差距巨大的高端液压件的国产化初露曙光。投资数以十亿计的大项目纷纷上马,挖掘机等主机企业开始大举进入这一领域,这一突出的基础瓶颈环节已见到缓解的希望。对测量水平影响很大的高性能硅压力传感器和压力变送器的自主创新取得实质性突破,并已取得用户认可。国产核电站石墨密封件经过国内多家核电站近四年的工业性运行考核,运行可靠,已可批量生产。超高压交直流绝缘套管及变压器出线装置、天然气长输管线和大型火电及核电设备阀门、大型水轮发电机组用的无取向优质矽钢片和抗撕裂厚钢板、超高压大型变压器用的冷轧取向矽钢片等基础产品的自主创新取得了一系列可喜的突破。电站锻件国产化取得重大进展,进口份额大幅下降:30万千瓦及以上火电高中压转子18.4%进口,低压转子36%进口,发电机轴21%进口。

四、自主创新能力不断增强

"十一五"以来,机械工业扎实推进自主创新,取得了丰硕成果。以我国首个特高压交流输变电和特高压直流输变电工程成功投运为标志,我国重大技术装备国产化取得重大突破。百万千瓦级核电装备所需锻件、蒸汽发生器、核主泵开始具备自主制造能力,泵阀国产化项目荣获国家能源局科技进步一等奖;火电装备中,1000兆瓦超临界火电机组自控系统通过国产化验收;水电装备中,当今世界单机容量最大的三峡电站70万千瓦水电机组实现自主研制;大型石化装备中,国内首台百万吨级乙烯装置用裂解气压缩机研制成功,乙烯"三机"(裂解气压缩机、丙烯压缩机和乙烯压缩机)全部实现国产化等。我国自行研制的世界最长72米臂架混凝土输送泵车、最大直径11.22米盾构机、超重型双立柱数控落地镗铣床、超大型露天矿用挖掘机、1000兆瓦超超临界风冷汽轮机、3兆瓦海洋风电设备等一大批产品达到或领先世界水平。

五、组织实施数控机床科技重大专项

自2009年正式启动实施数控机床专项以来,我们按照国务院批准的《专项实施方案》确定的总体目标,以及主机牵引,加强基础;跟踪跨越,集成创新;掌握核心技术,提升创新能力;鼓励使用,需求拉动的发展思路。采取注重研究用户工艺;重视系统设计;融入信息技术;推行数字制造;以功能部件为基础;以共性技术为支撑的技术路线,以持续滚动、不断深入的方式安排专项任务。在年度安排上注重专项任务安排的系统性,认真做好专项任务的有序衔接,围绕航空航天、船舶、能源设备、汽车等领域的需求,陆续安排了一批急需的关键工艺设备及成套生产线;结合航空航天、汽车等领域需求,集成前期课题在主机、配套和共性技术等方面已取得的阶段性研究成果,加大推广应用技术研究,安排了一批创新能力平台建设、应用示范工程和用户工艺应用试验研究。重点要攻克一批关键技术,掌握数控机床及基础制造装备及关键零部件等一批核心技术,通过目标导向,加快提升产品的可靠性和精度保持性,启动数控机床主机、数控系统的第三方可靠性测评、测试工作。

(一)数控机床专项目前已取得了一批阶段性成果

主要体现在:(1)产业链进一步完善。通过与主机联动,对数控系统、功能部件、数控刀具等产业链中的薄弱环节进行攻关,并开始批量配套应用。(2)一批重点领域急需的重大装备通过验收并投入使用。3.6万吨黑色金属垂直挤压机、大型立式热处理炉等标志性设备已通过课题验收并投入使用。在专项研发成果基础上,济南二机床集团与福特汽车公司签订了5条用于美国本土新建工厂的全自动快速冲压生产线订货合同,创造了我国高档数控机床首次出口至欧美汽车主机制造厂的成功案例。(3)积极开展用户示范应用。在航空大型结构件、汽车发动机、汽轮机叶片等领域安排了应用示范工程课题,促进了单机、部件等课题阶段性成果的集成应用。(4)科学规划,稳步推进创新能力平台建设。以国内龙头企业为主体,联合国内优势研究单位及重点领域典型用户,充分利用国家、地方、行业已有科技资源,建立技术开发和管理运行水平国际先进的专项任务创新能力平台,使之成为专项任务重要技术支撑和高端人才聚集基地。

(二)在专项组织管理方面大胆探索,不断改进,初步形成了数控机床专项的管理程序和制度

一是加强过程管理与监督检查,持续开展第三方评估。自2011年起,在课题任务书与预算书签订前,为确保部分资金投入量大、产业影响较大课题的顺利实施,专项办组织专家组对相关重点课题的工作进展、课题落实等情况进行了检查,及时发现问题并在任务书和预算书编制过程中予以改进解决,以保证课题的顺利实施。连续委托第三方评估机构开展立项课题的中期评估。二是从制度与执行两个层面逐步规范专项财务管理。制订了《数控机床专项资金管理细则》,并严格按照专项财务管理的程序操作;委托会计师事务所开展专项资金审计工作;建立财务专家在课题立项评审、中期评估、验收等环节的参与审核制度。建立问题总结与通报制度,以及审计会计师事务所的动态调整机制。三是调动地方积极性,主动参与专项管理并落实地方财政资金。通过提高地方工业主管部门在专项课题申报、中期评估、验收等工作的参与度,调动地方主管部门的积极性,为专项课题的顺利实施起到了良好的支撑作用。四是将人才队伍培养作为课题考核指标。随着数控机床专项的深入实施,人才薄弱的问题已成为行业可持续发展的瓶颈,在年度任务计划中,要求各课题责任单位将人才培养、在职教育、校企联合培养、技术交流、合作研究等纳入课题研究内容,其完成情况作为课题验收的重要考核内容。五是深化知识产权战略,促进专项成果产业化。在课题验收环节,加强了知识产权的监测和评估,进行了课题验收知识产权查重、查证与分析。为保护专项产生的专有技术成果,发布实施了《数控机床专项技术秘密认定管理暂行办法》,开展技术秘密认定工作。

"十一五"期间,我国机械行业虽然得到了较快的发展,但还是存在着产业"大而不强"、增长速度快但发展质量不高、机械产品中大部分仍属低端机械等问题。为了尽快提升我国机械行业的国际竞争力,促进我国产业转型升级,一方面,工业和信息化部组织制定并发布《农机工业"十二五"发展规划》、《机械基础件、基础制造工艺和基础材料产业"十二五"发展规划》以及组织制定《轨道交通装备产业"十二五"发展规划》等行业"十二五"发展规划的编制工作;另一方面,工业和信息化部积极探索行业管理新模式,如,发布《农机工业发展政策》和《联合收割(获)机械和拖拉机行业准入条件》,组织完成机械行业2011年标准制修订工作等一系列措施。再次重申了机械行业的地位与作用,充分体现了工业和信息化部对机械工业的重视。我国机械工业要实现制造业强国的目标,必须着力发展高端装备,逐步改变过度依赖进口的被动局面;着力加强自主创新,为推进技术进步提供有力支撑;着力夯实基础,尽快改变基础发展滞后于主机的状况;着力推进信息化与工业化融合,提升装备制造业整体素质;着力推行绿色制造,积极发展节能产品,增强可持续发展能力。同时,我国机械行业要把加快推进传统产业技术改造、推动传统产业优化升级,加快发展战略性新兴产业、大力发展高新技术产业设备、全面提升机械装备制造水平作为中心环节;把加快推进节能减排、绿色环保制造作为突破口;把立足两个市场、利用两种资源、优化产品结构、提升核心竞争能力作为着力点,为全行业实现历史性跨越奠定基础。

(审稿人:王富昌;执笔人:王建宇)

汽 车 工 业

汽车工业是工业文明的产物和代表,同时也是一个国家工业水平和实力的综合体现。党的十六大以来,我国汽车工业高速发展,在促进经济社会发展、增加就业、拉动内需、带动技术进步等方面发挥着越来越重要的作用,已发展成为国民经济重要的支柱产业。"十一五"期间,我国汽车行业在刺激内需、鼓励购买小排量汽车的汽车消费等一系列政策支持下,克服金融危机的不利影响,积极推进结构调整,着力提升自主创新能力,实现了汽车行业较高速度的增长,推动了我国经济保持平稳较快发展。

一、产销量保持高速增长

随着产销量高速增长,我国已成为汽车第一大国。2001 年《国民经济和社会发展十五计划纲要》第一次明确"轿车进入家庭"的提法。2004 年《汽车产业发展政策》发布,明确要创造良好的汽车使用环境,培育健康的汽车消费市场,保护消费者权益,推动汽车私人消费。2009 年私人汽车拥有量占总保有量的比重为 72.8%,比五年前增加 10 个百分点。2009 年,国务院出台《汽车产业调整和振兴规划》,我国汽车工业在应对国际金融危机中发挥了积极作用,促进了汽车消费市场增长,实现了平稳较快发展。世界汽车企业集团越来越重视中国汽车市场,通过在华建立研发中心、加大国内技术研发的投入,产品适应性开发逐步由在成熟产品上做局部、简单的修改向参与产品研发全周期进行全面适应性开发转变。同时,合资企业通过转移成熟产品产权等方式,在合资企业拥有知识产权的自主产品方面全面发力。在《汽车产业调整和振兴规划》的引导下,合资企业产品向小排量扩展,1.6L(含)以下排量的产品比重不断提高,产品系列全面覆盖各级别车型。2001—2008年,我国汽车产销平均每年跨越100万辆台阶,2009年我国汽车产销量跃居世界第一,2010年、2011年汽车产销量连续两年超过1800万辆,不断刷新全球汽车产销纪录。2011年,我国汽车产销分别达到1841.89万辆和1850.51万辆,较2001年增长了6.87倍和6.83倍;汽车产量占全球的比重达到23%。

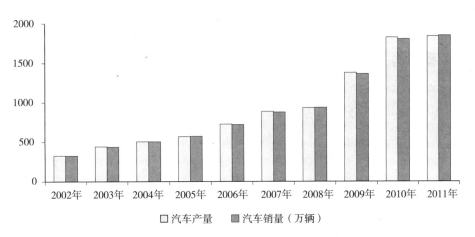

图3-7 2002—2011年中国汽车产销发展情况

资料来源:中国汽车工业协会。

二、产业结构调整成效显现

我国虽然已经成为世界汽车生产大国,但是产业结构不合理、技术水平不高、自主开发能力薄弱、消费政策不完善等问题依然突出,工业和信息化部作为汽车行业主管部门为加快汽车产业调整和振兴,出台了一系列鼓励消费、引导大企业集团重组、发展节能与新能源汽车的政策:一是加快推进我国汽车标准法规体系建设,近几年,先后发布了乘用车第三阶段燃料消耗量、重型商用车燃料消耗量测量方法、专用校车以及纯电动乘用车技术条件、充电接口、通信协议等一系列重要标准,极大地提高了我国参与国际标准制定的话语权;进一步完善车辆准入管理制度,先后出台新能源汽车、专用汽车和挂车、商用车、乘用车、专用校车等准入管理规则,加强车辆生产一致性监管;二是积极会同财政部等部门出台了节能与新能源示范试点、节能汽车推广、节约能源与新能源车辆车船税减免等一系列鼓励节能与新能源汽车消费政策,促进汽车产品消费结构调整;三是会同发展改革委、财政部、科技部制定了《节能与新能源汽车产业发展规划(2012—2020 年)》。在这些政策的推动下,产业结构调整成效显现,产品结构进一步优化。乘用车和商用车比例,2005 年为 68.9∶31.1,2010 年为 76.1∶23.9。载货车重、中、轻、微比例,2005 年为 15∶13.1∶56.3∶15.6;2010 年为 27∶6.8∶50.3∶15.9。产品结构趋于合理,1.6 升及以下乘用车占乘用车比例较 5 年前提高 4.4 个百分点,达到 68.8%;产业组织结构不断优化,行业内联合重组取得新的进展,上南合作、兵装和航空合作,通过长安整合哈飞、昌河等联合重组,大大提升了汽车企业的整体实力。2010 年,整车前 5 家企业产量集中度比 5 年前提高 5 个百分点,从 65% 提高到 70%;私人购车已成为汽车消费主流。汽车零部件工业已形成规模较大、水平较好、门类齐全的产业体系,为我国汽车生产配套及维修提供基本保证,零部件产值及出口值居世界第四位。以市场为导向、企业兼并重组的力度加大,出现了一批经过重组壮大的汽车企业。如一汽和天汽的重组、长安重组江铃、上汽收购南汽、广汽重组长丰、兵装集团与中航集团重组汽车业务等。大型企业规模的迅速扩大,带动了产业集中度的提升,2011 年前四家汽车生产企业的生产集中度已达到 62.9%。前10 家企业集团的生产集中度达到 87%。

三、技术创新和自主品牌政策提高产业竞争力

我国汽车工业自主发展能力已经从一般的整车开发发展到核心部件的升级、综合性能的提高和品牌的持续建设。汽车产品升级换代提速,产品线日益丰富,并已开始向中高档产品延伸。2004 年,《汽车产业发展政策》明确将激励汽车生产企业提高研发能力和技术创新能力,积极开发具有自主知识产权的产品,实施品牌经营战略作为产业政策的一大目标,并给予相应的规划核准、税收、知识产权保护、参与重大科技攻关项目等政策扶持。2006 年,《国家中长期科学和技术发展规划纲要(2006—2020 年)》中将"低能耗与新能源汽车"列入 36 个优先主题。2009 年 2 月,国务院颁布的《汽车产业调整和振兴规划》中,提高自主创新能力和培育自主品牌被摆在突出位置。2012 年,《节能与新能源汽车产业发展规划(2012—2020 年)》明确要实施节能与新能源汽车技术创新工程,要强化企业在技术创新中的主体地位,引导创新要素向优势企业集聚,完善以企业为主体、市场为导向、产学研用相结合的技术创新体系,通过国家科技计划、专项等渠道加大支持力度,突破关键核心技术,提升产业竞争力。

在整车制造的带动下,基本形成多品种、全系列的各类零部件生产和配套体系,为汽车工业的高速发展打下了较好的基础。零部件设计制造水平不断提高,一批有比较优势的零部件企业已实现规模生产并进入国际汽车零部件采购体系。截至 2011 年年底,我国国内汽车行业发明专利的总申请量超过 31800 件,其中电气设备、底盘、车身、发动机发明专利数量位居前四位。2011 年,汽车零部件制造业工业总产值达到 2.05 万亿元,产业规模已经位居世界前列。2010 年,乘用车自主品牌有 211 个,较 2005 年增长 200% ,轿车的自主品牌数量为 103 个,较 2005 年增长 196% 。自主品牌汽车国内市场占有率超过 50% ,其中,自主品牌乘用车占有率 45.6% 、轿车占有率 30.9% 、商用车占有率

88.2%。整车出口呈现持续高速增长势头,2000 年我国整车出口 1.5 万辆,2011 年整车出口 81.43 万辆。汽车零部件出口额 2000 年为 35 亿美元,2010 年达到了 414 亿美元,年均增速为 28%;出口国家和地区已超过 180 个,并已小批量打入发达国家市场。一批企业走出国门,开展海外并购、在外设立研发机构、投资建厂。据不完全统计,2004—2010 年,我国汽车行业进行了 19 宗海外并购交易,交易总额达 49 亿美元,如吉利收购沃尔沃轿车、南汽收购 MG 罗孚等。

四、节能环保政策促进汽车产业健康可持续发展

为推动汽车节能环保技术发展和应用,推动汽车工业节能减排,2001 年以来,我国先后发布了《轻型汽车污染物排放限值及测量方法》(GB18352.3)、《车用压燃式、气体燃料点燃式发动机与汽车排气污染物排放限值及测量方法》(GB17691)、《轻型汽车燃料消耗量试验方法》(GB/T19233)、《乘用车燃料消耗量限值》(GB19578)、《轻型商用车辆燃料消耗量限值》(GB20997)、《轻型汽车燃料消耗量标识》(GB22757)、《乘用车燃料消耗量评价方法及指标》(GB27999)、《重型商用车辆燃料消耗量测量方法》(GB/T27840)等一系列重要标准,建立起包括试验方法、限值和标识在内、相对完整的汽车燃料消耗量标准体系。2009 年 8 月,工业和信息化部发布了《轻型汽车燃料消耗量标示管理规定》,建立了轻型汽车燃料消耗量公示制度。2010 年 6 月,工业和信息化部、财政部、发展改革委联合发布了《“节能产品惠民工程”节能汽车(1.6 升及以下乘用车)推广实施细则》。2010 年 6 月,工业和信息化部、发展改革委、财政部、科技部联合出台《关于开展私人购买新能源汽车补贴试点的通知》,并确定在北京、上海、长春、深圳、合肥、杭州 6 个城市启动私人购买新能源汽车补贴试点工作。2011 年,《中华人民共和国车船税法》及其实施条例发布。2012 年 3 月,工业和信息化部、财政部、税务总局联合发布了《关于节约能源　使用新能源

车船车船税政策的通知》,对节约能源的车船,减半征收车船税,对使用新能源的车船,免征车船税。

2012年7月,国务院颁布了《节能与新能源汽车产业发展规划(2012—2020年)》,明确了我国节能与新能源汽车产业发展的技术路线、发展目标、主要任务和政策措施。2005年以来,通过实施严格的乘用车燃料消耗量限值标准和鼓励小排量汽车消费的税收政策,以及各类节能技术的推广应用,我国汽车油耗明显降低。经过近10年的自主研发和示范运行,我国在动力电池、驱动电机、电子控制和系统集成等关键技术领域取得明显进步,纯电动汽车和插电式混合动力汽车开始小规模投入市场,燃料电池技术水平不断提高,新能源汽车标准体系逐步建立。"十一五"期间,汽车排放达到国三标准,乘用车整体油耗水平比2002年下降15%左右。到2011年年底,25个示范试点城市累计示范推广使用节能与新能源汽车超过1.5万辆。

进入新世纪以来,我国汽车工业发展取得了举世瞩目的成就,已经成为世界第一汽车产销大国。我国正处于汽车普及发展的初期,汽车消费需求还有着巨大的增长空间,但我们也必须看到,汽车保有量增长带来的能源、环境、交通等制约会进一步凸显。《节能与新能源汽车产业发展规划(2012—2020年)》的发布实施为我国节能与新能源汽车产业的发展指明了方向、明确了任务、提供了保障,对于加快我国节能与新能源汽车产业发展,推动汽车产业转型升级,促进我国实现由汽车大国向汽车强国的转变,具有十分重要的指导意义。未来十年,是我国汽车产业转型升级、由大变强的关键时期,发展节能与新能源汽车产业已成为汽车行业共同肩负的一项重要使命,任务艰巨、责任重大。

(审稿人:王富昌;执笔人:佘伟珍)

船 舶 工 业

　　船舶工业是为国防建设、航运交通和海洋开发提供主要装备的战略性产业,是保障国家安全和维护海洋权益的重要工业基础。加快发展船舶工业,对于加强国防现代化建设、促进相关产业发展,振兴装备制造业、扩大机电产品出口、解决劳动力就业具有重要的战略意义。中国船舶工业经过"十一五"时期跨越式发展,产业规模大幅提升,国际市场份额快速扩大,经济运行质量显著改善,自主创新能力不断提高,综合实力显著提升,已经成为世界第一造船大国并加快向造船强国转变。

一、船舶工业实现跨越式发展

　　受金融危机影响,全球经济复苏乏力,航运市场价量齐低,船舶工业面临生存挑战加剧。工业和信息化部在科学发展观的指引下,以转变经济发展方式为主线,以自主创新和结构调整为手段,以提高船舶工业经济发展的质量为主攻方向,加强行业管理工作,提高产业发展的全面性、协调性、可持续性,推进我国船舶工业加快实现由大到强的转变。

(一)产业规模快速增长

　　2011 年发布了《船舶工业"十二五"发展规划》。明确了"十二五"船舶工业发展基本思路,即调结构、转方式、做优做强船舶工业,大力提升船舶配套业,快速壮大海洋工程装备制造业,努力建设造船强国。随着"十一五"期间大型造船基础设施陆续建成投产,我国船舶工业具备了成为世界造船大国和强国的重要物质基础,造船产量不断创出历史新高。2005年我国造船产量仅为1310万载重吨,2007年我国造船完工量突破2000万载重吨,2008年突破3000万载重吨,2009年突破4000万载重吨,2010年突破6000万载重吨,2011年突破7000万载重吨,达到7665万载重吨。

(二)三大指标稳居世界第一

积极参加国际海事组织(IMO)环境委员会和海上安全委员会有关会议,组织行业专家参与新船能效设计指数(EEDI)、船用耐蚀钢等一系列重要规范标准的制修订工作,充分体现中国船舶工业的诉求,维护行业利益。积极开展与欧洲、日本、俄罗斯等国家造船领域合作,开展对话交流。"十一五"期间我国船舶工业国际地位显著提高,国际市场份额快速扩大。2008年我国新接订单量、造船完工量和手持订单量三大造船指标全面超过日本,跃居世界第二。2010年我国造船三大指标首次全面超过韩国位居世界第一。2011年中国船舶行业在复杂多变的市场形势下继续保持平稳增长,新接订单量、造船完工量和手持订单量分别达3622万载重吨、7665万载重吨和14991万载重吨,占世界份额分别为52.2%、45.1%和43.3%,继续位居世界第一。

(三)经济运行质量显著改善

针对金融危机对船舶工业滞后影响,在对行业运行状况进行日常监测的基础上,进一步加大了调查研究的力度。针对船舶市场订单大幅减少,企业生产任务不足,国内配套产品市场遭遇国外挤压等情况,形成了上报国务院的报告。针对企业反映的船用主机遭遇韩国低价竞争及船舶配套受国外打压等问题,积极组织协会支持企业维护自身利益。根据《船舶工业调整和振兴规划》明确促进老旧运输船舶和单壳油轮报废更新政策,发布《符合条件的船舶企业(第一批)》,明确了符合条件的船舶制造企业名单。在这些政策的大力支持下,我国骨干企业造船效率大幅提高,典型船舶建造周期已接近世界先进水平。与"十五"期间相比,我国骨干造船企业生产效率与日韩之间差距明显缩短,我国船舶工业经济总量和盈利实现了快速增长。2011 年规模以上船舶工业企业完成工业总产值 7775 亿元,同比增长 22.2% ,约为 2005 年的六倍。2011 年 1—11 月,规模以上船舶工业企业实现主营业务收入 6221 亿元,同比增长 24.9% ;实现利润总额 481 亿元,同比增长 25.5% 。

二、自主创新能力不断提高

《船舶工业"十二五"发展规划》明确了"十二五"船舶科研的方向和重点领域,部署了深水钻井船及关键设备、小缸径船用低速柴油机及关键布套件、中型豪华游船及关键设备等十五项"十二五"期间实施的重大创新项目。2011 年开展了船舶配套、海洋工程装备、船舶节能减排、标准等领域的研发工作,发布了《船舶节能减排环保技术研发项目指南(第一批)》。

(一)船型开发取得突破性进展

工业和信息化部会同商务部认定了全国 12 家船舶出口基地,形成了《"十二五"全面建立现代造船模式指导意见》(初稿),根据"十二五"船舶工业将面临的严峻形势,形成了相应工作思路,重点推进精益造船。根据工业和信息化部 2010 年发布的《船舶设计单位设计条件基本要求及评价方法》、《船舶修理企业生产条件基本要求及评价方法》等两项行业准入标准,支持地方政府开展相应评价工作,形成经验以利推广。工业和信息化部会同国家标准化管理委员会联合发布了《船舶工业标准体系(2012 年版)》,推动船舶工业标准化。我国在主流船舶、高技术船舶取得了一大批自主创新成果,实现了历史性突破,极大地提高了我国船舶工业的国际竞争力。目前我国已经具备全系列主流船型的自主设计建造能力,开发出一大批满足国际新规则、新规范要求的新船型,在好望角型散货船、超大型矿砂船、超大型油船等领域形成了一批世界知名的品牌船型。高技术船方面,我国具备了大型 LNG 船自主研发和设计能力,继成功交付首批 5 艘 14.7 万立方米 LNG 船之后,2011 年又承接了首批 17.2 万 LNG 船出口订单,实现 LNG 船出口零的突破。骨干企业具备万箱级集装箱船设计和建造能力并已获得批量订单。

(二)重点设备配套能力和水平大幅提升

近年来,随着一批船用设备建设项目陆续竣工投产,主要船用设备生产能力快速增长。2010 年我国船用低速柴油机产量超过 570 万马力,是 2005 年的 3 倍。与此同时,我国船用设备国产化研制和自主研发取得显著成效,超大型船舶动力系统、大型船用曲轴、甲板机械等产品实现自主生产,首台自主品牌中速柴油机研制已经取得阶段性成果,形成了大型锚机、海洋平台吊机等一批自主品牌船用设备。

(三)海洋工程装备制造发展迅速

工业和信息化部联合发展改革委、科技部、国资委和国家海洋局发布《海洋工程装备制造业中长期发展规划》,提出了经过十年的努力,使我国海洋工程装备制造业的规模和能力大幅提升,形成较为完备的产业体系,产业集群形成规模,国际竞争力显著提高,推动我国成为世界主要的海洋工程装备制造大国和强国的发展目标。工业和信息化部会同发展改革委、科技部、能源局下发了《海洋工程装备产业创新发展战略》。船舶工业在充分利用市场兴旺期加快发展的同时,也抓住了国内外海洋工程装备需求增加的机遇,在海洋工程装备领域取得了长足进步。已具备自升式钻井平台的总承包能力,实现了系列化批量建造;承接了深水半潜式钻井平台、深水起重铺管船、深水钻井船和30万吨FPSO等多个具有较大国际影响力的装备订单,部分产品已成功交付;海洋工程辅助船的市场份额已位居世界第一,并在部分领域形成了自主品牌。2011年我国骨干企业供货的18座(艘)海工装备订单,成交金额近50亿美元,约占全球海工装备成交额的10%。

三、产业结构日益优化

"十一五"时期,我国船舶工业按照《船舶工业发展中长期发展规划》,对科技发展、配套业发展和布局建设方面的工作进行了部署,提高了我国船舶工业制造技术水平和生产效率,产业集聚效应显现,产业结构日益优化,实现船舶工业又好又快发展。

(一)区域布局日趋合理

按照《船舶工业发展中长期发展规划》布局建设的环渤海湾、长江三角洲、珠江三角洲三大造船基地已全面形成规模,产业集聚效应显现。2011年年底,江苏、上海、辽宁、浙江和广东五省市合计手持订单量接近1.3亿载重吨,占全国手持订单量的85.6%。

(二)竞争格局多元化发展

"十一五"期间,我国船舶工业竞争格局已经由两大国有船舶集团主导逐渐演变为两大集团和地方造船企业"平分秋色"的局面。外资和民营资本大量进入造船领域,推动涌现出一批骨干民营造船企业,成为船舶工业实现跨越式发展的一股强劲动力。2011年,中船集团、中船重工集团、其他央属造船企业以及民营造船企业占全国造船完工量的份额分别为24%、15%、16%和45%,新接订单量的份额分别为18%、12%、11%和60%,手持订单量的份额分别是21%、14%、17%和48%。中国船舶工业呈现出以大型国有企业为骨干的大中小船舶企业、中央企业和民营企业等多种经济成分竞相发展的新格局。

"十一五"期间是我国船舶工业发展历程中极不平凡的五年,是发展最快、最好的五年,经过"十一五"的发展,我国船舶工业已经站在了新的更高的历史起点上。未来我国船舶行业将按照国际造船新规范,推进散货船、油船、集装箱船三大主流船型升级换代;提高船舶配套业发展水平和船用设备装船率;重点发展大型液化天然气(LNG)船、大型液化石油气(LPG)船、远洋渔船、豪华游船等高技术、高附加值船舶;加快海洋移动钻井平台、浮式生产系统、海洋工程作业船和辅助船及关键配套设备、系统自主设计建造步伐;在立足海洋装备制造这一主业的同时,不断延伸海洋经济领域产业链,提高综合竞争力和抗风险能力。

(审稿人:李东;执笔人:由淑敏)

航 空 工 业

　　航空工业是国家战略性高技术产业,具有产业链长、带动面宽、关联效应强等特点,对国家科学技术进步和经济发展具有巨大的带动作用,是国家优先发展的战略性新兴产业。航空工业的发展水平体现了一个国家科技、工业、经济的发展水平与综合实力。经过六十年的发展,我国已成为当今世界少数具备较为完整航空工业体系的国家之一。党的十六大以来的十年更是航空工业取得重大成就的十年,航空工业科研生产整体能力和水平跃上一个新台阶,为行业自身的健康持续发展奠定了坚实基础,为国防安全和经济发展作出了突出贡献。

一、产业规模快速扩大

　　国家高度重视航空工业发展的顶层设计,在"十一五"末和"十二五"初,制定了《国家航空工业中长期(2011年—2020年)发展规划》。该规划是我国第一个军民结合的航空工业发展规划,系统分析了我国航空工业的现状和面临的形势,提出了未来发展的指导思想,明确了发展方向和任务,是统领我国航空工业未来十年发展的纲领性文件。从"十一五"开始,在国务院法制机构的指导下,积极推进民用飞机产业发展的立法研究和制定工作,明确民用航空工业的法律地位,为行业发展提供法律保障。结合产业发展实际需要,出台鼓励政策,为企业提供稳定长期的政策支持。同时,按照法律法规的规定和市场发展的需要,研究制定民用航空器研制生产准入条件,规范市场行为,鼓励和引导社会资本进入航空制造业。随着航空产业规模逐步提高,"十一五"期间,国家开始建立民用航空工业统计制度,定期编辑出版《民用航空工业年鉴》、《民用航空工业统计年鉴》、《中国民用航空工业企事业单位概览》等反映行业发展的基础性资料,为政府科学地开展行业管理提供支持,为企事业单位和广大投资者提供服务。近十年来,我国航空工业实现了快速增长。以骨干企业为例,2002 年中航工业第一集团公司和中航工业第二集团公司航空总产值约为 181 亿元,到 2011 年,由上述两集团公司重组而成的中国航空工业集团公司和中国商用飞机有限责任公司的航空总产值快速提升到约 974 亿元,平均年增长率为20.5%。2002 年两集团公司的总资产为 1214 亿元,到 2011 年,总资产达到 5500 亿元,平均年增长率为 18.3%,实现了资产的快速积累。同时,由于政策环境的改善和社会发展对航空产品巨大需求的拉动,以及产业升级的需要,社会资本热切关注航空工业,我国自"十一五"以来形成了新一轮发展航空工业的热潮。目前我国航空工业正处于历史最好时期,在国家工业体系和国民经济中的地位和作用日趋增强,实现了航空产业的快速发展。

二、航空武器装备研制水平实现跨越式发展

中共十六大以来,航空工业按照"探索一代、预研一代、研制一代、生产一代"的战略部署,加快推进航空武器装备发展,成功研制了一批新型航空武器装备,使我国成功跻身于世界少数几个能系列化、多谱系自主研制具有国际先进水平航空武器装备的国家之列,为国防建设作出了重要贡献。以歼十为代表,实现了我国军机从第二代向第三代的跨越;以"太行"发动机为代表,实现了我国军用航空发动机从第二代向第三代、从涡喷向涡扇、从中等推力向大推力的跨越;以预警机等特种飞机装备为代表,实现了我国航空装备由机械化向信息化的跨越。具有世界先进

水平航空武器装备的成功研制和交付,实现了我军航空武器装备的历史性跨越。加快研发了"枭龙"、"猎鹰"等新一代军贸产品,积极拓展军贸市场领域,使具有高技术和高附加值的产品逐渐成为军贸主导产品。

三、民用飞机发展取得重要进展

随着我国大型飞机重大专项的实施和低空空域管理改革的推进,我国的民机产业迎来了重大的发展机遇。发展大型客机是党中央、国务院在新世纪、新阶段作出的重大战略决策,大型客机是提高自主创新能力、建设创新型国家的重大标志性工程,是《国家中长期科学和技术发展规划纲要》确定的16个重大专项之一。C919大型客机于2008年正式启动研制,2011年年末正式转入工程发展阶段,各项研制工作正在按计划顺利推进。截止到2012年7月,C919飞机订单已达280架。

ARJ21新支线飞机是我国"十五"计划重大高技术项目,是我国首次按照国际标准研制的具有自主知识产权的新型涡扇支线飞机。2008年实现了成功首飞,现已全面转入试飞取证阶段,即将交付客户投入航线运营,截止到2012年7月,累计取得订单252架。以新舟系列涡桨支线飞机、H425直升机、运12通用飞机等为代表的一批国产飞机批量进入国内外市场,赢得了客户的认可。国产民用直升机已经形成了2吨级、4吨级和13吨级系列产品,6吨级民用直升机合作研制进展顺利。以低空空域管理改革和国家航空应急救援体系建设为契机,积极开展高端公务机、灭火/救援飞机、通用飞机等项目的研制。

四、自主创新能力显著提高

国家日益重视航空科学技术发展,不断加大航空科技研究投入力度。"十五"开始稳定支持民用飞机技术研究,并出台相关管理办法,制定研究规划,有计划、有系统地组织关键技术预先研究和演示验证,提升民用飞机安全性、经济性、舒适性和环保性水平,不断满足适航要求的能力,夯实技术储备,极大促进了我国民用航空技术的进步,支撑了产业发展。大力加强基础设施能力建设,建立了一批国家工程实验室、国防科技重点实验室、国防科技技术研究应用中心,建成了一批保障先进航空产品研制所需的设计手段、试验设施和批生产线,航空科研生产能力和条件得到了大幅提升。大力加强预先研究、前沿探索、基础研究,突破了一批核心关键技术,自主创新能力显著提高。制定和完善航空工业的技术标准和工业规范,系统推进航空产业的标准体系建设和标准贯彻实施工作,为提升产品质量、促进企业参与国际竞争,提升产业核心竞争力提供有力支撑。人才是创新之本,航空工业高度重视管理人才、技术人才、技能人才队伍的建设,加大人才培养和海外高层次人才引进力度,通过近十年高水平、高强度的科研生产实践,锤炼了一支信念坚定、素质精良、德才兼备、勇于奉献、善于攻关、敢打硬仗的优秀队伍,为国家科技进步作出了贡献。这支队伍,将是我国航空工业未来发展的依托。

五、产业组织结构和布局不断优化

过去的十年,是我国航空工业从计划经济向市场经济转变的关键阶段,也是政府加快转变观念,探索科学管理和规范服务的重要时期。政府主管部门遵循市场经济规律和航空工业特点,总结国内发展经验教训,借鉴国外先进经验,强化顶层设计,开展行业管理和服务基础性工作,健全法律法规制度和政策保障,促进科技进步,航空工业产业结构调整步伐不断加快。一是在 2008 年,党中央根据新时期国家战略的要求和航空工业科学发展的需要,对航空工业进行了历史性的改革重组,新组建成立了中国航空工业集团公司和中国商用飞机有限责任公司。二是大力推进国有航空工业企业股份制改造,形成了以中航科工、西飞国际、航空动力、中航电子、成飞集成等为代表的一批上市公司。

三是以重大项目为牵引,探索和实践面向全球招标和国内联合研制、国际风险合作研制以及中外合资合作研制生产等模式,加快推动国内相关企业与国际航空工业的全面接轨,建立和完善我国民机产业链,有力带动民机产业发展。四是继续深化企业改革,推动建立现代企业制度,积极稳步推进航空科研院所改革。五是通过向北京、天津、上海、珠海等经济发达地区进行战略布局,加大航空产业和地方经济的融合,进一步提升我国民机产业配套能力,同时培育国内企业快速成长,带动地方产业升级和结构调整。

六、国际合作水平大幅提升

自党的十六大以来,在国家的大力支持下,通过自主创新及国际合作,航空工业科技水平大幅提高,民机型号研制全面推进,航空武器装备基本实现自主保障,军贸出口再创佳绩,"走出去"战略初见成效。十年励精图治,造就航空辉煌。"十一五"以来,工业和信息化部与相关部门先后与俄罗斯、欧盟、法国等国家和地区建立了长期的民用航空工业政府间合作机制,定期组织产业界和学术界互访,交流发展政策和规划,协调解决重大合作项目存在的问题,不断开拓新的合作领域。航空业国际合作领域实现了从转包生产、风险合作到联合研制的转变,合作层级不断提升。转包生产规模不断提高,从 2002 年的 4 亿美元快速增加到 2011 年的 10 亿美元,平均年增长率为 10.7%。与巴西航空工业公司合资总装生产 ERJ145 喷气支线飞机,取得了较好的经济效益;在此基础上,又签署新的合作协议,合作总装生产莱格赛 650 喷气公务机。在天津建立并投产的 A320 系列客机总装生产线,是目前空客公司在欧洲以外合作建立的唯一一条飞机总装生产线。以风险合作方式参与了波音 787、空客 A350、庞巴迪 C 系列等项目。与欧洲直升机公司合作研制直十五民用直升机,与透博梅卡公司合作研制涡轴十六航空发动机,首次实现了与国外对等联合设计民用直升机和发动机。以大型飞机重大专项为牵引,坚持同等条件下择优选择与国内企业开展深度合作的国际供应商原则,促成我国航空工业企业与通用电气、赛峰、霍尼韦尔等多家世界著名航空企业成立合资公司,涉及航电系统、飞控系统、电源系统、燃油系统、液压系统、辅助动力系统、环控系统等多个主要系统,合作领域广泛,促进国内机载系统企业自主研制能力的大幅提升,进一步增强我国民机产业的配套能力。航空企业"走出去"战略效果明显。航空工业进一步深化改革开放,加快"走出去"的步伐。2008年成功并购奥地利 FACC 公司,开创了亚洲航空工业企业并购西方航空工业企业的先河,大幅提升了先进民机复合材料部件的研发制造能力。2010 年和 2011 年,先后成功并购美国西锐通用飞机公司、EPIC 公司和大陆航空发动机公司,大幅提升了高端通用飞机研发制造能力。

航空工业承载着维护国家安全、促进经济发展、推动科技进步、加快经济结构调整和产业升级的重大历史使命,加快发展航空工业十分重要和紧迫。我国已是世界第二大经济体,综合国力和国际影响力快速提升,为保障国家安全、维护海洋权益、保护国家核心利益不受侵犯,迫切需要建立强大而先进的空中力量;随着人民生活水平提高以及工业化、信息化和城镇化的深入发展,满足经济发展和人民群众需要,发展通用航空势在必行;经济全球化使得航空成为主要的交通方式,对干支线民用飞机的需求巨大。这一切都表明,中华民族伟大复兴呼唤强大的航空工业。按照航空工业中长期发展规划,未来我国将重点发展先进航空武器装备,加快 C919 大型客机、ARJ21 涡扇支线飞机与新舟系列涡桨支线飞机的研制和产业化进程,大力开发通用飞机、直升机和通用航空产业,同时通过进一步提高行业管理和服务水平,加强科技投入和基础设施建设,深化体制机制改革,扩大对外开放,增强航空发动机和系统自主研发能力,健全产业配套和服务体系,到 2020 年基本建成具有中国特色的现代航空工业体系。

（审稿人:李巍;执笔人:白晓威）

轻 工 业

　　轻工业是我国国民经济的传统支柱产业、重要民生产业和具有一定国际竞争力的产业,承担着繁荣市场、稳定出口、扩大就业、满足居民消费需求、服务"三农"的重要任务。轻工业具有鲜明的行业特色,行业门类众多,以中小企业为主,是吸纳社会就业、维护社会稳定的重要民生产业。党的十六大以来,特别是"十一五"期间,全行业贯彻落实《促进轻纺工业健康发展六项政策措施》《轻工业调整和振兴规划》,不断推动轻工业平稳较快发展,对促进国民经济发展、保障和丰富国内市场、满足居民日益增长的消费需求、保持我国轻工产品在国际市场的竞争力发挥了重要作用。

一、推动生产平稳较快增长

　　为应对国际金融危机,2009 年国务院颁布实施了《轻工业调整振兴规划》,努力推动轻工业生产平稳较快增长。轻工行业积极落实规划各项政策措施,通过财政政策、商贸政策的支持,努力做好"家电下乡"工作,列入家电下乡补贴范围的有 9 类产品,其中白色家电 6 类,有效地带动了内需,拉动了消费。国家大幅提高出口退税率,部分模具、玻璃器皿的退税率由 5% 提高到 11%;箱包、鞋、帽、伞、家具、寝具、灯具、钟表等商品的退税率由 11% 提高到 13%,部分商品实行出口零税率政策。调整税制结构,减轻轻工企业税收负担,2008 年实施《企业所得税法》,对符合条件的小型微利企业减按 20% 的税率征收企业所得税,轻工行业以中小企业为主体,低档优惠税率大幅减轻了企业的税收负担。同时,轻工行业积极办好了会展经济,开拓了市场,每年举办的轻工行业展会达上百个,形成了"中国轻工业十大品牌展会"和"中国轻工业优秀特色展会",成为了行业扩大内需市场,交流信息的重要载体。经过轻工行业上下不断努力,2010 年,全部轻工业完成工业增加值超过 3 万亿元。"十一五"期间轻工业规模以上企业工业增加值年均增长 15.5%。家用电器、皮革、塑料制品、食品、家具、五金制品等行业 100 多种产品产量居世界第一,努力化解了金融危机的冲击,进一步巩固了我国作为世界轻工产品生产和消费大国的地位。

二、加快结构调整步伐

工业和信息化部认真贯彻落实《轻工业调整振兴规划》,加快结构调整步伐,发布了轻工业技术进步和技术改造项目及产品目录,并重点在家电、轻工机械、五金制品、照明电器、缝纫机、电池六个领域做好规划的落实工作。通过不断加强技术改造力度,提高了行业技术水平,组织实施国家重点产业振兴和技术改造项目近 2500 项。技术创新能力不断增强,在全部 26 个行业中,大中型骨干企业建立了 95 个国家认定企业技术中心,占全国的 13%。"十一五"期间,关键共性技术开发取得积极成效,全行业获国家科技进步奖 19 项,其中部分技术达到了国际先进水平。产业集聚程度明显提升,产业集群快速发展,产业集中度高、专业化强、分工明确、特色突出,土地集约使用、污染集中治理、资源循环利用的特点更加突出,已逐步形成从原材料加工、生产到销售服务一条龙的完整体系,在区域经济发展中发挥了引领、支撑作用。2010 年,我国具有一定影响力的轻工业产业集群近 300 个,是"十五"期间的 2 倍,年产值约 3.6 万亿元,占轻工业总产值的 26% 左右,涉及就业人数达 1000 万人。行业和产品节能减排力度明显加大,通过采用新技术、新工艺、新材料,提高能源利用率和水的循环利用效率,重点行业综合消耗明显下降。造纸、发酵、啤酒等行业中的龙头企业和多数大中型企业实现了增产不增污。通过实施绿色照明工程、能效标识管理、环境标志认证、节能产品认证、节能惠民工程等,对企业生产绿色节能产品发挥了引导作用。以财政补贴形式在全社会推广使用节能灯 3.6 亿只,取得了显著的社会、经济和环境效益。加快推进农用薄膜、日用玻璃和铅蓄电池行业结构调整和产业升级,防止盲目投资和低水平重复建设,保护生态环境,提高资源综合利用效率,推进行业循环经济发展。

三、不断推动自主创新能力和质量品牌建设

"十一五"期间,工业和信息化部充分发挥产业政策和行业标准的引导作用,不断提升自主创新能力,加快推进质量品牌建设。一是推动自主创新能力明显提升,科技创新项目大幅度增加,装备自主化速度加快,中低端装备基本国产化。造纸、家电、塑料制品、皮革、照明电器、陶瓷、日用化工、电池等行业通过引进国外技术、关键设备和成套装备并进行了消化吸收,形成了集成创新和自主创新能力。在科研领域已经形成一支以轻工院校、重点轻工企业为主体的产学研相结合的自主创新研发队伍,并且建立了相应科研机构和配套的科研基础设施,形成了以企业为中心、引导行业创新的主体力量。二是通过加快完善轻工业标准化体系,提高了轻工行业标准化水平和产品质量水平。"十一五"期间,全行业共完成制修订国家标准 1182 项,行业标准 639 项,部分行业牵头组织或参与了国际标准制修订。在修订并完善标准体系的同时,大力提高产品质量检测水平、检测方式和检测方法,质量控制手段逐步同国际接轨,并大量采用国际标准,部分行业的国内标准甚至高于国际标准,提高了国际市场对我国检测及认证结果的认可度。规模以上企业普遍建立了质量管理体系,产品质量检测方式及质量控制手段逐步同国际接轨,轻工产品质量稳步提升。三是在推进品牌建设方面,

出台并积极落实了《关于加快我国家用电器行业自主品牌建设的指导意见》,加快推动家电行业品牌建设,建立品牌评价机制,指导行业定期发布品牌报告,加强品牌培育过程的动态监测。在产品质量不断提高的基础上,品牌建设取得了积极成效。重点行业品牌集中度、品牌附加值、产品利润率进一步提高,骨干企业的品牌意识和品牌经营管理能力明显增强,海尔、格力、茅台等一批享誉国内外的品牌企业不仅在国内市场引领行业发展,在国际市场也具备一定的影响力。

四、努力拓展国外市场

十年来,特别是"十一五"时期,轻工行业加快实施"走出去"的步伐,积极参与广泛的国际竞争与合作。2010 年,轻工业主要商品出口额 3555 亿美元,比"十五"末期增长 83.1%。出口交货值 20972.8 亿元人民币,比"十五"末期增长 77.66%,"十一五"期间年平均增长 12.18%。产品出口到世界 230 多个国家和地区,我国作为轻工产品国际制造中心和采购中心的地位进一步得到巩固。出口贸易方式、市场结构和产品结构不断优化,一般贸易比重增加,新兴市场比重加大。一些有条件的企业积极走出国门,到境外办厂,提高企业产品在国际市场上的竞争力,如海尔集团、康奈集团、格力集团为龙头的轻工企业参与巴基斯坦海尔工业园、俄罗斯乌苏里斯克和巴西生产基地建设等。在应对国际贸易摩擦方面,造纸、自行车、饮料、电池、陶瓷、皮革、家具、家用电器、化妆品等行业取得了积极成效,在国际市场的竞争水平有了新的提高。

"十二五"时期,我国继续实施扩大内需战略,这将拉动轻工产品消费需求稳步增长。居民消费结构不断升级将为轻工业的发展拓宽新的领域,城镇化率不断提高也为轻工业发展提供了广阔空间。在面临重大发展机遇的同时,轻工业发展还面临着国际贸易环境日趋复杂、低成本优势逐步弱化、资源环境约束日益增强等诸多风险挑战,依靠规模和量的发展模式已经难以为继。我国轻工行业技术创新能力仍然较弱,一些关键领域核心技术亟待突破,产品同质化现象严重,在国际分工中仍然处于价值链低端,产品质量标准体系仍需完善,品牌建设仍需加强。轻工行业门类众多,部分行业中间关联度低。保持轻工业平稳、较快发展,加快转型升级,任务更为艰巨。轻工企业要以品牌建设、品种质量、优化布局、诚信发展为重点,增加有效供给,保障质量安全,引导消费升级,促进产业有序转移,塑造轻工业竞争优势,推动我国由轻工业大国向轻工业强国迈进。

（审稿人：高延敏；执笔人：谢立安）

医 药 工 业

　　医药行业是关系国计民生的重要产业,是培育发展战略性新兴产业的重点领域,是我国国民经济的重要组成部分,在保障人民群众身体健康和生命安全、应对重大公共卫生事件和抢险救灾、促进经济发展和社会进步等方面发挥了重要的作用。党的"十六大"以来,经过全行业的共同努力,医药行业形成了化学原料药、化学药品制剂、中药饮片、中成药、生物与生化制品、卫生材料及医药用品、医疗仪器设备及器械制造加工等门类比较齐全的产业体系,保持了良好发展势头。

一、行业结构调整持续推进

　　为推进行业结构调整和转型升级,2010年工业和信息化部联合卫生部、食品药品监管局共同制定下发了《关于加快推进医药行业结构调整的指导意见》,结合医药行业发展中存在的突出问题,提出了产品结构、技术结构、组织结构、区域结构、出口结构等五项结构调整任务和目标。制定了鼓励技术创新、加强技术改造、完善药品价格招标政策等方面的政策措施。为推动行业结构调整和转型升级,工业和信息化部会同国家发展和改革委员会、卫生部、国家食品药品监督管理局等部门积极研究制定相应的政策措施,努力营造有利于医药行业结构调整的政策环境,完善了药品价格政策、医保政策、药品集中采购政策、药品监管政策、药品及医疗器械注册审评审批机制和标准。此外,设立和实施相关的扶持专项,积极推动支持符合产品结构和技术结构调整方向的项目;通过修订《产业结构调整指导目录》,限制投资产能过剩的化学原料药品种。近几年医药行业产业结构调整步伐明显加快。产品结构方面,新产品不断投放市场。截至2011年年底,我国已可生产化学原料药(以通用名计)1600多个,化学药制剂4600多个,中成药9100多个,生物技术药物800多个,各类医疗器械11000多个。组织结构方面,中国医药集团、上海医药集团、华润医药集团等工商一体的骨干企业集团通过并购重组迅速扩大规模,实现了产业链整合和市场竞争力提升。区域结构方面,目前已形成了"长三角"、"珠三角"和"环渤海"三大医药工业集聚区,中西部地区依托资源优势,积极承接产业转移,大力发展特色医药经济。出口结构方面,化学原料药和医疗器械逐渐成为医药产品出口的主力,其中在化学原料药方面,我国已成为世界最大的化学原料药出口国,维生素、抗生素、解热镇痛药等大宗原料药主导了国际市场,他汀类、普利类、沙坦类药物等特色原料药逐渐成为新的出口优势产品。医疗器械方面,监护仪、超声诊断设备、一次性医疗用品等出口额在国际贸易中居前列。

二、医药技术进步成效显著

近些年,我国加大了对医药创新的支持和投入,实施了多项国家科技计划及高新技术产业化专项,重点发展预防和诊断严重威胁我国人民群众生命健康的重大传染病的新型疫苗和诊断试剂,支持对治疗常见病和重大疾病具有显著疗效的生物技术药物、小分子药物和现代中药研发,加快发展生物医学材料、组织工程和人工器官、临床诊断治疗康复设备。仅"十一五"期间,投入近200亿元扶持医药创新项目。新产品、新技术开发成效明显,埃克替尼、盐酸安妥沙星、丁苯酞、重组幽门螺旋杆菌疫苗等多个具有自主知识产权的原创药物获批上市,重组人Ⅱ型肿瘤坏死因子受体—抗体融合蛋白、重组人源化抗人表皮生长因子受体单克隆抗体等单抗药物实现产业化,医疗器械产品竞争力显著增强,阿莫西林、维生素 E 等一批大品种生产技术水平提高。以企业为主体的医药创新体系得到加强,建立了一批工程研究中心、工程技术研究中心和重点实验室,构建高水平的新产品、新技术开发平台,企业获取专利的数量和以企业为主承担国家科技项目的比重大幅度提高,江苏恒瑞、浙江海正、天士力、神威药业、深圳迈瑞等一批创新型企业快速发展。

三、医药行业基础管理得到加强

为落实深化医疗卫生体制改革,加快结构调整和转型升级,促进医药工业由大变强,我国先后制订了医药行业"十一五"规划和"十二五"规划,为制定各项政策和地方政府开展行业管理提供了依据。同时,完善了医药统计制度并加强行业运行监测分析。到 2011 年,纳入统计范围的全国医药工业企业达到 7000 多家,直报数据的企业达到 2700 多家。医药统计数据的权威性逐步确立,相关数据在国家有关部门研究经济运行时得到普遍采用。在医药统计的基础上,行业运行监测和分析得到加强,有效发挥了对医药行业管理的指导作用。国家药品标准提高行动计划有序推进,《中国药典》(2010 年版)药品安全性检测标准明显提高,药品注册申报程序进一步规范,不良反应监测和药品再评价工作得到加强,《药品生产质量管理规范(2010 年修订)》正式实施,药品电子监管体系逐步建立,对药品生产质量提出了更高的要求。

四、药品应急保障能力明显提高

由于自然环境恶化和经济社会环境变化,严重威胁人民群众身体健康和生命安全的突发性公共事件频发,国务院相关部门加强了以国家医药储备制度为核心的药品应急体系建设,不断提升药品应急保障能力。中央与地方两级医药储备得到加强,增加了实物储备的品种和数量,新增了特种药品和疫苗的生产能力储备,在应对突发事件和保障重大活动安全等方面发挥了重要作用。在 2003 年应对"非典型性肺炎"疫情中,组织相关企业加大生产力度,保障抵御"非典"所需的呼吸机、X 光机、诊断仪器、抗病毒药物、激素等医药用品的市场供应,中央储备单位高效工作,确保相应的医药物资及时调运到疫情防控一线。在 2009 年应对甲型 H1N1 流感疫情的过程中,在短时间内协调各项资源,顺利完成了 2600 万人份抗病毒药物和 1.55 亿剂疫苗的应急研发、扩产改造、生产和储备调运任务,有效满足了疫情防控的需要,为最大限度降低此次新发传染病对我国民生和社会经济的冲击作出了贡献。此外,药品应急体系在应对汶川地震、玉树地震等突发事件上也发挥了重要作用,并为国庆 60 周年、北京奥运会、上海世博会和广州亚运会提供了安全保障。

五、基本药物生产供应得到有效保障

实施基本药物制度,保证政府举办的基层医疗卫生机构全部配备和使用基本药物,其他各类医疗机构将基本药物作为首选药物并达到一定比例。通过公开招标的方式,督促企业积极参加招标采购,支持中标企业及时生产保证供应,建立基本药物储备,完善医药产业政策和行业发展规划,鼓励支持基本药物健康发展;建立并规范了政府主办的基层医疗卫生机构基本药物采购机制,加强了执行过程中生产供应环节的监测;加强了传染病治疗药品和急救药品类基本药物的供应保障。基本药物生产整体平稳有序,各级医疗卫生机构的用药需求得到有效满足。

"十一五"期间,医药工业快速发展,技术水平逐步提高,国际竞争力明显加强,发展势头良好,不断满足人民群众健康需求。产业规模持续快速增长。2011 年,我国医药工业完成总产值 15708 亿元,十年间复合增长率达到21.9%,较十年前翻了接近三番。各子行业实现了全面发展,化学原料药、化学制剂、中药(含中成药和中药饮片)、生物生化制品、医疗器械(含仪器设备及器械、卫生材料及医药用品)、制药装备等,均保持两位数以上的增速。医药工业效益同步增长,2011年实现利润总额1577亿元,十年间复合增长率达到24.3%。伴随医药产业规模不断增长,我国涌现出一批规模大、综合实力强的大型企业集团。与十年前相比,销售收入超50亿元的企业由2家增加到2011年的近30家;销售收入超100亿元的企业,从无到有,2011年增加到近10家。广药集团、修正集团、扬子江药业、哈药集团、上药集团、石药集团、北京同仁堂、山东威高等大型企业集团规模不断壮大。医药出口持续快速增长,2011年,医药工业出口交货值达到1440亿元,十年间复合增长率为19.6%。药品生产和研发加快与国际接轨。截至2011年底,国内通过美国FDA检查和获得欧盟COS证书的化学原料药品种达到300多个,通过美国和欧盟cGMP认证的制剂企业达到30多个,在欧美注册的制剂品种达到20多个。同时越来越多的企业在境外投资设立研发和贸易机构,提升研发能力,贴近市场需求。境外产业投资从无到有,已有数家医药企业在印度、瑞典等国际主要药品市场设立生产企业,为我国医药工业国际化发展探索出新的途径。

"十二五"期间,我国医药工业发展面临新的形势,人民群众的健康需求日益增长,深化医药卫生体制改革、培育和发展战略性新兴产业提出了新的要求。我国医药行业技术创新能力目前仍然偏弱,创新体系有待完善,产业结构亟待升级,产业集中度低,企业竞争力仍需提高,药品质量安全保障水平需要进一步提升。医药行业要不断满足人民群众的需求,就要不断增强自主创新能力,加快结构调整步伐,提高药品质量水平,提高基本药物供应保障能力,加强企业技术改造,调整优化组织结构,优化产业区域布局,加快国际化步伐,推进医药工业绿色发展,不断提高医药行业信息化水平,加强药物储备和应急体系建设,不断推动医药行业持续健康发展。

（单位：亿元）

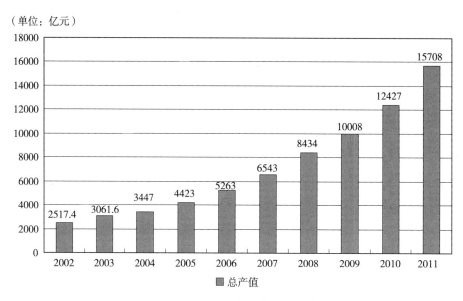

图3-8　2002—2011年医药工业总产值

（单位：亿元）

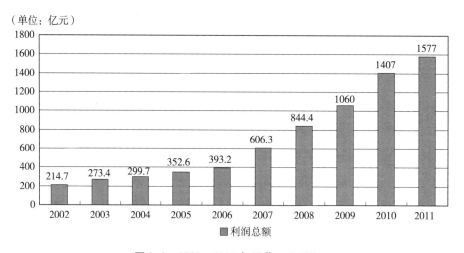

图3-9　2002—2011年医药工业利润

（审稿人:吴海东;执笔人:李宏）

食 品 工 业

食品工业承担着为我国13亿人提供安全放心、营养健康食品的重任,是国民经济的支柱产业和保障民生的基础性产业。党的十六大以来,在食品市场刚性需求拉动下,食品工业进入高速发展阶段。2011年,全国规模以上食品企业实现现价工业总产值78078.32亿元,占全国工业总产值比重为9.1%,有力带动了农业、流通服务业及相关制造业的发展,在保障供给、扩大内需、抑制通胀、促进经济平稳快速发展等方面发挥了积极作用。

一、全行业增长态势良好 经济效益明显提升

十年来,我国食品工业坚持走中国特色新型工业化道路,顺应消费市场需求变化,加快推进食品工业转型升级,着力保障食品质量安全,超额完成"十五"、"十一五"规划的各项主要指标,实现了又好又快发展。2011年,全国食品工业规模以上(扣除烟草制品业)企业达3.2万家,较2002年增长32.1%;实现现价食品工业总产值71293.5亿元,比2002年增长281.4%,占全国工业总产值的比重由2002年的7.9%增至9.1%;实现利润总额4703.8亿元,比2002年增长459.5%;完成销售产值69773.2亿元,比2002年增长304.1%。从各细分行业看,与2002年相比,农副食品加工业行业规模最大、发展最快,完成销售产值增幅最高,增长了322.2%;其次是饮料制造业和食品制造业,增幅分

别达到283.2%和277.2%(见表3-5)。在此期间,食品工业固定资产投资不断加大,持续发展能力明显增强。2011年,食品工业固定资产投资项目累计完成投资总额为9790.44亿元,是"十一五"末的1.4倍,是"十五"末的5.3倍,增速高出全国投资增速13.7个百分点,比全国制造业投资增速快5.7个百分点,较2002年增长16.6倍,完成固定资产投资额占全国固定资产投资总额的比重由2002年的1.0%增至3.2%。在细分行业中,农副食品加工业、食品制造业和饮料制造业固定资产投资比2002年分别增长69.9、42.8和27.7倍(见表3-6)。

表3-5　2002—2011年食品工业产值及利润情况(现价)

	农副食品加工业			食品制造业			饮料制造业		
	2002年	2011年	增幅	2002年	2011年	增幅	2002年	2011年	增幅
企业数(个)	14575	20205	39%	5553	6639	20%	3519	4593	31%
工业总产值(亿元)	10615.0	44706.8	321%	3779.4	14295.1	278%	3089.3	11932.2	286%
工业销售产值(亿元)	10405.6	43896.5	322%	3697.5	13945.6	277%	3020.7	11575.6	283%
利润总额(亿元)	398.7	2373.0	495%	206.2	1101.9	434%	221.5	1201.7	443%

表3-6　2002—2011年食品工业固定资产投资及占比情况

时间	累计投资额(亿元)			占全国比重
	农副食品加工业	食品制造业	饮料制造业	
2002年	73.8	54.5	48.8	1.0%
2003年	148.9	99.3	67.0	0.7%
2004年	543.3	367.6	254.0	0.9%
2005年	893.9	543.5	348.7	1.2%
2006年	1,196.1	766.6	551.6	1.3%
2007年	1,638.1	965.2	714.9	1.4%
2008年	2,045.2	1,143.0	873.1	1.4%

续表

时间	累计投资额（亿元）			占全国比重
	农副食品加工业	食品制造业	饮料制造业	
2009 年	2,830.1	1,509.5	1,078.9	1.5%
2010 年	3,632.0	1,946.9	1,354.1	1.5%
2011 年	5229.2	2386.0	1903.5	3.2%

注：国家统计局2011年起上调投资统计起点，投资项目统计起点标准由原来的50万元调整为500万元。"固定资产投资（不含农户）"等于原口径的城镇固定资产投资加上农村企事业组织项目投资。

二、产业结构升级加快　市场供应更加丰富

　　国民经济持续快速发展和城市化水平的提高，给食品工业发展创造了巨大的需求空间，也促进了食品消费需求结构升级变化。食品行业适应新变化，全力推进结构调整，推动资源精深加工和综合利用，对乳制品项目等实施了行业准入，淘汰酒精、味精、柠檬酸等行业落后产能，推进饮料等行业向健康需求转型，加快发展冷冻食品等新生行业。按照"品种、质量、品牌、服务"的要求，全力保障重点日用食品生产供应，增加特殊食品、功能食品和专门人群食品的供应，丰富花色品种，优先发展名优食品，支持自主品牌开发，满足了市场多层次消费需求。经过十年的发展，我国主要食品产量稳步增长，有力保障了13亿人口的食品供应。2011年，在29类列入工业统计食品中，有15类食品产量增长速度超过二成，26类增长超过一成。其中小麦粉产量11677.8万吨，同比增长24.1%，软饮料产量11762.3万吨，增长22.0%（见表3-7）。产品结构向多元化、优质化、功能化方向发展，细分程度加深，深加工产品比例上升，新产品不断涌现，规格档次齐全，形成了农副食品加工业、食品制造业、酒和饮料、精制茶制造业、烟草制造业4大类、22个中类、57个小类共计2万多种食品，基本满足了国民对食品营养、健康、方便的需求。

表3-7　2002—2011年主要食品产量及增速

	单位	2002年	2005年	2008年	2011年	较2002年累计增长（%）
小麦粉	万吨	2960	3992	7937	11678	295
大米	万吨	2217	1766	4677	8840	299
精制食用植物油	万吨	943	1612	2419	4332	359
糖果	万吨	46	79	121	223	385
方便面	万吨	182	328	499	828	355
软饮料	万吨	2025	3380	6800	11762	481

三、产品质量得到稳步改善　食品安全水平不断提高

在行业快速发展的同时,我国食品工业仍然存在发展方式粗放,质量标准体系尚不完善,安全监管机制不健全,企业主体责任不落实等问题,食品安全事件时有发生。党中央、国务院高度重视食品安全问题。2009年以来,我国先后颁布了《中华人民共和国食品安全法》及其实施条例,成立了国务院食品安全委员会及其办公室,建立了食品工业企业诚信体系建设部门联席会议制度,加大了食品安全监管力度。国家有关部门注重加强食品行业标准体系和企业诚信体系建设,研究建立"以预防为主"的食品质量安全溯源机制及质量保障体系,出台了食品工业企业诚信管理体系(CMS)建立及实施要求和食品工业企业诚信评价准则两项行业标准,发布了乳制品等6个行业的标准实施指南,建立了安全追溯体系和综合信息平台,食品安全工作和政策体系逐步健全。2011年,工业和信息化部创造性地在部分地区开展了乳制品、肉类加工、调味品、葡萄酒、饮料等行业诚信试点工作。截至2012年2月,全国各省(区、市)均启动了食品工业企业诚信体系建设工作。目前,全国食品安全形势总体稳定并保持向好趋势,试点企业诚信意识明显增强,产品质量稳步改善,产品总体合格率不断提高,23大类3800

多种加工食品质量国家监督抽查批次抽样合格率由 2005 年的 80.1%
提高到 2011 年的 90% 以上。

四、技术装备水平较快提升　创新能力明显增强

为解决好关键技术与装备水平不高、自主创新能力弱等突出问题，
我国食品工业深入实施技术改造，大力支持关键技术研发与产业化，推
进重点装备自主化，各行业技术装备水平都有不同程度的提升，科技支
撑能力增强，对推进食品工业快速发展起到了积极作用。通过引进技
术和设备，谷物磨制、食用植物油、乳制品、肉类及肉制品、速冻食品等
行业的大中型企业的装备水平基本与国际先进水平同步，部分领域达
到世界领先水平。与此同时，集中力量攻克了一批关键技术，自主装备
水平与国际差距有所缩小。食品物性修饰、非热加工、高效分离、风味
控制、大罐群无菌贮藏、可降解食品包装材料等关键技术研究取得了重
大突破，研制开发了 200m² 冷冻干燥、200 吨/天油菜籽冷榨、800MPa
高压杀菌、60000 瓶/小时高速贴标和中小型螺杆挤压膨化等一批具有
自主知识产权的食品加工关键装备。苹果浓缩汁、马铃薯淀粉和全粉、
生猪自动化屠宰、中小型乳制品生产以及饮料热灌装等成套技术与装
备实现了从长期依赖进口到基本实现自主化并成套出口的跨越。目
前，我国已成为世界上除美国、德国之外少数几个可以制造食品冷加
工、高效能太阳能干燥、大型连续成套高技术设备的国家之一。

五、产业集中度进一步提高　产业布局趋向合理

着眼于培育和壮大食品工业龙头企业，深入推进规模化、集约化发
展，食品工业大力推进企业兼并重组、淘汰落后产能，涌现出一批市场
占有率高、带动能力强的骨干企业和企业集团。2010 年，产品销售收
入超过百亿元的食品工业企业有 27 家，比 2005 年增加了 15 家，其中

超过千亿元的企业两家,一家企业进入了世界 500 强。产业集中度稳步提升,乳制品行业 10 强企业销售收入占全行业的 73.5%,制糖行业 10 强企业产量占全行业的 64.3%,啤酒行业年产 100 万千升以上的 15 家企业集团产量占全行业总产量的 89.6%;饮料行业 10 强企业产量占全行业的 53.9%。为发挥区域资源优势,加快产业集聚发展,在西部大开发、振兴东北等老工业基地、促进中部崛起等区域发展战略指导下,食品工业大力推进产业转移和区域间产业协作,引导食品企业持续向主要原料产区、重点销区和重要交通物流节点集中,向中西部地区转移,形成了黄淮海平原小麦加工产业带,东北和长江中下游大米加工产业带,东北和黄淮海玉米加工产业带,东北和长江中下游、东部沿海食用植物油加工产业带,冀鲁豫、川湘粤猪肉加工产业带,东北、西北、中原牛羊肉加工产业带,环渤海、西北黄土高原苹果加工产业带等。中西部地区农业资源优势正逐步转化为食品产业优势,东中西部食品工业产值的比值由 2005 年的 58.3∶23.1∶18.6,转变为 2010 年的 51.6∶29.3∶19.1。

今后一个时期,食品工业发展既存在消费需求刚性增长,市场空间持续扩大、高新技术应用加速,新业态不断涌现等有利条件,也面临转变发展方式、调整产业结构、保障食品安全的重大挑战和压力。食品行业要以满足人民群众不断增长的食品消费和营养健康需求为目标,着力提高创新能力,加快行业结构调整,建设企业诚信体系,建立食品安全长效机制,推动全产业链有效衔接,促进集聚集约发展,构建质量安全、绿色生态、供给充足的中国特色现代食品工业,实现持续健康发展。

(审稿人:高伏;执笔人:郭翔、邓小丁、姚霞)

烟 草 行 业

党的十六大以来,烟草行业在党中央、国务院及工业和信息化部的领导和各级地方党委政府、各有关部门大力支持下,深入贯彻落实科学发展观,坚持和完善烟草专卖制度,不断深化改革,优化资源配置,推动品牌快速成长,加快科技进步,强化基础管理,实现了行业持续健康发展。全行业实现工商税利在较高的基础上持续加速增长,从 2002 年的1400 亿元增加到 2011 年的 7500 亿元,年均增速超过 20%;上缴国家财政由 2006 年的 1944 亿元增加到 2011 年的 6001 亿元;2011 年,行业总资产达到 11165 亿元,所有者权益达到 9315 亿元,均实现大幅度增长。烟草行业发展质量和效益不断提高,整体竞争实力显著增强,体现了国家实行烟草专卖制度"保证国家财政收入,维护消费者利益"的本质要求,行业发展焕发出勃勃生机与活力。

一、深化烟草行业改革

进入新世纪,中国烟草将制度创新正式提上议事日程。为紧紧抓住和用好烟草行业改革发展的重要战略机遇期,加快实现提高中国烟草整体竞争实力的战略目标,国家烟草局明确提出"做精做强主业、保持平稳发展"的基本方针和"深化改革、推动重组、走向联合、共同发展"的主要任务,着力抓好完善体制机制、优化资源配置、加快结构调整、全面提升水平。在坚持和完善专卖制度的前提下,烟草行业坚持把深化改革作为推动行业发展的强大动力,不断深入推进市场取向的改革,积极引入竞争机制,通过工商分开、战略重组、理顺产权、调整职能等一系列改革,大力实施"大市场、大品牌、大企业"战略,积极构建专卖体制下有利于适度竞争的体制机制和现代产权制度,初步形成了符合现代企业制度要求的公司法人治理结构,以省为单位实现了烟草资源的优化配置,把行业发展建立在扎实的工作基础和可靠的市场基础之上,较好地实现了国家局党组提出的"至关重要的时期"的目标任务,为下一阶段改革奠定了坚实基础。

在科学发展观的引领下,烟草行业始终紧紧抓住发展第一要务,加快实现传统烟叶生产向现代烟草农业转变、传统烟草商业向现代卷烟流通转变、传统工厂制度向现代企业制度转变。2008 年,国际金融危机爆发给我国经济带来了深刻影响。面对困难与挑战,中国烟草确立了"烟叶防过热,卷烟上水平,税利保增长"的行业共识,自觉践行"国家利益至上、消费者利益至上"行业共同价值观,努力保持烟草行业平稳发展,为全国经济企稳回升作出了积极贡献。

二、推动"卷烟上水平"

2010 年,国家烟草局将"卷烟上水平"作为今后一个时期烟草工作的基本方针和战略任务。"卷烟上水平"作为烟草行业新的一场重大变革,就是以品牌上水平为核心,以提高中国烟草总体竞争实力为主要目标,在全国范围内或更大范围内促进行业要素的合理流动和整个资源的优化配置,进一步推进行业持续健康发展。随后,《烟草行业"卷烟上水平"总体规划》,品牌发展、原料保障、技术创新、市场营销、基础管理上水平 5 个实施意见,调整卷烟计划管理方式、加强卷烟品牌合作生产、加强烟叶基地建设和落实烟叶资源配置方式改革等 11 项配套政策措施相继印发,形成完整的规划政策体系,引领和推动"卷烟上水平"工作扎实有效开展。"卷烟上水平"涉及行业工作各个方面,贯穿烟草产业链各个环节,关系行业改革发展全局,核心是品牌发展上水平,主要支撑是原料保障、技术创新、市场营销和基础管理上水平。

品牌发展上水平,是实现"卷烟上水平"的集中体现,途径是做大品牌规模、降低产品危害、提升品牌价值。"卷烟上水平"的核心目标是形成"532、461"的中国卷烟知名品牌新格局——"532"品牌(产销规模超过500万箱、300万箱和200万箱的品牌),"461"品牌(批发销售收入[含税]超过400亿元、600亿元和1000亿元的品牌),从而打造一批以"市场影响大、商业价值高、产品质量好、风格特色明显、核心技术突出、文化内涵丰富、满足消费者需要"为主要特征的中式卷烟知名品牌。2011年,全行业卷烟牌号由过去的2000余个调整到124个,有9个品牌商业批发销售收入超过400亿元,其中1个品牌超过1000亿元,3个品牌超过600亿元,5个品牌年销量超过200万箱,其中3个品牌超过300万箱,向着"532"品牌发展目标加快推进,"461"知名品牌格局基本形成,重点品牌竞争力明显增强,中式卷烟的比较优势逐步得以确立。民族卷烟品牌在加入WTO的大背景之下仍牢牢占领着国内市场,国际竞争力不断增强,加快实现由立足国内市场至面向国际市场的历史跨越。

原料保障上水平,是实现卷烟上水平的重要基础。烟草行业坚持把发展现代烟草农业作为全行业重大历史任务,加强烟区基础设施建设,着力改善烟区生产条件,创新生产组织形式,提高专业化服务水平,努力促进烟农增产增收,烟叶基础地位进一步加强,烟叶生产连续14年保持稳定发展。2005年以来,全行业持续加大烟叶生产基础设施建设投入,累计投入500多亿元用于烟田基础设施建设,从烟田水利、机耕道路、密集烤房、机械化配套到大型水源工程建设、土地整理,烟区综合生产能力和抗御自然灾害能力显著提高。2009年到2011年,烟农户均收入由2.4万元增加到3.6万元,广大烟农得到了实实在在的利益。工业企业"主动参与、深度介入",努力实现原料供应基地化。2011年,全国基地单元累计达到275个,种植面积448万亩,收购量

1275万担。落实特色烟叶基地单元110个，收购量550万担。目前，全国已注册烟农专业合作社2904个，入社农户达到61万户。烟叶生产连续14年保持稳定发展。

技术创新上水平，是实现卷烟上水平的动力源泉。以提高自主创新能力为核心，围绕"烟草育种、减害降焦、特色工艺、加香加料"四大战略课题，烟草行业精心组织十个重大专项。2010年，行业两项科研成果荣获国家科技进步二等奖。2011年，烟草基因组计划重大专项取得突破性进展，完成绒毛状烟草和林烟草全基因组序列图谱，成为全球第一套烟草全基因组序列图谱。卷烟减害技术重大专项取得新的成效，全国卷烟平均焦油量从2002年14.7毫克/支卷烟焦油量降低到2011年底的11.5毫克/支。同时，全行业广泛开展节能减排，坚决遏制过度包装，各项能耗及排放指标明显下降。

市场营销上水平，是实现卷烟上水平的关键。卷烟流通企业始终把培育品牌作为第一要务，把尊重消费者选择、满足市场需求作为营销工作的根本出发点，努力营造公平竞争的市场环境。2002年至2011年，全国省际间卷烟交易比重由不足30%提高到54.7%，构建形成了全国统一大市场。通过加强对高价位卷烟生产经营和价格管理，深入开展按订单组织货源、工商协同营销和精准营销工作，推进现代烟草物流建设，2011年烟草零售客户平均收入2.22万元，同比增长21.4%。

基础管理上水平，是实现卷烟上水平的重要保障。烟草行业始终把严格规范作为保持行业持续健康发展的生命线，完善内部管理监督基本格局，保持卷烟打假高压态势，扎实推进贯标、对标、基层单位创先争优活动，努力构建内部监管长效机制，建立了良好生产经营和市场秩序。2011年，行业具有法人资格的卷烟工业企业由2002年的123家调整到30家，企业生产集中度显著提高。17家省级工业公司全部完成改制，全面建立由董事会、经理层和监事构成的公司法人治理结构，标志着工业企业从组织机构上整体完成由传统工厂制向现代企业制的转变。

三、构建责任烟草　诚信烟草　和谐烟草

在全面推进"卷烟上水平"过程中,烟草行业在妥善处理好内部各方面关系的同时,把工作着力点放在处理好行业与社会各方面的关系,坚持共同发展的原则,更加关注社会民生,认真履行《烟草控制框架公约》义务和责任,积极构建责任烟草、诚信烟草、和谐烟草。

统筹解决专卖制度和政企合一管理体制下"提高效率"与"注重自律"两大课题。在坚持生产经营实行计划管理的前提下,积极引入市场竞争机制,构建内部适度竞争的格局,不断促进烟草要素资源的合理流动和优化配置;在政企合一、以自我监管为主的情况下,始终把严格规范作为行业持续健康发展的生命线,严格依法行政、依法生产经营,确保卷烟产品质量安全。

统筹处理好各方面的利益关系,形成推动发展的强大动力。统筹不同企业和不同区域协调发展,一方面集中资源、创造条件,加快实现知名品牌做强做大,并通过知名品牌的合作生产,努力做到合作双赢,确保企业税利合理增长;同时支持和鼓励其他品牌异军突起、后来居上。

统筹行业发展和地方经济发展的关系。从行业的产业整体布局来看,就很好地体现了向老少边穷地区倾斜的特征。这些年来,行业一直积极扶持老少边穷地区的烟草经济发展,妥善协调和处理好各方利益关系,充分调动各方面的积极性和主动性,努力实现共同发展。

统筹行业发展和烟农、零售客户的关系,切实关心烟区、关爱烟农和零售客户,努力改善烟区生产条件,为烟农和零售客户提供优质服务,维护他们的合理利益,与烟农和零售客户建立平等互利、长期合作、共同发展的良好关系。

进入新的历史时期,中国烟草将不断坚持和完善烟草专卖制度,牢固树立"两个至上"行业共同价值观,大力弘扬勤俭节约、艰苦奋斗、改

革创新、开拓进取，奉献国家、回报社会，注重效率、严格自律的精神，积极应对面临的各种风险挑战，不断提高中国烟草整体竞争实力，努力实现行业持续协调健康发展，为保证国家财政收入、维护消费者利益作出新的努力和贡献。

（审稿人：高延敏；执笔人：张小乐）

纺 织 工 业

纺织行业是国民经济传统支柱产业、重要的民生产业和国际竞争优势明显的产业,在繁荣市场、吸纳就业、增加农民收入、加快城镇化进程以及促进社会和谐发展等方面发挥着重要作用。党的十六大以来,纺织行业深入贯彻落实科学发展观,紧紧抓住加入 WTO 的重大机遇,充分利用国际国内两个市场、两种资源,积极推进结构调整和产业升级,行业规模持续增长,创新能力不断增强,质量效益大幅提高,节能减排效果明显,显著提高国际竞争力,为实现纺织强国奠定了坚实基础。

一、行业规模和效益持续增长

十年来,我国纺织行业快速发展,形成了从上游纤维原料加工到服装、家用、产业用终端产品制造不断完善的产业体系。在国家的大力支持下,纺织行业深入实施行业发展规划,充分利用国内外市场和资源,加快推进结构调整与产业升级,产业规模持续扩大,产品产量稳步增长。截至 2011 年年底,规模以上企业 35891 家,完成现价工业总产值 54787 亿元,是 2002 年的 4 倍;实现利润总额 2956 亿元,是 2002 年的近 9 倍;销售利润率达到 5.5%,创历史最好水平。产品产量稳步增长,2011 年,化纤、纱、布、呢绒、丝织品、服装等产品产量均位居世界第一位,继续保持世界最大的纺织品服装生产国的地位。其中,纺织纤维加工总量达到 4310 万吨左右,是 2002 年的 2.4 倍;化纤产量 3362 万吨,是 2002 年的 3.4 倍,占全球化纤产量的 60% 以上;纱产量 2894 万吨,布产量 620 亿米,分别是 2002 年的 3 倍和 2 倍。

二、行业出口稳步增长

纺织行业对外依存度较高,出口一直是影响行业平稳运行的主要因素。2008 年国际金融危机爆发前,纺织工业约 30% 的产品销往国际市场,国际市场占有率连续十余年位居全球首位,但出口市场近 50% 集中在欧盟、美国和日本,尚未形成多元化格局。受国际金融危机严重冲击,纺织行业出口大幅下滑,企业赢利能力下降,生产、效益增速均降至历史低位,陷入多年未见的困境。为稳定纺织工业国际市场份额,扩大国内市场消费需求,国家制定实施了《纺织工业调整和振兴规划》,并先后四次上调了纺织品服装的出口退税率,优化调整了天然纤维(棉花、麻)及化纤原料进口总量以及暂定税率,及时纾缓纺织企业困难,推动行业出口回升向好。2010 年,纺织行业产销、效益、出口增长速度已经基本恢复到危机前水平。在各方面共同努力下,全行业继续巩固应对危机的成果,2011 年,纺织品服装出口额 2479 亿美元,占全球同类贸易的比重超过 35% ,比 2002 年提高 18 个百分点。其中,纺织品出口 847 亿美元,服装及衣着附件出口 1682 亿美元,较 2002 年提高了 4 倍左右。纺织行业一般贸易比重达到 75.4% ,比 2002 年提高 13 个百分点;民营企业出口占比由 2002 年的 9.7% 提高到 2011 年的 50% 以上;直接出口欧美主要消费市场占比由 2002 年的 22% 提高到 2011 年的 42% 。

三、产业结构不断优化

纺织行业以自主创新、技术改造、淘汰落后、优化布局为重点,持续推进结构调整和产业升级。根据经济发展形势,国家先后于 2005 年、

2010 年对《产业结构调整指导目录》进行了修订,引导社会投资方向。十年来,纺织行业最终产品结构由过去以服装加工为主发展为服装、家用纺织品和产业用纺织品三类最终产品同步发展,纤维消耗量的比重呈现明显变化,服装用纤维占比下降,家用、产业用纺织品快速发展,纺织品应用领域不断扩大。2011 年,家用纺织品在纤维加工总量所占比重达到 30% 以上,产业用纺织品占比超过 20%,分别比 2002 年提高 10 个百分点以上。化纤成为纺织工业发展的主要原料支撑,在纺织原料中占比达到 72.5%,基本满足了纺织工业对原料数量和质量的需求。为规范能耗高、污染排放量大的印染和粘胶行业发展,有关部门将印染、化纤落后产能列入国家强制的淘汰落后产能目录,加快了印染、化纤行业技术装备的更新,并先后制定发布了《印染行业准入条件》《粘胶纤维行业准入条件》,明确了新建和改扩建企业的建设地点、技术装备、质量管理、能耗取水定额以及环保等方面要求,将准入条件适用范围扩展到已有企业,有力促进了存量产能和现有企业加快提高技术装备和管理水平。与此同时,我国纺织品服装内销市场快速增长,规模以上企业内销产值比重由 2002 年的 66% 提高到 2011 年的 83%。纺织产业聚集化发展明显加快,至 2011 年年底已形成纺织产业集群 176 个,集群产值占到纺织工业产值的 40% 以上。

四、技术装备水平和自主创新能力不断提高

为增强自主创新能力,加快技术进步,巩固和提高纺织行业竞争力,有关部门先后发布了《关于纺织机械工业结构调整的指导意见》和《纺织工业技术进步和技术改造投资方向目录》,支持纺织装备、化纤新材料、新型纺纱织造技术工艺装备的研发和产业化,积极引导企业加大先进技术装备投资和技术改造力度,新技术、新装备应用比例明显提高。截至 2011 年年底,全行业三分之一以上装备达到国际先进水平。其中,棉纺织行业继续向连续化、自动化、高速化、信息化方向发展,先

进设备比重达到76%;化纤行业广泛使用具有国际竞争力的国产化新型聚酯及配套长短丝技术装备,涤纶、氨纶、粘胶纤维生产技术达到国际先进水平,化纤差别化率提高到50%左右,人均产值达到150万元,较2002年提高2倍;大中型毛针织企业基本实现纱线无结化,精梳产品100%无梭化,粗梳产品80%无梭化。落后工艺、技术和装备则在市场机制作用下加速退出,节能减排和循环经济取得明显成效。"十一五"期间,全行业单位增加值能耗累计下降超过30%,单位增加值取水下降30%,回收再利用纤维达到400万吨。重点领域的关键技术攻关和产业化取得突破,多项高新技术实现从无到有的实质性转变,一批自主研发的科技成果和先进装备在行业中得到广泛应用。高强聚乙烯、芳纶、碳纤维等高性能纤维实现产业化突破,多数技术及产品均达到国际先进水平;棉纺、毛纺、针织面料及一批化纤面料已经达到或接近国际先进水平,纺织行业面料自给率达到95%以上;纺织机械重点攻关产品均已实现批量生产,部分产品达到国际先进水平,国产纺织装备的市场占有率由2002年不足50%提高到2011年的65%以上。技术进步和创新能力提升带动了全行业技术管理水平的提高,全员劳动生产率从2002年的3.5万元/人年提高到2011年的14万元/人年左右。

五、自主品牌建设初见成效

纺织行业品牌建设的内生动力明显增强,广大企业坚持质量、创新、快速反应和社会责任四位一体的品牌价值体系,形成了通过市场竞争、市场检验,加强品牌产业链建设和供应链科学管理,提升品牌贡献率的共识,掀起了创建自主品牌的热潮,这也标志着我国纺织行业已经开始从承接国际纺织加工环节,转向发挥自主创造力的新时期。国家也加大了对纺织行业品牌建设工作的支持力度,支持建立了自主品牌数据库和中国纺织服装品牌网,建设了一批品牌企业研发中心和营销系统,认定了一批公共服务示范平台,加强对品牌建设知识和人才的培训,引导全行业积极创建品牌。在一系列政策引导和支持下,纺织服装企业更加注重研发设计和品牌创建工作。目前,我国服装出口正由OEM(加工生产)方式加快向ODM(设计生产)和OBM(品牌生产)转变,自主品牌出口比重逐年提高。截至2011年年底,全行业拥有的"中国名牌产品"超过180个,驰名商标超过200个,一批知名品牌进入国际市场。一批优势企业开始尝试进行品牌的国际化运作,吸引国际智力,收购国外品牌,在发达国家建立研发中心和设计室等。

六、产业转移有序推进

随着东南沿海地区各项生产要素成本快速上涨,中西部地区临近原材料产地、劳动力供应丰富等优势逐渐显现,纺织行业特别是服装及纺织初加工行业,加快向中西部地区转移。为引导产业有序转移,相关部门和地方加强衔接,通过组织全国性的纺织产业转移工作交流会,搭建企业和园区对接平台,推进区域间产业承接。东部地区通过产业转移和构建跨区域产业链,加快了产业优化升级。中西部地区发挥比较优势,坚持在创新和升级中承接转移,产业规模快速增长。2010年,中部地区纺织企业固定资产投资额达到1487亿元,同比增长46.7%,西部地区投资额为374亿元,同比增长44.3%,投资增速分别较东部地区高出27.7和25.3个百分点。2011年,中西部地区纺织产值占全行业的比重已从2009年的17%提高到21%。

经过十年的快速发展,我国纺织大国地位得到进一步巩固,但在国际产业分工中仍处于价值链低端的加工制造环节,在国际产业体系和国际贸易中缺乏话语权、定价权。面对日益复杂多变的国内外发展环境,纺织行业将坚持以加快转变经济发展方式为主线,以结构调整和产业升级为主攻方向,以自主创新、品牌建设和两化融合为重要支撑,以扩大内需和改善民生为根本出发点,以完善价值链和实现可持续发展为重要着力点,发展结构优化、技术先进、绿色环保、附加值高、吸纳就

业能力强的现代纺织工业体系,为实现纺织工业强国奠定更加坚实的
基础。

（审稿人：王伟、曹庭瑞；执笔人：曹学军）

国防科技工业

　　国防科技工业是国家战略性产业,在国防现代化建设和国民经济建设中具有不可替代的战略地位和作用。国防科技工业代表了当代先进的生产力,是我国国防建设和国家安全重要的物质和技术基础,是武器装备科研生产的骨干力量,是国家先进制造业和国家科技创新体系的重要组成部分,是我国综合国力和大国地位的重要标志和体现,也是国民经济发展、科技进步和产业升级的重要牵引和推动力量。近些年,在面对复杂多变的国际局势、国际金融危机冲击、国内自然灾害频发等情况的考验下,国防科技工业系统不畏困难,迎难而上,以改革和创新为突破口,把转型升级作为国防科技工业总体发展战略,实现了国防科技工业平稳较快发展。

一、国防科技工业发展面临的形势

　　近些年来,国防科技工业始终面临着安全和发展的现实挑战。一是国际安全形势严峻。发达国家与发展中国家、传统大国与新兴大国矛盾不时显现,局部冲突和地区热点此起彼伏。一些国家因政治、经济、民族、宗教等矛盾引发的动荡频仍。导致国际金融危机的深层次矛盾和结构性问题尚未解决,欧债危机进一步蔓延,世界经济复苏仍然乏力。传统与非传统安全问题交织,国内与国际安全问题互动。同时,国际军事竞争依然激烈,一些大国制定外层空间、网络和极地战略,发展全球快速打击手段,加速反导系统建设,增强网络作战能力,抢占新的战略制高点;部分发展中国家保持强军势头,推进军队现代化。二是周边安全隐患增多。朝鲜半岛形势不时紧张,日本加大"西南"方向"区域控制",并不时在东海和钓鱼岛问题上制造麻烦,南海周边一些国家不断侵蚀侵犯我国海洋权益,印度强化在与我边境争议地区的实际控制和军备竞赛,阿富汗安全形势依然严峻。一些大国强化亚太军事同盟体系,加强亚太地区军力部署,重返亚洲,加大介入地区安全事务力度,联合举行军演,加紧在我周边投棋布子。三是台海局势仍然错综复杂。虽然台海局势向缓和改善方向发展,但其走向仍有较大不确定性,影响台海稳定的根源并未消除。

面对国际风云波诡云谲,国防科技工业始终保持冷静清醒,居安思危、未雨绸缪。中华民族切肤之痛的发展历史告诉我们:和平要靠强大的国防实力做保障,没有强大的国防做后盾,一切发展都无从谈起。"我们不搞实力政策,但没有实力不行","落后就要挨打"。在安全挑战面前,国防科技工业励精图治、奋发有为,牢记国家利益至上,竭诚服务国防的神圣使命,在党中央、国务院、中央军委的领导下,不畏挑战,扎实工作,从容应对各种重大考验和挑战,取得了骄人的业绩。武器装备科研生产捷报频传,国防科技工业核心能力大幅跃升,武器装备研制周期明显缩短,自主创新能力持续增强,一批重大前沿技术、基础技术和关键技术取得重大突破,质量与可靠性不断提高,探月工程等一批重大工程实现突破性进展,军民结合产业快速成长,军工经济实现平稳较快发展,节能减排主要目标提前完成,全行业建设先进国防科技工业不断向前迈进。

二、国防科技工业发展的主要举措

为了加快推进建设先进的国防科技工业,提升军工核心能力,实现国防科技工业平稳较快发展,我们以邓小平理论、"三个代表"重要思想和党中央、国务院关于发展国防科技工业的战略部署为指导,全面落实科学发展观,以改革和创新为突破口,把转型升级作为国防科技工业总体发展战略,不断创新工作措施。

(一)建设任务能力结合型军工,确保完成武器装备科研生产任务

瞄准未来高新技术武器装备发展需要,按照布局合理、重点突出、统筹规划原则,高水平建设新一代武器装备研发系统平台;针对长期制约武器装备发展的瓶颈和严重依赖进口的关键基础产品,加强关键基础产品自主研发条件建设。

(二)全面提高自主创新能力,建设创新型国防科技工业

为提升军工核心能力,始终把自主创新作为战略基点不动摇。通过政府引导,以企业和院所为主体,建立产学研结合、军民互动、资源共享的国防科技创新体系;以集成创新和引进消化吸收再创新为重点,注重原始创新,全面提高自主创新能力;通过组织或参与实施若干重大科技专项,突破一批重大关键技术,培育高新技术产业,推进科技创新。

(三)大力发展军民结合型产业,增强可持续发展能力

加强政策引导,采取税收优惠、投资等政策,加快形成以军民结合型产业为主的军工经济;重点发展具有核、航天、航空、船舶、兵器、电子等军工特色技术、产品和关联产业,加速军工技术成果向民用领域转移,形成对国民经济具有带动作用的高技术产业集群。

(四)加快产业结构优化升级,发展军工先进制造业

按照走科技含量高、经济效益好、资源消耗低、环境污染少的新型工业化道路要求,加快经济发展方式转变,推进产业结构优化调整,用先进技术工业改造提升传统产业;以信息化带动研发和制造水平升级,

初步形成以工业化为基础、信息化为主导的研发和制造能力。

（五）深化体制机制改革，实现调整改革新突破

积极稳妥推进军工企业改革，建立规范的公司法人治理结构；加快国防科技工业投资体制改革，促进非军工单位参与军品科研生产和建设，基本形成"军转民、民参军"的互动机制；按照中央的部署，探索和启动军工科研院所改革。

（六）实施人才兴业战略，发展军工先进文化

实施国防科技创新团队计划，造就一支专业配套、结构合理、素质优良的优秀人才队伍；始终把军工先进文化建设放在突出位置，用先进文化引导人、培育人。

（七）转变政府职能，推进依法行政

加大立法力度，建立和完善适应武器装备和市场经济发展要求的国防科技工业法律法规体系；深化行政审批制度改革，建立健全行政执法责任制度，加强和完善行政执法的监督和检查，提升安全生产、安全保密、质量、军品市场、核应急与安全等监管能力；着力强化预算管理，推进项目预算执行，提高军工投资效益；规范审计监督和后评价工作，实施了对军工投资项目的闭环管理，提高了项目管理水平。

三、国防科技工业发展取得的成效

经过不断努力，军工经济实现了快速增长、军工核心能力得到大幅提升，为国防科技工业可持续健康发展奠定了坚实基础。

（一）军工经济平稳较快增长，经济实力明显增强

总收入实现平稳较快增长，成本费用利用率提高25%，全员劳动

生产率提高 27% ,万元工业增加值能耗提前实现降耗 20% 目标;军、民品产值比例进一步优化,军民结合经济和产业基础进一步增强。

(二)武器装备科研生产水平全面提升

组织编制和实施"十二五"规划,重点型号三维数字化设计进一步推广,部分型号实现协同设计和并行工程,设计周期大幅缩短,设计水平显著提升;动力、环境试验、靶场等一大批试验设施投入使用,试验验证体系进一步完善;总装集成、柔性制造等新型生产模式开始应用,建成多项高新技术装备生产线,以数控化、精密加工为代表的核心制造能力大幅提高。

(三)任务能力结合型建设模式效果显现,基础能力显著增强

建设模式实现了由任务跟随型向任务能力结合型的转变,初步扭转了长期以来跟随型建设的局面;重大武器装备系统基础研发平台建设进展顺利,以重点实验室为代表的科技创新平台进一步提升,一批核心能力基地初步形成,极大地提升了国防科技工业的核心能力;实施节能环保改造、核应急、核安全能力建设和核退役治理,综合治理成效显著。

(四)科技发展和重大工程取得重大突破,自主创新能力不断提升

实验快堆并网发电、先进研究堆首次临界、海洋二号卫星、风云三号 B 星在轨交付、"蛟龙号"载人潜水 7000 米试验取得成功,民用卫星及应用快速发展并实现整星出口,碳纤维制备技术实现突破并批量生产,"千台数控机床增效工程"成果得到推广。授权专利数量年均增长 41.2% ;获得了 88 项国家科技进步奖、37 项国家技术发明奖,9 项国家科技进步特等奖中军工占 6 项。"嫦娥二号"卫星拓展试验圆满成功,首次获得 7 米分辨率全月图,飞赴拉格朗日 L2 点,实现深空观测距离百

万公里跨越,载人航天交会对接任务圆满成功。

(五)军品出口能力、水平和规模大幅提升,对拉动军工经济增长和提升军工核心能力贡献不断增强

军品出口成交额逐年增长,超亿美元合同不断增多,军品出口产品结构明显改善,军贸溢出效应明显增强,军贸管理显著加强,扶持政策日趋完善。

(六)军工核心人才队伍建设不断加强

高层次人才管理、杰出人才评选等多项人才政策不断完善,人才政策体系初步建立;人才引进、选拔、使用、评价、激励等机制建设取得新的进步;结构合理、专业互补、组合优化的军工核心人才群体初步形成。

(七)政府管理和服务水平不断提高

坚持依法行政,政策法规体系进一步完善;国家国防科技工业主管部门为主体、地方国防科技工业管理部门配合、中介机构参与的监督管理体系初步形成;政府主管部门监督、军工集团公司负责、军工单位实施的安全生产和安全保密责任体系基本建立;军工系统安全、保密、防范与管理显著增强;政府间双边与多边合作不断拓展,商务合作不断深化。

国防科技工业取得的伟大成就,靠的是党中央、国务院、中央军委的英明领导;靠的是中央和国家机关有关部门、解放军总部和各军兵种的大力支持;靠的是军工战线广大干部职工的共同努力。我们的经验与体会是:实现平稳较快、协调发展,必须深入贯彻落实科学发展观,确保发展的全面性、协调性、稳定性和持续性;实现创新突破、跨越发展,必须着力建设先进的国防科技工业,明确和制定先进目标并真抓实干,鼓励创新、鼓励探索、鼓励超越,只有这样,才能打牢基础、缩小差距、引领发展;实现提高能力、自主发展,必须推动科技发展方式的转变,抓住

自主创新这个核心,牢牢掌握武器装备科研生产和军工发展的主动权。实现整体推进、持续发展,必须坚持走军民融合式发展路子,增强可持续发展的后劲。实现目标任务、乘势发展,必须提高保质量、保进度、保安全、保成功的执行力。

建设先进的国防科技工业正处于关键时期。面对新形势新要求,国防科技工业始终牢记国家利益至上,竭诚服务国防的神圣使命,将以完成武器装备科研生产任务为核心,以加速推进科技创新、积极促进科研生产信息化建设、健全完善军民融合式发展体系、持续拓展国际合作、大力加强军工核心人才队伍建设为重任,推动军工核心能力建设升级换代,提升武器装备供给保障能力、自主创新能力、军民转换和平战转换能力、市场竞争能力、高素质人才成长和创造能力,实现国防科技工业综合实力的整体跃升。国防科技工业战线上的广大干部职工将牢记党和人民的期望和重托,站在新的历史起点上,紧紧围绕建设先进的国防科技工业这个总目标,齐心协力,坚定信心,继承传统,以更加饱满的报国热情和创业激情,投身到国防科技工业的建设事业当中,推进国防科技工业科学发展,为中华民族的伟大复兴构筑坚固的国防基石,为建设先进的国防科技工业不懈奋斗。

（审稿人：吴志坚；执笔人：张辉鹏）

电子信息制造业

电子信息产业是国民经济的战略性、基础性、先导性产业,是加快工业转型升级及国民经济和社会信息化建设的技术支撑与物质基础,是保障国防建设和国家信息安全的重要基石,发挥着经济增长"倍增器"、发展方式"转换器"、产业升级"助推器"的重大作用。中共十六大以来,我国电子信息制造业抓住国家经济社会发展和国际产业转移的重大机遇,克服国际金融危机的不利影响,积极推进结构调整,着力加强自主创新,实现了产业的稳步增长,对经济社会发展的支撑引领作用愈益凸显。

一、产业规模稳步扩大

经过新中国成立 60 多年尤其是改革开放 30 多年的发展,我国已成为世界电子信息制造业大国。2002 年至 2011 年,我国规模以上电子信息制造业增加值从 2715 亿元增至 16276 亿元(见图 3-10),十年间增长了 6 倍;销售收入从 1.3 万亿元增至 7.5 万亿元(见图 3-11),年均增速 21.4%;实现利润从 547.4 亿元增至 3300 亿元,年均增速 22.1%;实现税金从 247.6 亿元增至 1245 亿元,年均增速 19.7%;电子信息产品出口额从 920 亿美元增至 6612 亿美元(见图 3-12),年均增速 24.5%;从业人数从 322.8 万人增至 940 万人,年均增速 12.6%。全球产业大国地位进一步凸显,2007 年,我国已成为世界电子信息产品第一制造大国。2011 年彩电、手机、计算机等主要电子产品产量占全球出货量的比重分别达到 48.8%、70.6% 和 90.6%，均名列世界第一（见表 3-8）。

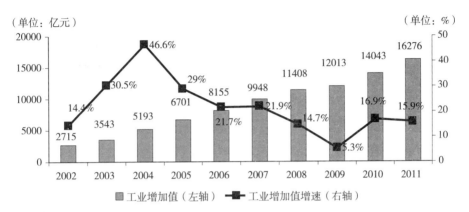

图 3-10　2002 年至 2011 年规模以上电子信息制造业工业增加值及增速

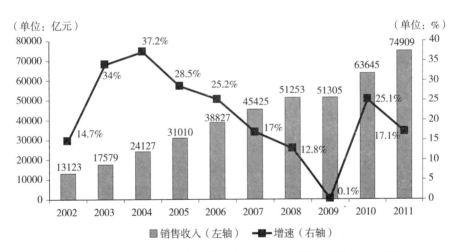

图 3-11　2002 年至 2011 年规模以上电子信息制造业销售收入及增速

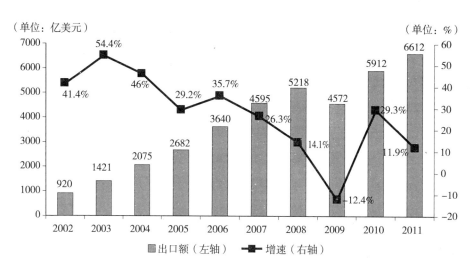

图 3-12　2002 年至 2011 年电子信息产品出口额及增速

表 3-8　2002 年至 2011 年我国主要电子信息产品产量

主要产品	单位	2011	2010	2009	2008	2007	2006	2005	2004	2003	2002
手机	万部	113257.6	100000.0	61924.5	55964.1	54857.9	48014.0	30354.2	23344.6	18644.1	11856.7
彩电	万台	12231.4	12000.0	9898.8	8619.2	8478.0	8375.4	8283.2	7328.8	6541.5	5155.2
其中:液晶电视	万台	10298.5	9031.0	6765.3	2942.5	1866.9	994.9	452.2	——	——	——
微型计算机	万部	32036.7	25000.0	18203.4	13666.6	12073.4	9336.5	8083.8	5974.9	4505.0	2633.3
其中:笔记本电脑	万部	29031.9	22332.3	15072.5	10858.7	8165.0	5911.9	4565.0	3238.4	1287.4	1170.0
显示器	万部	12626.1	13845.5	13022.0	13364.6	14873	13081	11565	13533.6	7326.0	4927.6
其中:平板显示器	万部	12562.6	13695.4	12579.3	12697.6	13800	10999	8200	7726.5	2173.1	514.6
集成电路	亿块	719.6	653.0	183.2	530.2	411.6	335.7	265.8	211.5	148.3	96.3

　　受国际金融危机影响,2009 年,电子信息制造业在新世纪首次出现负增长,成为国民经济中受冲击最明显的行业。面对国际市场需求急剧下降、全球电子信息产业深度调整的形势,国家出台了《电子信息产业调整和振兴规划》,及时扭转电子信息制造业增速下滑趋势,有效

提升电子信息制造业内销产值贡献率,推动产业重新恢复到平稳增长的轨道。全行业努力克服各种困难,不断巩固和扩大应对国际金融危机的成果,产业发展呈现出生产较快增长、投资高位运行、外贸出口逐步趋稳、结构调整扎实推进的良好局面。2011 年,规模以上电子信息制造业增加值、投资增速分别高于工业平均水平 2 个和近 20 个百分点,行业收入、利润占全国工业比重分别达到 8.9% 和 6.1%,电子信息制造业在工业中的支柱作用日益凸显。

二、结构调整取得积极成效

顺应计算机、彩电、手机等整机产品智能化、平板化、网络化、绿色化发展趋势,利用电子发展基金和技术改造专项资金,支持产业核心关键技术研发和产业化,推进重点产品示范应用,加快整机产品升级换代。目前,笔记本电脑产量占微型计算机产量比重超过 90%,平板电脑产量占全球总产量比重超过 80%;液晶电视产量占彩电产量比重超过 80%,LED 电视国内市场占比超过 61%,3D 电视国内市场占比达23%,智能电视国内市场占比达 19%;智能手机产量约占全球总产量的 70%,国内销量占全球智能手机总出货量的 17% 以上。

贯彻落实《进一步鼓励软件产业和集成电路产业发展的若干政策》(国发[2011]4 号),从财税、投融资、研究开发、进出口、人才、知识产权及市场等七方面加大对集成电路和软件产业的扶持力度,组织实施核心基础产业跃升计划,推动电子基础行业大规模制造工艺不断升级。我国集成电路设计水平从以 0.8—1.5 微米为主,到普遍具备0.13 微米以下工艺水平和百万门规模设计能力,部分领军企业具备了45/40nm 设计能力,最大设计规模超过 1 亿门;制造工艺从仅为 0.25微米,到 12 英寸生产线已经可以量产 45 纳米芯片。以 2003 年上广电和京东方启动建设第 5 代 TFT—LCD 生产线为起点,截至 2011 年底,国内已有四条 5 代线和两条 4.5 代线建成量产,京东方和中电熊猫的 6 代线已建成投产,京东方和华星光电的 8.5 代线也已投入量产。光伏产业飞速发展,连续 5 年成为全球太阳能电池生产第一大国,单晶硅、多晶硅电池转换效率突破 19.59%、18%,多晶硅自给率超过 50%。

在产业转移及政策带动产业布局优化调整的双重作用下,中、西部地区电子信息制造业加速发展,有望形成新增长极。2011 年,中、西部地区规模以上电子信息制造业年销售产值分别同比增长 63.1% 和 74.3%,比全国平均增速高 42 和 53.2 个百分点,其中四川、重庆、河南、安徽、湖南、山西等地区增速均在 50% 以上,河南、重庆增速尤为突出,分别达 125.7% 和 219.2%。至 2011 年,中、西部地区规模以上电子信息制造业年销售产值增速已连续 4 年显著高于东部地区。

在国家扩大内需政策持续作用下,内销贡献率稳步提升。2011 年,规模以上电子信息制造业实现内销产值 34165 亿元,同比增长 31.0%,比行业平均水平(21.1%)和同期出口交货值增速(13.9%)高出 9.9 和 17.1 个百分点。家电下乡政策大大激发三四级市场的发展潜力,产品销售再创新高,截至 2011 年年末,全国家电下乡产品累计销售 2.18 万台,实现销售额 5059 亿元。以旧换新推动城市家电产品更新,市场销售取得新突破,2010 年家电以旧换新销售量和回收量均超过 3000 万台,比上年增长两倍以上。与此同时,电子信息制造业对外依存度(54.7%)比 2010 年(58.2%)下降 3.5 个百分点。

三、自主创新能力进一步提升

通过"核高基"重大专项、技术改造专项和战略性新兴产业创新专项的支持,集成电路、移动通信、新型元器件、太阳能光伏、数字视听、计算机等产品技术领域均取得较大突破。通用 CPU 等一批中、高端芯片研发成功并投入生产,集成电路设计水平突破 40nm,三维封装等新型封装技术开发并生产应用,高密度离子刻蚀机、大角度离子注入机等集成电路核心制造设备进入生产线,909 升级改造工程取得阶段性成果。第三代移动通信、数字集群通信、光通信技术跨入世界先进行列,自主知识产权的 TD—SCDMA 标准成为三大国际标准之一。光电子等领域的核心技术开发与国际先进水平的差距逐步缩小,已可生产光纤预制棒、液晶面板、有机发光二极管、太阳能多晶硅等较高附加值产品。"天河一号"、"曙光星云"高性能计算机系统曾进入全球超级计算机前三位;全部采用国产 CPU 和全套国产软件系统的"神威蓝光"千万亿次计算机研发成功,其计算能力已步入世界前列;具有自主知识产权的"曙光龙腾"服务器已研制成功并投放市场。路由器交换机已达到国际先进水平,下一代互联网核心设备研发取得明显进展。

信息技术和制造技术融合创新能力进一步增强,在推动工业转型升级、促进两化深度融合等方面发挥了积极作用。汽车电子、机床电子、医疗电子、智能交通、金融电子等量大面广、拉动性强的产品及信息系统发展迅速,为加快推进国民经济与社会信息化建设、保障信息安全提供了重要的技术和产品支撑。

标准和知识产权战略有力推进,形成了时分双工长期演进技术(TD—LTE)、数字视频编解码标准(AVS)、数字音频编解码标准(DRA)、地面数字电视传输标准(DTMB)、闪联、WAPI 等一批以自主知识产权为依托的技术标准。电子信息产业专利申请最为活跃,2011 年全国信息技术领域专利申请总量超过 136.4 万件,稳居各行业之首。

四、企业实力显著增强

围绕提高产业集中度,形成一批产权清晰、主业突出、技术领先、综合竞争力强的企业集团和大公司,深入实施《加快推进电子信息产业大公司战略的指导意见》,以百强企业为代表的电子信息企业规模不断扩大、效益逐步提升。2002 年到 2011 年,电子信息百强企业合计主营业务收入由 5719 亿元增长到 17615 亿元,实现利润总额由 238 亿元增长到 884 亿元,百强企业以不到全行业 0.5% 的数量比重,创造了占全行业近 1/4 的销售收入、1/3 的利润和 1/2 的税收。百强企业研发投入不断增加,技术水平大幅提升。2011 年百强企业研发经费投入合计达 868 亿元,占主营业务收入的比重达到 4.9%,专利总数 10 万件。中兴通讯的"高性能 LTE 无线接入通信系统"等五项技术被评选为 2011 年信息产业重大技术发明。在 2011 年度国家科学技术进步奖励大会上,武汉邮科院、海尔、华为和中兴等百强企业在光通信、研发创新平台、新一代通信网络等多个领域取得新的突破,荣获国家科学技术进步奖。

内资企业保持较快发展,调整步伐加快。2011 年,我国电子信息制造业规模以上内资企业销售产值、出口交货值增速分别达到 31.1% 和 16.4%,高出全行业平均水平 10 和 2.5 个百分点,比外资企业增速(17.4% 和 13.6%)高出 13.7 和 2.8 个百分点。大企业加快向上游产品延伸,彩电企业涉入液晶模组和面板领域,计算机企业积极拓展网络服务市场。企业兼并重组积极推进,如大唐与中芯国际、华虹与宏立、亚信和联创、长城与冠捷、方正和宏基等并购。网络化、服务化战略转型趋势显现,联想、海尔、华为等大企业均提出新的战略方向,重点转向移动互联、服务化、云计算等新领域。

新一代信息技术正步入加速成长期,融合创新推动产业格局发生重大变革,电子信息产业仍是全球竞争的战略重点。制造业、软件业、运营业与内容服务业加速融合,电子信息产业价值链重点环节发生转移,国际领先企业纷纷立足内容及服务环节加快产业链整合,以争夺产业链主导权。云计算、物联网、移动互联网等新兴领域蓬勃发展,新技术、新产品、新模式不断涌现,对传统产业体系带来猛烈冲击,既为我国带来发展的新机遇、新空间,也使我国面临着新一轮技术及市场垄断的严峻挑战。电子信息制造业将继续集中力量突破核心关键技术,夯实产业发展基础,加快发展战略性新兴产业,深化信息技术应用,统筹内外需市场,优化产业布局,着力提升产业核心竞争力,持续引导产业向价值链高端延伸,推动产业由大变强,为加快工业转型升级及国民经济和社会信息化建设提供有力支撑。

(审稿人:丁文武;执笔人:任志安)

软件和信息技术服务业

软件产业是国民经济和社会发展的基础性、先导性、战略性和支柱性产业,对经济社会发展具有重要的支撑和引领作用。发展和提升软件和信息技术服务业,对于推动信息化和工业化深度融合,培育和发展战略性新兴产业,加快经济发展方式转变和产业结构调整,提高国家信息安全保障能力和国际竞争力具有重要意义。2000 年以来,国务院先后发布了《鼓励软件产业和集成电路产业发展的若干政策》(国发[2000]18 号)(以下简称"18 号文件")和《进一步鼓励软件产业和集成电路产业发展的若干政策》(国发[2011]4 号)(以下简称"4 号文件"),从财税、投融资、研究开发、进出口、人才、知识产权、市场等方面给予了较为全面的政策支持。经过全行业的共同努力,我国软件和信息技术服务业步入新的快速发展阶段,初步形成了较为完整的技术和产业体系,成为国民经济各行业的一大亮点。

一、产业规模快速增长　产业地位稳步提升

软件产业创新变化快,与经济社会各领域发展深度融合。18 号文件、4 号文件先后发布实施后,为加快推动软件产业做大做强,原信息产业部、工业和信息化部围绕软件企业所得税、软件增值税等政策重点,加强沟通协调,及时落实税收优惠政策,研究制定软件企业认定管理办法,修订软件产品管理办法,进一步完善了政策落实和行业管理的

基础性、专业性制度,为产业快速发展营造了良好环境,初步形成了较为完整的软件产业体系。2011 年,我国软件产业实现业务收入超过 1.84 万亿元(见图 3-13),产业规模是 2005 年的 4.7 倍,同比增长 32.4%,超过"十一五"期间平均增速 4.4 个百分点,实现了"十二五"的良好开局。软件产业占电子信息产业比重从 2000 年的 5.8% 上升到 19.9%。软件企业数量超过 3 万家,从业人数超过 300 万人。软件产业对社会生活和生产各个领域的支撑和带动力持续增强,对重要信息系统和重大信息工程以及国家信息安全的支撑保障能力明显提高,在国民经济中的地位不断提升。

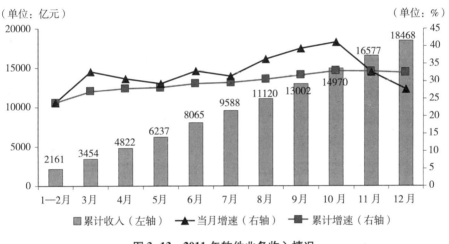

图 3-13　2011 年软件业务收入情况

二、产业结构不断优化　新兴信息技术服务增势突出

　　"十一五"以来,工业和信息化部充分发挥规划对软件产业的引导作用,及时制定和发布了《软件和信息技术服务业"十二五"发展规划》、《信息安全产业"十二五"发展规划》。通过"核高基"科技重大专项、电子发展基金等手段,加大力度支持云计算、移动互联网、物联网等关键软件技术研发,组织实施试点示范工程,加快软件产业结构调整步

伐。"十一五"期间,电子发展基金在软件产业领域共安排资金9.31亿元,带动地方政府、金融机构和企业投入资金超过75亿元。2010年以来,在北京、上海、深圳、杭州、无锡等五个城市先行开展云计算服务创新发展试点示范工作,支持了15个示范项目。随着云计算等新模式新业态的不断涌现,信息技术服务业迅猛发展。信息技术服务收入从2002年的439亿元增长到2011年的9504亿元(见图3-14),十年间增长了21.6倍。2011年,信息技术咨询服务、数据处理和运营服务分别实现收入1864亿和3028亿元,同比增长42.7%和42.2%,增速高于全行业10.4和10.1个百分点,两者占比达到26.5%,比2010年同期提高1.9个百分点。嵌入式系统软件实现收入2805亿元,同比增长30.9%,比2010年同期高15.8个百分点。

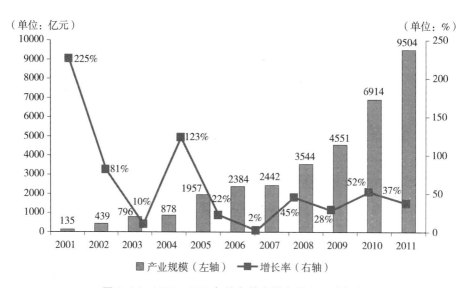

图3-14　2001—2011年信息技术服务收入及增长率

三、创新能力显著增强　知识产权保护不断加强

在"核高基"国家科技重大专项的有力推动下,操作系统、数据库、办公套件、中间件等产品的质量和性能明显提升,集成整合不断深化,

在党政等关键部门、电子政务等重点领域以及电信、电力、邮政、制造等重点行业得到了较好应用。基础软件方面,操作系统、数据库、中间件、办公套件以及应用系统整合不断深化,产品体系初步形成。互联网应用软件、企业管理软件、财务管理软件、游戏软件、安全软件等领域产品技术创新能力不断增强,适应行业特点、技术先进的工业软件和行业解决方案得到更加广泛的应用,市场份额逐步扩展。中小企业创新活跃,在移动互联网、电子商务等新兴领域迅速崛起。围绕需求、统筹安排、急用先行,SOA、办公软件、移动互联网软件、软件产品分类、ITSS 等领域重点标准加快制定,信息技术服务标准验证与应用试点取得积极进展。知识产权创造、保护和应用等方面取得较大进展,政府软件正版化工作实现预期目标。企业积极运用知识产权手段,主动应对技术标准制约和市场竞争纠纷,维护合法权益。

四、大企业培育取得新进展　产业集中度进一步提高

大企业日益成为产业创新和规模发展的主导力量。2012 年第十一届百家企业入围门槛超过 6 亿元,比上届入围门槛提升 7116 万元。百家企业软件业务收入共计 3401.16 亿元,与上届收入总和 3135.47 亿元相比,增长 265.69 亿元,增长率为 8.47%。其中,排名前三位的企业软件业务收入均超过 300 亿元,收入总和 1533.64 亿元,比上届前三位企业收入总和增加 128.96 亿元。从连续两年入围百家企业的 78 家企业来看,共有 65 家企业在 2011 年实现收入增长,共增长 461.33 亿元,平均增长 7.1 亿元。2010 年,我国年收入过亿元的软件和信息技术服务企业(以下简称软件企业)已经超过 2000 家,其中业务收入超过 50 亿元的企业有 7 家,超过 100 亿元的有 4 家,超过 500 亿元有 1 家。通过信息系统集成资质和监理资质行政许可工作,进一步提高信息技术服务业产业集中度。2011 年,我国系统集成一级资质企业 238 家,实现业务收入 1332 亿元,分别占总数的 7% 和 37%;二级资质企业

583 家,实现业务收入 963 亿元,分别占总数的 16% 和 26%;三级资质企业 2248 家,实现业务收入 1254 亿元,分别占总数的 61% 和 35%;四级资质企业 584 家,实现业务收入 85 亿元,分别占总数的 16% 和 2%。

五、示范带动作用显现　产业集聚发展特点显著

中国软件名城、软件和信息服务业示范基地的示范带动作用日益凸显,产业向主要城市集聚发展的特点显著。中国软件名城创建工作有力调动了各地方积极性,相关城市集聚资源发展软件产业,南京、济南、成都、广州和深圳、上海、杭州以及北京等试点城市逐步形成了软件产业集群和聚集区。25 个地方软件公共服务平台,面向产业发展需求不断丰富平台资源内容、创新服务运营模式,平台的服务能力显著提高。中心城市成为软件产业发展的主要聚集地。2011 年,全国 4 个直辖市和 15 个副省级城市共实现软件业务收入 15008 亿元,同比增长 34%,增速高于全国平均水平 1.7 个百分点,占全国软件业务收入的 81%,其中软件业务规模超过 500 亿元的城市达到 10 个。东部省市继续领先全国发展,共完成软件业务收入 15656 亿元,同比增长 31.7%,占全国比重达 84.8%,江苏、福建和山东等省的增速均超过 35%。

伴随着信息通信技术的迅速发展和应用不断深化,产业技术创新加速,软件与网络深入耦合,软件与硬件、应用和服务深度融合,商业模式变革方兴未艾,新兴应用层出不穷,软件和信息技术服务业加快向网络化、服务化、体系化和融合化方向演进。软件产业要牢牢把握我国加快经济发展方式转变和结构调整、推动信息化和工业化深度融合的重大契机,坚持市场驱动、应用牵引、创新支撑、融合扩展,不断提高产业规模化、创新化、高端化和国际化发展水平,努力做大做强。

（审稿人:陈伟;执笔人:阳军、李宏伟）

通　信　业

　　通信业是构建国家信息基础设施,提供网络和信息服务,支撑经济社会发展的战略性、基础性和先导性行业。党的十六大以来,在党中央、国务院的正确领导下,我国通信业转型升级步伐不断加快,产业规模和综合通信能力持续提升,自主创新能力显著增强,电信业务快速、多元发展,体制改革继续深化,市场监管能力进一步提高,保持了健康平稳有序发展,网络规模和用户规模均居世界首位。通信资费水平稳步下降,通信服务整体水平持续提高。通信技术业务自主创新能力不断增强,在 TD—SCDMA、IPv6 等领域取得丰硕成果,3G、移动互联网、云计算、物联网等新兴业务快速拓展。宽带普及提速工程加速推进,农村通信和信息服务基础设施不断完善,对经济社会发展的贡献持续增强。

一、行业规模持续扩大　通信基础设施不断完善

　　为适应经济社会发展需求变化和通信技术演进换代的基本趋势,结合行业自身发展规律与发展实际,原信息产业部、工业和信息化部制定和发布了一系列行业规划、专项规划、区域规划,明确行业发展目标、路径和重点,引导行业持续健康发展。从 2002 年到 2011 年十年间,通信行业收入持续增长,电信业务总量从 5052 亿元增长至 35202 亿元(以 2000 年电信不变单价折算),年均复合增长率达 24%;电信业务收

入从 4116 亿元增长至 9880 亿元（见图 3-15），年均增长 10.2%。互联网及增值服务市场保持高速增长态势，业务收入年均增长超过 20%，到 2011 年，收入规模已超过 1800 亿元。

网络基础设施覆盖和升级优化进一步加快，建成了覆盖全国、连接世界、技术先进、全球最大的信息通信网络。截止到 2011 年年底，全国光缆线路长度达到 1205 万公里，移动电话交换机容量增加到 17.07 亿户，分别比 2002 年增长 5.4 倍和 5.3 倍。新一代宽带无线移动通信网络加速发展，3G 基站达 81.4 万个，覆盖全国所有县城以及大部分乡镇，并逐步向行政村延伸。基础电信企业互联网宽带接入端口增加到 23166 万个，比 2002 年增长 834 倍。国际通信能力进一步增强，互联网国际出口带宽达到 1.4Tbps。

图 3-15　2002—2011 年电信业务收入及增长情况

电话用户、宽带接入用户和互联网网民数均位居全球首位。截至 2011 年年底，我国累计电话用户总数达到 12.7 亿户。其中，固定电话用户达到 2.85 亿户，移动电话用户 9.86 亿户（见图 3-16）。固定电话和移动电话普及率分别达 21.3 部/百人和 73.6 部/百人，与 2002 年相比，分别提高了 4.5 和 57.4 个百分点；3G 用户达 1.28 亿户，占到移动用户总数的 13%。宽带接入用户 2002 年起步，2011 年总数已达到

1.56亿户,普及率达到11.7%;互联网网民规模达到5.13亿人,普及率上升至38.3%。二者普及率均超全球平均水平。

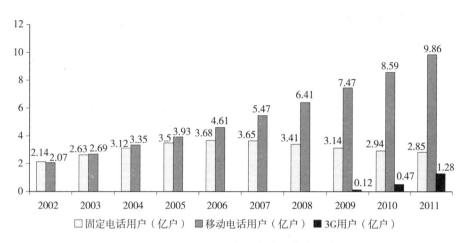

图3-16　2002—2011年到户按用户发展情况

二、自主创新能力显著增强　国际影响力稳步提升

十年来,通信业认真贯彻落实中央决策部署,大力加强自主创新能力建设,引导行业创新发展。组织对网络演进及技术发展进行系统性研究,跟踪光纤宽带、新一代移动通信、下一代互联网、物联网、云计算、移动互联网等重点技术领域的最新进展,制定新一代移动通信、互联互通、网络与信息安全、下一代网络等重点领域的相关标准,组织开展了TD—SCDMA研究开发和产业化,启动了新一代宽带无线移动通信重大科技专项,数字集群、VoIP、国内多方通信等技术和业务的试点或试验,推进新技术新业务向现实生产力转化。

经过十年的发展,通信和网络技术的研发及应用水平跨入世界先进行列。我国自主研发的TD—SCDMA网络成功实现规模商用,用户规模达到5121万户,接近3G总用户的40%,已实现三分天下有其一。网络IP化演进成果显著,建成全球最大IP软交换商用网络,下一代互联网研究部署稳步推进,建成了全球最大 IPv6 示范网络。国产 80×10G 的超大容量光传输系统已在骨干网上实现应用,智能光网络(ASON)进入规模部署阶段,基础传输网的超宽带、智能化进程加速。

积极参与国际标准制定,支持基础电信企业和互联网企业"走出去"。在第三代移动通信、光通信、NGN、IPTV、网络管理、网络信息安全等关键技术领域,诸多成果被采纳为国际标准,占据了越来越有利的位置。TD—LTE 增强型技术已成为 4G 国际标准。培育形成了一批具有较强影响力的骨干企业,三家基础电信企业均进入世界财富 500 强,已有 34 家互联网企业赴美上市和 6 家企业香港上市,多家互联网企业市值排名位居全球前列,初步形成不同规模、不同业务、不同所有制企业参与国际竞争的市场格局。

三、业务结构不断优化　新兴网络经济蓬勃发展

随着行业转型不断深入推进,行业服务从以固定通信为主向移动通信为主的变动,推动了以话音为主向非话业务为主迁移,促进了数据业务以固定为主向固定和移动并重转变。截至 2011 年,移动通信业务收入达到 7162 亿元,占电信业务收入的比重上升到 72.5%;非话音业务实现收入 4598 亿元,占电信业务收入的比重上升到 46.5%,行业发展呈现出明显的移动化、非话音化趋势。在数据业务方面,固定互联网业务实现了窄带向宽带的迁移,宽带接入用户已占到固定互联网用户的 97%;移动互联网用户随着 3G 发展呈现蓬勃发展之势,在移动用户中的渗透率已达到 64%。

适应新一代信息技术和网络飞速发展需要,组织开展宽带普及提速工程,实施 IPv6、云计算、物联网等应用示范,培育壮大新兴业务应用市场。移动即时消息、移动 VoIP、手机电视、移动支付等应用服务快速兴起,成为拉动行业增长最核心的力量。信息获取、商务交易、交流沟通、网络娱乐等互联网应用迅速扩展,微博客、团购等新应用初具规

模。2011 年,基于宽带和互联网的电子商务交易总额达到 5.88 万亿元,相当于当年国内生产总值的 12.5%。物联网、云计算等新兴业务,从关注、研究探索阶段开始步入实践应用阶段,成为行业新的增长热点。

四、电信体制改革取得新突破 行业监管有力有效

大力破除垄断、引入竞争,持续推进电信运营和监管体制改革,积极推动基础电信企业上市与重组。2008 年,联合发展改革委、财政部发布《关于深化电信体制改革的通告》,组织完成第三次电信重组,适时向中国电信、中国移动和中国联通发放了 3G 牌照,初步形成了三家基础电信企业全业务运营和两万余家增值电信企业充分竞争的格局。积极组织开展三网融合试点,推动广电和电信业务双向进入取得新突破。稳步推进电信市场开放,持续鼓励非公经济进入电信领域。下调外商投资电信企业注册资本最低限额,降低准入门槛,启动离岸呼叫中心业务试点,深入研究 IP—VPN、VoIP、驻地网开放,出台《关于鼓励和引导民间资本进一步进入电信业的实施意见》,引导民间资本进入电信业八个领域。

顺应信息通信技术进步、用户规模扩张和新兴业务发展变化趋势,加快转变政府职能,加强政策研究制定,完善电信资源使用和管理政策,健全互联网法律法规和管理制度,健全资费和市场准入制度,营造产业发展环境。建立起包含业务许可准入、电信资费、互联互通、服务质量、电信设备管理、电信资源管理、网络建设、网络和信息安全管理在内的监管职能体系,打造出一支专业化的通信监管队伍,促进市场公平有序竞争,保障网络与信息安全。围绕解决社会关注的资费热点问题,加强日常监督检查,着力提高电信服务质量,切实维护消费者合法权益。十年来,电信资费综合价格水平下降了 68.9%,业务种类日益丰富,用户权益保护日趋完善,服务满意度稳中有升,广大消费者普遍享

受到了电信发展改革的成果。

五、全面服务民生和社会发展
战略基础先导性作用日益突出

　　过去十年,通信业在经济社会各领域、各环节渗透的深度和广度显著提高,持续促进了经济增长,为民生改善和社会公共服务能力提升做出了重要贡献,战略性、基础性、先导性作用日趋突出。电信业增加值占同期 GDP 的比重保持在 1.5% 左右,对 GDP 的间接拉动则更为显著。仅 2011 年固定宽带和 3G 网络相关投资就超过 2200 亿元,带动相关信息服务消费近 5000 亿元,拉动上下游关联产业实现产值超过 2.4 万亿元,已成为推动经济增长的重要力量。2011 年,固定宽带和 3G 的发展,在通信设备、建设和服务开发等环节提供就业岗位超过 170 万个,带动电子商务、物流等关联产业提供就业岗位近千万个,成为拓展社会就业渠道和优化就业结构的有效途径。

　　信息基础设施不断普及延伸,有力推动了文化、教育、医疗卫生等社会事业和电子政务发展。截至 2011 年年底,县级以上人民政府门户网站拥有率达到 80.3%,为促进公共服务和社会管理水平提升奠定了基础。通过深入实施"村村通"工程和持续开展信息下乡活动,农村通信基础设施覆盖不断完善,农村综合信息服务平台实效不断提升,有力保障了农村经济社会发展,为社会主义新农村建设贡献了力量。截至 2011 年年底,全国所有行政村实现通电话,自然村(20 户以上)通电话比例提高到 94.6%;行政村通宽带比例达到 84%;开展信息下乡活动乡镇达到 76%。着力打造农村综合信息服务平台,增加信息采集渠道,丰富信息内容,重点开展了农村劳动力转移、种植养殖、商贸交易、医疗教育、防灾减灾等领域的信息服务,农村信息服务体系逐步建成。

　　当前,许多国家和地区纷纷发布宽带发展战略或计划,以构建下一代信息基础设施为契机,带动新的科技和产业革命。我国经济发展方式转变和经济结构战略性调整,也要求全面深化通信业对经济社会发展的战略性、基础性和先导性作用。面对新形势新要求,通信业要立足已具备持续发展能力的产业基础,统筹信息网络发展布局和演进升级,加快实施"宽带中国"战略,构建下一代国家信息基础设施,大力推进技术业务融合创新,加快宽带网络和信息服务普及延伸,为信息社会的建设奠定坚实基础,更好地促进国家信息化水平全面提升和经济社会发展。

(审稿人:祝军;执笔人:黄业晶)

责任编辑:郑海燕 吴焰东 陈 登 高晓璐
封面设计:徐 晖
责任校对:周 昕

图书在版编目(CIP)数据

加快工业转型升级 促进两化深度融合——党的十六大以来工业和信息化
改革发展回顾(2002—2012)/工业和信息化部 编. —北京:人民出版社,
2012.10
("科学发展 成就辉煌"系列丛书)
ISBN 978 - 7 - 01 - 011296 - 1

Ⅰ.①加… Ⅱ.①工… Ⅲ.①工业化-成就-中国-2002—2012 ②信息化-
成就-中国-2002—2012 Ⅳ.①F424 ②G203

中国版本图书馆 CIP 数据核字(2012)第 233326 号

加快工业转型升级 促进两化深度融合

JIAKUAI GONGYE ZHUANXING SHENGJI CUJIN LIANGHUA SHENDU RONGHE

——党的十六大以来工业和信息化改革发展回顾(2002—2012)

工业和信息化部 编

人民出版社 出版发行
(100706 北京市东城区隆福寺街99号)

北京中科印刷有限公司印刷 新华书店经销

2012 年 10 月第 1 版 2012 年 10 月北京第 1 次印刷
开本:710 毫米×1000 毫米 1/16 印张:28.25 插页:8
字数:420 千字 印数:0,001-5,000 册

ISBN 978 - 7 - 01 - 011296 - 1 定价:60.00 元

邮购地址 100706 北京市东城区隆福寺街 99 号
人民东方图书销售中心 电话 (010)65250042 65289539